高等院校"十三五"规划教材·经济管理类

财务会计学

主　编　姚　芊
副主编　王明明　杨小燕

哈尔滨工业大学出版社

内容简介

财务会计学是会计学、财务管理、审计学等工商管理类本科专业的必修课程。本书以我国《企业会计准则》为准绳,以会计要素构成全书逻辑框架,以会计确认、计量、记录顺序作为具体业务逻辑处理关系,详细阐述企业发生的基本经济业务的具体会计处理方法和内容。全书包括总论,货币资金,应收及预付款项,金融资产,存货,长期股权投资,固定资产,无形资产,流动负债,非流动负债,所有者权益,收入、费用和利润,财务报告,共十三章内容。每章由学习目标、学习重点、学习难点、内容讲解和业务处理、思考题五部分组成,在内容讲解和业务处理部分,本书结合相关例题对重点内容进行讲解,以培养学生的分析能力和实践操作能力。

本书可作为会计学、财务管理、审计学和金融学等工商管理类本科专业学生的学习用书,也可作为理工科管理类学生和综合性大学经济管理类学生的学习用书。

图书在版编目(CIP)数据

财务会计学/姚芊主编. —哈尔滨:哈尔滨工业大学出版社版社,2020.1
ISBN 978-7-5603-8695-9

Ⅰ.①财… Ⅱ.①姚… Ⅲ.①财务会计 Ⅳ.①F234.4

中国版本图书馆 CIP 数据核字(2020)第 010626 号

策划编辑　杨秀华
责任编辑　苗金英
出版发行　哈尔滨工业大学出版社
社　　址　哈尔滨市南岗区复华四道街10号　邮编150006
传　　真　0451-86414749
网　　址　http://hitpress.hit.edu.cn
印　　刷　哈尔滨久利印刷有限公司
开　　本　787mm×1092mm　1/16　印张 19.75　字数 467 千字
版　　次　2020年1月第1版　2020年1月第1次印刷
书　　号　ISBN 978-7-5603-8695-9
定　　价　52.00元

(如因印装质量问题影响阅读,我社负责调换)

前　言

随着我国经济融入世界经济的程度日益加深，我国会计制度与国际会计准则的趋同也日益紧密。我国会计制度的改革自 20 世纪 90 年代初至今，已经基本形成了与国际会计体系相契合的框架与体系。在我国经济改革不断深化、经济飞速发展的环境下，会计人才需要不断更新知识、紧跟时代潮流。因此教材的开发也要相应跟进，针对不同的受众，在教材内容上进行不同侧重点的倾斜。

本书是为适合我国本科教育阶段的财经类专业的学生的学习而编写的，力求重点内容突出，结构完整清晰，语言简洁明了，体现财务会计的操作性与理论性的结合。本书参考了近些年国内外的会计研究的最新成果，遵循我国的《会计法》《企业会计准则》以及财政部、税务总局的最新政策法规和企业经营过程中必须遵守的相应制度法规编写而成。

本书由上海工程技术大学投资金融系副教授姚芊策划并担任主编，负责全书框架的构建和涵盖内容的确定。本书具体编写分工如下：第一、六、七、八章由姚芊编写；第二、四章由刘希麟编写；第三章由吕运福编写；第五、九、十章由杨小燕编写；第十一、十二、十三章由王明明编写。本书在编写过程中还得到了姚芊的研究生纪慧丽、段昱如、姚莹莹、王刚的协助，在此表示衷心的感谢。

鉴于时间的仓促和编者的水平所限，书中难免会有不妥之处，希望读者和同行专家多提宝贵意见。

编者
2019 年 6 月

目　　录

第一章　总　论 ··· 1
　第一节　财务会计概述 ··· 1
　第二节　财务会计目标 ··· 5
　第三节　会计基本假设与会计基础 ·· 6
　第四节　会计信息质量要求 ··· 8
　第五节　会计要素及其确认与计量原则 ·· 12
　第六节　财务报告 ·· 19
第二章　货币资金 ·· 21
　第一节　货币资金概述 ·· 22
　第二节　现金的核算 ·· 27
　第三节　银行存款的核算 ·· 31
　第四节　其他货币资金的核算 ·· 33
第三章　应收及预付款项 ·· 36
　第一节　应收账款的核算 ·· 36
　第二节　应收票据 ·· 39
　第三节　预付账款和其他应收款 ·· 43
　第四节　坏账损失 ·· 46
第四章　金融资产 ·· 51
　第一节　金融资产的定义和分类 ·· 51
　第二节　以摊余成本计量的金融资产的会计处理 ·································· 54
　第三节　以公允价值计量金融资产的会计处理 ···································· 60
　第四节　金融资产重分类的计量 ·· 67
　第五节　金融资产的减值处理 ·· 68
第五章　存　货 ·· 71
　第一节　存货的确认和初始计量 ·· 71
　第二节　发出存货的计量 ·· 80
　第三节　计划成本法下存货的会计核算 ·· 90
　第四节　期末存货的计量 ·· 93
　第五节　存货清查 ·· 99

第六章　长期股权投资 ······ 102
　　第一节　长期股权投资概述 ······ 102
　　第二节　长期股权投资的初始计量 ······ 104
　　第三节　长期股权投资的后续计量 ······ 110
　　第四节　长期股权投资核算方法的转换及处置 ······ 117

第七章　固定资产 ······ 124
　　第一节　固定资产的确认和初始计量 ······ 124
　　第二节　固定资产的后续计量 ······ 132
　　第三节　固定资产的处置 ······ 141

第八章　无形资产 ······ 145
　　第一节　无形资产的确认和初始计量 ······ 145
　　第二节　自行开发形成无形资产的确认和计量 ······ 153
　　第三节　无形资产的后续计量 ······ 156
　　第四节　无形资产的处置 ······ 160

第九章　流动负债 ······ 163
　　第一节　流动负债概述 ······ 163
　　第二节　短期借款 ······ 164
　　第三节　应付及预收款项 ······ 165
　　第四节　职工薪酬 ······ 168
　　第五节　应交税费 ······ 175
　　第六节　其他应付款项 ······ 185

第十章　非流动负债 ······ 187
　　第一节　非流动负债概述 ······ 187
　　第二节　长期借款 ······ 188
　　第三节　应付债券 ······ 190
　　第四节　长期应付款 ······ 195
　　第五节　借款费用 ······ 195

第十一章　所有者权益 ······ 200
　　第一节　所有者权益概述 ······ 200
　　第二节　实收资本 ······ 202
　　第三节　资本公积 ······ 206
　　第四节　其他综合收益 ······ 208
　　第五节　留存收益 ······ 209
　　第六节　其他权益工具 ······ 213

第十二章 收入、费用和利润 ··· 215
第一节 收入 ·· 215
第二节 费用 ·· 243
第三节 利润 ·· 246

第十三章 财务报告 ··· 252
第一节 财务报告概述 ·· 252
第二节 资产负债表 ··· 255
第三节 利润表 ·· 269
第四节 现金流量表 ··· 275
第五节 所有者权益变动表 ·· 293
第六节 附注 ·· 296
第七节 中期财务报告 ·· 301

参考文献 ··· 308

第一章　总　　论

【学习目标】

1. 了解财务会计环境。
2. 理解会计的信息质量特征。
3. 掌握财务会计的目标、概念及基本内容。

【学习重点】

财务会计的目标,会计假设。

【学习难点】

财务会计的信息质量特征。

第一节　财务会计概述

一、财务会计的概念

现代企业会计的两大分支是财务会计和管理会计。管理会计主要是为企业内部经营管理提供信息,也称为"对内报告会计"。企业财务会计报告的目标是提供会计信息,反映管理层受托责任的履行情况,有助于使用者做出经济决策。由于财务会计主要是向企业外部使用者提供会计信息,因而它又称为"对外报告会计"。财务会计与管理会计相配合,共同为现代企业服务。

1970年,美国的会计原则委员会(APB)——美国注册会计师协会为制定《美国会计准则》而建立的独立机构(1959~1973年)发表的第4号报告曾这样定义财务会计:"企业财务会计是会计的一个分支……以货币定量方式,提供企业经济资源及义务的持续性历史,也提供那些资源与义务的经济活动的历史。"根据APB的观点,财务会计提供的是历史的财务信息。

随着财务会计的发展,财务报表除了提供历史和当前的财务信息外,报表附注和财务报告的其他方式还可以提供当前的财务信息。因此,财务会计是以编制财务报表为目的,主要向企业外部投资者和债权人、政府机关及其他与企业有利害关系的单位提供有关企业财务状况和经营成果的一门会计学科。

二、财务会计法律制度体系

随着企业公司制的建立和所有权、经营权的分离以及资本市场的发展,财务会计由于需要服务于外部信息使用者,在保护投资者及社会公众利益、维护市场经济秩序及其稳定方面扮演着越来越重要的角色。因此,财务会计在社会经济生活中的地位日显突出,迫切需要一套社会公认的统一的会计原则来规范其行为。在这种情况下,作为标准的企业会计准则应运而生,其核心是通过规范企业财务会计确认、计量和报告内容,提高会计信息质量,降低资金成本,提高资源配置效率。

在我国,企业编制和报告财务信息应遵循的法规体系包括会计法规体系、证券法规体系以及审计法规体系等。从目前的情况来看,制约企业财务报告内容以及财务信息披露方面的法规体系分为三个层次:

最高层次是《中华人民共和国会计法》(以下简称《会计法》)、《中华人民共和国公司法》(以下简称《公司法》)、《中华人民共和国证券法》(以下简称《证券法》)等。

第二层次是国务院颁布的有关行政法规,主要包括《股票发行与交易管理暂行条例》《股份有限公司境外募集股份及上市的特别规定》以及《可转换债券管理暂行办法》等。

第三层次是财政部、证监会等政府部门机构颁布的《企业会计准则》《企业会计制度》和信息披露规则等行政法规。

这三部分共同组成了财务会计的法律制度体系,要求企业和其他经济组织在编制和报告财务会计信息的过程中必须遵循。其中会计法规体系的层次具体表述如下。

(一)会计法

《会计法》是我国财务会计法规体系的第一个层次。它是由全国人民代表大会常务委员会制定,以国家主席令的方式颁布的。该法律主要是指1985年1月21日第六届全国人大常委会第九次会议通过、根据1993年12月29日第八届全国人大常委会第五次会议《关于修改〈中华人民共和国会计法〉的决定》修正、1999年10月31日第九届全国人大常委会第十二次会议修订的《会计法》。《会计法》自2000年7月1日起执行,在整个财务会计规范体系中处于最核心的地位和最高的层次,是制定其他会计法规的依据和指导一切会计工作的准绳,是一切会计法规的母法,具有普遍适用性和指导性。《会计法》共七章五十二条,规定了会计工作的基本目的、会计管理权限、会计责任主体、会计核算和会计监督的基本要求、会计人员和会计机构的职责权限,并对会计法律责任做出了详细说明。

(二)会计准则

我国企业会计准则体系由基本准则、具体准则、会计准则应用指南和解释等组成。其中,基本准则在整个企业会计准则体系中扮演着概念框架的角色,起着统驭作用;具体准则是在基本准则的基础上,对具体会计交易或者事项的会计处理的规范;应用指南是对具体准则的一些重点难点问题做出的操作性规定;解释是随着企业会计准则的贯彻实施,就实务中遇到的实施问题而对准则做出的具体解释。基本准则类似于国际会计准则理事会的《编报财务报表的框架》和美国财务会计准则委员会的《财务会计概念公告》,它规范了包括财务报告目标、会计基本假设、会计信息质量要求、会计要素的定义及其确认、计量原则、财务报告等在内的基本问题,是会计准则制定的出发点,是制定具体准则的基础。其作用主要表现为两个方面:

一方面统驭具体准则的制定。随着我国经济迅速发展,会计实务问题层出不穷,会计准则需要规范的内容日益增多,体系日趋庞杂,在这样的背景下,为了确保各项准则的制定建立在统一的理念基础之上,基本准则就需要在其中发挥核心作用。我国基本准则规范了会计确认、计量和报告等一般要求,可以确保各具体准则的内在一致性。为此,我国基本准则第三条明确规定:"企业会计准则包括基本准则和具体准则,具体准则的制定应当遵循本准则(即基本准则)。"在企业会计准则体系的建设中,各项具体准则也都严格按照基本准则的要求加以制定和完善,并且在各具体准则的第一条中做了明确规定。

另一方面为会计实务中出现的、具体准则尚未规范的新问题提供会计处理依据。在会计实务中,由于经济交易事项的不断发展、创新,具体准则的制定有时会出现滞后的情况,会出现一些新的交易或者事项在具体准则中尚未规范但又急需处理,这时,企业不仅应当对这些新的交易或者事项及时进行会计处理,而且在处理时应当严格遵循基本准则的要求,尤其是基本准则关于会计要素的定义及其确认与计量等方面的规定。因此,基本准则不仅扮演着具体准则制定依据的角色,也为会计实务中出现的、具体准则尚未做出规范的新问题提供了会计处理依据,从而确保了企业会计准则体系对所有会计实务问题的规范作用。

(三)会计制度

国家统一的会计制度是指国务院财政部门根据《会计法》制定发布的关于会计核算、会计监督、会计机构、会计人员以及会计工作管理的制度。它是国务院财政部门在其职权范围内依法制定、发布的会计方面的法律规范,包括各种会计规章和会计规范性文件。省(市)区以下各机构和基层单位可以根据上级规定的会计法规,结合实际情况,制定具体的会计制度和实施办法,报有关主管部门批准后执行。企业单位自行制定或委托社会会计服务机构制定的会计制度,仅对本单位的会计工作具有约束力。在具体会计准则体系没有得到完善之前,以及受我国会计人员整体素质水平不高等因素的影响,制定比具体会计准则操作性更强的会计制度是必要的。所以,在实践中我国的会计法规采用了会计准则和会计制度并行不悖的双轨制形式。

我国现行的全国统一的会计制度如下:

(1)《企业会计制度》(2000年12月29日发布)。它适用于除不对外筹集资金、经营规模较小的企业和金融保险企业外在中华人民共和国境内设立的所有企业。

(2)《金融企业会计制度》(2001年1月27日发布)。它适用于中华人民共和国境内依法成立的各类金融企业,包括银行(含信用社)、保险公司、证券公司、信托投资公司、期货公司、基金管理公司、租赁公司、财务公司等。

该制度于2002年1月1日起在上市的金融企业范围内实施;同时,也鼓励其他股份制金融企业实施《金融企业会计制度》。

(3)《小企业会计制度》(2004年4月27日发布)。它适用于在中华人民共和国境内设立的不对外筹集资金、经营规模较小的企业。

不对外筹集资金、经营规模较小的企业是指不公开发行股票或债券,符合原国家经济贸易委员会、原国家发展计划委员会、财政部、国家统计局2003年制定的《中小企业标准暂行规定》中界定的小企业,不包括以个人独资及合伙形式设立的小企业。

(4)《民间非营利组织会计制度》(2004年8月18日发布,自2005年1月1日起执行)。它适用于社会团体、基金会、民办非企业单位和寺院、宫观、清真寺、教堂等。

(5)《财政部门实施会计监督办法》(2001年2月20日发布并开始施行)。它是财政部为了规范财政部门会计监督工作,保障财政部门有效实施会计监督,保护公民、法人和其他组织的合法权益,根据《会计法》《行政处罚法》《企业财务会计报告条例》等有关法律、行政法规的规定制定的。

(6)《会计基础工作规范》(1996年6月17日发布并开始实施)。它适用于国家机关、社会团体、企业、事业单位、个体工商户和其他组织的会计基础工作。

其内容主要包括会计机构的设置和会计人员的配备、会计人员的职业道德、会计工作交接、会计核算的一般要求、会计凭证规则、会计账簿规则、财务报告规则、会计监督的内容和要求、建立和健全单位内部会计管理制度的内容和要求等。

(7)《内部会计控制规范》。它是财政部为了促进各单位内部会计控制建设,加强内部会计监督,维护社会主义市场经济秩序,根据《会计法》等法律法规的规定所制定的一套会计监督管理制度,运用于国家机关、社会团体、公司、企业、事业单位和其他经济组织。

其制定的目的主要是规范会计行为,差错防弊,从而保证其他会计法规的执行。内部会计控制是指单位为了提高会计信息质量,保护资产的安全、完整,确保有关法律法规和规章制度的贯彻执行等而制定和实施的一系列控制方法、措施和程序。

(8)其他会计规章和会计规范性文件。国家统一的其他会计规章和会计规范性文件包括《会计从业资格管理办法》《会计档案管理办法》《会计电算化管理办法》《代理记账管理办法》等。

第二节 财务会计目标

财务会计目标就是财务报告目标,在整个财务会计系统和企业会计准则体系中具有十分重要的地位,是构建会计要素确认、计量和报告原则并制定各项准则的基本出发点。财务报告目标应满足有利于财务报告使用者做出决策信息的要求。

我国企业财务报告的目标,是向财务报告使用者提供与企业财务状况、经营成果和现金流量等有关的会计信息,反映企业管理层受托责任履行情况,有助于财务报告使用者做出经济决策。

财务报告使用者主要包括投资者、债权人、政府及其有关部门和社会公众等。满足投资者的信息需要是企业财务报告编制的首要出发点,将投资者作为企业财务报告的首要使用者,凸现了投资者的地位,体现了保护投资者利益的要求,是市场经济发展的必然。根据投资者决策有用目标,财务报告所提供的信息应当如实反映企业所拥有或者控制的经济资源、对经济资源的要求权以及经济资源及其要求权的变化情况;如实反映企业的各项收入、费用、利得和损失的金额及其变动情况;如实反映企业各项经营活动、投资活动和筹资活动等所形成的现金流入和现金流出情况等,从而有助于现在的或者潜在的投资者正确、合理地评价企业的资产质量、偿债能力、盈利能力和营运效率等;有助于投资者根据相关会计信息做出理性的投资决策;有助于投资者评估与投资有关的未来现金流量的金额、时间和风险等。

除了投资者之外,企业财务报告的使用者还有债权人、政府及有关部门、社会公众等。企业贷款人、供应商等债权人通常十分关心企业的偿债能力和财务风险,他们需要信息来评估企业能否如期支付贷款本金及其利息,能否如期支付所欠购货款等;政府及其有关部门作为经济管理和经济监管部门,通常关心经济资源分配的公平、合理,市场经济秩序的公正、有序,宏观决策所依据信息的真实可靠等。因此,在财务报告中提供有关企业发展前景及其能力、经营效益及其效率等方面的信息,可以满足社会公众的信息需要。

现代企业制度强调企业所有权和经营权相分离,企业管理层是受委托人之托经营管理企业及其各项资产,负有受托责任。即企业管理层所经营管理的企业各项资产基本上均为投资者投入的资本(或者留存收益作为再投资)或者向债权人借入的资金所形成的,企业管理层有责任妥善保管并合理、有效地运用这些资产。企业投资者和债权人等需要及时或者经常性地了解企业管理层保管、使用资产的情况,以便于评价企业管理层的责任情况和业绩情况,并决定是否需要调整投资或者信贷政策,是否需要加强企业内部控制和其他制度建设,是否需要更换管理层等。因此,财务报告应当反映企业管理层受托责任的履行情况,以利于外部投资者和债权人等评价企业的经营管理责任和资源使用的有效性。

财务报告是财务会计确认和计量的最终成果,是沟通企业管理层与外部信息使用者之间的桥梁和纽带。因此,财务报告的目标定位十分重要。财务报告的目标定位决定着财务报告应当向谁提供有用的会计信息,应当保护谁的经济利益。这既是财务报告编制的出发点,也是企业会计准则建设与发展的立足点。财务报告的目标定位决定着财务报告所要求会计信息的质量特征,决定着会计要素的确认与计量原则,是财务会计系统的核心与灵魂。财务报告的目标定位还决定着财务会计未来发展的方向。

财务会计作为反映经济交易或者事项的一门科学,从来都是随着经济环境的变化而不断发展演化的,尤其随着现代公司制的建立、资本市场的发展和技术革新的加剧,财务会计理论和实务更是以惊人的速度向前发展,相应地,会计准则的发展与变化也日新月异,国际国内的实践都证明了这一点。会计在我国也经历了从传统计划经济条件下的会计信息主要服务于国家宏观经济管理的需要,到随着我国市场经济的发展和完善,在基本准则中将财务报告目标明确定位,从而为各项会计准则的制定奠定了良好基础的过程,也为未来财务会计的发展和会计准则体系的完善确立了方向。

第三节 会计基本假设与会计基础

一、会计基本假设

会计基本假设是企业会计确认、计量和报告的前提,是对会计核算所处时间、空间环境等所做的合理设定。会计基本假设包括会计主体、持续经营、会计分期和货币计量。

(一)会计主体

会计主体,是指企业会计确认、计量和报告的空间范围。为了向财务报告使用者反映企业财务状况、经营成果和现金流量,提供对其决策有用的信息,会计核算和财务报告的编制应当集中反映特定对象的活动,并将其与其他经济实体区分开来,这样才能实现财务报告的目标。

在会计主体假设下,企业应当对其本身发生的交易或者事项进行会计确认、计量和报告,反映企业本身所从事的各项生产经营活动,明确界定会计主体是开展会计确认、计量和报告工作的重要前提。

明确会计主体,才能划定会计所要处理的各项交易或事项的范围。在会计工作中,只有那些影响企业本身经济利益的各项交易或事项才能加以确认、计量和报告,那些不影响企业本身经济利益的各项交易或事项则不能加以确认、计量和报告。会计工作中通常所讲的资产、负债的确认,收入的实现,费用的发生等,都是针对特定会计主体而言的。

明确会计主体,才能将会计主体的交易或者事项与会计主体所有者的交易或者事项以及其他会计主体的交易或者事项区分开来。例如,企业所有者的经济交易或者事项是属于企业所有者主体所发生的,不应纳入企业会计核算的范围,但是企业所有者投入到企业的资本或者企业向所有者分配的利润,则属于企业主体所发生的交易或者事项,应当纳入企业会计核算的范围。

会计主体不同于法律主体。一般来说,法律主体必然是一个会计主体。例如,一个企业作为一个法律主体,应当建立财务会计系统,独立反映其财务状况、经营成果和现金流量。但是,会计主体不一定是法律主体。例如,在企业集团中,一个母公司拥有若干子公司,母子公司虽然是不同的法律主体,但是母公司对于子公司拥有控制权,为了全面反映企业集团的财务状况、经营成果和现金流量,就有必要将企业集团作为一个会计主体,编制合并财务报表。再如,由企业管理的证券投资基金、企业年金基金等,尽管不属于法律主体,但属于会计主体,应当对每项基金进行会计确认、计量和报告。

(二)持续经营

持续经营,是指在可以预见的将来,企业将会按当前的规模和状态继续经营下去不会停业,也不会大规模削减业务。在持续经营前提下,会计确认、计量和报告应当以企业持续、正常的生产经营活动为前提。

企业是否持续经营,在会计原则、会计方法的选择上有很大差别。一般情况下,应当假定企业将会按照当前的规模和状态继续经营下去。明确这个基本假设,就意味着会计主体将按照既定用途使用资产,按照既定的合约条件清偿债务,会计人员就可以在此基础上选择会计原则和会计方法。如果判断企业会持续经营,就可以假定企业的固定资产会在持续经营的生产经营过程中长期发挥作用,并服务于生产经营过程,固定资产就可以根据历史成本进行记录,并采用折旧的方法,将历史成本分摊到各个会计期间或相关产品的成本中。如果判断企业不会持续经营,固定资产就不应采用历史成本进行记录并按期计提折旧。

如果一个企业在不能持续经营时还假定企业能够持续经营,并仍按持续经营基本假设选择会计确认、计量和报告原则与方法,就不能客观地反映企业的财务状况、经营成果和现金流量,会误导会计信息使用者的经济决策。

(三)会计分期

会计分期,是指将一个企业持续经营的生产经营活动划分为一个个连续的、长短相同的期间。会计分期的目的,在于通过会计期间的划分,将持续经营的生产经营活动划分成连续、相等的期间,据以结算盈亏,按期编报财务报告,从而及时向财务报告使用者提供有关企业财务状况、经营成果和现金流量的信息。

在会计分期假设下,企业应当划分会计期间,分期结算账目和编制财务报告。会计期间通常分为年度和中期。中期,是指短于一个完整的会计年度的报告期间。

根据持续经营假设,一个企业将按当前的规模和状态持续经营下去。但是,无论是企业的生产经营决策还是投资者、债权人等的决策都需要及时的信息,都需要将企业持续的生产经营活动划分为一个个连续的、长短相同的期间,分期确认、计量和报告企业的财务状况、经营成果和现金流量。明确会计分期假设意义重大,由于会计分期,才产生了当期与以前期间、以后期间的差别,才使不同类型的会计主体有了记账的基准,进而出现了折旧、摊销等会计处理方法。

(四)货币计量

货币计量,是指会计主体在财务会计确认、计量和报告时以货币计量反映会计主体的生产经营活动。

在会计的确认、计量和报告过程中之所以选择货币为基础进行计量，是由货币的本身属性决定的。货币是商品的一般等价物，是衡量一般商品价值的共同尺度，具有价值尺度、流通手段、贮藏手段和支付手段等特点。其他计量单位，如千克、米、立方米、台、件等，只能从一个侧面反映企业的生产经营情况，不同计量单位的商品无法在量上进行汇总和比较，不便于会计计量和经营管理，只有选择货币尺度进行计量才能充分反映企业的生产经营情况，所以，基本准则规定，会计确认、计量和报告选择货币作为计量单位。

在有些情况下，统一采用货币计量也有缺陷，某些影响企业财务状况和经营成果的因素，如企业经营战略、研发能力、市场竞争力等，往往难以用货币来计量，但这些信息对于使用者决策来讲也很重要，企业可以在财务报告中补充披露有关非财务信息来弥补上述缺陷。

二、会计基础

企业会计的确认、计量和报告应当以权责发生制为基础。权责发生制基础要求，凡是当期已经实现的收入和已经发生或应当负担的费用，无论款项是否收付，都应当作为当期的收入和费用，计入利润表；凡是不属于当期的收入和费用，即使款项已在当期收付，也不应当作为当期的收入和费用。

在实务中，企业交易或者事项的发生时间与相关货币收支时间有时并不完全一致。经常发生款项已经收到，但销售并未实现；或者款项已经支付，但并不是为本期生产经营活动而发生的。为了更加真实、公允地反映特定会计期间的财务状况和经营成果，基本准则明确规定，企业在会计确认、计量和报告中应当以权责发生制为基础。

收付实现制是与权责发生制相对应的一种会计基础，它是以收到或支付的现金作为确认收入和费用等的依据。我国的行政事业单位会计在2019年1月1日之前采用收付实现制进行业务核算。

第四节　会计信息质量要求

会计信息质量要求是对企业财务报告中所提供会计信息质量的基本要求，是使财务报告中所提供会计信息对投资者等使用者决策有用应具备的基本特征，它主要包括可靠性、相关性、可理解性、可比性、实质重于形式、重要性、谨慎性和及时性等。

一、可靠性

可靠性要求企业应当以实际发生的交易或者事项为依据进行确认、计量和报告，如实反映符合确认和计量要求的各项会计要素及其他相关信息，保证会计信息真实可靠、内容完整。

会计信息要有用，必须以可靠为基础，如果财务报告所提供的会计信息是不可靠的，就会给投资者等使用者的决策产生误导甚至损失。为了贯彻可靠性要求，企业应当做到以下几点：

（1）以实际发生的交易或者事项为依据进行确认、计量，将符合会计要素定义及其确认条件的资产、负债、所有者权益、收入、费用和利润等如实反映在财务报表中，不得根据虚构的、没有发生的或者尚未发生的交易或者事项进行确认、计量和报告。

（2）在符合重要性和成本效益原则的前提下，保证会计信息的完整性，其中包括应当编报的报表及其附注内容等应当保持完整，不能随意遗漏或者减少应予披露的信息，与使用者决策相关的有用信息都应当充分披露。

（3）包括在财务报告中的会计信息应当是中立的、无偏的。如果企业在财务报告中为了达到事先设定的结果或效果，通过选择或列示有关会计信息以影响决策和判断的，这样的财务报告信息就不是中立的。

二、相关性

相关性要求企业提供的会计信息应当与投资者等财务报告使用者的经济决策需要相关，有助于投资者等财务报告使用者对企业过去、现在或者未来的情况做出评价或者预测。

会计信息是否有用，是否具有价值，关键是看其与使用者的决策需要是否相关，是否有助于决策或者提高决策水平。相关的会计信息应当能够有助于使用者评价企业过去的决策，证实或者修正过去的有关预测，因而具有反馈价值。相关的会计信息还应当具有预测价值，有助于使用者根据财务报告所提供的会计信息预测企业未来的财务状况、经营成果和现金流量。例如区分收入和利得、费用和损失，区分流动资产和非流动资产、流动负债和非流动负债以及适度引入公允价值等，都可以提高会计信息的预测价值，进而提升会计信息的相关性。

会计信息质量的相关性要求，需要企业在确认、计量和报告会计信息的过程中，充分考虑使用者的决策模式和信息需要。但是，相关性是以可靠性为基础的，两者之间并不矛盾，不应将两者对立起来。也就是说，会计信息在可靠性前提下，尽可能做到相关性，以满足投资者等财务报告使用者的决策需要。

三、可理解性

可理解性要求企业提供的会计信息应当清晰明了，便于投资者等财务报告使用者理解和使用。

企业编制财务报告、提供会计信息的目的在于使用，而要使使用者有效使用会计信息，应当能让其了解会计信息的内涵，弄懂会计信息的内容，这就要求财务报告所提供的会计信息应当清晰明了，易于理解。只有这样，才能提高会计信息的有用性，实现财务报告的目标，满足向投资者等财务报告使用者提供决策有用信息的要求。

会计信息毕竟是一种专业性较强的信息产品，在强调会计信息的可理解性要求的同时，还应假定使用者具有一定的有关企业经营活动和会计方面的知识，并且愿意付出努力去研究这些信息。对于某些复杂的信息，如交易本身较为复杂或者会计处理较为复杂，但与使用者的经济决策相关的，企业就应当在财务报告中予以充分披露。

四、可比性

可比性要求企业提供的会计信息应当相互可比。这主要包括两层含义：

（一）同一企业不同时期可比

为了便于投资者等财务报告使用者了解企业财务状况、经营成果和现金流量的变化趋势，比较企业在不同时期的财务报告信息，全面、客观地评价过去、预测未来，从而做出决策，会计信息质量的可比性要求同一企业不同时期发生的相同或者相似的交易或者事项，应当采用一致的会计政策，不得随意变更。但是，满足会计信息可比性要求，并非表明企业不得变更会计政策，如果按照规定或者在会计政策变更后可以提供更可靠、更相关的会计信息，可以变更会计政策。有关会计政策变更的情况，应当在附注中予以说明。

（二）不同企业相同会计期间可比

为了便于投资者等财务报告使用者评价不同企业的财务状况、经营成果和现金流量及其变动情况，会计信息质量的可比性要求不同企业同一会计期间发生的相同或者相似的交易或者事项，应当采用规定的会计政策，确保会计信息口径一致、相互可比，以使不同企业按照一致的确认、计量和报告要求提供有关会计信息。

五、实质重于形式

实质重于形式要求企业应当按照交易或者事项的经济实质进行会计确认、计量和报告，不仅仅以交易或者事项的法律形式为依据。

企业发生的交易或事项在多数情况下，其经济实质和法律形式是一致的。但在有些情况下，会出现不一致。例如，以融资租赁方式租入的资产虽然从法律形式来讲企业并不拥有其所有权，但是由于租赁合同中规定的租赁期相当长，接近于该资产的使用寿命；租赁期结束时承租企业有优先购买该资产的选择权；在租赁期内承租企业有权支配资产并从中受益等，因此，从其经济实质来看，企业能够控制融资租入资产所创造的未来经济利益，在会计确认、计量和报告上就应当将以融资租赁方式租入的资产视为企业的资产，列入企业的资产负债表。

又如，企业按照销售合同销售商品但又签订了售后回购协议，虽然从法律形式上实现了收入，但如果企业没有将商品所有权上的主要风险和报酬转移给购货方，没有满足收入确认的各项条件，即使签订了商品销售合同或者已将商品交付给购货方，也不应当确认销售收入。

六、重要性

重要性要求企业提供的会计信息应当反映与企业财务状况、经营成果和现金流量有关的所有重要交易或者事项。

在实务中，如果会计信息的省略或者错报会影响投资者等财务报告使用者据此做出决策的，该信息就具有重要性。重要性的应用需要依赖职业判断，企业应当根据其所处环境和实际情况,从项目的性质和金额大小两方面加以判断。

例如,我国上市公司要求对外提供季度财务报告,考虑到季度财务报告披露的时间较短,从成本效益原则考虑,季度财务报告没有必要像年度财务报告那样披露详细的附注信息。因此,中期财务报告准则规定,公司季度财务报告附注应当以年初至本中期末为基础编制,披露自上年度资产负债表日之后发生的、有助于理解企业财务状况、经营成果和现金流量变化情况的重要交易或者事项。这种附注披露,就体现了会计信息质量的重要性要求。

七、谨慎性

谨慎性要求企业对交易或者事项进行会计确认、计量和报告应当保持应有的谨慎,不应高估资产或者收益、低估负债或者费用。

在市场经济环境下,企业的生产经营活动面临着许多风险和不确定性,如应收款项的可收回性、固定资产的使用寿命、无形资产的使用寿命、售出存货可能发生的退货或者返修等。会计信息质量的谨慎性要求,需要企业在面临不确定性因素的情况下做出职业判断时,应当保持应有的谨慎,充分估计到各种风险和损失,既不高估资产或者收益,也不低估负债或者费用。例如,要求企业对可能发生的资产减值损失计提资产减值准备、对售出商品可能发生的保修义务等确认预计负债等,就体现了会计信息质量的谨慎性要求。

谨慎性的应用也不允许企业设置秘密准备,如果企业故意低估资产或者收益,或者故意高估负债或者费用,将不符合会计信息的可靠性和相关性要求,损害会计信息质量,扭曲企业实际的财务状况和经营成果,从而对使用者的决策产生误导,这是不符合会计准则要求的。

八、及时性

及时性要求企业对于已经发生的交易或者事项,应当及时进行确认、计量和报告,不得提前或者延后。

会计信息的价值在于帮助所有者或者其他方面做出经济决策,具有时效性。即使是可靠、相关的会计信息,如果不及时提供,就失去了时效性,对于使用者的效用就大大降低甚至不再具有实际意义。在会计确认、计量和报告过程中贯彻及时性,一是要求及时收集会计信息,即在经济交易或者事项发生后,及时收集整理各种原始单据或者凭证;二是要求及时处理会计信息,即按照会计准则的规定,及时对经济交易或者事项进行确认或者计量,并编制出财务报告;三是要求及时传递会计信息,即按照国家规定的有关时限,及时地将编制的财务报告传递给财务报告使用者,便于其及时使用和决策。

在实务中,为了及时提供会计信息,可能需要在有关交易或者事项的信息全部获得之前即进行会计处理,这样就满足了会计信息的及时性要求,但可能会影响会计信息的可靠性;反之,如果企业等到与交易或者事项有关的全部信息获得之后再进行会计处理,这样的信息披露可能会由于时效性问题,对于投资者等财务报告使用者决策的有用性将大大降低。这就需要在及时性和可靠性之间做相应权衡,以更好地满足投资者等财务报告使用者的经济决策需要为判断标准。

第五节 会计要素及其确认与计量原则

会计要素是根据交易或者事项的经济特征所确定的财务会计对象的基本分类。会计要素按照其性质分为资产、负债、所有者权益、收入、费用和利润,其中,资产、负债和所有者权益要素侧重于反映企业的财务状况,收入、费用和利润要素侧重于反映企业的经营成果。会计要素的界定和分类可以使财务会计系统更加科学严密,为投资者等财务报告使用者提供更加有用的信息。

一、资产的定义及其确认条件

(一)资产的定义

资产是指企业过去的交易或者事项形成的,由企业拥有或者控制的,预期会给企业带来经济利益的资源。根据资产的定义,资产具有以下几个方面的特征:

1. 资产预期会给企业带来经济利益

资产预期会给企业带来经济利益,是指资产直接或者间接导致现金和现金等价物流入企业的潜力。这种潜力可以来自企业日常的生产经营活动,也可以是非日常活动;带来的经济利益可以是现金或者现金等价物,或者是可以转化为现金或者现金等价物的形式,或者是可以减少现金或者现金等价物流出的形式。

资产预期能否为企业带来经济利益是资产的重要特征。例如,企业采购的原材料、购置的固定资产等可以用于生产经营过程,制造商品或者提供劳务,对外出售后收回货款,货款即为企业所获得的经济利益。如果某一项目预期不能给企业带来经济利益,那么就不能将其确认为企业的资产。前期已经确认为资产的项目,如果不能再为企业带来经济利益,也不能再确认为企业的资产。

2. 资产应为企业拥有或者控制的资源

资产作为一项资源,应当由企业拥有或者控制,具体是指企业享有某项资源的所有权,或者虽然不享有某项资源的所有权,但该资源能被企业所控制。

企业享有资产的所有权,通常表明企业能够排他性地从资产中获取经济利益。通常在判断资产是否存在时,所有权是考虑的首要因素。在有些情况下,资产虽然不为企业所拥有,即企业并不享有其所有权,但企业控制了这些资产,同样表明企业能够从资产中获取经济利益,符合会计上对资产的定义。如果企业既不拥有也不控制资产所能带来的经济利益,就不能将其作为企业的资产予以确认。

3. 资产是由企业过去的交易或者事项形成的

资产应当由企业过去的交易或者事项所形成,过去的交易或者事项包括购买、生产、建造行为或者其他交易或事项。换句话说,只有过去的交易或者事项才能产生资产,企业预期在未来发生的交易或者事项不形成资产。例如,企业有购买某存货的意愿或者计划，但是购买行为尚未发生，就不符合资产的定义，不能因此而确认存货资产。

(二) 资产的确认条件

将一项资源确认为资产，需要符合资产的定义，还应同时满足以下两个条件：

1. 与该资源有关的经济利益很可能流入企业

从资产的定义可以看出，能否带来经济利益是资产的一个本质特征，但在现实生活中，由于经济环境瞬息万变，与资源有关的经济利益能否流入企业或者能够流入多少实际上带有不确定性。因此，资产的确认还应与经济利益流入的不确定性程度的判断结合起来，如果根据编制财务报表时所取得的证据，与资源有关的经济利益很可能流入企业，那么就应当将其作为资产予以确认；反之，不能确认为资产。例如，某企业赊销一批商品给某一客户，从而形成了对该客户的应收账款，由于企业最终收到款项与销售实现之间有时间差，而且收款又在未来期间，因此带有一定的不确定性，如果企业在销售时判断未来很可能收到款项或者能够确定收到款项，企业就应当将该应收账款确认为一项资产；如果企业判断在通常情况下款项很可能部分或者全部无法收回，表明该部分或者全部应收账款已经不符合资产的确认条件，应当计提坏账准备，减少资产的价值。

2. 该资源的成本或者价值能够可靠地计量

财务会计系统是一个确认、计量和报告的系统，其中计量起着枢纽作用，可计量性是所有会计要素确认的重要前提，资产的确认也是如此。只有当有关资源的成本或者价值能够可靠地计量时，资产才能予以确认。在实务中，企业取得的许多资产都是发生了实际成本的，例如，企业购买或者生产的存货，企业购置的厂房或者设备等，对于这些资产，只要实际发生的购买成本或者生产成本能够可靠计量，就视为符合了资产确认的可计量条件。在某些情况下，企业取得的资产没有发生实际成本或者发生的实际成本很小，例如，企业持有的某些衍生金融工具形成的资产，对于这些资产，尽管它们没有实际成本或者发生的实际成本很小，但是如果其公允价值能够可靠计量的话，也被认为符合了资产可计量性的确认条件。

二、负债的定义及其确认条件

(一) 负债的定义

负债是指企业过去的交易或者事项形成的，预期会导致经济利益流出企业的现时义务。根据负债的定义，负债具有以下几个方面的特征：

1. 负债是企业承担的现时义务

负债必须是企业承担的现时义务，这是负债的一个基本特征。其中，现时义务是指企业在现行条件下已承担的义务。未来发生的交易或者事项形成的义务，不属于现时义务，不应当确认为负债。

2. 负债预期会导致经济利益流出企业

预期会导致经济利益流出企业也是负债的一个本质特征，只有企业在履行义务时会导致经济利益流出企业的，才符合负债的定义，如果不会导致企业经济利益流出的，就不符合负债的定义。在履行现时义务清偿负债时,导致经济利益流出企业的形式多种多样,例如用现金偿还或以实物资产形式偿还;以提供劳务形式偿还;部分转移资产、部分提供劳务形式偿还;将负债转为资本等。

3. 负债是由企业过去的交易或者事项形成的

负债应当由企业过去的交易或者事项所形成。换句话说,只有过去的交易或者事项才形成负债,企业将在未来发生的承诺、签订的合同等交易或者事项,不形成负债。

(二)负债的确认条件

将一项现时义务确认为负债,需要符合负债的定义,还需要同时满足以下两个条件:

1. 与该义务有关的经济利益很可能流出企业

从负债的定义可以看出,预期会导致经济利益流出企业是负债的一个本质特征。在实务中,履行义务所需流出的经济利益带有不确定性,尤其是与推定义务相关的经济利益通常需要依赖于大量的估计。因此,负债的确认应当与经济利益流出的不确定性程度的判断结合起来,如果有确凿证据表明,与现时义务有关的经济利益很可能流出企业,就应当将其作为负债予以确认;反之,如果企业承担了现时义务,但是会导致企业经济利益流出的可能性很小,就不符合负债的确认条件,不应将其作为负债予以确认。

2. 未来流出的经济利益的金额能够可靠地计量

负债的确认在考虑经济利益流出企业的同时,对于未来流出的经济利益的金额应当能够可靠计量。对于与法定义务有关的经济利益流出金额,通常可以根据合同或者法律规定的金额予以确定,考虑到经济利益流出的金额通常在未来期间,有时未来期间较长,有关金额的计量需要考虑货币时间价值等因素的影响。对于与推定义务有关的经济利益流出金额,企业应当根据履行相关义务所需支出的最佳估计数量进行估计,并综合考虑有关货币时间价值、风险等因素的影响。

三、所有者权益的定义及其确认条件

(一)所有者权益的定义

所有者权益是指企业资产扣除负债后,由所有者享有的剩余权益。公司的所有者权益又称为股东权益。所有者权益是所有者对企业资产的剩余索取权,它是企业资产中扣除债权人权益后应由所有者享有的部分,既可反映所有者投入资本的保值增值情况,又体现了保护债权人权益的理念。

(二)所有者权益的来源构成

所有者权益的来源包括所有者投入的资本、直接计入所有者权益的利得和损失、留存收益等,通常由股本(或实收资本)、资本公积(含股本溢价或资本溢价、其他资本公积)、盈余公积和未分配利润构成。商业银行等金融企业在税后利润中提取的一般风险准备,也构成所有者权益。

所有者投入的资本是指所有者所有投入企业的资本部分,它既包括构成企业注册资本或者股本部分的金额，也包括投入资本超过注册资本或者股本部分的金额，即资本溢价或者股本溢价，这部分投入资本在我国企业会计准则体系中被计入了资本公积，并在资产负债表中的资本公积项目下反映。

直接计入所有者权益的利得和损失，是指不应计入当期损益、会导致所有者权益发生增减变动的、与所有者投入资本或者向所有者分配利润无关的利得或者损失。其中，利得是指由企业非日常活动所形成的、会导致所有者权益增加的、与所有者投入资本无关的经济利益的流入。损失是指由企业非日常活动所发生的、会导致所有者权益减少的、与向所有者分配利润无关的经济利益的流出。直接计入所有者权益的利得和损失主要包括可供出售金融资产的公允价值变动额、现金流量套期中套期工具公允价值变动额（有效套期部分）等。

留存收益是企业历年实现的净利润留存于企业的部分，主要包括累计计提的盈余公积和未分配利润。

（三）所有者权益的确认条件

所有者权益体现的是所有者在企业中的剩余权益，因此，所有者权益的确认主要依赖于其他会计要素，尤其是资产和负债的确认；所有者权益金额的确定也主要取决于资产和负债的计量。例如，企业接受投资者投入的资产，在该资产符合企业资产确认条件时，就相应地符合了所有者权益的确认条件；当该资产的价值能够可靠计量时，所有者权益的金额也就可以确定。

四、收入的定义及其确认条件

（一）收入的定义

收入是指企业在日常活动中形成的、会导致所有者权益增加的、与所有者投入资本无关的经济利益的总流入。根据收入的定义，收入具有以下几方面的特征：

1. 收入是企业在日常活动中形成的

日常活动是指企业为完成其经营目标所从事的经常性活动以及与之相关的活动。例如，工业企业制造并销售产品、商业企业销售商品、保险公司签发保单、咨询公司提供咨询服务、软件企业为客户开发软件、安装公司提供安装服务、商业银行对外贷款、租赁公司出租资产等，均属于企业的日常活动。明确界定日常活动是为了将收入与利得相区分，因为企业非日常活动所形成的经济利益的流入不能确认为收入，而应当计入利得。

2. 收入是与所有者投入资本无关的经济利益的总流入

收入应当会导致经济利益的流入，从而导致资产的增加。例如，企业销售商品，应当收到现金或者在未来有权收到现金，才表明该交易符合收入的定义。但是在实务中，经济利益的流入有时是所有者投入资本的增加所导致的，所有者投入资本的增加不应当确认为收入，应当将其直接确认为所有者权益。

3. 收入会导致所有者权益的增加

与收入相关的经济利益的流入应当会导致所有者权益的增加,不会导致所有者权益增加的经济利益的流入不符合收入的定义,不应确认为收入。例如,企业向银行借入款项,尽管也导致了企业经济利益的流入,但该流入并不导致所有者权益的增加,反而使企业承担了一项现时义务。对于企业因借入款项所导致的经济利益的增加,不应将其确认为收入,而应当确认一项负债。

(二)收入的确认条件

企业收入的来源渠道多种多样,不同收入来源的特征有所不同,其收入确认条件也往往存在差别,如销售商品、提供劳务、让渡资产使用权等。一般而言,收入只有在经济利益很可能流入从而导致企业资产增加或者负债减少,且经济利益的流入额能够可靠计量时才能予以确认。即收入的确认至少应当符合以下条件:一是与收入相关的经济利益很可能流入企业;二是经济利益流入企业的结果会导致企业资产的增加或者负债的减少;三是经济利益的流入额能够可靠地计量。

五、费用的定义及其确认条件

(一)费用的定义

费用是指企业在日常活动中发生的、会导致所有者权益减少的、与向所有者分配利润无关的经济利益的总流出。根据费用的定义,费用具有以下几方面的特征:

1. 费用是企业在日常活动中形成的

费用必须是企业在其日常活动中所形成的,这些日常活动的界定与收入定义中涉及的日常活动的界定相一致。因日常活动所产生的费用通常包括销售成本(营业成本)、职工薪酬、折旧费、无形资产摊销费等。将费用界定为日常活动所形成的,目的是将其与损失相区分,企业非日常活动所形成的经济利益的流出不能确认为费用,而应当计入损失。

2. 费用是与向所有者分配利润无关的经济利益的总流出

费用的发生应当会导致经济利益的流出,从而导致资产的减少或者负债的增加(最终也会导致资产的减少)。其表现形式包括现金或者现金等价物的流出,存货、固定资产和无形资产等的流出或者消耗等。鉴于企业向所有者分配利润也会导致经济利益的流出,而该经济利益的流出显然属于所有者权益的抵减项目,不应确认为费用,应当将其排除在费用的定义之外。

3. 费用会导致所有者权益的减少

与费用相关的经济利益的流出应当会导致所有者权益的减少,不会导致所有者权益减少的经济利益的流出不符合费用的定义,不应确认为费用。

(二)费用的确认条件

费用的确认除了应当符合定义外,也应当满足严格的条件,即费用只有在经济利益很可能流出从而导致企业资产减少或者负债增加,且经济利益的流出额能够可靠计量时才能予以确认。因此,费用的确认至少应当符合以下条件:一是与费用相关的经济利益应当很可能流出企业;二是经济利益流出企业的结果会导致资产的减少或者负债的增加;三是经济利益的流出额能够可靠计量。

六、利润的定义及其确认条件

(一)利润的定义

利润是指企业在一定会计期间的经营成果。通常情况下,如果企业实现了利润,表明企业的所有者权益将增加,业绩得到了提升;反之,如果企业发生了亏损(即利润为负数),表明企业的所有者权益将减少,业绩下滑了。因此,利润往往是评价企业管理层业绩的一项重要指标,也是投资者等财务报告使用者进行决策时的重要参考。

(二)利润的来源构成

利润包括收入减去费用后的净额、直接计入当期利润的利得和损失等。其中收入减去费用后的净额反映的是企业日常活动的业绩,直接计入当期利润的利得和损失反映的是企业非日常活动的业绩。直接计入当期利润的利得和损失是指应当计入当期损益、最终会引起所有者权益发生增减变动的、与所有者投入资本或者向所有者分配利润无关的利得或者损失。企业应当严格区分收入和利得、费用和损失之间的区别,以更加全面地反映企业的经营业绩。

(三)利润的确认条件

利润反映的是收入减去费用、利得减去损失后的净额的概念,因此,利润的确认主要依赖于收入和费用以及利得和损失的确认,其金额的确定也主要取决于收入、费用、利得和损失金额的计量。

七、会计要素计量属性及其应用原则

(一)会计要素计量属性

会计计量是为了将符合确认条件的会计要素登记入账并列报于财务报表而确定其金额的过程。企业应当按照规定的会计计量属性进行计量,确定相关金额。计量属性是指所予计量的某一要素的特性方面,如桌子的长度、铁矿的重量、楼房的高度等。从会计角度,计量属性反映的是会计要素金额的确定基础,主要包括**历史成本**、**重置成本**、**可变现净值**、**现值**和**公允价值**等。

1. 历史成本

历史成本,又称为实际成本,就是取得或制造某项财产物资时所实际支付的现金或者其他等价物。在历史成本计量下,资产按照其购置时支付的现金或者现金等价物的金额,或者按照购置资产时所付出的对价的公允价值计量。负债按照其因承担现时义务而实际收到的款项或者资产的金额,或者承担现时义务的合同金额,或者按照日常活动中为偿还负债预期需要支付的现金或者现金等价物的金额计量。

2. 重置成本

重置成本，又称现行成本，是指按照当前市场条件，重新取得同样一项资产所需支付的现金或现金等价物金额。在重置成本计量下，资产按照现在购买相同或者相似资产所需支付的现金或者现金等价物的金额计量。负债按照现在偿付该项债务所需支付的现金或者现金等价物的金额计量。

3. 可变现净值

可变现净值，是指在正常生产经营过程中以预计售价减去进一步加工成本和销售所必需的预计税金、费用后的净值。在可变现净值计量下，资产按照其正常对外销售所能收到现金或者现金等价物的金额扣减该资产至完工时估计将要发生的成本、估计的销售费用以及相关税金后的金额计量。

4. 现值

现值，是指对未来现金流量以恰当的折现率进行折现后的价值，是考虑货币时间价值因素等的一种计量属性。在现值计量下，资产按照预计从其持续使用和最终处置中所产生的未来净现金流入量的折现金额计量。负债按照预计期限内需要偿还的未来净现金流出量的折现金额计量。

5. 公允价值

公允价值，是指在公平交易中，熟悉情况的交易双方自愿进行资产交换或者债务清偿的金额。在公允价值计量下，资产和负债按照在公平交易中，熟悉情况的交易双方自愿进行资产交换或者债务清偿的金额计量。

(二) 各种计量属性之间的关系

在各种会计要素计量属性中，历史成本通常反映的是资产或者负债过去的价值，而重置成本、可变现净值、现值以及公允价值通常反映的是资产或者负债的现时成本或者现时价值，是与历史成本相对应的计量属性。当然这种关系也并不是绝对的。比如，资产或者负债的历史成本有时就是根据交易时有关资产或者负债的公允价值确定的，在非货币性资产交换中，如果交换具有商业实质，且换入、换出资产的公允价值能够可靠计量的，换入资产入账成本的确定应当以换出资产的公允价值为基础，除非有确凿证据表明换入资产的公允价值更加可靠；在非同一控制下的企业合并交易中，合并成本也是以购买方在购买日为取得对被购买方的控制权而付出的资产、发生或承担的负债等的公允价值确定的。再比如，在应用公允价值时，当相关资产或者负债不存在活跃市场的报价或者不存在同类或者类似资产的活跃市场报价时，需要采用估值技术来确定相关资产或者负债的公允价值，而在采用估值技术估计相关资产或者负债的公允价值时，现值往往是比较普遍采用的一种估值方法，在这种情况下，公允价值就是以现值为基础确定的。另外，公允价值相对于历史成本而言，具有很强的时间概念，也就是说，当前环境下某项资产或负债的历史成本可能是过去环境下该项资产或负债的公允价值，而当前环境下某项资产或负债的公允价值也许就是未来环境下该项资产或负债的历史成本。

(三) 计量属性的应用原则

企业在对会计要素进行计量时,一般应当采用历史成本。采用重置成本、可变现净值、现值、公允价值计量的,应当保证所确定的会计要素金额能够取得并可靠计量。

在企业会计准则体系建设中适度、谨慎地引入公允价值这一计量属性。在引入公允价值的过程中,我国充分考虑了国际财务报告准则中公允价值应用的三个级次,即第一,存在活跃市场的资产或负债,活跃市场中的报价应当用于确定其公允价值;第二,不存在活跃市场的,参考熟悉情况并自愿交易的各方最近进行的市场交易中使用的价格或参照实质上相同的其他资产或负债的当前公允价值;第三,不存在活跃市场,且不满足上述两个条件的,应当采用估值技术等确定资产或负债的公允价值。

第六节 财务报告

一、财务报告及其编制

财务报告是企业对外提供的反映企业某一特定日期的财务状况和某一会计期间的经营成果、现金流量等会计信息的文件。

根据财务报告的定义,财务报告具有以下几层含义:一是财务报告应当是对外报告,其服务对象主要是投资者、债权人等外部使用者,专门为了内部管理需要的、特定目的的报告不属于财务报告的范畴;二是财务报告应当综合反映企业的生产经营状况,包括某一时点的财务状况和某一时期的经营成果与现金流量等信息,以勾画出企业财务的全貌;三是财务报告必须形成一个系统的文件,不应是零星的或者不完整的信息。

财务报告是企业财务会计确认与计量的最终结果体现,投资者等使用者主要是通过财务报告来了解企业当前的财务状况、经营成果和现金流量等情况,从而预测未来的发展趋势。因此,财务报告是向投资者等财务报告使用者提供决策有用信息的媒介和渠道,是沟通投资者、债权人等使用者与企业管理层之间信息的桥梁和纽带。

随着我国改革开放的深入和市场经济体制的完善,财务报告的作用日益突出,我国会计法、公司法、证券法等出于保护投资者、债权人等利益的需要,也规定企业应当定期编制财务报告。

二、财务报告的构成

财务报告包括财务报表和其他应当在财务报告中披露的相关信息和资料。其中,财务报表由报表本身及其附注两部分构成,附注是财务报表的有机组成部分,而报表至少应当包括资产负债表、利润表和现金流量表等。考虑到小企业规模较小,外部信息需求相对较低,因此,小企业编制的报表可以不包括现金流量表。全面执行企业会计准则体系的企业所编制的财务报表,还应当包括所有者权益(股东权益)变动表。

(1)资产负债表是反映企业在某一特定日期财务状况的会计报表。企业编制资产负债表的目的是通过如实反映企业的资产、负债和所有者权益金额及其结构,从而有助于使用者评价企业资产的质量以及短期偿债能力、长期偿债能力和利润分配能力等。

(2)利润表是反映企业在一定会计期间的经营成果的会计报表。企业编制利润表的目的是通过如实反映企业实现的收入、发生的费用以及应当计入当期利润的利得和损失等金额及其结构,从而有助于使用者分析评价企业的盈利能力及其构成与质量。

(3)现金流量表是反映企业在一定会计期间的现金和现金等价物流入和流出的会计报表。企业编制现金流量表的目的是通过如实反映企业各项活动的现金流入、流出情况,从而有助于使用者评价企业的现金流和资金周转情况。

(4)附注是对在会计报表中列示项目所做的进一步说明,以及对未能在这些报表中列示项目的说明等。企业编制附注的目的是通过对财务报表本身做补充说明,以更加全面、系统地反映企业财务状况、经营成果和现金流量的全貌,从而有助于向使用者提供更为有用的信息,做出更加科学合理的决策。

财务报表是财务报告的核心内容,但是除了财务报表之外,财务报告还应当包括其他相关信息,具体可以根据有关法律法规的规定和外部使用者的信息需求而定。如企业可以在财务报告中披露其承担的社会责任、对社区的贡献、可持续发展能力等信息,这些信息对于使用者的决策也是相关的,尽管属于非财务信息,无法包括在财务报表中,但是如果有规定或者使用者有需求,企业应当在财务报告中予以披露,有时企业也可以自愿在财务报告中披露相关信息。

思考题

1. 财务会计的目标是什么?
2. 会计核算程序包括哪几个环节?
3. 会计的法规体系是怎样的?
4. 会计核算的前提条件包括哪些?这些前提条件的作用分别是什么?
5. 会计信息质量特征包括哪些内容?
6. 会计确认与计量的基础是什么?

第二章　货币资金

【学习目标】

1. 理解资产的概念特征。
2. 了解货币资金的管理要求及银行结算方式。
3. 掌握各项货币资金的会计处理方法和各种结算方式下会计的账务处理方法。

【本章重点】

货币资金的核算。

【本章难点】

银行结算方式。

　　企业所拥有的资产依据不同的分类标准有多种分类。按照企业所拥有的资产流动性大小可以将企业的资产分为流动资产和非流动资产。流动资产的流动性(或称为可变现性)强于非流动资产。流动资产再按照流动性的大小分为货币资金、交易性金融资产、应收及预付款项、存货等，其流动性依次减弱。资产还可以分为货币性资产和非货币性资产。货币性资产是指企业持有的货币资金和将以固定或确定金额收取的资产，包括现金、银行存款、其他货币资金、应收账款、应收票据以及准备持有至到期的债券投资等。货币性资产以外的资产，称为非货币性资产，包括存货、固定资产、无形资产、长期股权投资、不准备持有至到期的债券投资等。非货币性资产未来为企业带来的经济利益的金额是不固定或不确定的。非货币性资产或者通过参与企业的生产经营活动，将其价值转移到企业生产的产品中去，未来通过企业的销售活动实现其价值的转换和增值；或者直接通过未来资产处置活动实现价值的转换和增值，而在非货币性资产实现价值转换和增值的过程中，其获取的经济利益的金额是不固定或不确定的。

　　依据上述资产的分类，货币资金是企业资产的重要组成部分，是企业资产中流动性最强的一种资产，是企业未来能够以固定金额收取的资产。任何企业要进行生产经营活动都必须拥有货币资金，持有货币资金是进行生产经营活动的基本条件。因此，无论资产如何分类，货币资金都是企业具有最强意愿持有的资产。

第一节　货币资金概述

一、货币资金的概念

货币资金是指在企业生产经营过程中处于货币形态的那部分资金,根据货币资金的存放地点及其用途的不同,货币资金分为库存现金、银行存款及其他货币资金。库存现金是指企业拥有的由出纳人员保管的货币;银行存款是指企业存放在开户银行的可随时支用的货币资金;其他货币资金是指除库存现金和银行存款以外的货币资金,包括企业的外埠存款、银行本票存款、银行汇票存款、信用卡存款、信用证存款、存出投资款等。

二、货币资金的主要支付结算方式

支付结算是指单位、个人在社会经济活动中使用现金、票据、信用卡和结算凭证进行货币给付及其资金清算的行为,其主要功能是完成资金从一方当事人向另一方当事人的转移。根据中国人民银行有关支付结算办法的规定,银行是支付结算和资金清算的中介机构。

办理支付结算的基本要求:

(1)单位、个人和银行办理支付结算必须使用按中国人民银行统一规定印制的票据和结算凭证。

(2)单位、个人和银行应当按照《人民币银行结算账户管理办法》的规定开立、使用账户。

(3)票据和结算凭证上的签章和其他记载事项应当真实,不得伪造、变造。

(4)填写票据和结算凭证应当规范,做到要素齐全、数字正确、字迹清晰、不错不漏、不潦草,防止涂改。

(一)开立和使用银行存款账户的规定

银行结算账户是指存款人在经办银行开立的办理资金收付结算的人民币活期存款账户。企业收入的一切款项,除留存限额内的现金之外,都必须送存银行。企业的一切支出除规定可用现金支付之外,都必须遵守银行结算办法的有关规定,通过银行办理转账结算。

银行是结算中心,各企业必须在银行开设账户,以办理存款、取款和转账等业务。中国人民银行制定的《银行账户管理办法》规定,一个企业可以根据需要在银行开立四种账户,包括基本存款账户、一般存款账户、临时存款账户和专用存款账户。

基本存款账户是企业办理日常结算和现金收付业务的账户,企业的工资、奖金等现金的支取只能通过基本存款账户办理。一个企业只能在一家银行开立一个基本存款账户,不得在同一家银行的几个分支机构开立一般存款账户。

一般存款账户是企业在基本存款账户以外的银行借款转存以及与基本存款账户的

企业不在同一地点的附属非独立核算的单位的账户,企业可以通过一般存款账户办理转账结算和现金缴存,但不能支取现金。

临时存款账户是企业因临时经营活动需要而开立的账户,企业可以通过临时存款账户办理转账结算和根据国家现金管理的规定办理现金收付。

专用存款账户是企业因特殊用途需要而开立的账户。

企业在办理存款账户以后,在使用账户时应严格执行银行结算纪律的规定。具体内容包括,合法使用银行账户,不得转借给其他单位或个人使用;不得利用银行账户进行非法活动;不得签发没有资金保证的票据和远期支票、套取银行信用;不得签发、取得和转让没有真实交易和债权债务的票据,套取银行和他人的资金;不准无理拒绝付款、任意占用他人资金;不准违反规定开立和使用账户。

(二)银行转账结算方式

转账结算是指企业单位之间的款项收付由银行从付款单位的存款账户划转到收款单位的存款账户的货币清算行为。为了规范全国的银行结算工作以及方便各企业间的国内与国际交易业务,中国人民银行规定了可以使用的各种银行转账结算方式。

1. 票据结算方式

(1)银行汇票。

银行汇票是汇款人将款项交存出票银行,由出票银行签发的,由其在见票时按照实际结算金额无条件支付给收款人或者持票人的票据。银行汇票的出票银行为银行汇票的付款人。企业与异地单位和个人的各种款项结算,均可使用银行汇票。银行汇票的提示付款期限自出票日起1个月,持票人超过付款期限提示付款的,代理付款人不予受理。

收款人受理申请人交付的银行汇票时,应在出票金额以内,根据实际需要的款项办理结算,并将实际结算金额和多余金额填入银行汇票和解讫通知的有关栏内。银行汇票的实际结算金额低于出票金额的,其多余金额由出票银行退交申请人。

银行汇票可以背书转让给被背书人,银行汇票的背书转让以不超过出票金额的实际结算金额为准。

(2)银行本票。

银行本票是指由银行签发的,承诺在见票时无条件支付确定的金额给收款人或者持票人的票据。它适用于单位和个人在同一票据交换区域需要支付各种款项的结算。银行本票可以用于转账,注明"现金"字样的银行本票也可以用于支取现金。

银行本票分为不定额本票和定额本票两种,其中定额本票分为1 000元、5 000元、10 000元和50 000元四种面额。银行本票的提示付款期限自出票日起最长不得超过2个月,持票人超过付款期限提示付款的,代理付款人不予受理。

银行本票可以背书转让。

(3)支票。

支票是指出票人签发的,委托办理支票存款业务的银行在见票时无条件支付确定的金额给收款人或者持票人的票据。支票的出票人为在银行机构开立可以使用支票的存款账户的单位和个人。支票适用于单位和个人在同一票据交换区域的各种款项的结算。

支票分为现金支票、转账支票和普通支票三种。在支票上印有"现金"字样的支票为现金支票,现金支票只能用于支取现金;在支票上印有"转账"字样的支票为转账支票,转账支票只能用于转账,不能用于支取现金;在支票上未印有"现金"或"转账"字样的为普通支票,普通支票可以用于支取现金,也可以用于转账。另外,在普通支票左上角划两条平行线的,为划线支票,划线支票只能用于转账,不得支取现金。

支票的提示付款期限为自出票日起10日内,中国人民银行另有规定的除外。超过提示付款期限提示付款的,持票人开户银行不予受理,付款人不予付款。

单位和个人签发支票的金额不得超过付款时在付款人处实有的存款金额,同时不得签发空头支票、与预留银行签章不符的支票以及支付密码错误的支票。否则,银行应予以退票,并按票面金额处以5%但不低于1 000元的罚款;持票人有权要求出票人赔偿支票金额2%的赔偿金。

(4)商业汇票。

商业汇票是指由出票人签发的,委托付款人在指定日期无条件支付确定的金额给收款人或者持票人的票据。商业汇票在同城、异地都可以使用,而且没有结算起点的限制。商业汇票到期后,一律通过银行办理转账结算,银行不支付现金。商业汇票一律记名并允许背书转让,符合条件的商业汇票在到期前可以向银行申请贴现,并按银行规定的贴现息率向银行支付贴现息。

与银行汇票等相比,商业汇票的适用范围相对较窄,各企业、事业单位之间只有根据购销合同进行合法的商品交易,才能签发商业汇票,如购买材料、销售商品等业务。除商品交易以外,其他方面的结算,如劳务报酬、债务清偿、资金借贷等不可采用商业汇票结算方式。

商业汇票的付款期限可由交易双方自行约定,但最长不得超过6个月。商业汇票的提示付款期限为自汇票到期日起10日内。持票人应在提示付款期限内通过开户银行委托收款或直接向付款人提示付款。

按承兑人的不同,商业汇票可分为商业承兑汇票和银行承兑汇票两种。

商业承兑汇票可以由付款人签发并承兑,也可以由收款人签发交由付款人承兑,属于商业信用范畴。收款人或者持票人在提示付款期限内应填写委托收款凭证,并连同商业承兑汇票送交银行办理收款。在收到银行转来的收款通知后,就可办理收款的账务处理。付款人收到开户银行转来的付款通知,应在当日通知银行付款。付款人在接到通知日的次日起3日内(遇法定休假日顺延)未通知银行付款的,银行视同付款人承诺付款,并应于付款人接到通知日的次日起第4日(法定休假日顺延)上午开始营业时,将票款划给持票人。银行在办理划款时,付款人存款账户不足支付的,应填制付款人未付票款通知书,连同商业承兑汇票邮寄持票人开户银行转交持票人。

银行承兑汇票由银行承兑,属于银行信用。银行承兑汇票应由在承兑银行开立存款账户的存款人签发。承兑银行应在汇票到期日或到期日后的见票当日支付票款。

2.其他结算方式

(1)汇兑。

汇兑是指汇款人委托银行将其款项支付给收款人的结算方式。单位和个人各种款项的结算,均可使用汇兑结算方式。汇兑结算方式适用于异地之间各种款项的结算,这种结算方式简便灵活。

(2)委托收款。

委托收款是指收款人委托银行向付款人收取款项的结算方式。按银行结算办法的规定,单位和个人凭已承兑商业汇票、债券、存单等付款人债务证明办理款项的结算,均可以使用委托收款结算方式。这种结算方式在同城、异地均可以使用。

收款人委托银行向付款人收取款项时,应填写一式五联的委托收款结算凭证,连同有关债务证明送交银行办理委托收款手续,收款人开户行受理后,应将有关凭证寄交付款单位开户银行并由其审核后通知付款单位。付款人应于接到通知的当日书面通知银行付款。按照规定,付款人未在接到通知日的次日起3日内通知银行付款的,视同付款人同意付款,银行应于付款人接到通知日的次日起第4日上午开始营业时,将款项划给收款人。银行在办理划款时,付款人存款账户余额不足以支付应付金额的,应通过被委托银行向收款人发出未付款项通知书。

(3)托收承付。

托收承付是指根据购销合同由收款人发货后委托银行向异地付款人收取款项,由付款人向银行承认付款的结算方式。按银行结算办法的规定,使用托收承付结算方式的收款单位和付款单位,必须是国有企业、供销合作社以及经营管理较好,并经开户银行审查同意的城乡集体所有制工业企业。收款单位和付款单位间的结算必须是商品交易,以及因商品交易而产生的劳务供应的款项。但有些交易,如代销、寄销、赊销商品的款项,不得办理托收承付结算。采用托收承付进行结算的交易双方必须签有符合《经济合同法》要求的购销合同,并在合同上订明使用托收承付结算方式进行结算。

采用托收承付结算方式时,销货单位在按合同规定向购货单位发货以后,应填写一式五联的托收承付结算凭证,连同合同以及货物发运证件送交银行办理托收。银行经审查同意办理托收以后,根据回单联进行销售货物的账务处理,待收到开户银行转来的收款通知时,可编制收款凭证,将款项收入账内。

购货单位收到银行转来的付款通知以后,应在承付期内及时组织审查核对,安排资金,支付货款。承付货款分为验单付款和验货付款两种方式,由收付双方选择使用,并在合同中明确加以规定。验单付款的承付期为3天,从付款人开户银行发出承付通知的次日算起(承付期内遇法定休假日顺延)。付款人在承付期内,未向银行表示拒绝付款,银行即视作承付,并在承付期满的次日(法定休假日顺延)上午银行开始营业时,将款项主动从付款人的账户内付出,按照收款人指定的划款方式,划给收款人。验货付款的承付期为10天,从运输部门向付款人发出提货通知的次日算起。

不论验单付款还是验货付款,付款人都可以在承付期内提前向银行表示承付,并通知银行提前付款,银行应立即办理划款;因商品的价格、数量或金额变动,付款人应多承付款项的,须在承付期内向银行提出书面通知,银行据以随同当次托收款项划给收款人。付款人不得在承付货款中,扣抵其他款项或以前托收的货款。

付款人在承付期内如果有完整的拒付手续和充足的理由,可以向银行提出拒付。下列情况下,付款人在承付期内,可向银行提出全部或部分拒绝付款。

①没有签订购销合同或购销合同未订明托收承付结算方式的款项。

②未经双方事先达成协议,收款人提前交货或因逾期交货付款人不再需要该项货物的款项。

③未按合同规定的到货地址发货的款项。

④代销、寄销、赊销商品的款项。

⑤验单付款,发现所列货物的品种、规格、数量、价格与合同规定不符,或货物已到,经查验货物与合同规定或发货清单不符的款项。

⑥验货付款,经查验货物与合同规定或与发货清单不符的款项。

⑦货款已经支付或计算有错误的款项。

不属于上述情况的,付款人不得向银行提出拒绝付款。

(4)信用卡。

信用卡是指商业银行向个人和单位发行的,凭以购物、消费和向银行存取现金且具有消费信用的特制载体卡片。信用卡按使用对象分为单位卡和个人卡。

凡在中国境内金融机构开立基本存款账户的单位可申领单位卡。单位申领使用信用卡时,应按规定填制申请表,连同有关资料一并送交发卡银行。符合条件的单位应按银行的要求交存一定金额后,银行才能为申领人开立信用卡存款账户,并发给信用卡。信用卡存款利息按照活期存款利率及计息办法计算。单位卡账户的资金一律从其基本存款账户转账存入,不得交存现金,不得将销货收入的款项存入其账户。单位卡销户时账户余额要转入其基本存款账户,不能提取现金。

(5)信用证。

信用证是由银行开具的以银行信用为基础的保证付款的书面文件。企业委托银行办理信用证时,要向银行提交"信用证委托书",并且需要在银行存入相应的款项,信用证属于银行信用,供销双方的权利和义务都会得到保障,信用证作为可靠支付手段已被大多数国家和地区接受和使用,我国企业与国外企业间的贸易业务基本上都是采用这一结算方式进行结算的。

信用证结算方式的一般收付款程序是:

①开证申请人根据合同填写开证申请书并交纳押金或提供其他保证,请开证行开证。

②开证行根据申请书内容,开出信用证并寄交出口人所在地通知行。

③通知行核对印鉴无误后,将信用证交收益人。

④收益人审核信用证内容与合同规定相符后,按信用证规定装运货物、备妥单据并开出汇票,在信用证有效期内送议付行议付。

⑤议付行按信用证条款审核无误后,将货款垫付给收益人。

⑥议付行将汇票和货运单据寄给开证行或其特定的付款行索偿。

⑦开证行审核单据无误后,付款给议付行。

⑧开证行通知开证人付款赎单。

第二节 现金的核算

一、现金的定义

现金有广义与狭义之分,依据国际惯例,现金是指随时可作为流通与支付手段的票证,不论是法定货币还是信用票据,只要具有购买或支付能力,均可视为现金。即广义的现金包括库存现款和视同现金的各种银行存款、流通证券等。

我国日常交易业务会计核算所采用的是狭义的现金概念,即库存现金,是指存放在企业并由出纳人员保管的现钞,包括库存的人民币和各种外币,而财务报告(现金流量表)涉及的现金是广义的现金和现金等价物。

现金是流动性最强的一种货币性资产,它可以随时用以购买所需物资,支付日常零星开支,偿还债务,也可以随时存入银行。

二、现金的管理

(一)现金日常收支管理的基本规定

对现金的收入、支付、结存等各环节进行的管理称为现金管理。依据国务院颁布的《现金管理暂行条例》,现金管理的基本规定包括以下内容:

(1)限额管理开户单位库存现金。

库存现金限额,是指为保证各单位日常零星支付按规定允许留存的现金的最高数额。库存现金的限额,由开户行根据开户单位的实际需要和距离银行远近等情况核定。其限额一般按照单位 3~5 天日常零星开支所需现金确定,远离银行机构或交通不便的单位可依据实际情况适当放宽,但最高不得超过 15 天。

(2)库存现金的收付实行收支两条线,不准"坐支"现金。

坐支是指企事业单位和机关团体从本单位的现金收入中直接用于现金支出。按照《现金管理暂行条例》及其实施细则的规定,开户单位支付现金,可以从本单位的现金库存中支付或者从开户银行提取,不得从本单位的现金收入中直接支出(即坐支)。坐支现金容易打乱现金收支渠道,不利于现金监督和管理。

(3)收入现金应及时送存银行,企业的现金收入应于当天送存开户银行,确有困难的,应由开户银行确定送存时间。

(4)严格按照国家规定的开支范围使用现金,结算金额超过起点的,不得使用现金。

(5)不准编造用途套取现金。

企业在国家规定的现金使用范围和限额内需要现金,应从开户银行提取,提取时应写明用途,不得编造用途套取现金。

(二)现金的使用范围

根据国家现金管理制度和结算制度的规定,企业必须按照《现金管理暂行条例》的规

定在下列范围内使用现金:

(1) 职工工资、津贴。

(2) 个人劳务报酬。

(3) 根据国家规定颁发给个人的科学技术、文化艺术、体育等各种奖金。

(4) 各种劳保、福利费用以及国家规定的对个人的其他支出。

(5) 向个人收购农副产品和其他物资的价款。

(6) 出差人员必须随身携带的差旅费。

(7) 结算起点以下的零星支出。

(8) 中国人民银行确定需要支付现金的其他支出。

(三) 现金的内部控制

由于现金具有强流动性,为了防止现金的丢失、盗用、挪用公款等违法乱纪行为的发生,企业必须强调现金内部控制,严格现金内部控制的措施与手段,建立健全现金的内部控制制度,在保持现金流动的合理性、安全性的同时,提高现金的使用效果与获利能力。现金的内部控制工作应遵循以下原则:

(1) 严格职责分工。

要求库存现金实物的管理与账务记录分开,不能由一人兼任。企业库存现金收支与保管应由出纳人员负责,经管现金的出纳人员不得兼管收入、费用、债权、债务等账簿的登记工作以及会计稽核和会计档案保管工作;填写银行结算凭证的有关印鉴,不能集中由出纳人员保管,应实行印鉴分管制度。目的是分清责任,形成互相牵制的控制机制,防止挪用现金以及隐藏流入的现金。

(2) 现金收付的交易必须要有合法的原始凭证。

企业收到现金时,要有现金收入的原始凭证,以保证现金收入的来源合法;企业支付现金时,要按规定的授权程序进行,除小额零星支出须用库存现金外,其他应尽可能少用现钞,而用支票付款,同时要有确凿的原始凭证,以保证支付的有效性。对涉及现金收付交易的经济业务要根据原始凭证编制收付款凭证,并要在原始凭证与收付款凭证上盖上"现金收讫"与"现金付讫"印章。

(3) 建立票据的领用制度。

领用票据必须登记数量和起讫编号,由领用人员签字,收回票据存根,应由保管人员办理签收手续。对空白收据和发票应定期检查,以防止短缺。

(4) 加强内部稽核。

对企业的库存现金,除了要求出纳人员应做到日清月结之外,企业的审计部门以及会计部门的领导对现金的管理工作要进行经常性和突击性的监督与检查,包括现金收入与支出的所有记录。对发现的现金溢余与短缺,必须及时查明原因,并按规定的要求进行处理。

(5) 出纳岗位人员定期轮换。

企业的出纳人员应定期进行轮换,不得一人长期从事出纳工作。通过人员的及时轮换,不仅可以避免惰性,有利于提高工作效率,而且对工作人员本身也是一种保护。

三、现金的核算

现金的核算包括序时核算和总分类核算。

(一)现金的序时核算

现金的序时核算是指根据现金的收支业务逐日逐笔地记录现金的增减及结存情况。方法是设置与登记现金日记账。现金日记账是核算和监督现金日常收付结存情况的序时账簿,通过它可以全面、连续地了解和掌握企业每日现金的收支动态和库存余额,为日常分析、检查企业的现金收支活动提供资料。

现金日记账是根据审核签字后的现金收、付款凭证和从银行提取现金时填制的银行存款付款凭证,按照经济业务发生的时间顺序,由出纳人员逐日逐笔地进行登记。每日终了时,出纳人员应结出本日收入合计和本日支出合计,并结出余额;现金日记账的本日余额与库存现金的实有额应核对相符,若不一致,应及时查明原因,进行调整,做到账实相符;每月终了,现金日记账的月末余额与现金总分类账的月末余额应核对相符。有外币现金的企业,应区分人民币和各种外币设置现金日记账。

(二)现金的总分类核算

库存现金总分类账,可以根据现金收、付款凭证和从银行提取现金时填制的银行存款付款凭证逐笔登记,如果企业日常现金收支业务量较大,为了简化核算工作,可以根据实际情况,采用科目汇总表或汇总记账凭证的核算形式,根据科目汇总表或汇总收付款凭证定期或月终登记"库存现金"总账。

(三)备用金的核算

备用金是指企业预付给职工和内部有关单位用作差旅费、零星采购和零星开支,事后需要报销的款项。备用金业务在企业日常的现金收支业务中占有很大的比重,对于备用金的预支和报销,要建立必要的手续制度,并认真执行。职工预借备用金时,要填写"借款单",说明借款的用途和金额,并经本部门和有关领导的批准后,方可领取。职工预借备用金的数额应根据实际需要确定,预借的备用金应严格按照规定的用途使用。备用金用后要在规定期限内到财会部门报销,剩余备用金要及时交回,不得拖欠。报销时,应由报销人填写"报销单"并附有关原始凭证,经有关领导审批。

备用金的总分类核算,应设置"其他应收款"科目,用来核算企业的备用金及各种赔款、罚款及应向职工收取的各种垫付款项等。在备用金数额较大或业务较多的企业中,可以将备用金业务从"其他应收款"科目中划分出来,单独设置"备用金"科目进行核算。

备用金的明细分类核算,一般是按领取备用金的单位或个人设置三栏式明细账,根据预借和报销凭证进行登记。有的企业为了简化核算手续,用借款单的第三联代替明细账(借款单第一联是存根,第二联出纳据以付款),报销和交回现金时,予以注销。

在实际中,备用金的核算有两种方法,一是随借随用、用后报销的一般备用金制度,该方法适用于不经常使用备用金的单位和个人;二是定额备用金制度,适用于经常使用备用金的单位和个人。定额备用金制度的特点是对经常使用备用金的部门或车间,规定一个备用金定额。按定额拨付现金时,借记"其他应收款"或"备用金"科目,贷记"库存现金"科目。报销时,根据报销单据付给现金,补足定额,贷记"库存现金"科目,借记有关科目。

【例2-1】 甲公司销售部门职工张×,7月1日因公出差预借差旅费5 000元。7月12日返回,实际报销4 700元,剩余现金300元交回财务部门。

(1)7月1日:

借:其他应收款——张×   5 000
 贷:库存现金   5 000

(2)7月12日报销:

借:销售费用   4 700
 贷:其他应收款——张×   4 700

(3)剩余现金交回财务部门:

借:库存现金   300
 贷:其他应收款——张×   300

【例2-2】 甲公司财务部门对公司的行政管理部门实行定额备用金制度。根据核定的定额,付给定额备用金3 000元。

借:其他应收款——行政管理部门   3 000
 贷:库存现金   3 000

【例2-3】 行政管理部门当月共发生备用金支出2 300元,持支出凭据到会计部门报销。会计部门审核后付给现金,补足备用金定额。

借:管理费用   2 300
 贷:库存现金   2 300

行政管理部门未使用的现金余额700元,报销收到现金2 300元,补足定额3 000元。

【例2-4】 会计部门因管理需要决定取消行政管理部门定额备用金制度。行政管理部门持尚未报销的开支凭证400元和余款2 600元,到会计部门办理报销和交回备用金的手续。

借:管理费用   400
  库存现金   2 600
 贷:其他应收款   3 000

四、现金的清查

为了保护现金的安全完整,做到账实相符,必须做好现金的清查工作。

现金清查的基本方法是清点库存现金,并将现金实存数与现金日记账上的余额进行核对。实存数是指企业实有的现款额,清查时不能白条抵库,即不能用借条等单据来抵充现金。出纳每日终了应对库存现金实存数与其账面余额是否相符,现金的清查还包括清查小组的清查。对于现金清查中发现的账实不符,即现金溢缺情况,通过"待处理财产损溢——待处理流动资产损溢"科目进行核算。现金清查中发现短缺的现金,按短缺的金额,借记"待处理财产损溢——待处理流动资产损溢"科目,贷记"库存现金"科目;现金清查中发现溢余的现金,按溢余的金额,借记"库存现金"科目,贷记"待处理财产损溢——待处理流动资产损溢"科目,待查明原因后按如下要求进行处理:

(1)如为现金短缺,属于应由责任人赔偿的部分,借记"其他应收款——应收现金短缺款",已收到的赔偿则借记"库存现金"科目,贷记"待处理财产损溢——待处理流动资产损溢"科目;属于应由保险公司赔偿的部分,借记"其他应收款——应收保险赔款"科目,贷记"待处理财产损溢——待处理流动资产损溢"科目;属于无法查明的其他原因,根据管理权限,经批准后处理,借记"管理费用——现金短缺"科目,贷记"待处理财产损溢——待处理流动资产损溢"科目。

(2)如为现金溢余,属于应支付给有关人员或单位的,应借记"待处理财产损溢——待处理流动资产损溢"科目,贷记"其他应付款——应付现金溢余"科目;属于无法查明原因的现金溢余,经批准后,借记"待处理财产损溢——待处理流动资产损溢"科目,贷记"营业外收入——现金溢余"科目。

【例2-5】 甲公司不定期进行现金清查,在7月31日的现金清查工作中发现现金短缺60元。

借:待处理财产损溢——待处理流动资产损溢 60
　　贷:库存现金 60

【例2-6】 查明7月31日的现金短缺系出纳人员李×工作疏忽导致收款差错。经上级批准决定由该出纳人员弥补现金短款。

借:其他应收款——李× 160
　　贷:待处理财产损溢——待处理流动资产损溢 160

【例2-7】 甲公司在8月15日的现金清查中发现出现现金溢余50元:

借:库存现金 50
　　贷:待处理财产损溢——待处理流动资产损溢 50

【例2-8】 经上级批准转作营业外收入:

借:待处理财产损溢——待处理流动资产损溢 50
　　贷:营业外收入 50

第三节　银行存款的核算

一、银行存款收付业务核算

银行存款收付业务核算包括序时核算和总分类核算。

(一)银行存款的序时核算

银行存款的序时核算是指根据银行存款的收支业务逐日逐笔地记录银行存款的增减及结存情况,即设置与登记银行存款日记账。银行存款日记账是核算和监督银行存款日常收付结存情况的序时账簿。通过它可以全面、连续地了解和掌握企业每日银行存款的收支动态和余额,为日常分析、检查企业的银行存款收支活动提供资料。

银行存款日记账由出纳人员根据银行存款收、付款凭证及现金存入银行时的现金付款凭证,按照经济业务发生的先后顺序,逐日逐笔登记,同时要逐日加计收入合计、付出合计和结余数,月末结出本月收入、付出的合计数和月末结余数。

有外币存款的企业,应区分人民币和各种外币设置银行存款日记账。

(二)银行存款的总分类核算

银行存款的总分类核算是为了总括地反映和监督企业在银行开立结算账户的收支结存情况,为此,应设置"银行存款"科目。企业的外埠存款、银行本票存款、银行汇票存款等在"其他货币资金"科目核算,不在本科目内核算。

"银行存款"科目可以根据银行存款的收款凭证和付款凭证以及现金存入银行时的现金付款凭证登记。为了减少登记的工作量,在实际工作中,可以定期(10天或半月)填制汇总收付款凭证,据以登记银行存款总账科目,也可以根据科目汇总表进行登记。

月末,银行存款总分类账余额应与银行存款日记账的余额核对相符。

二、银行存款清查

银行存款清查是指将开户银行定期转来的对账单与本单位的银行存款日记账逐笔进行核对,以查明银行存款每笔收入和支付金额及余额是否正确相符。企业应当定期或不定期进行银行存款的清查。企业在进行银行对账单和银行存款日记账核对时经常会出现二者余额不符的情况,出现这种情况的原因除了记账错误外,主要还有存在未达账项。未达账项是指由于企业与银行取得凭证的实际时间不同,导致记账时间不一致,而发生的一方已取得结算凭证且已登记入账,而另一方未取得结算凭证尚未入账的款项。企业和银行之间可能会发生以下四个方面的未达账项:

(1)银行已经收款入账,而企业尚未收到银行的收款通知因而未收款入账的款项,(银行已收而企业未收)如,委托银行收款等。

(2)银行已经付款入账,而企业尚未收到银行的付款通知因而未付款入账的款项,(银行已付而企业未付)如,借款利息的扣付、托收承付等。

(3)企业已经收款入账,而银行尚未办理完转账手续因而未收款入账的款项,(企业已收而银行未收)如,收到外单位的转账支票等。

(4)企业已经付款入账,而银行尚未办理完转账手续因而未付款入账的款项,(企业已付而银行未付)如,企业已开出支票而持票人尚未向银行提现或转账等。

上述未达账项的存在,就会造成企业的银行存款日记账与银行对账单的余额不一致。所以企业必须将未达账项进行调节,将调节后的银行存款日记账的余额与调节后的银行对账单的余额进行核对。如果双方记账无误,调节后的余额是应该相符的。

对未达账项的调节是通过编制银行存款余额调节表进行的。在银行存款余额调节表中,要把双方的未达账项补充登记齐全,然后计算出调节后的余额,再进行核对。

对企业尚未记录的那些未达账项,只有等到有关银行结算凭证到达企业,才能据以进行账务处理。

【例 2-9】 甲公司 2017 年 6 月 30 日银行存款日记账余额为 370 万元,银行对账单余额为 365.8 万元。经核对,存在下列未达账项:

(1) 6 月 28 日,银行收到甲公司的托收款 1.5 万元,银行已记账,甲公司尚未接到银行收款通知。

(2) 6 月 28 日,银行支付电力公司托收的甲公司电费 4.6 万元,银行已记账,甲公司尚未接到银行付款通知。

(3) 6 月 29 日,甲公司用转账支票购买包装材料 3.2 万元,甲公司已记账,银行尚未付款记账。

(4) 6 月 30 日,甲公司送存收到的销货款转账支票 4.3 万元,甲公司已记账,银行尚未收款记账。

根据上述业务可以编制"银行存款余额调节表",以查证企业银行存款账户的实际余额。如表 2-1 所示。

表 2-1 银行存款余额调节表　　　　　　　　　　万元

项目	金额	项目	金额
银行存款日记账余额	370	银行对账单余额	365.8
加:银行已收,企业未收	1.5	加:企业已收,银行未收	4.3
减:银行已付,企业未付	4.6	减:企业已付,银行未付	3.2
调节后余额	370.9	调节后余额	370.9

需要说明的是,银行存款余额调节表,只是为了查清未达账项,从而查明银行存款的实际余额。它不是原始凭证,也不是记账凭证。不能根据它调整账面记录。

第四节　其他货币资金的核算

一、其他货币资金的内容

其他货币资金是指除库存现金、银行存款之外的货币资金,包括外埠存款、银行汇票存款、银行本票存款、信用卡存款、信用证保证金存款以及存出投资款等。

(1) 外埠存款,是指企业到外地进行临时或零星采购时,汇往采购地银行开立采购专户的款项。

(2) 银行汇票存款,是指企业为取得银行汇票按照规定存入银行的款项。

(3) 银行本票存款,是指企业为取得银行本票按照规定存入银行的款项。

(4) 信用卡存款,是指企业为取得信用卡按照规定存入银行的款项。

(5) 信用证保证金存款,是指企业为取得信用证按规定存入银行的保证金。

(6) 存出投资款,是指企业已存入证券公司但尚未进行短期投资的款项。

二、其他货币资金的核算

为了总括地反映企业其他货币资金的增减变动和结余情况,应设置"其他货币资金"科目进行总分类核算,同时为了详细反映企业各项其他货币资金的增减变动及结余情况,还应在"其他货币资金"总账科目下按其他货币资金的组成内容的不同分设明细科目,并且按外埠存款的开户银行、银行汇票或银行本票的收款单位等设置明细账。

(一)外埠存款的核算

为满足企业临时或零星采购的需要,将款项委托当地银行汇往采购地银行开立采购专户时,借记"其他货币资金"科目,贷记"银行存款"科目;会计部门在收到采购员交来的供应单位的材料账单、货物运单等报销凭证时,借记"材料采购""应交税费——应交增值税(进项税额)"等科目,贷记"其他货币资金"科目;采购员在离开采购地时,采购专户如有余额款项,应将剩余的外埠存款转回企业当地银行结算户,会计部门根据银行的收账通知,借记"银行存款"科目,贷记"其他货币资金"科目。

【例2-10】 5月21日,甲公司因零星采购需要,将款项100 000元汇往异地并开立采购专户,会计部门根据银行转来的回单联,填制记账凭证。

借:其他货币资金——外埠存款　　　　　　100 000
　　贷:银行存款　　　　　　　　　　　　　　　　100 000

【例2-11】 5月28日,会计部门收到采购员寄来的采购材料发票等凭证,货物价款65 000元,应交增值税8 450元,合计73 450元。

借:材料采购　　　　　　　　　　　　　　　65 000
　　应交税费——应交增值税(进项税额)　　 8 450
　　贷:其他货币资金——外埠存款　　　　　　　73 450

【例2-12】 5月29日,外地采购业务结束,采购员将剩余采购资金26 550元,转回本地银行,会计部门根据银行转来的收款通知填制记账凭证。

借:银行存款　　　　　　　　　　　　　　　26 550
　　贷:其他货币资金——外埠存款　　　　　　　26 550

(二)银行汇票的核算

企业使用银行汇票办理结算时,应填写"银行汇票委托书",并将相应金额的款项交存银行,取得银行汇票后,根据银行盖章退回的委托书存根联,借记"其他货币资金——银行汇票"科目,贷记"银行存款"科目;企业使用银行汇票后,应根据发票账单及开户银行转来的银行汇票第四联等有关凭证,借记"材料采购"等科目,贷记"其他货币资金——银行汇票"科目;银行汇票如有多余款项或因超过付款期限等原因而退回的款项时,借记"银行存款"科目,贷记"其他货币资金——银行汇票"科目。

【例2-13】 6月10日,甲公司向银行提交"银行汇票委托书",并交款项80 000元。银行受理后签发银行汇票和解讫通知,公司根据"银行汇票委托书"存根联记账。

借:其他货币资金——银行汇票   80 000
  贷:银行存款   80 000

【例2-14】 6月11日,甲公司用银行签发的银行汇票支付采购材料货款70 000元,应交增值税9 100元,企业记账的原始凭证是银行转来的银行汇票第四联及所附发货票账单等凭证。

借:材料采购   70 000
  应交税费——应交增值税(进项税额)   9 100
  贷:其他货币资金——银行汇票   79 100

【例2-15】 6月12日,甲公司收到银行退回的余款收账通知。

借:银行存款   1 900
  贷:其他货币资金——银行汇票   1 900

(三)银行本票的核算

企业要使用银行本票办理结算时,应填写"银行本票申请书",并将相应金额的款项交存银行,取得银行本票后,根据银行盖章退回的申请书存根联,借记"其他货币资金——银行本票"科目,贷记"银行存款"科目。企业付出银行本票后,应根据发票账单等有关凭证,借记"材料采购""应交税费——应交增值税(进项税额)"等科目,贷记"其他货币资金——银行本票"科目。银行本票如有多余款项或因本票超过付款期限等原因而退回的款项时,应借记"银行存款"科目,贷记"其他货币资金——银行本票"科目。

(四)存出投资款的核算

企业在向证券市场进行股票、债券投资时,应向证券公司申请资金账号并划出资金。会计部门应按实际划出的金额,借记"其他货币资金——存出投资款"科目,贷记"银行存款"科目;购买股票、债券时,应按实际支付的金额,借记"交易性金融资产""持有至到期投资""可供出售金融资产"等科目,贷记"其他货币资金——存出投资款"科目。

思考题

1. 货币资金包括哪些内容?如何管理?
2. 现金的开支范围是如何规定的?
3. 支付结算方式有哪几种?分别适用于什么样的范围?
4. 本章涉及哪些账户的核算?简述其结构和内容。

第三章　应收及预付款项

【学习目标】

1. 了解应收款项的内容。
2. 理解应收票据的取得、转让、到期收回及贴现的核算方法；应收账款的确认、计价及其核算方法。
3. 掌握应收债权的出售和融资、预付账款及其他应收款的核算。
4. 熟练掌握坏账准备的计提、发生坏账损失、坏账收回的核算方法。

【本章重点】

应收票据的取得、转让、到期收回及贴现的核算方法。

【本章难点】

坏账准备的计提、发生坏账损失、坏账收回的核算方法。

应收及预付款项是企业在日常经营过程中形成并拥有的，在未来某个时刻获取现款、商品或劳动的权利。它表现为企业在日常生产经营过程中发生的各种债权，是企业重要的流动资产。主要包括：应收账款、应收票据、预付款项、应收股利、应收利息、其他应收款、应收补贴款等。

第一节　应收账款的核算

一、应收账款概述

应收账款是指企业在日常经营活动中，由于销售商品、产品或提供劳务等应向购货方或接受劳务的单位收取的款项，主要包括企业销售商品、产品、材料或提供劳务等应向购货单位收取的价款、增值税销项税以及代购货方垫付的包装费、运杂费等款项。

应收账款的形成标志着在销货方和购货方之间形成了一项债权债务关系。销货方是债权人，具有在未来某个时刻向购货方收取一定款项的权利；购货方是债务人，凭借其商业信用从销货方取得延期付款的权利，并担负在未来某个时刻偿付该笔款项的义务。

二、应收账款的确认与计量

我国《企业会计准则》规定："应收及预付款项应当按实际发生额记账。"一般情况下,企业销售商品、产品或提供劳务等,应按买卖双方在成交时的实际金额记账。因此,应收账款应在商品、产品已经交付,劳务已经提供,合同已经履行,销售手续已经完备时,在确认相关收入的同时按照实际发生额进行确认和计量。其入账价值包括销售收入、劳务收入、增值税销项税额、代购货方垫付的包装费和运杂费等。由于结算方式不同,应收账款的入账时间也会有所差异。当采用托收承付和委托银行收款结算方式时,企业应在发出商品并向银行办妥托收手续后入账;在采用汇兑结算方式时,企业应在发出商品时入账。

在确认应收账款的入账价值时,应当考虑如下有关的折扣因素。

1. 商业折扣

商业折扣是指企业为促进销售而在商品标价上给予的扣除。如标价200元的商品,打9折销售,实际售价为180元。商业折扣一般在交易发生时已确定,是企业确定实际销售价格的一种手段。在存在商业折扣的情况下,销售方应按扣除商业折扣以后的实际售价确定应收账款的入账金额。

2. 现金折扣

现金折扣通常发生在以赊销方式销售商品或提供劳务的交易中,企业为了鼓励客户提前偿付货款,通常与债务人达成协议,债务人在不同期限内付款可享受不同比例的折扣。现金折扣一般用符号"折扣/付款期限"表示。例如"$2/10,1/20,n/30$",表示销货方提供的信用期为30天,购货方在10天内付款给予2%的折扣,在10~20天内付款给予1%的折扣,在20~30天内付款,不享受任何折扣。

存在现金折扣的情况下,应收账款入账价值的确定有两种方法,一种是总价法,另一种是净价法。

总价法是指应收账款按未扣除现金折扣的金额作为入账价值。只有当购货方在折扣期内实际支付货款时,现金折扣才予以确认。在这种方法下,销货方把给予客户的现金折扣视为融资的理财费用,会计上作为财务费用处理。总价法可以较好地反映企业销售的总过程,但可能会因客户享受现金折扣而高估应收账款和销售收入。例如,期末结账时,有些应收账款还没有超过折扣期限,如果有一部分客户享受现金折扣,则销货企业的应收账款和销售收入就会因入账时按总价确认而虚增。

净价法是将扣减最大现金折扣后的金额作为应收账款的入账价值。这种方法是把客户取得折扣视为正常现象,认为客户一般都会提前付款,而将由于客户超过折扣期限而多收入的金额,视为提供信贷获得的收入,于收到应收账款时入账,冲减财务费用。净价法可以弥补总价法的不足,但在客户没有享受现金折扣而全额付款时,必须再查对原销售总额。期末结账时,对已超过期限尚未收到的应收账款,需按客户未享受的现金折扣进行调整,操作起来比较麻烦。

我国会计准则明确规定,我国企业对应收账款的入账价值按总价法确定。

三、应收账款的会计处理

为了反映和监督应收账款的发生、收回等情况,企业应设置"应收账款"科目。该科目属于资产类科目,其借方登记企业应收取的各种款项,贷方登记企业已收回或转作商业汇票结算方式的应收账款,以及已转销的坏账损失。期末借方余额,反映企业尚未收回的应收账款;期末如为贷方余额,反映企业预收的账款。"应收账款"科目应按不同的购货方或接受劳务的单位或个人设置明细科目,用以详细反映和监督企业应收的各种款项的发生及回收情况。

1. 应收销货款的会计处理

企业销售商品、产品或提供劳务时,按应收的全部款项(含增值税),借记"应收账款"科目;按不含增值税的销售收入,贷记"主营业务收入""其他业务收入"等科目;按增值税专用发票上注明的增值税额,贷记"应交税费——应交增值税(销项税额)"科目。当企业收到款项时,应借记"银行存款"科目,贷记"应收账款"科目。

2. 应收代垫包装费、运杂费的会计处理

企业在销售商品、产品或提供劳务时,可能会为购货方或接受劳务的单位和个人代垫包装费、运杂费等。在这种情况下,应借记"应收账款"科目,贷记"银行存款"科目。企业收回代垫费用时,借记"银行存款"科目,贷记"应收账款"科目。

3. 应收账款转为应收票据的会计处理

企业发生应收账款后,购货方或接受劳务的单位和个人可能改用商业汇票的方式结算。在这种情况下,企业收到经承兑的商业汇票时,应借记"应收票据"科目,贷记"应收账款"科目。

【例3-1】 甲公司以赊销方式销售一批商品,销售货款总计30 000元,给买方的商业折扣为10%,适用增值税税率为13%,甲公司为购货方代垫运杂费1 500元。

(1)销售时:

借:应收账款　　　　　　　　　　　　　　　　32 010
　贷:主营业务收入　　　　　　　　　　　　　　27 000
　　　应交税费——应交增值税(销项税额)　　　 3 510
　　　银行存款　　　　　　　　　　　　　　　　 1 500

(2)收到货款:

借:银行存款　　　　　　　　　　　　　　　　32 010
　贷:应收账款　　　　　　　　　　　　　　　　32 010

【例3-2】 甲公司以赊销方式销售一批商品,货款为70 000元,规定对货款部分的付款条件为2/10、n/30,适用的增值税税率为13%。假设折扣时不考虑增值税。

(1)按总价法核算:

借:应收账款　　　　　　　　　　　　　　　　79 100
　贷:主营业务收入　　　　　　　　　　　　　　70 000
　　　应交税费——应交增值税(销项税额)　　　 9 100

假设客户于10天内付款:

借:银行存款　　　　　　　　　　　　　　　　71 190
　　财务费用　　　　　　　　　　　　　　　　 7 910
　贷:应收账款　　　　　　　　　　　　　　　　79 100

假设客户超过10天付款:

借:银行存款 79 100
　贷:应收账款 79 100
(2)按净价法核算:
借:应收账款 71 190
　贷:主营业务收入 63 000
　　应交税费——应交增值税(销项税额) 8 190
假设10天内收到货款:
借:银行存款 71 190
　贷:应收账款 71 190
假设超过10天收到货款:
借:银行存款 79 100
　贷:应收账款 71 190
　　财务费用 7 910

第二节　应收票据

一、应收票据概述

应收票据是指企业因销售商品、产品或提供劳务后,在采用商业汇票结算方式时所持有的还没有到期、尚未兑现的商业票据。商业汇票是由出票人签发的,委托付款人在指定日期无条件支付确定金额给收款人或持票人的票据。应收票据形成企业的一种债权,属于企业的流动资产。

商业汇票按其承兑人的不同,可以分为商业承兑汇票和银行承兑汇票两种。商业承兑汇票是指由收款人签发,经付款人承兑,或者由付款人签发并承兑的汇票;银行承兑汇票是指由收款人或承兑申请人签发,并由承兑申请人向开户银行申请,经银行审查同意承兑的汇票。

商业汇票按是否计息可分为不带息商业汇票和带息商业汇票。不带息商业汇票是指商业汇票到期时,承兑人只按票据面值向收款人或被背书人支付款项的票据。带息商业汇票是指商业汇票到期时,承兑人必须按票面金额加上应计利息向收款人或被背书人支付票款的票据。

二、应收票据的确认与计量

不论企业取得的商业汇票是否计息,企业均应以取得的商业汇票的面值作为应收票据的入账价值。商业汇票的付款期限最长不超过6个月,符合条件的持票人可以其持有的未到期的商业汇票向银行申请贴现。企业在持有商业汇票的过程中,不带息票据不存在计算利息和利息入账的问题,企业在票据到期日按面值收取款项,核销应收票据;对于带息票据,企业应在中期期末和年度终了时按规定计算应计利息,同时增加应收票据的账面价值,在票据到期日按面值和利息总额收取款项,核销应收票据。

三、应收票据的主要会计处理

为了反映和监督应收票据取得、票款收回等经济业务,企业应设置"应收票据"科目,用来核算企业因销售商品、提供劳务等而收到的商业汇票。该科目属于资产类科目,"应收票据"科目借方登记取得应收票据的面值以及计提的票据利息,贷方登记到期收回票款或到期前向银行贴现的无追索权的应收票据终止确认的票面金额,期末余额在借方,反映企业尚未到期商业汇票的面值和计提的利息。

另外,企业还应当设置"应收票据备查簿",逐笔登记商业汇票的种类、号数、出票日、票面金额、交易合同号、付款人、承兑人、背书人的姓名或单位名称、到期日、背书转让日、贴现日、贴现率、贴现净额、收款日、收回金额以及退票情况等资料。商业汇票到期结清票款或退票后,在备查簿中应予以注销。

(一)不带息应收票据

不带息票据的到期价值等于应收票据的面值。企业销售商品或提供劳务收到开出、承兑的商业汇票时,按应收票据的面值,借记"应收票据"科目,按实现的营业收入,贷记"主营业务收入"科目,按增值税专用发票或普通发票上注明的增值税税额,贷记"应交税费——应交增值税(销项税额)"科目。应收票据到期收回时,按票面金额,借记"银行存款"科目,贷记"应收票据"科目。如果商业承兑汇票到期,承兑人违约拒付或无力支付票款,企业应将应收票据转为应收账款。企业在收到银行退回的商业承兑汇票、委托收款凭证、未付票款通知书或拒绝付款证明等时,借记"应收账款"科目,贷记"应收票据"科目。

【例3-3】 甲公司6月10日向乙公司销售一批产品,增值税专用发票上注明的产品销售收入为20 000元,增值税额为2 600元。同时,甲公司收到乙公司的一张不带息银行承兑汇票,其出票日为6月10日,期限为3个月,面值为22 600元。

甲公司应编制如下会计分录:

借:应收票据　　　　　　　　　　　　　　　　　22 600
　贷:主营业务收入　　　　　　　　　　　　　　　20 000
　　　应交税金——应交增值税(销项税额)　　　　2 600

3个月后,应收票据到期,收回票款22 600元并存入银行,编制会计分录如下:

借:银行存款　　　　　　　　　　　　　　　　　22 600
　贷:应收票据　　　　　　　　　　　　　　　　　22 600

【例3-4】 甲公司向乙公司销售一批产品,货款为30 000元(不含增值税),但尚未收到,已办妥托收手续,适用增值税税率为17%。

甲公司应编制如下会计分录:

借:应收账款——乙公司　　　　　　　　　　　　33 900
　贷:主营业务收入　　　　　　　　　　　　　　　30 000
　　　应交税金——应交增值税(销项税额)　　　　3 900

5日后,甲公司收到乙公司开具的一张3个月的商业承兑汇票,面值为33 900元,抵付产品货款,编制会计分录如下:

借:应收票据　　　　　　　　　　　　　　　　33 900
　贷:应收账款——乙公司　　　　　　　　　　　33 900

3个月后,票据到期,收回票款33 900元并存入银行,编制会计分录如下:

借:银行存款　　　　　　　　　　　　　　　　33 900
　贷:应收票据　　　　　　　　　　　　　　　　33 900

如果该票据到期时,乙公司无力偿还票款,甲公司应将到期票据的票面金额转入"应收账款"科目,编制会计分录如下:

借:应收账款——乙公司　　　　　　　　　　　33 900
　贷:应收票据　　　　　　　　　　　　　　　　33 900

(二)带息应收票据

企业收到的带息应收票据,票据计提的利息应增加应收票据的账面价值,同时冲减"财务费用"。

票据利息的计算公式为

应收票据利息 = 应收票据面值 × 票面利率 × 期限

上式中,利率有年利率、月利率、日利率三种,换算时全年按360天计算,每月按30天计算(不论大月、小月、平月还是闰月)。

日利率 = 年利率 ÷ 360 = 月利率 ÷ 30

月利率 = 年利率 ÷ 12

一般而言,用百分号表示的利率,如无特别指明,均指年利率。

票据的时间有两种表示方法:

一种票据期限按日表示。从出票日起按实际经历天数计算票据期限。通常出票日和到期日,只能计算其中的一天,即"算头不算尾"或"算尾不算头"。

【例3-5】 一张面值为36 000元、利率为10%、60天到期的商业汇票,其出票日期为8月1日,则其到期日为9月30日。

8月1日至8月31日为31天(8月1日计入);

9月1日至9月30日为29天(9月30日不计入)。

此票据到期后的应计利息为

36 000 × (10% ÷ 360) × 60 = 600(元)

另一种票据期限按月表示。以对应日期为一个月(如3月15日至4月15日),每月按30天计算,而不论其实际日历天数为多少。对不满一个月的零头天数,则按实际日历天数,采用"算头不算尾"的方法计算。

【例3-6】 一张面值为30 000元、利率为12%、3个月到期的商业汇票,其出票日为3月10日,则其到期日为6月10日。该票据到期后的应计利息为

30 000 × (12% ÷ 12) × 3 = 900(元)

如果出票日正好在月末,则按月数表示时间的到期日为到期月份的月末。例如,某

票据 1 月 31 日开出,3 个月后到期,则其到期日为 4 月 30 日。

【例 3 - 7】 甲公司 2019 年 3 月 1 日销售一批产品给乙公司,适用增值税税率为 13%,货已发出,增值税专用发票上注明的销售收入为 100 000 元,增值税税额 13 000 元。收到乙公司交来的一张商业承兑汇票,期限为 6 个月,票面利率为 5%。

甲公司应做如下账务处理:

(1)收到票据时:

借:应收票据　　　　　　　　　　　　　　　113 000
　　贷:主营业务收入　　　　　　　　　　　　　　100 000
　　　　应交税费——应交增值税(销项税额)　　　　13 000

(2)6 月 30 日,计提票据利息:

$$票据利息 = 113\,000 \times 5\% \div 12 \times 4 \approx 1\,883.33(元)$$

借:应收票据　　　　　　　　　　　　　　　1 883.33
　　贷:财务费用　　　　　　　　　　　　　　　　1 883.33

(3)票据到期收回款项:

$$收款金额 = 113\,000 \times (1 + 5\% \div 12 \times 6) = 115\,825(元)$$

借:银行存款　　　　　　　　　　　　　　　115 825
　　贷:应收票据　　　　　　　　　　　　　　　114 883.33
　　　　财务费用　　　　　　　　　　　　　　　　941.67

(4)如果票据到期时,乙公司无力偿还票款:

借:应收账款　　　　　　　　　　　　　　　115 825
　　贷:应收票据　　　　　　　　　　　　　　　115 825

(三)应收票据贴现

应收票据贴现是指持票人因急需资金,将未到期的商业汇票背书后转让给银行,银行受理后,从票据到期值中扣除按银行的贴现率计算确定的贴现息后,将余额付给贴现企业的业务活动。

$$贴现息 = 票据到期值 \times 贴现率 \times 贴现期$$

$$贴现所得金额 = 票据到期值 - 贴现息$$

带息应收票据的到期值,是其面值加上按票据的利率计算的票据利息;不带息应收票据的到期值就是其面值。

企业持未到期的应收票据向银行贴现,应按贴现所得金额,借记"银行存款"科目,按贴现息部分,借记"财务费用"科目,如果银行有追索权,应按商业汇票的票面金额,贷记"短期借款"科目。如果银行不具有追索权,或是银行承兑汇票,无须追索,则可贷记"应收票据"。

【例 3 - 8】 2019 年 6 月 20 日,甲公司向丙公司赊销一批商品,增值税专用发票上注明的销售价格为 500 000 元,增值税为 65 000 元;甲公司收到丙公司开具的不带息商业承兑汇票,到期日为当年 12 月 20 日。该商品销售符合收入确认条件。

(1) 6月20日的账务处理：
借：应收票据——丙公司　　　　　　　　　　565 000
　　贷：主营业务收入　　　　　　　　　　　　500 000
　　　　应交税费——应交增值税(销项税额)　　65 000

(2) 10月20日，甲公司将该商业承兑汇票向其开户银行贴现，贴现金额480 000元。协议约定，甲公司开户银行在票据到期日如果不能从丙公司收到票款时，可向甲公司追偿。假定贴现利息于票据到期日一并进行账务处理。
借：银行存款　　　　　　　　　　　　　　　480 000
　　贷：短期借款　　　　　　　　　　　　　　480 000

附有追索权的贴现，应作为以应收票据做质押取得借款处理。

(3) 12月20日，丙公司因财务困难未向甲公司开户银行支付票款。当日，甲公司收到其开户银行退回已贴现的商业承兑汇票，并以银行存款支付全部票款；同时将应收票据转为应收账款。
借：短期借款　　　　　　　　　　　　　　　480 000
　　财务费用　　　　　　　　　　　　　　　　85 000
　　贷：银行存款　　　　　　　　　　　　　　565 000
借：应收账款——丙公司　　　　　　　　　　565 000
　　贷：应收票据——丙公司　　　　　　　　　565 000

第三节　预付账款和其他应收款

一、预付账款

(一)预付账款概述

预付账款是指企业按照购货合同规定预付给供应单位的款项，是企业暂时被供货单位占用的资金。预付账款必须以购销双方签订的购货合同为条件，按照规定的程序和方法进行核算。

为了反映和监督预付账款的增减变动情况，企业应设置"预付账款"科目。该科目属于资产类科目，借方登记预付的款项和补付的款项，贷方登记收到采购货物时按发票金额冲销的预付账款数和因预付货款多余而退回的款项，期末余额一般在借方，反映企业实际预付的款项。预付款项不多的企业，可以不设"预付账款"科目，而直接在"应付账款"科目核算。

期末编制资产负债表时，应当将"预付账款"所属明细科目项目的借方余额作为"预付款项"列示，将"预付账款"所属明细科目项目的贷方余额作为"应付款项"列示。如果将预付款归并到"应付账款"科目中核算，则"应付账款"所属明细科目的借方余额应列入"预付账款"项目中。

(二)预付账款的会计处理

企业根据购货合同的规定向供应单位预付款项时,应借记"预付账款"科目,贷记"银行存款"科目;企业收到所购货物时,根据购货发票账单金额,应借记"原材料""应交税费——应交增值税(进项税额)"等科目,贷记"预付账款"科目;当预付货款小于采购货物所需支付的款项时,应将不足部分补付,借记"预付账款"科目,贷记"银行存款"科目;当预付货款大于采购货物所需支付的款项时,对收回的多余款项应借记"银行存款"科目,贷记"预付账款"科目。

【例3-9】 甲公司向丁公司采购 A 材料,所需支付的款项总额预计45 200元。按照合同规定向丁公司预付货款25 000元,其余款项待验收货物后补付。

(1)预付货款:

借:预付账款　　　　　　　　　　　　　　　25 000
　　贷:银行存款　　　　　　　　　　　　　　25 000

(2)收到丁公司发来的甲材料:

借:原材料　　　　　　　　　　　　　　　　40 000
　　应交税费——应交增值税(进项税额)　　　5 200
　　贷:预付账款　　　　　　　　　　　　　　45 200

(3)以银行存款补付剩余款项:

借:预付账款　　　　　　　　　　　　　　　20 200
　　贷:银行存款　　　　　　　　　　　　　　20 200

二、其他应收款

(一)其他应收款概述

其他应收款是指企业非购销活动发生的应收债权,是除应收票据、应收账款、预付账款以外的其他各种应收、暂付款项。其具体内容包括:

(1)应收的各种赔款、罚款,如因企业财产等遭受意外损失而应向有关保险公司收取的赔款等。

(2)应收的出租包装物租金。

(3)应向职工收取的各种垫付款项,如为职工垫付的水电费;先代垫,但应由职工负担的医药费、房租费等。

(4)备用金,如向企业各有关部门拨出的备用金。

(5)存出保证金,如租入包装物支付的押金。

(6)预付账款转入。

(7)其他各种应收、暂付款项。

(二)其他应收款的会计处理

企业应设置"其他应收款"科目反映其他应收款项的增减变动情况。该科目属于资产类科目,科目借方登记发生的各种其他应收款,贷方登记企业收回或结转的其他应收款,余额一般在借方,表示应收未收的其他应收款项。企业应在"其他应收款"科目下,按债务人设置明细科目,进行明细核算。

企业发生其他应收款时,借记"其他应收款"科目,贷记"库存现金""银行存款"等科目;收回其他应收款时,借记"库存现金""银行存款""应付职工薪酬"等科目,贷记"其他应收款"科目。

企业应当定期或者至少于每年年度终了时对其他应收款进行检查,预计其可能发生的坏账损失,并计提坏账准备。

【例3-10】 甲公司出租一批包装物给尚喜公司,应向其收取租金30 000元。
甲公司相关业务的会计处理如下:
(1)出租时:
借:其他应收款——尚喜公司　　　　　　　　　　30 000
　　贷:其他业务收入　　　　　　　　　　　　　　30 000
(2)收到租金时:
借:银行存款　　　　　　　　　　　　　　　　　30 000
　　贷:其他应收款——玉林公司　　　　　　　　　30 000

【例3-11】 甲公司向午彦公司购买原材料,同时向其租借一批包装物,以银行存款支付押金2 500元。
甲公司相关业务的会计处理如下:
(1)支付押金:
借:其他应收款——午彦公司　　　　　　　　　　2 500
　　贷:银行存款　　　　　　　　　　　　　　　　2 500
(2)归还包装物,收回押金:
借:银行存款　　　　　　　　　　　　　　　　　2 500
　　贷:其他应收款——午彦公司　　　　　　　　　2 500

【例3-12】 甲公司行政部门人员刘×于3月10日借差旅费3 000元。
甲公司应编制会计分录如下:
借:其他应收款——刘×　　　　　　　　　　　　3 000
　　贷:库存现金　　　　　　　　　　　　　　　　3 000

【例3-13】 承接上例,刘×于3月25日报销差旅费2 400元,并交回余款600元。
公司应编制如下会计分录:
借:管理费用　　　　　　　　　　　　　　　　　2 400
　　库存现金　　　　　　　　　　　　　　　　　　600
　　贷:其他应收款——刘×　　　　　　　　　　　3 000

第四节 坏账损失

一、应收款项坏账损失概述

企业的各项应收款项,可能会因付款人拒付、破产、死亡等原因而无法收回,表明应收款项资产发生了减值,会计实务中称为坏账。企业因无法收回的应收款项而产生的损失,称为坏账损失。

企业应当在资产负债表日,根据金融工具确认和计量准则,对各项应收款项进行减值测试,分析各项应收款项的可收回性,判断是否存在可能发生减值的迹象。如果有确凿证据表明应收款项确实无法收回或收回的可能性不大,应当将该应收款项的账面价值减记至可收回金额,减记的金额确认为资产减值损失,计入当期损益,同时计提相应的坏账准备。

由于应收款项属于短期债权,预计未来现金流量与其现值相差很小,在确定相关减值损失时,可不对预计未来现金流量进行折现。

企业的预付账款,如有确凿证据表明其不符合预付账款性质,或者因供货单位破产、撤销等原因已无望再收到所购货物的,应将原计入预付账款的金额转入其他应收款,借记"其他应收款——预付账款转入"科目,贷记"预付账款"科目。转入"其他应收款"科目后,可以计提坏账准备。另外,企业持有的应收票据,如有确凿证据表明票据已到期无法收回票款的,应转入"应收账款"科目,计提坏账准备。

在市场经济条件下,由于商业信用的存在,不可避免地会带来坏账损失。但是,按照会计程序确认为坏账的应收款项,并不意味着企业放弃其法律上的追索权,一旦重新收回,应及时入账。

企业计提坏账准备的方法由企业自行确定。但坏账准备计提方法一经确定,不得随意变更,如需变更,应当在会计报表附注中予以说明。

二、坏账损失核算的科目设置

为了反映和监督坏账准备的提取、冲销、结转情况,企业应设置"坏账准备"科目。该科目是资产类科目,同时又是一个备抵调整科目,在资产负债表中作为"应收账款"的减项反映。该科目借方登记企业已发生的坏账损失和冲回已多提的坏账准备,贷方登记企业按规定计提的坏账准备及收回已转销的坏账损失,期末贷方余额反映企业已经提取而尚未转销的坏账准备数额。

三、坏账损失的会计处理

坏账损失的核算方法有两种:直接转销法和备抵法。我国企业采用备抵法核算坏账损失。

(一)直接转销法

采用直接转销法,只有在实际发生坏账时,才作为损失计入当期损益,同时冲销应收款项。

直接转销法下进行账务处理时不需要设置"坏账准备"科目,核算方法简单,但是由于确认坏账损失时直接计入当期损益,导致企业当期费用或损失增加,违背了权责发生制的计量基础,也不符合会计信息质量谨慎性的要求。我国不允许采用直接转销法。

(二)备抵法

备抵法是指在坏账损失实际发生前,就依据权责发生制按期估计损失,并同时形成坏账准备,待坏账损失实际发生时再冲减坏账准备。企业在资产负债表日估计应收款项发生减值的金额,提取相应的坏账准备。企业按应计提的坏账准备金额,借记"资产减值损失"科目,贷记"坏账准备"科目。对于确实无法收回的应收款项,按管理权限报经批准后作为坏账损失,同时转销应收款项,借记"坏账准备"科目,贷记"应收账款""其他应收款""长期应收款"等科目。已确认并转销的应收款项以后又收回的,应按实际收回的金额,借记"应收账款""其他应收款""长期应收款"等科目,贷记"坏账准备"科目;同时,借记"银行存款"科目,贷记"应收账款""其他应收款""长期应收款"等科目。

采用备抵法有以下优点:

(1)预计不能收回的应收账款作为坏账损失及时计入费用,避免企业虚增利润,体现了谨慎性原则。

(2)在报表上列示应收账款净额,可以较真实地反映应收账款的可实现净值,从而使报表使用者清楚地了解企业真实的财务状况。

(3)使企业能更好地把握应收账款所占用的资金的实际情况,有利于加速企业资金的周转,提高企业的经济效益。

采用备抵法估计坏账损失的方法有应收款项余额百分比法、账龄分析法、销售百分比法和个别认定法等。

1. 应收款项余额百分比法

应收款项余额百分比法,是根据会计期末应收账款的余额和估计的坏账率,估计坏账损失,计提坏账准备的方法。

【例3-14】 2016年开始,甲公司首次使用应收款项余额百分比法估计应收账款的坏账损失,坏账准备计提比例为10%。

(1)假定2016年12月31日应收账款余额为1 200 000元。

应计提的坏账准备 = 1 200 000 × 10% = 120 000

借:资产减值损失　　　　　　　　　　　　　　120 000
　　贷:坏账准备　　　　　　　　　　　　　　　　120 000

(2)2017年4月,甲公司应收虹影公司的26 000元应收账款无法收回,予以转销。

借:坏账准备　　　　　　　　　　　　　　　　26 000
　　贷:应收账款——虹影公司　　　　　　　　　　26 000

(3)2017 年 12 月 31 日,甲公司应收账款余额为 2 000 000 元。

$$2\ 000\ 000 \times 10\% - (120\ 000 - 26\ 000) = 106\ 000(元)$$

借:资产减值损失　　　　　　　　　　106 000
　贷:坏账准备　　　　　　　　　　　　　　106 000

(4)2018 年 12 月 31 日,天宇公司应收账款余额为 1 700 000 元。

$$1\ 700\ 000 \times 10\% - 200\ 000 = -30\ 000(元)$$

借:坏账准备　　　　　　　　　　　　30 000
　贷:资产减值损失　　　　　　　　　　　　30 000

(5)2019 年 2 月 10 日,接银行通知,公司 2018 年度已冲销的虹影公司 26 000 元坏账又收回,款项已存入银行。

借:应收账款——虹影公司　　　　　26 000
　贷:坏账准备　　　　　　　　　　　　　　26 000
借:银行存款　　　　　　　　　　　　26 000
　贷:应收账款——虹影公司　　　　　　　　26 000

(6)2019 年 4 月 30 日,甲公司得知债务人永兴公司破产,应收永兴公司 213 000 元全部不能收回。

借:坏账准备　　　　　　　　　　　213 000
　贷:应收账款——永兴公司　　　　　　　　213 000

2. 账龄分析法

账龄是指客户所欠账款的时间。账龄越长,对债权方来说发生坏账损失的可能性就越大。账龄分析法是指根据应收账款的时间长短,用不同计提比例来计算坏账准备的一种方法。

采用账龄分析法时,企业应将不同账龄的应收账款进行分组,并根据前期坏账发生的实际资料,确定各账龄组的估计坏账损失百分比,再将各组应收账款余额分别乘以相应的估计坏账损失百分比,计算出各组的坏账准备金额,最后加总得到期末应保留的坏账准备金额。

除期末应保留的坏账准备金额按账龄分析确定外,账龄分析法的会计处理方法与应收款项余额百分比法相同。

在估计坏账损失之前,可将应收账款按其账龄编制"应收账款账龄分析表",借以了解应收账款在各个顾客之间的金额分布情况及其拖欠时间的长短。账龄分析表所提供的信息,可使管理当局了解收款、欠款情况,判断欠款的可收回程度和可能发生的损失。管理当局还可利用该表酌情做出采取放宽或紧缩的商业信用政策,并可作为衡量负责收款部门和资信部门工作效率的依据。

【例 3-15】 甲公司 2018 年 12 月 31 日应收账款账龄分析见表 3-1。

表3-1 应收账款账龄分析表

2018年12月31日　　　　　　　　　　　　　　　　　　　　　　　　　　　元

客户名称	账面余额	未到期	已过期			
			不足1年	不足2年	不足3年	超过3年
A	240 000	50 000	160 000	30 000		
B	120 000	50 000	40 000	20 000	10 000	
C	80 000			50 000	30 000	
D	60 000					60 000
合计	500 000	100 000	200 000	100 000	40 000	60 000

表3-2 甲公司坏账准备计算表

2018年12月31日　　　　　　　　　　　　　　　　　　　　　　　　　　　元

应收账款账龄	应收账款余额	估计坏账比例/%	坏账准备金额
未到期	100 000	1	1 000
不足1年	200 000	5	10 000
不足2年	100 000	10	10 000
不足3年	40 000	20	8 000
超过3年	60 000	50	30 000
合计	500 000	—	59 000

如表3-2所示，甲公司2018年12月31日"坏账准备"科目的账面应保留余额为59 000元。

(1) 假设甲公司此前"坏账准备"科目的账面余额为0。

借：资产减值损失　　　　　　　　　　　　　　　59 000
　　贷：坏账准备　　　　　　　　　　　　　　　　　59 000

(2) 假设甲公司此前"坏账准备"科目有贷方余额12 000元。

借：资产减值损失　　　　　　　　　　　　　　　47 000
　　贷：坏账准备　　　　　　　　　　　　　　　　　47 000

(3) 假设甲公司此前"坏账准备"科目有贷方余额62 000元。

借：坏账准备　　　　　　　　　　　　　　　　　3 000
　　贷：资产减值损失　　　　　　　　　　　　　　　3 000

应收款项余额百分比法和账龄分析法都着眼于对应收账款可变现能力的评价，体现了会计核算的谨慎性，但由于应收款项余额既包括本年度的应收账款，也包括以前年度尚未收回的应收账款，因此，根据应收账款余额及坏账的一定比例计提的坏账准备，并没有完全在应收账款发生的同一会计期间估计该应收账款可能发生的坏账损失，可能将应收账款的销货收入与估计的坏账损失在不同会计期间予以反映，因而在一定程度上有悖权责发生制的核算基础。

3. 销售百分比法

销售百分比法,是以本期发生的赊销金额的一定百分比作为估计坏账的方法。企业可以根据过去的经验和有关资料,估计坏账损失与赊销金额之间的比率,直接计算应计提的坏账准备。这种方法比较简单,只考虑赊销发生额,不考虑期末已收回和尚未收回的应收账款数额和账龄,也无须考虑计提前"坏账准备"科目余额,因而实务中较少使用。

赊销百分比法在赊销的当期估计坏账损失,并计入当期损益,体现了收入与费用的配比及权责发生制。采用赊销百分比法,坏账损失估计数无须与"坏账准备"科目贷方期末余额保持一致,即通常不调整"坏账准备"科目余额。但是,各赊销业务账龄长短不同,发生坏账的可能性也不一样,按同一坏账损失比例估计坏账会出现与企业实际发生坏账不相符合的情况,这就要求企业及时修正坏账损失估计比例,使之与企业实际情况基本保持一致。

4. 个别认定法

如果某项应收账款的可收回性与其他应收账款存在明显的差别,导致该项应收账款如果按其他应收账款同样的方法计提坏账准备,将无法真实地反映其可收回金额,可对该项应收账款单独计提坏账准备。个别认定法计提坏账准备的比率与坏账可能产生的概率更加接近,因而使计提的坏账准备数额与其后可能产生的坏账损失更为相符。

思考题

1. 应收账款包括哪些内容?
2. 应收票据应如何计量?
3. 预付账款应如何计量?
4. 其他应收账款如何确认与计量?
5. 坏账的确认条件是什么?坏账准备的计提方法有哪几种?

第四章 金融资产

【学习目标】

1. 理解金融资产的内容和分类。
2. 掌握以摊余成本计量的金融资产的确认、计量和会计处理。
3. 掌握以公允价值计量且其变动计入其他综合收益的金融资产的核算方法。
4. 掌握以公允价值计量且其变动计入当期损益的金融资产的核算方法。
5. 掌握金融资产减值的核算方法。

【本章重点】

金融资产分类及其相应的核算方法。

【本章难点】

金融资产确认和计量。

第一节 金融资产的定义和分类

一、金融资产的定义

金融资产,是指企业持有的现金、其他方的权益工具以及符合下列条件之一的资产。

(1)从其他方收取现金或其他金融资产的合同权利。例如,企业的银行存款、应收账款、应收票据和贷款等均属于金融资产。再如,预付账款不是金融资产,因其产生的未来经济利益是商品或服务,不是收取现金或其他金融资产的权利。

(2)在潜在有利条件下,与其他方交换金融资产或金融负债的合同权利。例如,企业持有的看涨期权或看跌期权等。

看涨期权:买入期权,是指期权的购买者拥有在期权合约有效期内按执行价格买进一定数量标的物的权利。

看跌期权:卖出期权,是指期权的购买者拥有在期权合约有效期内按执行价格卖出一定数量标的物的权利。

(3)将来须用或可用企业自身权益工具进行结算的非衍生工具合同,且企业根据该合同将收到可变数量的自身权益工具。

(4)将来须用或可用企业自身权益工具进行结算的衍生工具合同,但以固定数量的自身权益工具交换固定金额的现金或其他金融资产的衍生工具合同除外。

本章不涉及以下金融资产的会计处理:①长期股权投资(即企业对外能够控制、共同控制和重大影响的股权投资);②货币资金(即现金、银行存款、其他货币资金)。

二、金融资产的分类标准

企业应当根据其管理金融资产的业务模式和金融资产的合同现金流量特征,对金融资产进行划分,以便于进行金融资产的确认和计量。

(一)关于企业管理金融资产的业务模式

1. 业务模式评估

企业管理金融资产的业务模式,是指企业如何管理其金融资产以产生现金流量。业务模式决定企业所管理金融资产现金流量的来源是收取合同现金流量、出售金融资产还是两者兼有。

一个企业可能会采用多个业务模式管理其金融资产。例如,企业持有一组以收取合同现金流量为目标的投资组合,同时还持有一组既以收取合同现金流量又以出售该金融资产为目标的投资组合。

企业确定其管理金融资产的业务模式时,应当注意以下几方面:

(1)企业应当在金融资产组合的层次上确定管理金融资产的业务模式。而不必按照单个金融资产逐项确定业务模式。金融资产组合的层次应当反映企业管理该资产的层次。在有些情况下,企业可能将金融资产组合拆分为更小的组合,以合理反映企业管理该资产的层次。例如,企业购买一个抵押贷款组合,以收取合同现金流为目标管理该组合中的一部分贷款,以出售为目标管理该组合中其他贷款,则属于这种情况。

(2)企业应当以企业关键管理人员决定的对金融资产进行管理的特定业务目标为基础,确定管理金融资产的业务模式。企业的业务模式并非企业自愿指定,而是一种客观事实,通常可以从企业为实现其设定的目标而开展的特定活动中反映。企业应当考虑在业务评估日可获得的所有相关证据,包括企业评价和向关键管理人员报告金融资产业绩的方式、影响金融资产业绩的风险及其管理方式以及相关管理人员获得报酬的方式。

(3)企业应当以客观事实为依据,确定管理金融资产的业务模式,不得以按照合理预期不会发生的情形为基础确定。例如,对于某金融资产组合,如果企业预期仅会在压力的情形下出售,且企业合理预期该压力情形不会出现,则该压力情形不得影响企业对该类金融的业务模式的评估。

此外,如果金融资产实际现金流量的实现方式不同于评估业务模式的预期(如企业出售的金融资产数量超过或少于在对资产做出分类时的预期),只要企业在评估业务模式时已经考虑了当时所有可获得的相关信息,这一差异不构成企业财务报表的前期差错,也不改变企业在该业务模式下持有的剩余金融资产的分类。但是,企业在评估新的金融资产的业务模式时应当考虑这些信息。

2.以收取合同现金流量为目标的业务模式

在以收取合同现金流量为目标的业务模式下,企业管理金融资产旨在通过在金融资产存续期内收取合同付款来实现现金流量,而不是通过持有并出售金融资产产生整体回报。

3.以收取合同现金流量和出售金融资产为目标的业务模式

在以收取合同现金流量和出售金融资产为目标的业务模式下,企业的关键管理人员认为收取合同现金流量和出售金融资产对于实现其管理目标而言都是不可或缺的。例如,企业的目标是管理日常流动性需求同时维持特定的收益率,或将金融资产的存续期与相关负债的存续期进行匹配。

与以收取合同现金流量为目标的业务模式相比,此业务模式涉及的出售频率通常更高、价值更大。因为出售金融资产是此业务模式的目标之一,在该业务模式下不存在出售金融资产的频率或者价值的明确界限。

4.其他业务模式

如果企业管理金融资产的业务模式不是以收取合同现金流量为目标,也不是以既收取合同现金流量又出售金融资产来实现其目标,该金融资产应当分类为以公允价值计量且其变动计入当期损益的金融资产。例如,企业持有金融资产的目的是交易性的或者基于金融资产的公允价值做出决策并对其进行管理。在这种情况下,企业的目标是通过出售金融资产以实现现金流量。

(二)关于金融资产的合同现金流量特征

金融资产的合同现金流量特征,是指金融工具合同约定的、反映相关金融资产经济特征的现金流量属性,企业分类为以摊余成本计量的金融资产和以公允价值计量且其变动计入其他综合收益的金融资产,其合同现金流量特征应当与基本借贷安排相一致。即相关金融资产在特定日期产生的合同现金流量仅为对本金和以未偿付本金金额为基础的利息的支付。

本金是指金融资产在初始确认时的公允价值,本金金额可能因提前还款等原因在金融资产的存续期内发生变动;利息则是包括对货币时间价值,与特定时期未偿付本金金额相关的信用风险,以及其他基本借贷风险、成本和利润的对价。

三、金融资产的分类

金融资产的分类是其确认和计量的基础。

企业应当根据其管理金融资产的业务模式和金融资产的合同现金流量特征,将金融资产划分为以下三类:

(1)以摊余成本计量的金融资产。
(2)以公允价值计量且其变动计入其他综合收益的金融资产。
(3)以公允价值计量且其变动计入当期损益的金融资产。

金融资产同时符合下列条件的,应当分类为以摊余成本计量的金融资产:

(1)企业管理该金融资产的业务模式是以收取合同现金流量为目标。

(2)该金融资产的合同条款规定,在特定日期产生的现金流量,仅为对本金和以未偿付本金金额为基础的利息的支付。

在核算以摊余成本计量的金融资产过程中,企业一般应当设置"银行存款""贷款""应收账款""债权投资"等科目。

金融资产同时符合下列条件的,应当分类为以公允价值计量且其变动计入其他综合收益的金融资产:

(1)企业管理该金融资产的业务模式既以收取合同现金流量为目标,又以出售该金融资产为目标。

(2)该金融资产的合同条款规定,在特定日期产生的现金流量,仅为对本金和以未偿付本金金额为基础的利息的支付。

企业应当设置"其他债权投资"科目核算以公允价值计量且其变动计入其他综合收益的金融资产。

对于分类为以摊余成本计量的金融资产和以公允价值计量且其变动计入其他综合收益的金融资产之外的金融资产,企业应当将其分类为以公允价值计量且其变动计入当期损益的金融资产。

企业应当设置"交易性金融资产"科目核算以公允价值计量且其变动计入当期损益的金融资产。企业持有的直接指定为以公允价值计量且其变动计入当期损益的金融资产,也在本科目核算。

权益工具投资的合同现金流量评估一般不符合基本借贷安排,因此只能分类为以公允价值计量且其变动计入当期损益的金融资产。然而初始确认时,企业可以将基于单项非交易性权益工具投资,将其指定为以公允价值计量且其变动计入其他综合收益的金融资产,其公允价值的后续变动计入其他综合收益,并按规定确认股利收入,不需计提减值准备。该指定一经做出,不得撤销。企业投资其他上市公司股票或者非上市公司股权的,都可能属于这种情形。

第二节 以摊余成本计量的金融资产的会计处理

一、以摊余成本计量的金融资产概述

企业在核算以摊余成本计量的金融资产时应当计算确定其实际利率,并在该项金融资产预期存续期间或适用的更短期间内保持不变。

1. 实际利率

实际利率法,是指计算金融资产或金融负债的摊余成本以及将利息收入或利息费用分摊计入各会计期间的方法。

实际利率,是指将金融资产或金融负债在预计存续期的估计未来现金流量,折现为该金融资产账面余额或该金融负债摊余成本所使用的利率。在确定实际利率时,应当在考虑金融资产或金融负债所有合同条款(如提前还款、展期、看涨期权或其他类似期权

等)的基础上估计预期现金流量,但不应当考虑预期信用损失。

2.摊余成本

金融资产的摊余成本,应当以该金融资产的初始确认金额经下列调整后的结果确定。

(1)扣除已偿还的本金。

(2)加上或减去采用实际利率法将该初始确认金额与到期日金额之间的差额进行摊销形成的累计摊销额。

(3)扣除累计计提的损失准备(仅适用于金融资产)。

3.利息收入

企业应当按照实际利率法确认利息收入。利息收入应当根据金融资产账面余额乘以实际利率计算确定。但对于购入或源生的已发生信用减值的金融资产,企业应当自初始确认起,按照该金融资产的摊余成本和经信用调整的实际利率计算确定其利息收入,或者虽然购入或源生的未发生信用减值,但在后续期间成为已发生信用减值的金融资产,企业应当在后续期间,按照该金融资产的摊余成本和实际利率计算确定其利息收入。若该金融工具在后续期间因其信用风险有所改善而不再存在信用减值,并且这一改善在客观上可与应用上述规定之后的某一事件相联系(如债务人的信用评级上调),企业应当转按实际利率乘以该金融资产账面余额来计算确定利息收入。

4.已发生信用减值的金融资产的判别

当对金融资产预期未来现金流量具有不利影响的一项或多项事件发生时,该金融资产成为已发生信用减值的金融资产。金融资产已发生信用减值的证据包括下列可观察信息。

(1)发行方或债务人发生重大财务困难。

(2)债务人违反合同,如偿付利息或本金违约或逾期等。

(3)债权人出于与债务人财务困难有关的经济或合同考虑,给予债务人在任何其他情况下都不会做出的让步。

(4)债务人很可能破产或进行其他财务重组。

(5)发行方或债务人财务困难导致该金融资产的活跃市场消失。

(6)以大幅折扣购买或源生一项金融资产,该折扣反映了发生信用损失的事实。

金融资产发生信用减值,有可能是多个事件的共同作用所致,未必是可单独识别的事件所致。

二、以摊余成本计量的金融资产的会计处理

企业处置以摊余成本计量的债权投资时,应将所取得的价款与该债权投资账面价值之间的差额计入投资收益。其中,债权投资的账面价值是指债权投资的账面余额减除已计提的减值准备后的差额,即摊余成本。如果在处置债权投资时,已计入应收项目的债券利息尚未收回,还应从处置价款中扣除该部分债券利息之后,确认处置损益。

企业处置债权投资时,应按实际收到的处置价款,借记"银行存款"科目,按债权投资的面值,贷记"债权投资成本"科目,按应计未收的利息,贷记"应收利息"科目或"债权投

资——应计利息"科目,按利息调整摊余金额,贷记或借记"债权投资——利息调整"科目,按上列差额,贷记或借记"投资收益"科目。

以摊余成本计量的金融资产的具体账务处理如下:

(1)债权投资的初始计量。

借:债权投资——成本(面值)
　　　　——利息调整(差额,也可能在贷方)
　　应收利息(实际支付的款项中包含的利息)
　贷:银行存款等

(2)债权投资的后续计量。

借:应收利息(分期付息债券按票面利率计算的利息)
　　债权投资——应计利息(到期一次还本付息债券按票面利率计算的利息)
　贷:投资收益(债权投资期初账面余额或期初摊余成本乘以实际利率或经信用调整的实际利率计算确定的利息收入)
　　　债权投资——利息调整(差额,利息调整摊销额,也可能在借方)

(3)出售债权投资。

借:银行存款等
　　债权投资损失准备
　贷:债权投资(成本、利息调整、应计利息)
　　投资收益(差额,也可能在借方)

【例4-1】 甲公司为上市公司,每年年末计提债券利息。甲公司发生的有关债权投资业务如下:

(1)2013年12月31日,以21 909.19万元(包括交易费用9.19万元)的价格购入晨阳公司于2013年1月1日发行的5年期一次还本、分期付息债券,债券面值总额为20 000万元,付息日为每年1月5日,票面年利率为6%。2018年1月5日收到本金和最后一期利息。合同约定,该债券的发行方在遇到特定情况时可以将债券赎回,且不需要为提前赎回支付额外款项。甲公司在购买该债券时,预计发行方不会提前赎回。

甲公司根据其管理该债券的业务模式和该债券的合同现金流量特征,将该债券分类为以摊余成本计量的金融资产。已知:$(P/F,5\%,4)=0.822\,7$,$(P/A,5\%,4)=3.546\,0$。

计算实际利率 r:

$$1\,200+20\,000\times6\%\times(P/A,r,4)+20\,000\times(P/F,r,4)=21\,909.19$$

当 $r=5\%$ 时:

$$1\,200+20\,000\times6\%\times3.546+20\,000\times0.822\,7\approx21\,909.19$$

由此得出实际利率 $r=5\%$。

甲公司在2014年采用实际利率法编制的调整后利息收入与账面余额计算表,见表4-1。

表 4-1　利息收入与账面余额计算表　　　　　　　　　　　　　　万元

年份	期初账面余额(A)	实际利息(B) (B=A×5%)	现金流量 (C)	期末账面余额 (D=A+B-C)
2014	20 709.19	1 035.46	1 200	20 544.65
2015	20 544.65	1 027.23	1 200	20 371.88
2016	20 371.88	1 018.59	1 200	20 190.47
2017	20 190.47	1 009.53	21 200	0

甲公司的有关账务处理如下：

(1)2013 年 12 月 31 日购入债券：

借：债权投资——成本　　　　　　　　　　　　　　　20 000
　　应收利息　　　　　　　　　　　　　　　　　　　　1 200
　　债权投资——利息调整　　　　　　　　　　　　　　709.19
　　贷：银行存款　　　　　　　　　　　　　　　　　　21 909.19

2013 年 12 月 31 日金融资产的账面余额(不是摊余成本)=20 000+709.19=20 709.19(万元)

(2)2014 年 1 月 5 日,收到晨阳公司支付的债券利息,存入银行。

借：银存款　　　　　　　　　　　　　　　　　　　　1 200
　　贷：应收利息　　　　　　　　　　　　　　　　　　1 200

(3)2014 年 12 月 31 日,确认实际利息收入。

①应收利息=20 000×6%=1 200(万元)

②实际利息收入=20 709.19×5%=1 035.46(万元)

③利息调整=1 200-1 035.46=164.54(万元)

④2014 年 12 月 31 日账面余额=20 709.19-164.54=20 544.65(万元)

借：应收利息　　　　　　　　　　　　　　　　　　　1 200
　　贷：债权投资——利息调整　　　　　　　　　　　　164.54
　　　　投资收益　　　　　　　　　　　　　　　　　　1 035.46

(4)2015 年 1 月 5 日,收到利息。

借：银行存款　　　　　　　　　　　　　　　　　　　1 200
　　贷：应收利息　　　　　　　　　　　　　　　　　　1 200

(5)2015 年 12 月 31 日,确认实际利息收入。

①应收利息=20 000×6%=1 200(万元)

②实际利息收入=20 544.65×5%=1 027.23(万元)

③利息调整=1 200-1 027.23=172.77(万元)

④2015 年 12 月 31 日账面余额= 20 544.65-172.77=20 371.88(万元)

借：应收利息　　　　　　　　　　　　　　　　　　　1 200
　　贷：债权投资——利息调整　　　　　　　　　　　　172.77

　　　　投资收益　　　　　　　　　　　　　　　　　　　1 027.23

(6)2016年1月5日,收到利息。

借:银行存款　　　　　　　　　　　　　　　　　　　1 200
　贷:应收利息　　　　　　　　　　　　　　　　　　　1 200

(7)2016年12月31日,确认实际利息收入。

①应收利息 = 20 000 × 6% = 1 200(万元)

②实际利息收入 = 20 371.88 × 5% = 1 018.59(万元)

③利息调整 = 1 200 - 1 018.59 = 181.41(万元)

借:应收利息　　　　　　　　　　　　　　　　　　　1 200
　贷:债权投资——利息调整　　　　　　　　　　　　　181.41
　　　投资收益　　　　　　　　　　　　　　　　　　1 018.59

(8)2016年1月5日,收到利息。

借:银行存款　　　　　　　　　　　　　　　　　　　1 200
　贷:应收利息　　　　　　　　　　　　　　　　　　　1 200

(9)2017年12月31日,确认实际利息收入。

应收利息 = 20 000 × 6% = 1 200(万元)

利息调整 = 709.19 - 164.54 - 172.77 - 181.41 = 190.47(万元)

实际利息收入 = 1 200 - 190.47 = 1 009.53(万元)

借:应收利息　　　　　　　　　　　　　　　　　　　1 200
　贷:债权投资——利息调整　　　　　　　　　　　　　190.47
　　　投资收益　　　　　　　　　　　　　　　　　　1 009.53

(10)2018年1月5日,收到利息和本金。

借:银行存款　　　　　　　　　　　　　　　　　　　21 200
　贷:应收利息　　　　　　　　　　　　　　　　　　　1 200
　　　债权投资——成本　　　　　　　　　　　　　　　20 000

【例4-2】 假定甲公司购买的债券不是分次付息,而是到期一次还本付息,且利息不是以复利计算。已知:$(P/F,4\%,4) = 0.854\ 8$,$(P/F,5\%,4) = 0.822\ 7$。实际利率 r 计算如下:

$$(1\ 200 \times 5 + 20\ 000) \times (P/F,r,4) = 21\ 909.19$$

当 $r = 4\%$ 时:

$$(1\ 200 \times 5 + 20\ 000) \times 0.854\ 8 = 22\ 224.8$$

当 $r = 5\%$ 时:

$$(1\ 200 \times 5 + 20\ 000) \times 0.822\ 7 = 21\ 390.2$$

$$(r - 4\%)/(5\% - 4\%) = (21\ 909.19 - 22\ 224.8)/(21\ 390.2 - 22\ 224.8)$$

解得,实际利率 $r = 4.38\%$。

据此,调整相关数据后得到表4-2。

表4-2 利息收入与账面余额计算表   万元

年份	期初账面余额(A)	实际利息(B) ($B=A\times 4.38\%$)	现金流量 (C)	期末账面余额 ($D=A+B-C$)
2014	21 909.19	959.62	0	22 868.81
2015	22 868.81	1 001.65	0	23 870.46
2016	23 870.46	1 045.53	0	24 915.99
2017	24 915.99	1 084.01	26 000	0

甲公司的有关账务处理如下：

(1)2013年12月31日购入债券：

借：债权投资——成本　　　　　　　　　　　　20 000
　　　　　——应计利息　　　　　　　　　　　　1 200
　　　　　——利息调整　　　　　　　　　　　　709.19
　　贷：银行存款　　　　　　　　　　　　　　 21 909.19

　　　　2013年12月31日账面余额 = 21 909.19

(2)2014年12月31日，确认实际利息收入：

①应计利息 = 20 000 × 6% = 1 200(万元)

②实际利息收入 = 21 909.19 × 4.38% = 959.62(万元)

③利息调整 = 1 200 - 959.62 = 240.38(万元)

借：债权投资——应计利息　　　　　　　　　　 1 200
　　贷：债权投资——利息调整　　　　　　　　　 240.38
　　　　投资收益　　　　　　　　　　　　　　　 959.62

2014年12月31日账面余额 = 21 909.19 + 1 200 - 240.38 = 22 868.81(万元)

(3)2015年12月31日，确认实际利息收入：

①应计利息 = 20 000 × 6% = 1 200(万元)

②实际利息收入 = 22 868.81 × 4.38% = 1 001.65(万元)

③利息调整 = 1 200 - 1 001.65 = 198.35(万元)

借：债权投资——应计利息　　　　　　　　　　 1 200
　　贷：债权投资——利息调整　　　　　　　　　 198.35
　　　　投资收益　　　　　　　　　　　　　　　 1 001.65

2015年12月31日账面余额 = 22 868.81 + 1 200 - 198.35 = 23 870.46(万元)

(4)2016年12月31日，确认实际利息收入：

①应计利息 = 20 000 × 6% = 1 200(万元)

②实际利息收入 = 23 870.46 × 4.38% = 1 045.53(万元)

③利息调整 = 1 200 - 1 045.53 = 154.47(万元)

借：债权投资——应计利息　　　　　　　　　　 1 200
　　贷：债权投资——利息调整　　　　　　　　　 154.47

投资收益 1 045.53

2016年12月31日账面余额 = 23 870.46 + 1 200 - 154.47 = 24 915.99（万元）

(5) 2017年12月31日，确认实际利息收入：

①应计利息 = 20 000 × 6% = 1 200（万元）

②利息调整 = 709.19 - 240.38 - 198.35 - 154.47 = 115.99（万元）

③实际利息收入 = 1 200 - 115.99 = 1 084.01（万元）

借：债权投资——应计利息 1 200
　　贷：债权投资——利息调整 115.99
　　　　投资收益 1 084.01

(6) 2018年1月5日，收到利息和本金：

借：银行存款 26 000
　　贷：债权投资——成本 20 000
　　　　　　　——应计利息 6 000

第三节　以公允价值计量金融资产的会计处理

一、以公允价值计量的金融资产概述

企业以公允价值计量的金融资产的业务核算包括以公允价值计量且其变动计入其他综合收益的金融资产的核算和以公允价值计量且其变动计入当期损益的金融资产的核算。

对于分类为以公允价值计量且其变动计入其他综合收益的金融资产，企业应当设置"其他债权投资"科目进行相应核算；对于分类为以公允价值计量且其变动计入当期损益的金融资产，企业应当设置"交易性金融资产"科目进行核算，企业持有的直接指定为以公允价值计量且其变动计入当期损益的金融资产，也在本科目核算。

对于以公允价值计量且其变动计入当期损益的金融资产中的单项非交易性权益工具投资，企业可以将其指定为以公允价值计量且其变动计入其他综合收益的金融资产，其公允价值的后续变动计入其他综合收益，并按规定确认股利收入，不需计提减值准备。该指定一经做出，不得撤销。企业应当设置"其他权益工具投资"科目核算指定为公允价值计量且其变动计入其他综合收益的金融资产。

二、以公允价值进行后续计量的金融资产的会计处理

对于按照公允价值进行后续计量的金融资产，其公允价值变动形成的利得或损失，除与套期会计有关外，应当按照下列规定处理：

(1) 分类为以公允价值计量且其变动计入其他综合收益的金融资产所产生的所有利得或损失，除减值损失或利得和汇兑损益之外，均应当计入其他综合收益，直至该金融资产终止确认或被重分类。但是，采用实际利率法计算的该金融资产的利息应当计入当期

损益。该金融资产计入各期损益的金额应当与视同其一直按摊余成本计量而计入各期损益的金额相等。

(2)以公允价值计量且其变动计入当期损益的金融资产的利得或损失,应当计入当期损益。

(3)指定为以公允价值计量且其变动计入其他综合收益的非交易性权益工具投资,除了获得的股利(明确代表投资成本部分收回的股利除外)计入当期损益外,其他相关的利得和损失(包括汇兑损益)均应当计入其他综合收益,且后续不得转入当期损益。当其终止确认时,之前计入其他综合收益的累计利得或损失应当从其他综合收益中转出,计入留存收益。

企业只有在同时符合下列条件时,才能确认股利收入并计入当期损益:
(1)企业收取股利的权利已经确立。
(2)与股利相关的经济利益很可能流入企业。
(3)股利的金额能够可靠计量。

以摊余成本计量且不属于任何套期关系的一部分金融资产所产生的利得或损失,应当在终止确认、重分类、按照实际利率法摊销或确认减值时,计入当期损益。

以公允价值计量且其变动计入其他综合收益的金融资产(债务工具)的会计处理如下:

(1)企业取得金融资产。
借:其他债权投资——成本(面值)
　　　　　　——利息调整(差额,也可能在贷方)
　　应收利息(已到付息期但尚未领取的利息)
　贷:银行存款等

注:若购买的债券为到期一次还本付息债券,则购买价款中包含的利息,计入"其他债权投资——应计利息"科目。

(2)资产负债表日计算利息。
借:应收利息(分期付息债券按票面利率计算的利息)
　　其他债权投资——应计利息(到期时一次还本付息债券按票面利率计算的利息)
　贷:投资收益(其他债权投资的期初账面余额或摊余成本乘以实际利率计算确定的利息收入)
　　其他债权投资——利息调整(差额,也可能在借方)

(3)资产负债表日公允价值正常变动。
①公允价值上升。
借:其他债权投资——公允价值变动
　贷:其他综合收益
②公允价值下降。
借:其他综合收益
　贷:其他债权投资——公允价值变动

(4)出售其他债权投资。

借:银行存款等
　　贷:其他债权投资(账面价值)
投资收益(差额,也可能在借方)
同时:
借:其他综合收益
　　贷:投资收益
或相反分录。

【例4-3】 甲公司为上市公司,2013年12月31日,以21 909.19万元(包括交易费用9.19万元)的价格购入晨阳公司于2013年1月1日发行的5年期一次还本、分期付息债券,债券面值总额为20 000万元,付息日为每年1月5日,票面年利率为6%。甲公司于每年年末计提债券利息;根据其管理该债券的业务模式和该债券的合同现金流量特征,将该债券分类为以公允价值计量且其变动计入其他综合收益的金融资产。甲公司确定该债券实际利率为5%。

甲公司的有关账务处理如下:
(1)2013年12月31日购入债券:
借:其他债权投资——成本　　　　　　　　　　　　20 000
　　应收利息　　　　　　　　　　　　　　　　　　 1 200
　　其他债权投资——利息调整　　　　　　　　　　 709.19
　　贷:银行存款　　　　　　　　　　　　　　　　 21 909.19
(2)2014年1月5日,收到晨阳公司发放的债券利息,存入银行。
借:银行存款　　　　　　　　　　　　　　　　　　 1 200
　　贷:应收利息　　　　　　　　　　　　　　　　 1 200
(3)2014年12月31日,确认实际利息收入;年末该债券的公允价值为21 000万元。
①应收利息 = 20 000 × 6% = 1 200(万元)
②实际利息收入 = 20 709.19 × 5% = 1 035.46(万元)
③利息调整 = 1 200 - 1 035.46 = 164.54(万元)
借:应收利息　　　　　　　　　　　　　　　　　　 1 200
　　贷:其他债权投资——利息调整　　　　　　　　 164.54
　　　　投资收益　　　　　　　　　　　　　　　　 1 035.46
④公允价值变动 = 21 000 - (20 709.19 - 164.54) = 455.35(万元)
借:其他债权投资——公允价值变动　　　　　　　　 455.35
　　贷:其他综合收益　　　　　　　　　　　　　　 455.35
(4)2015年1月5日,收到利息:
借:银行存款　　　　　　　　　　　　　　　　　　 1 200
　　贷:应收利息　　　　　　　　　　　　　　　　 1 200
(5)2015年12月31日,确认实际利息收入;2015年12月31日公允价值为20 700万元。假定判断为暂时性下跌。

①应收利息 = 20 000 × 6% = 1 200(万元)
②实际利息收入 = 20 544.65 × 5% = 1 027.23(万元)
③利息调整 = 1 200 - 1 027.23 = 172.77(万元)
借:应收利息 1 200
　贷:其他债权投资——利息调整 172.77
　　　投资收益 1 027.23
④公允价值变动 = 20 700 - (21 000 - 172.77) = -127.23(万元)
借:其他综合收益 127.23
　贷:其他债权投资——公允价值变动 127.23

(6)2016年1月5日,收到利息:
借:银行存款 1 200
　贷:应收利息 1 200

(7)2016年1月6日,甲公司出售全部该债券,取得价款20 800万元。
①成本 = 20 000(万元)
②利息调整 = 709.19 - 164.54 - 172.77 = 371.88(万元)
③公允价值变动 = 455.35 - 127.23 = 328.12(万元)
④会计处理
借:银行存款 20 800
　其他综合收益 328.12
　贷:其他债权投资——成本 20 000
　　　　　　　　——利息调整 371.88
　　　　　　　　——公允价值变动 328.12
　　　投资收益 428.12

5. 以公允价值计量且其变动计入当期损益的金融资产的会计处理
(1)企业取得交易性金融资产。
借:交易性金融资产——成本(公允价值)
　　投资收益(发生的交易费用)
　　应收股利(已宣告但尚未发放的现金股利)
　　应收利息(已到付息期但尚未领取的利息)
　贷:银行存款等

(2)持有期间的股利或利息。
借:应收股利(被投资单位宣告发放的现金股利×投资持股比例)
　　应收利息(资产负债表日计算的应收利息)
　贷:投资收益

(3)资产负债表日公允价值变动。
①公允价值上升。
借:交易性金融资产——公允价值变动
　贷:公允价值变动损益

②公允价值下降。
借:公允价值变动损益
　　贷:交易性金融资产——公允价值变动
(4)出售交易性金融资产。
借:银行存款(出售净价,即价款扣除手续费)
　　贷:交易性金融资产——成本
　　　　　　　　　　——公允价值变动(或借方)
　　　　投资收益(差额,也可能在借方)

同时:
借:公允价值变动损益(持有期间该金融资产累计确认的公允价值变动)
　　贷:投资收益
或:
借:投资收益
　　贷:公允价值变动损益

【例4-4】 甲公司为上市公司,有关股票投资业务如下:

2015年11月6日,甲公司购买晨阳公司发行的股票100万股,成交价为每股25.2元,其中包含已宣告但尚未发放的现金股利每股0.2元,另付交易费用6万元,占晨阳公司表决权资本的1%。甲公司根据其管理该股票的业务模式和该股票的合同现金流量特征,将该股票分类为以公允价值计量且其变动计入当期损益的金融资产。

甲公司的有关账务处理如下:
(1)2015年11月6日,购买股票。
①会计科目为"交易性金融资产"科目。
②初始入账金额 = 100 × (25.2 - 0.2) = 2 500(万元)
③会计分录

借:交易性金融资产——成本　　　　　　　　　　2 500
　　投资收益　　　　　　　　　　　　　　　　　　　 6
　　应收股利　　　　　　　　　　　　　　　　　　　20
　　贷:银行存款　　　　　　　　　　　　　　　 2 526

(2)2015年11月10日,收到上述现金股利。
借:银行存款　　　　　　　　　　　　　　　　　　　20
　　贷:应收股利　　　　　　　　　　　　　　　　　20

(3)2015年12月31日,该股票每股市价为28元。
　　　　　公允价值变动 = 100 × 28 - 2 500 = 300(万元)
借:交易性金融资产——公允价值变动　　　　　　　300
　　贷:公允价值变动损益　　　　　　　　　　　　300

(4)2016年4月3日,晨阳公司宣告发放现金股利每股0.3元,4月30日,甲公司收到现金股利。
借:应收股利　　　　　　　　　　　　　　(100×0.3)30

贷:投资收益　　　　　　　　　　　　　　　　　　　30
　　借:银行存款　　　　　　　　　　　　　　　　　　　30
　　　贷:应收股利　　　　　　　　　　　　　　　　　　30
　(5)2016年12月31日,该股票每股市价为26元。
　　　　　　　公允价值变动=100×(26-28)=-200(万元)
　　借:公允价值变动损益　　　　　　　　　　　　　　200
　　　贷:交易性金融资产——公允价值变动　　　　　　200
　(6)2017年2月6日,甲公司出售晨阳公司全部股票,出售价格为每股30元,另支付交易费用8万元。
　　借:银行存款　　　　　　　　　(100×30-8)2 992
　　　公允价值变动损益　　　　　　　　　　　　　　100
　　　贷:交易性金融资产——成本　　　　　　　　　2 500
　　　　　　　　　　——公允价值变动　　　　　　　100
　　　　投资收益　　　　　　　　　　　　　　　　　492
6.指定为以公允价值计量且其变动计入其他综合收益的金融资产(权益工具)的会计处理
　(1)企业取得金融资产。
　　借:其他权益工具投资——成本(公允价值与交易费用之和)
　　　　应收股利(已宣告但尚未发放的现金股利)
　　　贷:银行存款等
　(2)资产负债表日公允价值正常变动。
　①公允价值上升。
　　借:其他权益工具投资——公允价值变动
　　　贷:其他综合收益
　②公允价值下降。
　　借:其他综合收益
　　　贷:其他权益工具投资——公允价值变动
　(3)持有期间被投资单位宣告发放现金股利。
　　借:应收股利
　　　贷:投资收益
　(4)出售其他权益工具投资。
　　借:银行存款等
　　　贷:其他权益工具投资(账面价值)
　　　　盈余公积
　　　　利润分配——未分配利润
　　　　(差额计入留存收益,也可能在借方)
　同时:
　　借:其他综合收益

贷:盈余公积
　　　　利润分配——未分配利润
或相反分录。

【例 4-5】 甲公司按照净利润的 10% 计提盈余公积金,有关股票投资业务如下。

(1)2015 年 11 月 6 日,甲公司购买晨阳公司发行的股票 100 万股,成交价为每股 25.2元,其中包含已宣告但尚未发放的现金股利每股 0.2元,另付交易费用 6 万元,占晨阳公司表决权资本的 1%。甲公司将其指定为以公允价值计量且其变动计入其他综合收益的非交易性权益工具投资。

甲公司的有关账务处理如下:

(1)2015 年 11 月 6 日,购买股票;

借:其他权益工具投资——成本　　　　　　　　　2 506
　　应收股利　　　　　　　　　　　　　　　　　　20
　贷:银行存款　　　　　　　　　　　　　　　　　2 526

(2)2015 年 11 月 10 日,收到上述现金股利;

借:银行存款　　　　　　　　　　　　　　　　　　20
　贷:应收股利　　　　　　　　　　　　　　　　　20

(3)2015 年 12 月 31 日,该股票每股市价为 28 元;

　　　公允价值变动 = 100 × 28 - 2 506 = 294(万元)

借:其他权益工具投资——公允价值变动　　　　　294
　贷:其他综合收益　　　　　　　　　　　　　　294

(4)2016 年 4 月 3 日,晨阳公司宣告发放现金股利每股 0.3 元,4 月 30 日,甲公司收到现金股利;

借:应收股利　　　　　　　　　　　(100 × 0.3)30
　贷:投资收益　　　　　　　　　　　　　　　　30
借:银行存款　　　　　　　　　　　　　　　　　30
　贷:应收股利　　　　　　　　　　　　　　　　30

(5)2016 年 12 月 31 日,该股票每股市价为 26 元,假定判断为暂时性下跌。

　　　公允价值变动 = 100 × (26 - 28) = -200(万元)

借:其他综合收益　　　　　　　　　　　　　　　200
　贷:其他权益工具投资——公允价值变动　　　200

(6)2017 年 2 月 6 日,甲公司出售晨阳公司全部股票,出售价格为每股 30 元,另支付交易费用 8 万元。

借:银行存款　　　　　　　　　(100 × 30 - 8)2 992
　　其他综合收益　　　　　　　　　　　　　　94
　贷:其他权益工具投资——成本　　　　　　2 506
　　　　　　　　　　　　——公允价值变动　　94
　　盈余公积　　　　　　　　　　(486 × 10%)48.6
　　利润分配——未分配利润　　　(486 × 90%)437.4

第四节 金融资产重分类的计量

一、金融资产重分类的原则

企业改变其管理金融资产的业务模式时,应当按照规定对所有受影响的相关金融资产进行重分类。企业对所有金融负债均不得进行重分类。所以,金融资产(即非衍生债权资产)可以在以摊余成本计量、以公允价值计量且其变动计入其他综合收益和以公允价值计量且其变动计入当期损益之间进行重分类。企业管理金融资产业务模式的变更是一种极其少见的情形。

企业对金融资产进行重分类,应当自重分类日起采用未来适用法进行相关会计处理,不得对以前已经确认的利得、损失(包括减值损失或利得)或利息进行追溯调整。重分类日,是指导致企业对金融资产进行重分类的业务模式发生变更后的首个报告期间的第一天。

需要注意的是,如果企业管理金融资产的业务模式没有发生变更,而金融资产的条款发生变更但未导致终止确认,不允许重分类。如果金融资产的条款发生变更导致金融资产终止确认的不属于重分类,企业应当终止确认原金融资产,同时按照变更后的条款确认一项新的金融资产。

二、金融资产重分类的计量

1. 以摊余成本计量的金融资产的重分类

企业将一项以摊余成本计量的金融资产重分类为以公允价值计量且其变动计入当期损益的金融资产的,应当按照该资产在重分类日的公允价值进行计量。原账面价值与公允价值之间的差额计入当期损益。

企业将一项以摊余成本计量的金融资产重分类为以公允价值计量且其变动计入其他综合收益的金融资产的,应当按照该金融资产在重分类日的公允价值进行计量。原账面价值与公允价值之间的差额计入其他综合收益。该金融资产重分类不影响其实际利率和预期信用损失的计量。

2. 以公允价值计量且其变动计入其他综合收益的金融资产的重分类

(1)企业将一项以公允价值计量且其变动计入其他综合收益的金融资产重分类为以摊余成本计量的金融资产的,应当将之前计入其他综合收益的累计利得或损失转出,调整该金融资产在重分类日的公允价值,并以调整后的金额作为新的账面价值,即视同该金融资产一直以摊余成本计量。该金融资产重分类不影响其实际利率和预期信用损失的计量。

(2)企业将一项以公允价值计量且其变动计入其他综合收益的金融资产重分类为以公允价值计量且其变动计入当期损益的金融资产的,应当继续以公允价值计量该金融资产。同时,企业应当将之前计入其他综合收益的累计利得或损失从其他综合收益转入当期损益。

3. 以公允价值计量且其变动计入当期损益的金融资产的重分类

(1)企业将一项以公允价值计量且其变动计入当期损益的金融资产重分类为以摊余成本计量的金融资产的,应当以其在重分类日的公允价值作为新的账面余额。

(2)企业将一项以公允价值计量且其变动计入当期损益的金融资产重分类为以公允价值计量且其变动计入其他综合收益的金融资产的,应当继续以公允价值计量该金融资产。

第五节　金融资产的减值处理

一、金融资产减值的概述

以公允价值计量且其变动计入当期损益的金融资产以及指定为以公允价值计量且其变动计入其他综合收益的金融资产(权益工具)不计提减值准备。

分类为以摊余成本计量的金融资产和以公允价值计量且其变动计入其他综合收益的金融资产,企业应当以预期信用损失为基础进行减值会计处理并确认损失准备。

信用损失,是指企业按照原实际利率折现的,根据合同应收的所有合同现金流量与预期收取的所有现金流量之间的差额,即全部现金短缺的现值。其中,对于企业购买或源生的已发生信用减值的金融资产,应按照该金融资产经信用调整的实际利率折现。由于预期信用损失考虑付款的金额和时间分布,因此即使企业预计可以全额收款但收款时间晚于合同规定的到期期限,也会产生信用损失。

预期信用损失,是指以发生违约的风险为权重的金融工具信用损失的加权平均值。

损失准备,是指针对按照以摊余成本计量的金融资产的预期信用损失计提的准备,按照以公允价值计量且其变动计入其他综合收益的金融资产的累计减值金额。

二、金融资产减值损失的确认和计量

(一)一般减值模型

一般情况下,企业应当在每个资产负债表日评估相关金融工具的信用风险自初始确认后是否已显著增加,并按照下列情形分别计量其损失准备、确认预期信用损失及其变动。

(1)如果该金融资产的信用风险自初始确认后已显著增加,企业应当按照相当于该金融资产整个存续期内预期信用损失的金额计量其损失准备。

(2)如果该金融工具的信用风险自初始确认后并未显著增加,企业应当按照相当于该金融工具未来12个月内预期信用损失的金额计量其损失准备。未来12个月内预期信用损失,是指因资产负债表日后12个月内(若金融资产的预计存续期少于12个月,则为预计存续期)可能发生的金融资产违约事件而导致的预期信用损失,是整个存续期预期

信用损失的一部分。整个存续期预期信用损失,是指因金融工具整个预计存续期内所有可能发生的违约事件而导致的预期信用损失。

(二)金融资产减值的账务处理

(1)对于购买或源生的已发生信用减值的金融资产,企业应当在资产负债表日仅将自初始确认后整个存续期内预期信用损失的累计变动确认为损失准备。在每个资产负债表日,企业应当将整个存续期内预期信用损失的变动金额作为减值损失或利得计入当期损益。即使该资产负债表日确定的整个存续期内预期信用损失小于初始确认时估计现金流量所反映的预期信用损失的金额,企业也应当将预期信用损失的有利变动确认为减值利得。

(2)企业在前一会计期间已经按照相当于金融资产整个存续期内预期信用损失的金额计量了损失准备,但在资产负债表日,该金融资产已不再属于自初始确认后信用风险显著增加的情形的,企业应当在资产负债表日按照相当于未来12个月内预期信用损失的金额计量该金融资产的损失准备,由此形成的损失准备的转回金额应当作为减值利得计入当期损益。

(3)对于以公允价值计量且其变动计入其他综合收益的金融资产(债务工具),企业应当在其他综合收益中确认其损失准备,并将减值损失或利得计入当期损益,且不应减少该金融资产在资产负债表中列示的账面价值。

【例4-6】 2017年12月15日,甲公司按面值购买了公允价值为2 000万元的债券,这些债券以公允价值计量且其变动计入其他综合收益。这些债券的合同期限为10年,利率为5%,实际利率同为5%。初始确认时,甲公司确认该资产不是所购买或源生的已发生信用减值的资产。2017年12月31日(即首个报告日),由于市场利率变化,该债券的公允价值下降至1 900万元。该债券的惠誉评级为AA+,通过采用低信用风险简化操作,红星公司确定信用风险自初始确认后没有显著增加,应计量12个月预期信用损失。为了计算预期信用损失,甲公司采用了AA+级中隐含的12个月违约率(假设为2%)和60%的违约损失率,因此12个月预期信用损失为24万元。

2018年(即第二个报告日),由于市场利率变化以及发行人面临的不利的业务和经济状况风险导致的不确定性,该债券的公允价值进一步降低至1 700万元。惠誉将该债券的外部评级调低至投资等级以下,这表明该风险敞口已使该债券发生违约的风险显著增加。因此,甲公司认定信用风险已显著增加。基于该等级中隐含的整个存续期违约率(假设为15%)和60%的违约损失率,甲公司确定整个存续期的预期损失为180万元。假定不考虑利息收入的确认及其他因素。

具体账务处理如下:

(1)2017年12月15日

借:其他债权投资——成本 2 000
  贷:银行存款 2 000

(2)2017年12月31日

借:其他综合收益——其他债权投资公允价值变动　　100
　　贷:其他债权投资——公允价值变动　　　　　　　　100
借:资产减值损失　　　　　　　　　　　　　　　　24
　　贷:其他综合收益——损失准备　　　　　　　　　　24

(3)2018年12月31日

借:其他综合收益——其他债权投资公允价值变动　　200
　　贷:其他债权投资——公允价值变动　　　　　　　　200
借:资产减值损失　　　　　　　　　　　　　　　　156
　　贷:其他综合收益——损失准备　　　　　　　　　　156

思考题

1. 怎样确定金融资产的分类?
2. 如何计量以摊余成本计量的金融资产?
3. 如何计量以公允价值计量且其变动计入其他综合收益的金融资产?
4. 如何计量以公允价值计量且其变动计入当期损益的金融资产?
5. 如何计量金融资产减值?

第五章 存 货

【学习目标】

1. 了解存货的内容及分类。
2. 掌握存货初始计量和会计核算。
3. 掌握存货在收、发、存各环节的计价方法及会计核算。
4. 掌握存货清查方法。
5. 掌握存货期末计价及会计核算。

【本章重点】

存货按实际成本计价及相应的会计核算。

【本章难点】

存货的期末计价。

第一节 存货的确认和初始计量

一、存货的定义与确认条件

（一）存货的定义

存货是指企业在日常活动中持有以备出售的产成品或商品、处在生产过程中的在产品、在生产过程或提供劳务过程中耗用的材料、物料等。通常企业的存货包括：原材料、在产品、半成品、产成品、商品、周转材料等。

存货区别于固定资产等非流动资产的最基本的特征是：企业持有存货的最终目的是为了出售，不论是可供直接出售，如企业的产成品、商品等；还是需经过进一步加工后才能出售，如原材料等。

（二）存货的确认条件

存货必须在符合定义的前提下，同时满足下列两个条件，才能予以确认。

1. 与该存货有关的经济利益很可能流入企业

资产最重要的特征是预期会给企业带来经济利益。如果某一项目预期不能给企业带来经济利益，就不能确认为企业的资产。存货是企业的一项重要的流动资产，因此，对存货的确认，关键是判断其是否很可能给企业带来经济利益或其所包含的经济利益是否很可能流入企业。通常，拥有存货的所有权是与该存货有关的经济利益很可能流入本企业的一个重要标志。一般情况下，根据销售合同已经售出（取得现金或收取现金的权利），所有权已经转移的存货，因其所含经济利益已不能流入本企业，因而不能再作为企业的存货进行核算，即使该存货尚未运离企业。企业在判断与该存货有关的经济利益能否流入企业时，通常应结合考虑该存货所有权的归属，而不应当仅仅看其存放的地点等。

2. 该存货的成本能够可靠地计量

成本或者价值能够可靠地计量是资产确认的一项基本条件。存货作为企业资产的组成部分，要予以确认也必须能够对其成本可靠地进行计量。存货的成本能够可靠地计量必须以取得的确凿证据为依据，并且具有可验证性。如果存货成本不能可靠地计量，则不能确认为一项存货。如企业承诺的订货合同，由于并未实际发生，不能可靠确定其成本，因此就不能确认为购买企业的存货。

二、存货的分类

1. 存货按经济用途的分类

存货的类别视企业的性质而定。企业性质不同，存货的构成项目也不同。商品流通企业的主要业务是销售商品，其存货主要是商品；制造企业以生产产品和销售产品为主要业务，其存货的构成较为复杂，包括各种将在生产经营过程中耗用的原材料、周转材料，还包括处于生产中的产品以及已经完工待售的产成品。

按照经济用途，制造企业的存货可以分为以下几种：

（1）原材料。指企业在生产过程中经加工改变其形态或性质并构成产品主要实体的各种原料及主要材料、辅助材料、外购半成品（外购件）、修理用备件（备品备件）、包装材料、燃料等。为建造固定资产等各项工程而储备的各种材料，虽然同属于材料，但是由于用于建造固定资产等各项工程，不符合存货的定义，因此不能作为企业的存货进行核算。

（2）在产品。指正在制造尚未完工的产品，包括正在各个生产工序加工的产品，和已加工完毕但尚未检验或已检验但尚未办理入库手续的产品。

（3）半成品。指经过一定生产过程并已检验合格交付半成品仓库保管，但尚未制造完工成为产成品，仍需进一步加工的中间产品。

（4）产成品。指工业企业已经完成全部生产过程并验收入库，可以按照合同规定的条件送交订货单位或者可以作为商品对外销售的产品。企业接受外来原材料加工制造的代制品和为外单位加工修理的代修品，制造和修理完成验收入库后，应视同企业的产成品。

（5）商品。指商品流通企业外购或委托加工完成验收入库用于销售的各种商品。

（6）周转材料。指能够多次使用，但不符合固定资产定义的材料，如为了包装本企业商品而储备的各种包装物，各种工具、管理用具、玻璃器皿、劳动保护用品以及在经营过程中周转使用的容器等低值易耗品和建造承包商的钢模板、木模板、脚手架等其他周转材料。但是,周转材料符合固定资产定义的,应当作为固定资产处理。

2. 存货按存放地点的分类

(1)库存存货。指已经达到企业,并已验收入库的存货,包括库存商品、材料、产成品、周转材料(包装物和低值易耗品)、半成品和商品等。

(2)在途存货。指企业已取得所有权,但尚在运输途中或尚未验收入库的各种材料物资和商品,比如在途材料等。

(3)在制存货。指正在本企业加工或委托外单位加工的存货,比如在产品、委托加工材料等。

(4)在售存货。指已发运给购货方但尚不能满足收入确认的条件,因而仍应作为销货方存货的发出商品、委托代销商品等。

3. 存货按来源的分类

按来源,存货可以分为外购存货、自制存货、投资者投入的存货、接受捐赠的存货、债务重组取得的存货、非货币性资产交换取得的存货、盘盈的存货等。其中,外购存货和自制存货是企业存货的主要来源。

三、存货的初始计量

我国《企业会计准则第1号——存货》规定:存货应当按照成本进行初始计量。存货成本包括采购成本、加工成本和其他成本三个组成部分。

由于存货取得的途径及方式不同,存货成本的构成内容也不相同。

(一)外购的存货

1. 外购存货的成本

外购存货的成本即采购成本,是指存货从采购到入库前所发生的全部支出,包括购买价款、相关税费、运输费、装卸费、保险费以及其他可归属于存货采购成本的费用。

购买价款是指企业购入存货发票账单上所列明的价款,但是不包括按照规定可以抵扣的增值税。在有商业折扣的购货中,存货的购买价款不应包括商业折扣。

相关税费是指企业购买、自制、委托加工或进口存货发生的消费税、资源税、关税和不能抵扣的增值税进项税额。其中,消费税是价内税,应计入外购存货的成本;增值税是价外税,其进项税额可以抵扣,但是不能抵扣的增值税进项税额应计入存货的成本;关税是进口存货成本的重要部分。

其他可归属于存货采购成本的费用主要指在采购过程中发生的仓储费、包装费、运输途中的合理损耗、入库前的挑选整理费等。

2. 外购存货的会计处理

企业外购的存货,由于货款结算方式不同等原因,可能造成存货验收入库和货款结算不一定同步完成,另外,还存在预付货款方式等,这就需要根据具体情况,分别进行会计处理。

(1)存货验收入库和货款支付同时完成。

在存货验收入库和货款支付同时完成的情况下,企业应于支付货款并且存货验收入库后,按发票账单等结算凭证确定的存货成本,借记"原材料""库存商品""周转材料"等存货科目,按增值税专用发票上注明的增值税额,借记"应交税费——应交增值税(进项税额)"科目,按实际支付的款项,贷记"银行存款"科目。

【例5-1】 甲股份有限公司购入一批原材料,增值税专用发票上注明的原材料价款为50 000元,增值税进项税额为6 500元。销货方代垫运杂费为2 000元。上述货款及销货方代垫运杂费已通过银行转账支付,材料也已验收入库。

借:原材料　　　　　　　　　　　　　　　　　52 000
　　应交税费——应交增值税(进项税额)　　　　6 500
　　贷:银行存款　　　　　　　　　　　　　　　58 500

(2)货款已经结算但存货尚未验收入库。

在货款已经结算但存货尚在运输途中或尚未验收入库的情况下,企业应于支付货款时,按发票账单等结算凭证确定的存货成本,借记"在途物资"科目,按增值税专用发票上注明的增值税额,借记"应交税费——应交增值税(进项税额)"科目,按实际支付的款项,贷记"银行存款"科目;在存货运达企业并验收入库后,再根据有关验货凭证,借记"原材料""库存商品""周转材料"等存货科目,贷记"在途物资"科目。

【例5-2】 甲公司购入一批原材料,增值税专用发票上注明的材料价款为200 000元,增值税额为26 000元。货款已通过银行转账支付,材料尚在运输途中。

(1)支付货款:

借:在途物资　　　　　　　　　　　　　　　　200 000
　　应交税费——应交增值税(进项税额)　　　　26 000
　　贷:银行存款　　　　　　　　　　　　　　　226 000

(2)原材料运达企业并验收入库:

借:原材料　　　　　　　　　　　　　　　　　234 000
　　贷:在途物资　　　　　　　　　　　　　　　234 000

(3)存货已验收入库但货款尚未结算。

在存货已验收入库,但发票账单等结算凭证尚未到达、货款尚未结算的情况下,企业在收到存货时可先不做会计处理。如果月末时结算凭证仍未到达,应对收到的存货暂估价值入账,借记"原材料""库存商品""周转材料"等存货科目,贷记"应付账款"科目,下月初,再编制相同的红字记账凭证予以冲回;待结算凭证到达时,按发票账单等结算凭证,借记"原材料""库存商品""周转材料"等存货科目,按增值税专用发票注明的增值税进项税额,借记"应交税费——应交增值税(进项税额)"科目,按实际支付或应付的金额,贷记"银行存款""应付票据"等科目。

【例5-3】 2017年4月25日,甲公司购入一批原材料,材料已运达企业并已验收入库,但发票账单等结算凭证月末时仍未到达企业。月末时,该批货物的结算凭证仍未到达,该公司对该批材料估价30 000元入账。5月2日,发票账单等结算凭证到达企业,增值税专用发票上注明的原材料价款为31 000元,增值税额为4 030元,货款已通过银行转账支付。

①4月25日,材料到达企业并验收入库,暂不做会计处理。

②月末,对原材料暂估价值入账:

借:原材料　　　　　　　　　　　　　　　　　　　　30 000
　　贷:应付账款——暂估应付账款　　　　　　　　　　30 000

③下月初,编制红字记账凭证冲回:

借:原材料　　　　　　　　　　　　　　　　　　　　30 000
　　贷:应付账款——暂估应付账款　　　　　　　　　　30 000

④5月2日,收到结算凭证并支付货款:

借:原材料　　　　　　　　　　　　　　　　　　　　31 000
　　应交税费——应交增值税(进项税额)　　　　　　　4 030
　　贷:银行存款　　　　　　　　　　　　　　　　　　35 030

(4)采用预付货款方式购入的存货。

企业在采用预付货款方式购入存货的情况下,应在预付货款时,按照实际预付的金额,借记"预付账款"科目,贷记"银行存款"科目;购入的存货验收入库时,按照发票账单上注明的存货价款、增值税额等,借记"原材料""库存商品""周转材料"等存货科目和"应交税费——应交增值税(进项税额)"科目,贷记"预付账款"科目;预付的货款不足,按照补付的金额,借记"预付账款"科目,贷记"银行存款"科目;供货方退回多付的货款时,借记"银行存款"科目,贷记"预付账款"科目。

【例5-4】2017年5月20日,甲公司向风林公司预付货款70 000元,用于采购一批原材料。6月10日,甲公司收到材料及风林公司开具的增值税专用发票,该材料价款为100 000元,增值税进项税额为13 000元。7月10日,甲公司已通过银行转账补付货款。

(1)5月20日,预付货款:

借:预付账款——风林公司　　　　　　　　　　　　　70 000
　　贷:银行存款　　　　　　　　　　　　　　　　　　70 000

(2)6月10日,材料验收入库:

借:原材料　　　　　　　　　　　　　　　　　　　　100 000
　　应交税费——应交增值税(进项税额)　　　　　　　13 000
　　贷:预付账款——风林公司　　　　　　　　　　　　113 000

(3)7月10日,补付货款:

借:预付账款——风林公司　　　　　　　　　　　　　43 000
　　贷:银行存款　　　　　　　　　　　　　　　　　　43 000

(5)采用赊购方式购入的存货。

企业在采用赊购方式购入存货的情况下,应在购入的存货验收入库时,按照发票账单上注明的存货价款、增值税额等,借记"原材料""库存商品""周转材料"等存货科目和"应交税费——应交增值税(进项税额)"科目,贷记"应付账款"或"应付票据"科目;偿付货款时,按照实际应付的金额,借记"应付账款"或"应付票据"科目,贷记"银行存款"科目。

【例5-5】2017年6月20日,甲公司向美溪公司赊购一批原材料,增值税专用发票上注明的原材料价款为60 000元,增值税进项税额为7 800元,根据购货合同约定,甲公司应于7月30日之前支付货款。

(1)6月20日,赊购原材料:

借:原材料　　　　　　　　　　　　　　　　　　　　　60 000
　　应交税费——应交增值税(进项税额)　　　　　　　　7 800
　贷:应付账款——美溪公司　　　　　　　　　　　　　67 800

(2)7月30日,支付货款:

借:应付账款——美溪公司　　　　　　　　　　　　　　67 800
　贷:银行存款　　　　　　　　　　　　　　　　　　　67 800

存货的购入在附有现金折扣条件下,其会计处理有总价法和净价法两种方法。在总价法下,存货和应付账款均按实际交易金额入账,如果购货方在现金折扣期限内付款,取得的现金折扣冲减当期财务费用;在净价法下,存货和应付账款按实际交易金额扣除现金折扣后的净额入账,如果购货方超过现金折扣期限付款,则丧失的现金折扣计入当期财务费用。我国企业会计准则要求采用总价法进行会计处理。

【例5-6】2017年7月1日,甲公司从尚兴公司赊购一批原材料,增值税专用发票上注明的原材料价款为80 000元,增值税额为10 400元。根据购货合同约定,尚兴公司应于7月31日前付款,并附有现金折扣条件:如果在10日内付款,可按原材料价款(不含增值税)的2%享受现金折扣,如果超过10日能在20日付款,可按原材料价款(不含增值税)的1%享受现金折扣;如果超过20日付款,则须按交易金额全付。

甲公司采用总价法进行会计处理。

(1)7月1日,购进原材料:

借:原材料　　　　　　　　　　　　　　　　　　　　　80 000
　　应交税费——应交增值税(进项税额)　　　　　　　　10 400
　贷:应付账款——尚兴公司　　　　　　　　　　　　　90 400

(2)假定甲公司在7月10日支付货款:

现金折扣 = 80 000 × 2% = 1 600(元)

实际付款金额 = 90 400 - 1 600 = 88 800(元)

借:应付账款——尚兴公司　　　　　　　　　　　　　　90 400
　贷:银行存款　　　　　　　　　　　　　　　　　　　88 800
　　财务费用　　　　　　　　　　　　　　　　　　　　1 600

(2)假定甲公司在7月20日支付货款:

现金折扣 = 80 000 × 1% = 800(元)

实际付款金额 = 90 400 - 800 = 89 600(元)

借:应付账款——尚兴公司　　　　　　　　　　　　　　90 400
　贷:银行存款　　　　　　　　　　　　　　　　　　　89 600
　　财务费用　　　　　　　　　　　　　　　　　　　　800

(3)假定甲公司在7月31日支付货款:

借：应付账款——尚兴公司	93 600	
贷：银行存款		93 600

(二)加工取得的存货

1. 自制存货的成本

企业通过进一步加工取得的存货,主要包括产成品、在产品、半成品、委托加工物资等,其成本由采购成本、加工成本构成。通过进一步加工取得的存货的成本中采购成本是由所使用或消耗的原材料采购成本转移而来的,因此,计量加工取得的存货成本,重点是要确定存货的加工成本。

存货加工成本由直接人工和制造费用构成,其实质是企业在进一步加工存货的过程中追加发生的生产成本,因此,不包括直接由材料存货转移来的价值。其中,直接人工是指企业在生产产品过程中,直接从事产品生产的工人的职工薪酬。直接人工和间接人工的划分依据通常是生产工人是否与所生产的产品直接相关(即可否直接确定其服务的产品对象)。制造费用是指企业为生产产品和提供劳务而发生的各项间接费用。制造费用是一种间接生产成本,包括企业生产部门(如生产车间)管理人员的职工薪酬、折旧费、办公费、水电费、机物料消耗、劳动保护费、季节性和修理期间的停工损失等。

加工取得的存货一般是针对制造业企业而言的。对于直接人工的分配,如果企业生产车间同时生产几种产品,则其发生的直接人工应采用合理方法分配计入相关产品成本中。由于工资形成的方式不同,直接人工的分配也不同,比如采用工时工资或者按照计件工资分配直接人工。

对于制造费用的分配,由于企业各生产车间或部门的生产任务、技术装备程度、管理水平和费用水准各不相同,因此,制造费用的分配一般按生产车间或部门进行。在各种产品分配制造费用时,通常按照生产工人工资、工人工时、机器工时、耗用原材料的数量或成本、直接成本(原材料、燃料、动力、生产工人工资等职工薪酬合计)、产成品产量等进行分配。这些分配方法通常是对各月生产车间或部门的制造费用实际发生额进行分配的。

各产品间分配加工成本时,借记"生产成本"科目,贷记"应付职工薪酬""制造费用"科目。当产成品验收入库时,按照实际发生的成本借记"库存商品",贷记"生产成本"等科目。

【例5-7】 甲公司的基本生产车间本月完成一批产成品,完工产品的实际生产成本为60 000元。

借：库存商品	60 000	
贷：生产成本		60 000

在确定存货成本的过程中应当注意,下列费用不应当计入存货成本,而应当在其发生时计入当期损益：

(1)非正常消耗的直接材料、直接人工及制造费用,应计入当期损益,不得计入存货成本。例如,企业超定额的废品损失以及由自然灾害而发生的直接材料、直接人工及制造费用,由于这些费用的发生无助于该存货达到目前场所和状态,不应计入存货成本,而应计入当期损益。

(2)仓储费用,指企业在采购入库后发生的储存费用,应计入当期损益。但是,在生产过程中为达到下一个生产阶段所必需的仓储费用则应计入存货成本。例如,某种酒类产品生产企业为使生产的酒达到规定的产品质量标准,而必须发生的仓储费用,就应计入酒的成本,而不是计入当期损益。

(3)不能归属于使存货达到目前场所和状态的其他支出,不符合存货的定义和确认条件,应在发生时计入当期损益,不得计入存货成本。

2. 委托加工取得的存货

委托加工取得存货的成本,一般包括加工过程中实际耗用的原材料或半成品成本、加工费、往返运杂费以及按规定应计入存货成本的税金等。

企业委托加工的存货,其所有权仍属于委托方,该存货应包含在委托方的存货中,在"委托加工物资"科目中核算。企业发出材料委托外单位加工时,按发出材料的实际成本,借记"委托加工物资"科目,贷记"原材料"等科目;支付的加工费、运杂费等,计入委托加工存货成本,借记"委托加工物资"科目,贷记"银行存款"科目;支付的增值税,借记"应交税费——应交增值税(进项税额)"科目,贷记"银行存款"科目;需要交纳消费税的委托加工存货,由受托方代收代缴的消费税,应区分以下情况处理:

(1)委托加工存货收回后直接用于销售的,由受托方代收代缴的消费税计入委托加工存货成本,借记"委托加工物资"科目,贷记"银行存款"等科目。

(2)委托加工存货收回后用于连续生产应税消费品,由受托方代收代缴的消费税按规定准予抵扣,借记"应交税费——应交消费税"科目,贷记"银行存款"等科目。

委托加工应税消费品时,销售额按受托方同类消费品的价格确定,没有同类消费品销售价格的,按组成计税价格确定。

$$组成计税价格 = \frac{材料成本 + 加工费}{1 - 消费税税率}$$

委托加工支付的消费税 = 组成计税价格 × 消费税税率

委托加工支付的增值税 = (加工费 + 辅料费) × 增值税税率

委托加工存货加工完成并已验收入库,按"委托加工物资"科目计算的实际成本,借记"原材料""周转材料""库存商品"等科目,贷记"委托加工物资"科目。

【例5-8】 甲公司委托晨阳公司加工一批实木地板(属于应税消费品,税率为5%),发出加工材料的成本为40 000元,支付加工费10 000元,支付由受托加工方代收代缴的增值税1 300元、消费税2 631.6元。加工好的材料收回后用于连续生产应税消费品。

(1)发出材料,委托加工:

借:委托加工物资　　　　　　　　　　　　　　40 000
　　贷:原材料　　　　　　　　　　　　　　　　40 000

(2)支付加工费和增值税、消费税:

借:委托加工物资　　　　　　　　　　　　　　10 000
　　应交税费——应交增值税(进项税额)　　　　1 300

应交税费——应交消费税	2 631.6
贷:银行存款	13 931.6

(3)材料加工完成,收回后验收入库:

入库材料的实际成本 = 40 000 + 10 000 = 50 000(元)

借:原材料	50 000
贷:委托加工物资	50 000

上例中,假设加工好的材料收回后直接用于销售,其他条件不变。

甲公司的账务处理如下:

(1)发出材料,委托甲公司加工:

借:委托加工物资	50 000
贷:原材料	50 000

(2)支付加工费和税金:

借:委托加工物资	12 631.6
应交税费——应交增值税(进项税额)	1 300
贷:银行存款	13 931.6

(3)材料加工完成,收回后验收入库:

入库材料的实际成本 = 40 000 + 10 000 = 50 000(元)

借:原材料	50 000
贷:委托加工物资	50 000

(三)其他方式取得的存货的成本

企业取得存货的其他方式主要包括接受投资者投资、非货币性资产交换、债务重组、企业合并以及存货盘盈等。

1.投资者投入存货的成本

投资者投入存货的成本,应当按照投资合同或协议约定的价值确定,但合同或协议约定价值不公允的除外。在投资合同或协议约定价值不公允的情况下,按照该项存货的公允价值作为其入账价值。

企业收到投资者投入的存货,按照投资合同或协议约定的存货价值,借记"原材料""周转材料""库存商品"等科目,按照增值税专用发票上注明的增值税进项税额,借记"应交税费——应交增值税(进项税额)"科目,按照投资者在注册资本中所占的份额,贷记"实收资本"或"股本"科目,按其差额,贷记"资本公积"科目。

【例5-9】　甲公司的股东华联公司以原材料向该公司投资,增值税专用发票上注明的原材料的价格为 650 000 元,增值税专用发票上注明的进项税额为 84 500 元,投资各方确认按该金额作为华联公司的投入资本,可折换甲公司每股面值 1 元的普通股股票 500 000 股。

借:原材料	650 000
应交税费——应交增值税(进项税额)	84 500
贷:股本——向阳公司	500 000

资本公积——股本溢价　　　　　　　　　　　　　　　　234 500

　　2. 通过非货币性资产交换、债务重组、企业合并等方式取得的存货的成本

　　企业通过非货币性资产交换、债务重组、企业合并等方式取得的存货,其成本应当分别按照《企业会计准则第 7 号——非货币性资产交换》《企业会计准则第 12 号——债务重组》和《企业会计准则第 20 号——企业合并》等的规定确定。但是,该项存货的后续计量和披露应当执行《企业会计准则第 1 号——存货》(以下简称存货准则)的规定。具体业务处理不在本章讲述。

　　3. 接受捐赠取得的存货

　　企业接受捐赠取得的存货,应当区分以下情况确定入账成本:

　　(1)捐赠方提供了有关凭据的,比如发票、报关单、协议等,按凭据上注明的金额加上相关的税费作为入账成本。

　　(2)捐赠方没有提供有关凭据的,按照如下顺序确定入账成本:同类或类似存货存在活跃市场的,按同类或类似存货的市场价格估计的金额,加上相关税费,作为入账成本;同类或类似存货不存在活跃市场的,按该接受捐赠存货预计未来现金流量的现值,作为入账成本。

　　企业收到捐赠的存货时,按照确定的入账成本,借记"原材料""周转材料""库存商品"等科目,按实际支付或应付的相关税费,贷记"银行存款"等科目,按其差额,贷记"营业外收入——捐赠利得"科目。

　　【例 5 - 10】　甲公司接受捐赠一批商品,捐赠方提供的发票上标明的价值为 60 000 元,甲公司为该批商品支付了运杂费 1 000 元。

　　甲公司的账务处理如下:

　　借:库存商品　　　　　　　　　　　　　　　　　61 000
　　　　贷:营业外收入　　　　　　　　　　　　　　　60 000
　　　　　　银行存款　　　　　　　　　　　　　　　　1 000

　　(四)盘盈存货的成本

　　盘盈的存货,应按其重置成本作为入账价值,并通过"待处理财产损溢"科目进行会计处理,按管理权限报经批准后,冲减当期管理费用。

第二节　发出存货的计量

一、发出存货的计价方法

　　发出存货的计价方法的选择,对企业的财务状况和经营成果产生一定的影响。首先,存货计价方法对损益计算有直接的影响,如果期末存货高估,本期销售成本就会低估,相应当期损益就会高估,反之,则低估当期损益。其次,存货计价方法对资产负债表有关项目数额的计算有直接影响,尤其是流动资产总额和所有者权益项目。其三,由于

存货计价方法影响到损益,它必定影响到应交所得税额。因此,合理选择存货的计价方法有一定的现实意义。

企业通常会以不同的价格采购相同的商品或者原材料,当企业发出存货时,从理论上,应该按照采购的实际成本作为发出存货的成本,这样可以使存货的成本流转与实物流转保持一致,即取得存货时确定的各项存货入账成本应当随着各项存货的销售或耗用而同步结转。但在实务中,由于存货品种繁多,流出流进量较大,而且同一存货因不同时间、不同地点、不同方式取得而单位成本各异,很难保证存货的成本流转与实物流转完全一致,这就形成了存货成本流转的假设,即按照一个假定的成本流转方式来确定发出存货的成本,而不强求存货的成本流转与实物流转完全一致。

在存货发出计价方面,国际会计准则只允许采用个别计价法、先进先出法和加权平均法。同时它还要求相同性质和用途的存货采用相同的计算方法确定发出存货的成本,另外零售价法也可以使用。

美国现行会计准则除个别计价法、先进先出法和加权平均法外,还允许后进先出法。另外也没有明确地规定相同性质和用途的存货采用相同的计算方法确定发出存货的成本。

在英国的会计实务中,可以使用的计价方法包括个别计价法、先进先出法和加权平均法,但不允许使用后进先出法。

按照我国《企业会计准则第1号——存货》的要求,企业应当根据各类存货的实物流转方式、企业管理的要求、存货的性质等实际情况,合理地选择发出存货成本的计算方法,以合理确定当期发出存货的实际成本。对于性质和用途相似的存货,应当采用相同的成本计算方法确定发出存货的成本,企业在确定发出存货的成本时,可以采用先进先出法、移动加权平均法、月末一次加权平均法和个别计价法等。我国企业不得采用后进先出法确定发出存货的成本。

下面通过甲公司8月份的存货数据来说明发出存货的4种方法的应用。

【例5-11】 甲公司采用永续盘存制,在2017年8月A商品的收入、发出情况见表5-1。

表5-1 存货明细账

存货名称及规格:A商品　　　　　　　　　　　　　　　　　　元

日期		摘要	收入			发出			结存		
月	日		数量	单价	金额	数量	单价	金额	数量	单价	金额
8	1	期初余额							200	60	12 000
	5	购入	500	66	33 000				700		
	7	发出				400			300		
	16	购入	600	70	42 000				900		
	18	发出				800			100		
	27	购入	500	68	34 000				600		
	29	发出				300			300		
	30		1 600		109 000	1 500			300		

根据表5-1,在采用先进先出法时,本月A商品的收入、发出和结存情况见表5-2。

表5-2 存货明细账(先进先出法)

存货名称及规格:A商品　　　　　　　　　　　　　　　　　　　　　　　　元

日期		摘要	收入			发出			结存		
月	日		数量	单价	金额	数量	单价	金额	数量	单价	金额
8	1	期初余额							200	60	12 000
	5	购入	500	66	33 000				700		45 000
	7	发出				400		25 200	300		19 800
	16	购入	600	70	42 000				900		61 800
	18	发出				800		54 800	100		7 000
	27	购入	500	68	34 000				600		41 000
	29	发出				300		20 600	300		20 400
	30	期末结存	1 600		109 000	1500		100 600	300	68	20 400

(一)先进先出法

先进先出法,是以先购入的存货应先发出(销售或耗用)这样一种存货实物流转假设为前提,对发出存货进行计价。采用这种方法,先购入的存货成本在后购入存货成本之前转出,据此确定发出存货和期末存货的成本。

采用先进先出法计算的8月份A商品发出成本及期末结存成本如下:

8月7日发出A商品成本 = 60×200 + 66×200 = 25 200(元)

8月18日发出A商品成本 = 66×300 + 70×500 = 54 800(元)

8月29日发出A商品成本 = 70×100 + 68×200 = 20 600(元)

月末结存A商品成本 = 68×300 = 20 400(元)

采用先进先出法对发出存货进行计价,可以随时计算发出存货的成本和期末结存存货的成本,更值得一提的是,采用该方法确定的期末存货成本反映了最近的购货成本,比较接近现行的市场价值。但在物价上涨的情况下,会高估当期利润和存货价值;反之,会低估当期利润和存货价值。

(二)月末一次加权平均法

月末一次加权平均法,是指以当月全部进货数量加上月初存货数量为权数,去除当月全部进货成本加上月初存货成本,计算出存货的加权平均单位成本,以此为基础计算当月发出存货的成本和期末存货成本的一种方法。

$$存货单位成本 = \frac{\begin{pmatrix}月初库存存货\\的实际成本\end{pmatrix} + \sum\begin{pmatrix}本月某批进货的\\实际单位成本\end{pmatrix} \times \begin{pmatrix}本月某批进货\\的数量\end{pmatrix}}{月初库存存货数量 + 本月各批进货数量之和}$$

本月发出存货的成本＝本月发出存货的数量×存货单位成本

本月月末库存存货成本＝月末库存存货的数量×存货单位成本

【例5-12】 根据表5-1,月末一次加权平均法计算8月份A商品的收入、发出和结存情况,见表5-3。

表5-3 存货明细账(月末一次加权平均法)

存货名称及规格：A商品　　　　　　　　　　　　　　　　　　　　　　　　　　单位:元

日期		摘要	收入			发出			结存		
月	日		数量	单价	金额	数量	单价	金额	数量	单价	金额
8	1	期初余额							200	60	12 000
	5	购入	500	66	33 000				700		
	7	发出				400			300		
	16	购入	600	170	42 000				900		
	18	发出				800			100		
	27	购入	500	68	34 000				600		
	29	发出				300			300		
	30	期末结存	1 600		109 000	1 500		100 834	300	67.72	20 166

$$加权平均单位成本 = \frac{(200 \times 60 + 500 \times 66 + 600 \times 70 + 500 \times 68)}{(200 + 500 + 600 + 500)} = 67.22(元/件)$$

本月销售A商品的成本＝(400＋800＋300)×67.22＝100 830(元)

期末结存A商品的成本＝(12 000＋109 000)－100 830＝20 170(元)

采用月末一次加权平均法,只需在月末一次计算存货的平均单位成本即可,平时不对发出存货计价,存货日常核算工作量较小,适用于存货收发频繁的企业。但由于存货的单位成本在月末计算,所以平时无法提供发出存货和结存存货的成本,无法为存货管理提供及时的信息。

(三)移动加权平均法

移动加权平均法,是指以每次进货的成本加上原有库存存货的成本,除以每次进货数量与原有库存存货的数量之和,据以计算加权平均单位成本,作为下次进货前计算各次发出存货成本的依据。计算公式为

$$存货单位成本 = \frac{原有库存存货的实际成本 + 本次进货的实际成本}{原有库存存货数量 + 本次进货数量}$$

本次发出存货的成本＝本次发出存货数量×本次发货前的存货单位成本

本月月末库存存货成本＝月末库存存货的数量×本月月末存货单位成本

【例5-13】 根据表4-1,采用移动加权平均法计算的甲公司8月份A商品发出成本及期末结存成本如下：

8月5日购货后移动加权平均单位成本 = $\dfrac{200\times 60+500\times 66}{200+500}\approx 64.29$(元/件)

8月7日结存A商品成本 = $64.29\times 300 = 19\ 287$(元)

8月7日销售A商品成本 = $45\ 000 - 19\ 287 = 25\ 713$(元)

8月16日购货后移动加权平均单位成本 = $\dfrac{19\ 287+600\times 70}{300+600}\approx 68.10$(元/件)

8月18日结存A商品成本 = $68.10\times 100 = 6\ 810$(元)

8月18日发出A商品成本 = $61\ 287 - 6\ 810 = 54\ 477$(元)

8月27日购货后移动加权平均单位成本 = $\dfrac{6\ 810+500\times 68}{100+500}=68.02$(元/件)

8月29日结存A商品成本 = $68.02\times 300 = 20\ 406$(元)

8月29日发出A商品成本 = $40\ 810 - 20\ 406 = 20\ 404$(元)

期末结存A商品成本 = $68.02\times 300 = 20\ 406$(元)

根据上述计算,8月份A商品的收入、发出和结存情况,见表5-4。

表5-4 存货明细账(移动加权平均法)

存货名称及规格:A商品　　　　　　　　　　　　　　　　　　　　　　　单位:元

日期		摘要	收入			发出			结存		
月	日		数量	单价	金额	数量	单价	金额	数量	单价	金额
8	1	期初余额							200	60	12 000
	5	购入	500	166	33 000				700	64.29	45 000
	7	发出				400		25 713	300	64.29	19 287
	16	购入	600	170	42 000				900	68.10	61 287
	18	发出				800		54 477	100	68.10	6 810
	27	购入	500	68	34 000				600	68.02	40 810
	29	发出				300		20 404	300	68.02	20 406
	30	期末结存	1 600		109 000	1 500		100 594	300	68.02	20 406

移动平均法的特点是将存货的计价和明细账的登记分散在平时进行,这样可以随时掌握发出存货的成本和结存存货的成本,为存货管理提供及时的信息。但是这种方法每次收货都要计算一次平均单位成本,计算工作量大,不适合存货收发频繁的企业使用。

(四)个别计价法

个别计价法,亦称个别认定法,其特征是注重所发出存货具体项目的实物流转与成本流转之间的联系,逐一辨认各批发出存货和期末存货所属的购进批别或生产批别,分别按其购入或生产时所确定的单位成本计算各批发出存货和期末存货的成本。

【例5-14】 根据表5-1,采用个别计价法计算的8月份A商品发出成本及期末结存成本如下:

经具体辨认,8月7日发出的400件A商品中,有100件属于期初结存的商品,有300件属于8月5日第一批购进的商品;8月18日发出的800件A商品中,有100件属于期初结存的商品,有100件属于6月5日第一批购进的商品,其余600件为6月16日第二批购进的商品;6月29日发出的300件A商品均属于6月27日第三批购进的商品。甲公司采用个别计价法计算A商品本月发出和月末结存成本如下:

8月7日发出A商品成本 = 60×100 + 66×300 = 25 800(元)

8月18日发出A商品成本 = 60×100 + 66×100 + 70×600 = 54 600(元)

8月29日发出A商品成本 = 68×300 = 20 400(元)

月末结存A商品的成本 = 66×100 + 68×200 = 20 200(元)

根据上述计算,8月份A商品的收入、发出和结存情况,见表5-5。

表5-5 存货明细账(个别计价法)

存货名称及规格:A商品　　　　　　　　　　　　　　　　　　　　　　　　　　　　元

日期		摘要	收入			发出			结存		
月	日		数量	单价	金额	数量	单价	金额	数量	单价	金额
8	1	期初余额							200	60	12 000
	5	购入	500	66	33 000				700		45 000
	7	发出				400		25 800	300		19200
	16	购入	600	70	42 000				900		6100
	18	发出				800		54 600	100		6600
	27	购入	500	68	34 000				600		40600
	29	发出				300		20 400	300		20 200
	30	期末结存	1 600		109 000	1 500		100 800	300	67.33	20 200

个别计价法的特点是成本流转与实物流转完全一致,因而能准确地反映本期发出存货的成本和期末结存存货的成本。但采用该方法需要有详细的存货收、发、存记录,存货实物流转操作程序较复杂。个别计价法往往用于不能替代使用的存货或为特定项目专门购入的存货计价,以及品种数量不多、单位价值较高、容易辨认的存货计价。在实际中,越来越多的企业采用计算机信息系统进行会计处理,个别计价法可以广泛应用于发出存货的计价,并且该方法确定的存货成本最为准确。

二、发出存货的会计处理

不同的存货其经济用途也不同,企业应根据各种存货的特点及用途,对发出存货进行会计处理。

(一)生产经营领用原材料

企业生产领用原材料经生产单位的加工,其实物形态会发生改变,其成本随之转移到企业生产的产品中,构成产品成本的重要组成部分。在采用实际成本计价法时,企业生产单位应按实际领用的材料的种类和数量填制"领料单",根据"领料单"到企业材料保管部门领用生产所需材料。企业材料保管部门将领料单传递到企业财务部门,编制"发料凭证汇总表",据以登记入账。根据材料的用途,将其价值直接计入产品成本或当期费用。

领用原材料时,按计算确定的实际成本,借记"生产成本""制造费用""委托加工物资""销售费用""管理费用"等科目,贷记"原材料"科目。

【例5-15】 甲公司根据"发料凭证汇总表",本月领用原材料250 000元。其中,基本生产领用180 000元,辅助生产领用40 000元,生产车间一般耗用20 000元,管理部门领用10 000元。

借:生产成本——基本生产成本　　　　　　　　　　180 000
　　　　　　——辅助生产成本　　　　　　　　　　 40 000
　　制造费用　　　　　　　　　　　　　　　　　　 20 000
　　管理费用　　　　　　　　　　　　　　　　　　 10 000
　贷:原材料　　　　　　　　　　　　　　　　　　 250 000

(二)出售库存商品或原材料

企业销售商品、产成品或原材料应采用先进先出法、月末一次加权平均法、移动加权平均法和个别计价法确定已销售商品的实际成本。

如果是对外销售商品或产成品,将已出售的商品或产品的实际成本予以结转,计入当期主营业务成本,将取得的销售收入作为主营业务收入。销售商品或产成品时,按已收或应收的合同或协议价款,借记"银行存款""应收账款"等科目,按实现的销售收入,贷记"主营业务收入"科目,按增值税销项税额,贷记"应交税费——应交增值税(销项税额)"科目;同时,按发出商品或产品的账面价值结转销售成本,借记"主营业务成本"科目,贷记"库存商品"科目。

【例5-16】甲公司销售A产品,售价为10 000元,增值税率为13%。这批A商品的成本为8 000元,已提跌价准备1 000元。甲公司已经开出了相关销售发票,并收到了款项。

借:银行存款　　　　　　　　　　　　　　　　　　11 300
　贷:主营业务收入　　　　　　　　　　　　　　　10 000
　　　应交税费——应交增值税(销项税额)　　　　 1 300
借:主营业务成本　　　　　　　　　　　　　　　　 7 000
　　存货跌价准备　　　　　　　　　　　　　　　　 1 000
　贷:库存商品　　　　　　　　　　　　　　　　　 80 000

如果是对外销售原材料,将已出售的材料的实际成本予以结转,计入当期其他业务成本,将取得的销售收入作为其他业务收入。销售原材料时,按已收或应收的合同或协议价款,借记"银行存款""应收账款"等科目,按实现的销售收入,贷记"其他业务收入"科目,按增值税销项税额,贷记"应交税费——应交增值税(销项税额)"科目;同时,按发出原材料的账面价值结转销售成本,借记"其他业务成本"科目,贷记"原材料"科目。

【例5-17】 甲公司销售一批原材料,材料售价6 000元,增值税额780元,价款已收存银行。该材料的账面价值为5 500元。

  借:银行存款   6 780
   贷:其他业务收入   6 000
    应交税费——应交增值税(销项税额) 780
  借:其他业务成本   5 500
   贷:原材料   5 500

(三)在建工程领用原材料

企业领用库存材料用于在建工程的,相应的增值税进项税允许抵扣的,应按领用材料的账面价值计入在建工程的成本;相应的增值税进项税不允许抵扣的,应按领用材料的账面价值和其购入时缴纳的增值税进项税合计计入在建工程的成本,增值税进项税作为转出处理。

【例5-18】甲公司自建一项固定资产,领用一批本企业生产的商品。该批商品的账面价值为10 000元,计税价格为15 000元,增值税税率为13%。

$$销项税额 = 15\,000 \times 13\% = 1\,950(元)$$

  借:在建工程   11 950
   贷:库存商品   10 000
    应交税费——应交增值税(销项税额) 1 950

如果上例企业在建工程领用原材料,则相应的增值税进项税额不予抵扣,领用原材料时,按账面价值借记"在建工程"科目,按原材料的实际成本,贷记"原材料"科目,按进项税额贷记"应交税费——应交增值税(进项税额转出)"科目。

  借:在建工程
   贷:原材料
    应交税费——应交增值税(进项税额转出)

(四)生产经营领用周转材料

周转材料包括包装物、低值易耗品以及企业(建造承包商)的钢模板、木模板、脚手架等。周转材料种类繁多,分布于生产经营和各个环节,具体用途各不相同,会计处理也不尽相同。

生产部门领用的周转材料,构成产品实体的一部分的,应将其账面价值计入产品生产成本。领用时,借记"生产成本"科目,贷记"周转材料"科目。

销售部门领用的周转材料,随同商品出售但不单独计价的,应将其账面价值计入销售费用,领用时,借记"销售费用"科目,贷记"周转材料"科目。随同商品出售并单独计价的,应视同材料销售,将取得的收入作为其他业务收入,相应的周转材料账面价值计入其他业务成本,借记"其他业务成本"科目,贷记"周转材料"科目。

用于出租的周转材料,收取的租金应作为其他业务收入,相应的周转材料账面价值应计入其他业务成本。

用于出借的周转材料,其账面价值应计入销售费用。

出租或出借周转材料报废时,其残值应相应冲减其他业务成本或销售费用。

出租或出借的周转材料可以重复周转使用,企业应根据其消耗方式、价值大小、耐用程度等,选择适当的摊销方法,将其账面价值计入有关成本费用。常用的周转材料摊销方法有一次转销法、五五摊销法、分次摊销法等。

1. 一次转销法

一次转销法是指在领用周转材料时,将其账面价值一次计入有关成本费用的一种方法。此方法适用于一次领用价值不大或极易损坏的周转材料。

采用一次转销法,领用周转材料时,按其账面价值,借记"管理费用""生产成本""销售费用""其他业务成本"等科目,贷记"周转材料"科目。

周转材料报废时,应按其残料价值,借记"原材料"等科目,贷记"管理费用""生产成本""销售费用""其他业务成本"等科目。

【例 5-19】 甲公司采用一次转销法核算周转材料。公司管理部门本期领用低值易耗品一批,价值 1 000 元。账务处理如下:

借:管理费用　　　　　　　　　　　　　　　　1 000
　　贷:周转材料　　　　　　　　　　　　　　　　　1 000

假设本期公司报废一批周转材料,该批周转材料的残值为 50 元,账务处理如下:

借:原材料　　　　　　　　　　　　　　　　　50
　　贷:管理费用　　　　　　　　　　　　　　　　　50

【例 5-20】 甲公司销售一批产品,随同产品一并销售若干单独计价的包装物。产品售价 50 000 元,增值税额 6 500 元,账面价值 40 000 元;包装物售价 500 元,增值税额 65 元,账面价值 400 元,价款已收存银行。账务处理如下:

(1)销售产品及包装物:

借:银行存款　　　　　　　　　　　　　　　　56 500
　　贷:主营业务收入　　　　　　　　　　　　　　50 000
　　　　应交税费——应交增值税(销项税额)　　　　6 500
借:银行存款　　　　　　　　　　　　　　　　565
　　贷:其他业务收入　　　　　　　　　　　　　　500
　　　　应交税费——应交增值税(销项税额)　　　　65

(2)结转产品及包装物的账面价值:

借:主营业务成本　　　　　　　　　　　　　　40 000
　　贷:库存商品　　　　　　　　　　　　　　　　40 000
借:其他业务成本　　　　　　　　　　　　　　400
　　贷:周转材料　　　　　　　　　　　　　　　　400

一次转销法适用于价值较低或极易损坏的管理用具、小型工具和卡具、生产领用的包装物和随同产品出售的包装物。数量不多,金额较小且业务不频繁的出租或出借的包装物也可以采用一次转销法,同时应在备查簿中登记,以加强实物资产的管理。

2. 五五摊销法

五五摊销法，是指周转材料在领用时先摊销其账面价值的一半，在报废时再摊销其账面价值的另一半。即周转材料分两次各按照50%进行摊销。

采用五五摊销法，周转材料应分别设置"在库""在用"和"摊销"明细科目。领用周转材料时，按其账面价值，借记"周转材料——在用"科目，贷记"周转材料——在库"科目；摊销其账面价值的50%时，借记"管理费用""生产成本""销售费用""其他业务成本"等科目，贷记"周转材料——摊销"科目。在周转材料报废时，应摊销周转材料的摊余价值；同时，转销全部已提摊销额，借记"周转材料——摊销"科目，贷记"周转材料——在用"科目；按报废周转材料的残料价值，借记"原材料"等科目，贷记"管理费用""生产成本""销售费用""其他业务成本"等科目。

【例5-21】 甲公司低值易耗品采用实际成本法核算，并按五五摊销法进行摊销。该公司生产车间6月10日从仓库领用账面价值50 000元的包装用工具一批。9月30日该批工具全部报废，报废时的残料价值为2 000元，作为原材料入库。账务处理如下：

(1)领用低值易耗品并摊销其账面价值的50%：

借：周转材料——在用　　　　　　　　　50 000
　　贷：周转材料——在库　　　　　　　　　50 000
借：制造费用　　　　　　　　　　　　　25 000
　　贷：周转材料——摊销　　　　　　　　　25 000

(2)报废时摊销其余50%的账面价值并转销全部已提摊销额：

借：制造费用　　　　　　　　　　　　　25 000
　　贷：周转材料——摊销　　　　　　　　　25 000
借：周转材料——摊销　　　　　　　　　50 000
　　贷：周转材料——在用　　　　　　　　　50 000

(3)报废时残料入库。

借：原材料　　　　　　　　　　　　　　2 000
　　贷：制造费用　　　　　　　　　　　　　2 000

采用五五摊销法，虽然会计处理略显烦琐，但周转材料在报废之前，始终有50%的价值保留在账面上，有利于加强对周转材料的管理与核算。五五摊销法既适用于价值较低、使用期限较短的低值易耗品，也适用于每期领用数量和报废数量大致相等的物品。

3. 分次摊销法

分次摊销法是根据周转材料可供使用的估计次数，将其价值按比例地分次摊销计入有关成本费用的一种方法。各期摊销额的计算公式为

$$某期应摊销额 = \frac{周转材料账面价值}{预计使用次数} \times 该期实际使用次数$$

周转材料的分次摊销，与五五摊销法相同。领用时，按周转材料的账面价值，借记"周转材料——在用"科目，贷记"周转材料——在库"科目；分次摊销其账面价值时，借记"管理费用""生产成本""销售费用""其他业务成本"等科目，贷记"周转材料——摊销"科目。在周转材料报废时，转销全部已提摊销额，借记"周转材料——摊销"科目，贷

记"周转材料——在用"科目;按报废周转材料的残料价值,借记"原材料"等科目,贷记"管理费用""生产成本""销售费用""其他业务成本"等科目。

第三节 计划成本法下存货的会计核算

一、计划成本法

存货采用实际成本进行日常核算,要求存货的收入和发出凭证、明细分类账、总分类账全部按实际成本计价,这对于存货品种、规格、数量繁多,收发频繁的企业来说,工作量大,核算成本较高,也会影响会计信息的及时性。为了简化存货的日常核算手续,并有利于考核部门采购部门的工作业绩,企业可以采用计划成本法对存货的收入、发出及结存进行日常核算。计划成本法在我国的制造企业中应用得比较广泛。

计划成本法,是指存货的日常收入、发出和结存均按预先制定的计划成本计价,并设置"材料成本差异"科目登记实际成本与计划成本之间的差异,月末,再通过对存货成本差异的分摊,将发出存货的计划成本和结存存货的计划成本调整为实际成本进行反映的一种核算方法。

二、计划成本法核算的程序

(1)制定存货的计划成本目录,规定存货的分类,各类存货的名称、规格、编号、计量单位和单位计划成本。

(2)设置"材料采购"科目。"材料采购"科目的借方登记购入存货的实际成本,贷方登记购入存货的计划成本,并将计算的实际成本与计划成本的差额,转入"材料成本差异"科目分类登记。

(3)设置"原材料"科目。该账户反映库存材料收、发、存的情况,其特点是无论借方、贷方还是余额,所反映的都是计划成本。

(4)设置"材料成本差异"科目,登记存货实际成本与计划成本之间的差异,取得存货并形成差异时,实际成本高于计划成本的超支差异,在该科目的借方登记,实际成本低于计划成本的节约差异,在该科目的贷方登记。发出存货并分摊差异时,超支差异从该科目的贷方用蓝字转出,节约差异从该科目的贷方用红字转出。

(5)月末对材料成本差异进行分摊。存货的日常收入与发出均按计划成本计价,月末通过存货成本差异的分摊,将本月发出存货的计划成本和月末结存存货的计划成本调整为实际成本。

三、存货的取得及成本差异的形成

企业取得存货时,按确定的实际采购成本,借记"材料采购"科目,按增值税专用发票上注明的增值税额,借记"应交税费——应交增值税(进项税额)"科目,按已支付或应支付的金额,贷记"银行存款""应付票据""应付账款"等科目。

当存货验收入库时,按计划成本,借记"原材料"等科目,贷记"材料采购"科目。验收入库的存货,其实际成本大于计划成本的超支差额,借记"材料成本差异"科目,贷记"材料采购"科目;其实际成本小于计划成本的节约差额,借记"材料采购"科目,贷记"材料成本差异"科目。

主要账务处理:
(1)取得存货时,按确定的实际采购成本。
借:材料采购(实际成本)
　　应交税费——应交增值税(进项税额)
　贷:银行存款/应付票据/应付账款
(2)存货验收入库时,按计划成本。
借:原材料/周转材料(计划成本)
　贷:材料采购(计划成本)
(3)结转材料成本差异。
如果实际成本大于计划成本的超支额:
借:材料成本差异(超支额)
　贷:材料采购(超支额)
如果实际成本小于计划成本的节约额:
借:材料采购(节约额)
　贷:材料成本差异(节约额)

四、存货的发出及成本差异的分摊

采用计划成本法对存货进行核算,发出存货时先按计划成本计价:
借:生产成本
　　制造费用
　　管理费用
　贷:原材料(计划成本)
月末,再将期初结存存货的成本差异和本月取得存货形成的成本差异,在本月发出存货和期末结存存货之间进行分摊,将本月发出存货和期末结存存货的计划成本调整为实际成本。

计划成本、成本差异与实际成本之间的关系为

$$实际成本 = 计划成本 + 超支差异$$
或
$$ = 计划成本 - 节约差异$$

存货成本差异的分摊,是通过计算材料成本差异率进行的。材料成本差异率包括本期材料成本差异率和期初材料成本差异率两种,其计算公式为

$$本期存货成本差异率 = \frac{月初结存存货的成本差异 + 本月收入存货的成本差异}{月初结存存货的计划成本 + 本月收入存货的计划成本} \times 100\%$$

$$期初存货成本差异率 = \frac{月初结存存货的成本差异}{月初结存存货的计划成本} \times 100\%$$

本月发出存货应负担的成本差异及实际成本和月末结存存货应负担的成本差异及实际成本,可按如下公式计算:

本月发出存货应负担的差异 = 发出存货的计划成本 × 材料成本差异率

本月发出存货的实际成本 = 发出存货计划成本 + 发出存货应负担的超支差异

或　　　　　　　　　　 = 发出存货的计划成本 - 发出存货应负担的节约差异

发出存货应负担的成本差异,必须按月分摊:

借:生产成本
　　制造费用
　　管理费用
　　贷:材料成本差异

实际成本大于计划成本的超支差异,用蓝字登记;实际成本小于计划成本的节约差异,用红字登记。

【例5-22】 甲公司的存货采用计划成本核算。3月1日,甲公司结存原材料的计划成本为45 000元,"材料成本差异"账户的贷方余额为1 000元。

3月份发生了下列材料采购业务:

(1)3月4日,购入一批原材料,增值税专用发票上注明的价款为100 000元,增值税进项税额为17000元。货款已通过银行转账支付,材料也已验收入库。该批原材料的计划成本为105 000元。

借:材料采购	100 000
应交税费——应交增值税(进项税额)	17 000
贷:银行存款	117 000
借:原材料	105 000
贷:材料采购	100 000
材料成本差异	5 000

(2)3月20日,购入一批材料,材料已经运达企业并已有验收入库,但发票等结算凭证尚未收到。货款尚未支付。3月31日,该批材料的结算凭证仍未到达,企业按该批材料的计划成本80 000元估价入账。

借:原材料	80 000
贷:应付账款——暂估	80 000

(3)3月份领用原材料的计划成本为60 000元,其中,基本生产领用40 000元,辅助生产领用11 000元,车间一般耗费3 500元,管理部门领用2 500元,对外销售3 000元。

发出材料:

借:生产成本——基本生产成本	60 000
——辅助生产成本	11 000
制造费用	3 500
管理费用	2 500
其他业务成本	3 000
贷:原材料	60 000

计算本月材料成本差异率：

本月材料成本差异率 = (-1000 - 5000)/(45 000 + 105 000) = -4%

注意：在计算本月材料成本差异率时，本月收入存货的计划成本金额不包括已经验收入库但发票等结算凭证月末未到达，企业按照计划成本估价入账的原材料金额。

分摊材料成本差异：

基本生产成本 = 40 000 × 4% = 1600
辅助生产成本 = 11000 × 4% = 440
制造费用 = 3 500 × 4% = 140
管理费用 = 2 500 × 4% = 100
其他业务支出 = 3 000 × 4% = 120

账务处理如下：

借：生产成本——基本生产成本   1 600
　　　　　　——辅助生产成本   440
　　制造费用   140
　　管理费用   100
　　其他业务成本   120
　　贷：材料成本差异   2 400

月末，"原材料"科目期末余额为：45 000 + 105 000 - 60 000 + 80 000 = 170 000(元)

"材料成本差异"科目余额为：-1 000 - 5 000 + 2 400 = -3 600(元)

结存原材料的实际成本为：170 000 - 3 600 = 166 400(元)

月末编制资产负债表时，存货项目中的原材料存货，应该按照结存原材料的实际成本列示。

采用计划成本核算，同一种存货只有一个单位计划成本，因此，存货明细账平时可以只登记收、发、存数量，而不必登记收、发、存金额。需要了解某项存货的收、发、存金额时，以该项存货的单位计划成本乘以相应的数量即可求得，避免了烦琐的发出存货计价，简化了存货的日常核算手续。此外，在计划成本法下，可以通过实际成本与计划成本的比较，得出实际成本超过计划成本的差异，并通过对差异的分析，寻求超支的原因，据以考核采购部门的工作业绩，促使采购部门不断降低采购成本。

第四节　期末存货的计量

一、存货期末计量原则

为了在资产负债表中更可靠地反映期末存货的价值，使存货符合资产的定义，企业应当选择适当的计价方法对期末存货进行再计量。从国际上看，资产的期末计量有成本法、市价法和成本与市价孰低法等。

国际会计准则要求存货按照成本与可变现净值孰低法计量。可变现净值，是指在正常生产经营过程中,以该存货的估计售价减去至完工时估计将要发生的成本、估计的销售费用和相关税费后的金额。它是一个根据该企业具体情况确定的金额,并不一定等于市场价值减去估计的销售费用。

美国现行会计准则要求存货按照成本与市场价值孰低计量。在这里,市场价值是指当前重置价值,同时以可变现净值为上限,以可变现净值减去正常的利润为下限,即现行重置成本,不得高于可变现净值。

在英国的会计实务中,在定期财务报表上,存货以单项或同类存货的成本与可变现净值中较低者的总额列示。存货也可以按其他被认为正当的方法计价。

我国企业会计准则规定,资产负债表日,存货应当按照成本与可变现净值孰低计量。

成本与可变现净值孰低计量的理论基础主要是使存货符合资产的定义。当存货的可变现净值下跌至成本以下时,表明该存货给企业带来的未来经济利益低于其账面成本,因而应将这部分损失从资产价值中扣除,计入当期损益。否则,存货的可变现净值低于成本时,如果仍然以其成本计量,就会出现虚计资产的现象。

二、成本与可变现净值孰低法的含义

成本与可变现净值孰低法,是指按照存货的成本与可变现净值两者之中的较低者对期末存货进行计量的一种方法。采用这种方法,当存货成本低于可变现净值时,存货按成本计量;当存货成本高于可变现净值时,存货按可变现净值计量,同时按照成本高于可变现净值的差额计提存货跌价准备,计入当期损益。

所谓成本,是指期末存货的实际成本,即采用先进先出法、加权平均法、个别计价法等存货计价方法,对存货发出进行计价所确定的期末存货账面成本。如果存货核算采用计划成本法、售价金额核算法等简化核算方法,则期末存货的实际成本是指通过差异调整而确定的存货成本。

所谓可变现净值,是指在日常活动中,存货的估计售价减去至完工时估计将要发生的成本、估计的销售费用以及相关税费后的金额。确定存货可变现净值的前提是企业在进行日常活动而不是处于清算过程。可变现净值有以下基本特征:

1. 确定存货可变现净值的前提是企业在进行日常活动

如果企业不是在进行正常的生产经营活动,比如企业处于清算过程,那么不能按照存货准则的规定确定存货的可变现净值。

2. 可变现净值为存货的预计未来净现金流量,而不是存货的售价或合同价

企业预计的销售存货现金流量,并不完全等于存货的可变现净值。存货在销售过程中可能发生的销售费用和相关税费,以及为达到预定可销售状态还可能发生的加工成本等相关支出,构成现金流入的抵减项目。企业预计的销售存货现金流量,扣除这些抵减项目后,才能确定存货的可变现净值。

3. 不同存货可变现净值的构成不同

(1)产成品、商品和用于出售的材料等直接用于出售的商品存货,在正常生产经营过程中,应当以该存货的估计售价减去估计的销售费用和相关税费后的金额。确定其可变现净值。

(2)需要经过加工的材料存货,在正常生产经营过程中,应当以所生产的产成品的估计售价减去至完工时估计将要发生的成本、估计的销售费用和相关税费后的金额,确定其可变现净值。

三、存货可变现净值的确定

(一)确定存货的可变现净值时应考虑的因素

1. 确定存货的可变现净值应当以取得确凿证据为基础

(1)存货成本的确凿证据。存货的采购成本、加工成本和其他成本及以其他方式取得的存货的成本,应当以取得外来原始凭证、生产成本账簿记录等作为确凿证据。

(2)存货可变现净值的确凿证据。存货可变现净值的确凿证据,是指对确定存货的可变现净值有直接影响的确凿证明,如产成品或商品的市场销售价格、与产成品或商品相同或类似商品的市场销售价格、销货方提供的有关资料和生产成本资料等。

2. 确定存货的可变现净值应当考虑持有存货的目的

企业持有存货的目的有两个,即持有以备出售和持有以备继续加工或耗用。企业在确定存货的可变现净值时,应考虑持有存货的目的。

(1)持有以备出售的存货。如商品、产成品,其中又分为有合同约定的存货和没有合同约定的存货,应当以该存货的估计售价减去估计的销售费用和相关税费后的金额,确定其可变现净值。

(2)在生产过程或提供劳务过程中耗用的存货。需要经过加工后再出售的原材料以及在产品、委托加工物资等材料存货,在正常的生产经营过程中,应当以所生产的产成品的估计售价减去至完工时估计将要发生的成本、估计的销售费用和相关税费后的金额,确定其可变现净值。

3. 确定存货的可变现净值应当考虑资产负债表日后事项等的影响

确定存货的可变现净值时,不仅要以资产负债表日能够取得的最可靠的证据为基础,还应当考虑资产负债表日至财务报告批准日之间存货的价格变动对存货在资产负债表日状况的影响。如果有确凿的证据表明该期间存货价格的变动是对资产负债表日存货已经存在状况提供进一步证明的,在计算可变现净值时应当考虑资产负债表日后事项的影响。

(二)材料存货的期末计量

对于材料存货应当区分以下两种情况确定其期末价值。

对于为生产而持有的材料等,如果用其生产的产成品的可变现净值预计高于成本,则该材料仍然应当按照成本计量。这里的"材料"指原材料、在产品、委托加工材料等。"可变现净值高于成本"中的成本是指产成品的生产成本。

【例5-25】 2017年12月31日,甲公司持有的用于生产A产品的甲材料,账目成本总额为500 000元,市场价格总额已跌至450 000元。经减值测试,A产品的可变现净值高于生产成本。

2017年12月31日,某材料的账面成本高于其市场价格,但是用其生产的产成品A型机器的可变现净值高于成本,表明该材料的可变现净值一定高于账面成本,也没有发生减值。因此,该材料即使其账面成本已高于市场价格,也不应计提存货跌价准备,仍应按 500 000 万元列示在 2017 年 12 月 31 日的资产负债表的存货项目之中。

如果材料价格的下降表明产成品的可变现净值低于成本,则该材料应当按可变现净值计量。

四、存货跌价准备的处理方法

企业应当定期对存货进行全面检查,如果由于存货毁损、全部或部分陈旧过时或销售价格低于成本等原因,存货可变现净值低于其成本,应按可变现净值低于成本的部分计提存货跌价准备。

(一)存货跌价准备计提的依据

(1)该存货的市场价格持续下跌,并且在可预见的未来无回升的希望。

(2)企业使用该项原材料生产的产品的成本大于产品的销售价格。

(3)企业因产品更新换代,原有库存原材料已不适应新产品的需要,而该原材料的市场价格又低于其账面成本。

(4)企业所提供的商品或劳务过时或消费者偏好改变而使市场的需求发生变化,导致市场价格逐渐下跌。

(5)其他足以证明该项存货实质上已经发生减值的情形。

(二)计提存货跌价准备的基础

(1)企业通常应当按照单个存货项目计提存货跌价准备。

企业在计提存货跌价准备时通常应当以单个存货项目为基础。在企业采用计算机信息系统进行会计处理的情况下,完全有可能做到按单个存货项目计提存货跌价准备。在这种方式下,企业应当将每个存货项目的成本与其可变现净值逐一进行比较,按较低者计量存货,并且按成本高于可变现净值的差额,计提存货跌价准备。这就要求企业应当根据管理要求和存货的特点,明确规定存货项目的确定标准。比如,将某一型号和规格的材料作为一个存货项目,将某一品牌和规格的商品作为一个存货项目,等等。

(2)对于数量繁多、单价较低的存货,可以按照存货类别计提存货跌价准备。

如果某一类存货的数量繁多并且单价较低,企业可以按存货类别计量成本与可变现净值,即按存货类别的成本的总额与可变现净值的总额进行比较,每个存货类别均取较低者确定存货期末价值。

【例5-26】 某商业企业库存商品数量繁多且价格比较低,因而按商品类别计提存货跌价准备。2017 年 12 月 31 日,该企业对经营的商品进行了减值测试,在此之前没有计提存货跌价准备。该企业库存商品期末计量的有关资料,见表 5-6。

表 5-6 按存货类别计提存货跌价准备

2017 年 12 月 31 日   元

商品	数量/台	成本 单价	成本 总额	可变现净值 总额	按存货类别确定的账面价值	由此计提的存货跌价准备
第一组						
A 商品	2 000	8	16 000	16 500		
B 商品	2500	5	12 500	11 200		
合计	—	—	28 500	27 700	27 700	800
第二组						
C 商品	800	25	20 000	19 500		
D 商品	600	36	21 600	21 900		
E 商品	900	31	27 900	28 800		
合计	—	—	69 500	70 200	69 500	0
第三组						
E 商品	1 900	18	34 200	32 300		
F 商品	1 600	10	16 000	15 200		
合计	—	—	50 200	47 500	47500	2 700
总计	—	—	148 200	—	144 700	3 500

(3)与在同一地区生产和销售的产品系列相关,具有相同或类似最终用途或目的,且难以与其他项目分开计量的存货,可以合并计提存货跌价准备。

存货具有相同或类似最终用途或目的,并在同一地区生产和销售,意味着存货所处的经济环境、法律环境、市场环境等相同,具有相同的风险和报酬。因此,在这种情况下,可以对该存货进行合并计提存货跌价准备。

(4)存货存在下列情形之一的,通常表明存货的可变现净值为零。

①已霉烂变质的存货。

②已过期且无转让价值的存货。

③生产中已不再需要,并且已无使用价值和转让价值的存货。

④其他足以证明已无使用价值和转让价值的存货。

需要注意的是,资产负债表日,同一项存货中一部分有合同价格约定、其他部分不存在合同价格的,应当分别确定其可变现净值,并与其相对应的成本进行比较,分别确定存货跌价准备的计提或转回的金额,由此计提的存货跌价准备不得相互抵消。

(三)存货跌价准备的计提与转回

(1)资产负债表日,企业应当确定存货的可变现净值。

企业确定存货的可变现净值,应当以资产负债表日的状况为基础确定,既不能提前确定存货的可变现净值,也不能延后确定存货的可变现净值,并且在每一个资产负债表日都应当重新确定存货的可变现净值。

在确定存货可变现净值的基础上,将存货的成本与可变现净值进行比较,确定本期存货的减值金额,再将本期存货的减值金额与"存货跌价准备"科目原有的余额进行比较,按照下列公式确定本期应计提的跌价准备金额。

某期应计提的存货跌价准备 = 当期可变现净值低于成本的差额 - 存货跌价准备科目原有余额

根据上式,如果计提存货跌价准备前,"存货跌价准备"科目无余额,应按本期存货可变现净值低于成本的差额计提存货跌价准备,借记"资产减值损失",贷记"存货跌价准备"科目;如果本期存货可变现净值低于成本的差额大于"存货跌价准备"科目原有贷方余额,应按照两者差额补提存货跌价准备,借记"资产减值损失",贷记"存货跌价准备"科目;如果本期存货可变现净值低于成本的差额与"存货跌价准备"科目原有贷方余额相等,不需要计提存货跌价准备;如果本期存货可变现净值低于成本的差额小于"存货跌价准备"科目原有贷方余额,表明以前引起存货减值的影响因素已经部分消失,存货的价值又得以部分恢复,企业应当借记"存货跌价准备",贷记"资产减值损失"。如果本期存货可变现净值高于成本,表明以前引起存货减值的影响因素已经完全消失,存货价值全部得以恢复,应借记"存货跌价准备",贷记"资产减值损失"。

(2)企业的存货在符合条件的情况下,可以转回计提的存货跌价准备。

存货跌价准备转回的条件是以前减记存货价值的影响因素已经消失,而不是在当期造成存货可变现净值高于成本的其他影响因素。

(3)当符合存货跌价准备转回的条件时,应在原已计提的存货跌价准备的金额内转回即在对该项存货、该类存货或该合并存货已计提的存货跌价准备的金额内转回。转回的存货跌价准备与计提该准备的存货项目或类别应当存在直接对应关系,但转回的金额以将存货跌价准备余额冲减至零为限。

【例5-27】 甲公司是一家制造业企业,为增值税一般纳税人,从2014年开始计提存货的跌价准备金额。

(1)2014年12月31日,该公司生产的A商品账面成本为450 000元,但由于市场价格下跌,预计可变现净值为400 000元。

(2)2015年6月30日,A商品的账面成本仍然为450 000元,但由于市场价格有所上升,A商品的预计可变现净值变为430 000元。

(3)2015年9月1日,对外出售账面价值额为225 000元的A商品,销售价格为250 000元,货款已于当日存入银行。

(4)2015年12月31日,A商品的账面成本为225 000元,由于A商品的市场价格进一步上升,预计A商品的可变现净值为240 000元。

甲公司的账务处理如下:

(1)2014年12月31日,该公司生产的A商品账面成本为450 000元,预计可变现净值为400 000元,所以应该计提存货跌价准备50 000元。

借:资产减值损失——存货减值准备　　　　　　50 000
　　贷:存货跌价准备　　　　　　　　　　　　　　　　50 000

(2)2015年6月30日,A商品的市场价格有所上升,使得A商品的可变现净值有所恢复,应计提存货跌价准备为20 000元,但原来已经计提的跌价准备为50 000元,所以需要冲减30 000元。

  借:存货跌价准备   30 000
   贷:资产减值损失——存货减值准备   30 000

(3)2015年9月1日,对外出售账面价值额为225 000元的A商品,此时应该结转存货跌价准备10 000(20 000/2)元。

  借:银行存款   292 500
   贷:主营业务收入   250 000
    应交税费——应交增值税(销项税额) 42 500
  借:主营业务成本   215 000
   存货跌价准备   10 000
   贷:库存商品   225 000

(4)2015年12月31日,由于A商品的市场价格进一步上升到270 000元,需要冲减存货跌价准备15 000元,但原来计提的跌价准备还有账面价值10 000元,所以,应该冲减存货跌价准备10 000元。

  借:存货跌价准备   10 000
   贷:资产减值损失——存货减值准备   10 000

(四)存货盘亏或毁损的处理

存货发生的盘亏或毁损,应作为待处理财产损溢进行核算。按管理权限报经批准后,根据造成存货盘亏或毁损的原因,区分以下情况进行处理。

(1)属于计量收发差错和管理不善等原因造成的存货短缺,应先扣除残料价值、可以收回的保险赔偿和过失人赔偿,将净损失计入管理费用。

(2)属于自然灾害等非常原因造成的存货毁损,应先扣除处置收入(如残料价值)、可以收回的保险赔偿和过失人赔偿,将净损失计入营业外支出。

第五节 存货清查

一、存货清查的意义与方法

存货是企业资产的重要组成部分,且处于不断出售或消耗以及重置中,具有较强的流动性。为了加强对存货的控制,维护存货的安全完整,企业应当定期或不定期对存货的实物进行盘点和抽查,以确定存货的实有数量,并与账面记录进行核对,以确保存货账实相符。企业至少应当在编制年度财务报告之前,对存货进行一次全面的清查盘点。

存货清查采用实地盘点、账实核对的方法。在每次进行清查盘点前,应将已经收发的存货数量全部登记入账,并准备盘点清册,抄列各种存货的编号、名称、规格和存放地点。盘点时,应在盘点清册上逐一登记各种存货的账面结存数量和实存数量,并进行核对。对账实不符的存货,应查明原因,分清责任,并根据清查结果编制"存货盘存报告单",作为存货清查的原始凭证。

在进行存货清查盘点时,如果发现存货盘盈或盘亏,应于期末前查明原因,并根据企业的管理权限,报经股东大会或董事会,或经理(厂长)会议或类似机构批准后,在期末结账前处理完毕。

二、存货盘盈与盘亏的会计处理

(一)存货盘盈

存货盘盈,是指存货的实存数量超过账面结存数量的差额。存货发生盘盈,应按其重置成本作为入账价值,及时予以登记入账,借记"原材料""周转材料""库存商品"等存货科目,贷记"待处理财产损溢——待处理流动资产损溢"科目;待查明原因,按管理权限报经处理后,冲减当期管理费用。

【例5-23】甲公司在存货清查中发现盘盈一批A材料,重置成本为6 000元。

发现盘盈,原因待查。

借:原材料——A材料　　　　　　　　　　　　6 000
　　贷:待处理财产损溢——待处理流动资产损溢　　6 000

查明原因,报经批准处理。

借:待处理财产损溢——待处理流动资产损溢　　6 000
　　贷:管理费用　　　　　　　　　　　　　　　　6 000

(二)存货盘亏

存货盘亏,是指存货的实存数量少于账面结存数量的差额。存货发生盘亏,应将其账面价值及时转销,借记"待处理财产损溢——待处理流动资产损溢"科目,贷记"原材料""周转材料""库存商品"等存货科目;盘亏存货涉及增值税的,还应做相应处理。待查明原因,按管理权限报经处理后,根据造成盘亏的原因,分别进行以下会计处理:

属于定额内自然损耗造成的短缺,计入管理费用。

属于收发计量差错和管理不善等原因造成的短缺或毁损,将扣除可收回的保险公司和过失人赔偿款以及残料价值后的净损失,计入管理费用。其中,因管理不善造成被盗、丢失、霉烂变质的存货,相应的进项税额不得从销项税额中抵扣,应当予以转出。

属于自然灾害等非正常原因造成的毁损,将扣除可收回的保险公司和过失人赔偿款及残料价值后的净损失,计入营业外支出。

【例5-24】　甲公司在存货清查中发现盘亏一批B材料,重置成本为10 000元。

发现盘亏,原因待查。

借:待处理财产损溢——待处理流动资产损溢　　10 000
　　贷:原材料——B材料　　　　　　　　　　　　10 000

查明原因,报经批准处理。

①假定属于收发计量差错造成存货短缺。
借:管理费用　　　　　　　　　　　　　　　　10 000
　　贷:待处理财产损溢——待处理流动资产损溢　　10 000
②假定属于管理不善造成存货霉烂变质,由过失人赔偿部分损失5 000元。
借:银行存款　　　　　　　　　　　　　　　　5 000
　　管理费用　　　　　　　　　　　　　　　　6 700
　　贷:待处理财产损溢——待处理流动资产损溢　　10 000
　　　　应交税费——应交增值税(进项税额转出)　　1 700
③假定属于自然灾害造成毁损,应收保险公司赔款8 000元。
借:其他应收款——保险赔偿款　　　　　　　　8 000
　　营业外支出　　　　　　　　　　　　　　　2 000
　　贷:待处理财产损溢——待处理流动资产损溢　　10 000

如果盘盈或盘亏的存货在期末结账前未经批准,在对外提供财务报告时,应按上述方法进行会计处理,并在会计报表附注中做出说明。如果其后批准处理的金额与已经处理的金额不一致,应当调整当期财务报表相关项目的年初数。

思考题

1. 什么是存货?包括哪些内容?
2. 存货范围的判断标准是什么?
3. 存货增加、发出和期末结存计价的方法各有哪些?
4. 存货增加、发出和期末计价的核算应设置哪些账户?如何核算?
5. 什么是可变现净值?如何确定?

第六章　长期股权投资

【学习目标】
1. 掌握长期股权投资核算的内容。
2. 掌握长期股权投资的初始投资成本的确定。
3. 掌握成本法和权益法下长期股权投资的会计处理。
4. 掌握金融资产与长期股权投资转换的会计处理。
5. 掌握长期股权投资成本法与权益法互换的会计处理。
6. 掌握长期股权投资处置的会计处理。

【本章重点】
长期股权投资的初始投资成本的确定；成本法和权益法下长期股权投资的会计处理。

【本章难点】
金融资产与长期股权投资转换的会计处理；长期股权投资成本法与权益法互换的会计处理。

第一节　长期股权投资概述

一、长期股权投资的含义

投资是企业获得利润的重要途径。投资可分为狭义投资和广义投资，狭义投资仅指对外投资，广义投资则包括固定资产投资、无形资产投资等对内投资和权益性投资、债权性投资、金融衍生工具投资等对外投资。按投资的金融工具及其流动性可分为金融资产投资和长期股权投资。金融资产投资的核算在"金融资产"章节中介绍，长期股权投资是本章讲解的内容。

长期股权投资是指投资方对被投资单位实施控制、有重大影响的权益性投资，以及对其合营企业的权益性投资。企业进行长期股权投资后，成为被投资企业的股东，有参与或者决定被投资企业经营决策的权利。企业持有长期股权投资的目的是获得长远利益，这种经济效益可以通过分得股利、利润或者参与企业经营等其他的方式予以实现。

二、长期股权投资的内容

按照投资企业对被投资企业的影响程度,长期股权投资主要包括以下三类:①能够实施控制的股权投资;②能够实施共同控制的股权投资;③能够施加重大影响的股权投资。

(一)能够实施控制的股权投资

能够实施控制的股权投资是指企业持有的能够对被投资单位实施控制的权益性投资,即对子公司的投资。

控制是指投资方拥有对被投资方的权利,通过参与被投资方的相关活动而享有可变回报,并且有能力运用对被投资方的权利影响其回报金额。

控制的定义包含三项基本要素,在判断投资方是否能够控制被投资方时,如果投资方具备以下所有的要素,则投资方能够控制被投资方:①拥有对被投资方的权利;②通过参与被投资方的相关活动而享有可变回报;③有能力运用对被投资方的权利影响其回报金额。

具体来说,投资方在判断其是否控制被投资方时,应考虑所有的事实与情况,当且仅当投资方同时具备上述三个要素时,投资方才控制被投资方。如果事实和情况表明上述控制三要素中的一个或多个发生变化,则投资方要重新判断其是否控制被投资方。

(二)能够实施共同控制的股权投资

我国《企业会计准则第40号——合营安排》中明确规定,共同控制是指按照相关约定对某项安排所共有的控制,并且该安排的相关活动必须经过分享控制权的参与方一致同意后才能决策。如果存在两个或两个以上的参与方组合能够集体控制某项安排的,不构成共同控制,并且仅享有保护性权利的参与方不享有共同控制。

合营安排是指一项由两个或两个以上的参与方共同控制的安排。合营安排分为共同经营和合营企业。共同经营是指合营方享有合营安排参与方共同控制的相关资产且承担与该安排相关负债的合营安排。合营企业是指合营方仅对合营企业的净资产享有权利的合营安排,相关投资称为对合营企业的投资。

在判断合营安排是否存在共同控制时,应当首先判断所有参与方或参与方组合是否集体控制该安排;其次再判断该安排相关活动的决策是否必须经过这些集体控制该安排的参与方一致同意。共同控制的实质是通过合同约定建立起来的、合营各方对合营企业的共同控制。也就是说,合营企业重要的财务或生产经营政策必须由投资各方共同同意才能通过,这也就意味着任何一方都无法单独对被投资企业的财务或经营政策拥有决定权。

(三)能够施加重大影响的股权投资

能够施加重大影响的股权投资是指企业持有的能够对被投资单位具有重大影响的权益性投资,即对联营企业的投资。

重大影响,是指对一个企业的财务和经营政策有参与决策的权利,但并不能够控制或者与其他方一起共同控制这些政策的制定。当投资企业直接或通过子公司间接拥有被投资单位20%或以上表决权股份,但未形成控制或共同控制时,一般认为对被投资单位具有重大影响。如果有明确的证据表明在该种情况下不能参与被投资单位的生产经营决策,则不形成重大影响。

投资企业拥有被投资单位有表决权股份的比例低于20%,一般认为对被投资单位没有重大影响,但符合下列情况之一的,应认为对被投资单位具有重大影响。

(1)在被投资单位的董事会或类似权力机构中派有代表。在这种情况下,由于在被投资单位的董事会或类似权力机构中派有代表,并享有相应的实质性的参与决策权,投资企业可以通过该代表参与被投资单位经营政策的制定,从而对被投资单位施加重大影响。

(2)参与被投资单位的政策制定过程,包括股利分配等政策的制定。在这种情况下,因可以参与被投资单位的政策制定过程,在制定政策过程中可以根据其自身利益提出建议和意见,从而可以对被投资单位施加重大影响。

(3)与被投资单位之间发生重大交易。投资企业之间发生的有关交易因对被投资单位的日常经营具有重要性,进而一定程度上可以影响到被投资单位的生产经营决策。

(4)向被投资单位派出管理人员。在这种情况下,投资企业对被投资单位派出管理人员,管理人员有权力负责被投资单位的财务和经营活动,从而能够对被投资单位施加重大影响。

(5)向被投资单位提供关键技术资料。因被投资单位的生产经营需要依赖投资企业的技术和技术资料,表明投资企业对被投资单位具有重大影响。

企业在确定能否对被投资单位施加重大影响时,除了应考虑投资企业直接或间接持有被投资单位的表决权股份,还需要考虑企业和其他方持有的现行可执行潜在表决权在假定转换为对被投资单位股权后产生的影响,如果其在转换为对被投资单位的股权后,能够增加投资企业的表决权比例或者降低被投资单位其他投资者的表决权比例,从而使得投资企业能够参与被投资单位的财务和经营政策的,则投资企业对被投资单位具有重大影响。

第二节 长期股权投资的初始计量

一、长期股权投资初始计量原则

本章内容根据《企业会计准则第2号——长期股权投资》和《企业会计准则第20号——企业合并》的有关内容编写。长期股权投资在取得时,应按初始投资成本入账。长期股权投资可以通过企业合并取得,也可以通过企业合并以外的方式取得,在不同的取得方式下,长期股权投资的初始投资成本的确定方法也有所不同。长期股权投资的初始投资成本的确定应区分企业合并和非企业合并两种情况确定。企业在取得长期股权投资时,如果实际支付的价款或对价中包含已宣告但尚未发放的现金股利或利润,则该现金股利或利润应作为应收项目单独入账,不构成长期股权投资的初始成本。

企业合并是指将两个或两个以上单独的企业合并形成一个报告主体的交易或事项。企业合并包括吸收合并、新设合并和控股合并。吸收合并和新设合并均不构成投资关系,只有控股合并形成投资关系。因此,企业合并形成的长期股权投资是指通过控股合并方式形成的投资方对被投资方的股权投资。企业合并形成的长期股权投资又分为同一控制下企业合并形成的长期股权投资和非同一控制下企业合并形成的长期股权投资。在不同的取得方式下,长期股权投资初始投资成本的确定方法有所不同,具体如下:

(1)企业通过同一控制下企业合并取得的长期股权投资,应以取得被合并方所有者权益在最终控制方合并财务报表中的账面价值的份额作为长期股权投资的初始成本,支付对价的账面价值与初始投资成本的差额计入资本公积,资本公积不足冲减的,调整留存收益。

(2)企业通过非同一控制下企业合并取得的长期股权投资,应以投资方在购买日取得被购买方的控制权而付出的资产、发生或承担的负债以及发行的权益性证券的公允价值之和作为长期股权投资的初始成本。支付的对价为非现金资产的,其公允价值与账面价值的差额计入当期损益。

(3)企业通过企业合并以外方式取得的长期股权投资(包括共同控制、重大影响两种情况),应以投资方为取得投资而支付的现金(包括手续费、税金等)、付出的非现金资产、发生或承担的负债以及发行的权益性证券的公允价值作为长期股权投资的初始成本。支付对价为非现金资产的,其公允价值与账面价值的差额计入当期损益。

二、企业合并形成的长期股权投资

企业合并形成的长期股权投资,初始投资成本的确定应区分企业合并的类型,区分同一控制下控股合并与非同一控制下控股合并确定形成长期股权投资的初始投资成本。

(一)同一控制下企业合并形成的长期股权投资

对于同一控制下的企业合并,从能够对参与合并各方在合并前及合并后均实施最终控制的一方来看,最终控制方在企业合并前及合并后能够控制的资产并没有发生变化。合并方通过企业合并形成的对被合并方的长期股权投资,其成本代表的是在被合并方账面所有者权益中享有的份额。

(1)合并方以支付现金、转让非现金资产或承担债务方式作为合并对价的,应当在合并日按照取得被合并方所有者权益在最终控制方合并财务报表中的账面价值的份额作为长期股权投资的初始投资成本。长期股权投资的初始投资成本与支付的现金、转让的非现金资产及所承担债务账面价值之间的差额,应当调整资本公积(资本溢价或股本溢价);资本公积(资本溢价或股本溢价)的余额不足冲减的,调整留存收益。

具体进行会计处理时,合并方在合并日按取得被合并方所有者权益账面价值的份额,借记"长期股权投资"科目,按应享有被投资单位已宣告但尚未发放的现金股利或利润,借记"应收股利"科目,按支付的合并对价的账面价值,贷记有关资产或借记有关负债科目,按其差额,贷记"资本公积——资本溢价或股本溢价"科目;如为借方差额,应借记"资本公积——资本溢价或股本溢价"科目,资本公积(资本溢价或股本溢价)不足冲减的,借记"盈余公积""利润分配——未分配利润"科目。

(2)合并方以发行权益性证券作为合并对价的,应当在合并日按照被合并方所有者权益在最终控制方合并财务报表中的账面价值的份额作为长期股权投资的初始投资成本。按照发行股份的面值总额作为股本,长期股权投资初始投资成本与所发行股份面值总额之间的差额,应当调整资本公积(资本溢价或股本溢价);资本公积(资本溢价或股本溢价)不足冲减的,调整留存收益。

具体进行会计处理时,在合并日应按取得被合并方所有者权益账面价值的份额,借记"长期股权投资"科目,按应享有被投资单位已宣告但尚未发放的现金股利或利润,借记"应收股利"科目,按发行权益性证券的面值贷记"股本"科目,按其差额,贷记"资本公积——资本溢价或股本溢价"科目;如为借方差额,应借记"资本公积——资本溢价或股本溢价"科目,资本公积(资本溢价或股本溢价)不足冲减的,借记"盈余公积""利润分配——未分配利润"科目。

上述在按照合并日应享有被合并方账面所有者权益的份额确定长期股权投资的初始投资成本时,前提是合并前合并方与被合并方采用的会计政策应当一致。企业合并前合并方与被合并方采用的会计政策不同的,应首先按照合并方的会计政策对被合并方资产、负债的账面价值进行调整,在此基础上计算确定形成长期股权投资的初始投资成本。

【例6-1】 2018年6月30日,甲公司向同一集团内B公司的原股东定向增发1 000万股普通股票(每股面值为1元,市价为4.5元),取得B公司70%的股权,并于当日起能够对B公司实施控制。甲公司以银行存款支付股票发行手续费50万元,两公司在企业合并前采用的会计政策相同。合并日,B公司在最终控制方合并财务报表中的所有者权益的总额为6 000万元。

根据以上材料,甲公司取得长期股权投资的会计处理如下:

甲公司取得的长期股权投资的入账价值 = 6 000 × 70% = 4 200(万元)

借:长期股权投资　　　　　　　　　　　　　　42 000 000
　　贷:股本　　　　　　　　　　　　　　　　10 000 000
　　　　银行存款　　　　　　　　　　　　　　　　500 000
　　　　资本公积——股权溢价　　　　　　　　31 500 000

(二)非同一控制下企业合并形成的长期股权投资

(1)非同一控制下的控股合并中,购买方应当按照双方确定的企业合并成本作为长期股权投资的初始投资成本。企业合并成本包括购买方付出的资产、发生或承担的负债、发行的权益性证券的公允价值以及为进行企业合并发生的各项直接相关费用之和。该直接相关费用不包括为企业合并发行的债券或承担其他债务支付的手续费、佣金等,也不包括企业合并中发行权益性证券手续费、佣金等费用。购买方为企业合并发生的审计、法律服务、评估咨询等中介费用以及其他相关管理费用,应当于发生时计入当期损益。

具体进行会计处理时,对于非同一控制下企业合并形成的长期股权投资应在购买日按企业合并成本(不含应自被投资单位收取的现金股利或利润),借记"长期股权投资"科目,按享有被投资单位已宣告但尚未发放的现金股利或利润,借记"应收股利"科目,按支付合并对价的账面价值,贷记有关资产或借记有关负债科目,按发生的直接相关费用,贷记"银行存款"等科目。按其差额,贷记"营业外收入"或借记"营业外支出"等科目。

非同一控制下企业合并涉及以库存商品等作为合并对价的,应按库存商品的公允价值,贷记"主营业务收入"科目,并同时结转相关的成本。

【例6-2】 甲公司于2018年3月31日取得A公司60%的股权,取得该部分股权后能够控制A公司的生产经营决策。为确定A公司的净资产的公允价值,甲公司聘请资产评估机构对A公司的资产进行评估,支付评估费用200万元。甲公司为合并所支付的对价包括现金和固定资产,相关资产在购买日的账面价值与公允价值如表6-1所示。本例中假定合并前甲公司与A公司不存在关联方关系。

表6-1　2018年3月31日　　　　　　　　　　　　　万元

项目	账面价值	公允价值
固定资产	4 000	6 800
银行存款	1 600	1 600
合计	5 600	8 400

注:甲公司用作合并对价的固定资产原值5 000万元,累计计提折旧1 000万元。

本例中因甲公司与A公司在合并前不存在任何关联方关系,应作为非同一控制下的企业合并处理。

甲公司的初始投资成本 = 6 800 + 1 600 = 8 400(万元)

甲公司取得长期股权投资时,应进行如下账务处理:

借:固定资产清理	40 000 000
累计折旧	10 000 000
贷:固定资产	50 000 000
借:长期股权投资——A公司	84 000 000
管理费用	2 000 000
贷:固定资产清理	40 000 000
银行存款	18 000 000
营业外收入	28 000 000

(2)通过多次交换交易,分步取得股权最终形成企业合并的,企业合并成本为每一单项交换交易的成本之和。其中:达到企业合并前对持有的长期股权投资采用成本法核算的,长期股权投资在购买日的成本应为原账面余额加上新支付对价的公允价值之和;企业合并前对长期股权投资采用权益法等方法核算的,购买日应对权益法下长期股权投资的账面余额进行调整,将有关长期股权投资的账面余额调整至最初取得成本,在此基础上加上新支付对价的公允价值作为购买日长期股权投资的成本。

【例6-3】 2017年1月1日,甲公司以2 000万元取得C公司30%的股权,款项以银行存款支付,C公司2017年1月1日可辨认净资产公允价值总额为6 000万元(假定其公允价值等于账面价值),因对C公司具有重大影响,甲公司对该项投资采用权益法核算。2017年C公司实现净利润1 000万元,未分派现金股利。2018年1月1日,甲公司又以2400万元取得C公司30%的股权,款项以银行存款支付,当日C公司可辨认净资产公允价值总额为7 000万元,取得该部分股权后,甲公司能够对C公司实施控制,因此甲公司将对C公司的股权投资转为成本法核算。

根据上述材料,甲公司有关对C公司的股权投资的有关账务处理如下:

2017年1月1日:

借:长期股权投资——成本(C公司)　　　　　　20 000 000
　贷:银行存款　　　　　　　　　　　　　　　　20 000 000

2017年年末:

借:长期股权投资——损益调整(C公司)　　　　　3 000 000
　贷:投资收益　　　　　　　　　　　　　　　　3 000 000

2018年1月1日又购入30%股权时:

借:长期股权投资——C公司　　　　　　　　　　24 000 000
　贷:银行存款　　　　　　　　　　　　　　　　24 000 000

原30%账面价值2 000+300=2 300(万元)

长期股权投资改按成本法核算的初始投资成本=2 300+2 400=4 700(万元)

在合并合同或协议中对于可能影响合并成本的未来事项做出约定的,购买日如果估计未来事项很可能对合并成本的影响金额能够可靠计量的,购买方应当将其计入合并成本。

三、以企业合并之外其他方式取得的长期股权投资

除企业合并形成的长期股权投资应遵循特定的会计处理原则外,其他方式取得的长期股权投资,取得时初始投资成本的确定应遵循以下规定。

(1)以支付现金取得的长期股权投资,应当按照实际支付的购买价款作为长期股权投资的初始投资成本。初始投资成本包括与取得长期股权投资直接相关的费用、税金及其他必要支出。但所支付价款中包含的被投资单位已宣告但尚未发放的现金股利或利润应作为应收项目核算,不构成取得长期股权投资的成本。

【例6-4】 甲公司于2018年3月25日以银行存款购入乙公司30%的股权,实际支付价款1 000万元。此外,甲公司在购买过程中支付手续费50万元。甲公司取得该部分股权后,能够对乙公司产生重大影响。

甲公司应当按照实际支付的购买价款作为取得长期股权投资的成本,其账务处理为:

借:长期股权投资　　　　　　　　　　　　　　10 500 000
　贷:银行存款　　　　　　　　　　　　　　　　10 500 000

(2)以发行权益性证券方式取得的长期股权投资,其成本为所发行权益性证券的公

允价值,但不包括应自被投资单位收取的已宣告但尚未发放的现金股利或利润。

为发行权益性证券支付给有关证券承销机构等的手续费、佣金等与权益性证券发行直接相关的费用,不构成取得长期股权投资的成本。该部分费用按照《企业会计准则第37号——金融工具列报》的规定,应自权益性证券的溢价发行收入中扣除,权益性证券的溢价收入不足冲减的,应冲减盈余公积和未分配利润。

【例6-5】 甲公司于2018年3月25日通过增发1 000万股本公司的普通股(每股面值1元)取得D公司60%的股权。甲公司增发的股票的公允价值为4 000万元。此外,甲公司在发行股票过程中向证券承销机构支付了手续费等费用100万元。甲公司能够对D公司产生重大影响。

甲公司应当以所发行股份的公允价值作为取得长期股权投资的成本,账务处理为:

借:长期股权投资——D公司　　　　　　　　　40 000 000
　　贷:股本　　　　　　　　　　　　　　　　10 000 000
　　　　资本公积——股本溢价　　　　　　　　30 000 000

发行权益性证券过程中支付手续费等费用,应冲减权益性证券的溢价发行收入,账务处理为:

借:资本公积——股本溢价　　　　　　　　　　1 000 000
　　贷:银行存款　　　　　　　　　　　　　　1 000 000

(3)投资者投入的长期股权投资,应当按照投资合同或协议约定的价值作为初始投资成本,但合同或协议约定的价值不公允的除外。

投资者投入的长期股权投资,是指投资者以其持有的对第三方的投资作为出资投入企业,接受投资的企业原则上应当按照投资各方在投资合同或协议中约定的价值作为取得投资的初始投资成本。

【例6-6】 2018年1月1日甲公司设立时,其主要出资方之一乙公司以其持有的对A公司的长期股权投资作为出资投入甲公司。投资各方在投资合同中约定,作为出资的该项长期股权投资作价8 000万元。该作价是按照A公司股票的市价经考虑相关调整因素后确定的。甲公司注册资本为25 000万元。乙公司出资占甲公司注册资本的20%。取得该项投资后,乙公司根据其持股比例,能够派人参与甲公司的财务和生产经营决策。

甲公司应进行的账务处理为:

借:长期股权投资　　　　　　　　　　　　　　80 000 000
　　贷:实收资本　　　　　　　　　　　　　　50 000 000
　　　　资本公积——资本溢价　　　　　　　　30 000 000

(4)以债务重组、非货币性资产交换等方式取得的长期股权投资,其初始投资成本应按照《企业会计准则第12号——债务重组》和《企业会计准则第7号——非货币性资产交换》的规定确定。

四、投资成本中包含的已宣告尚未发放现金股利或利润的处理

企业无论是以何种方式取得长期股权投资,取得投资时,对于投资成本中包含的应享有被投资单位已经宣告但尚未发放的现金股利或利润应作为应收项目单独核算,不构

成取得长期股权投资的初始投资成本。即企业在支付对价取得长期股权投资时,对于实际支付的价款中包含的对方已经宣告但尚未发放的现金股利或利润,应作为预付款,构成企业的一项债权,其与取得的对被投资单位的长期股权投资应作为两项金融资产。

【例6-7】 沿用【例6-4】假定甲公司取得该项投资时,乙公司已经宣告但尚未发放现金股利,甲公司按其持股比例计算确定可分得60万元。则甲公司在确认该长期股权投资时,应将包含的现金股利部分单独核算,相应的账务处理为:

借:长期股权投资　　　　　　　　　　　9 900 000
　　应收股利　　　　　　　　　　　　　　600 000
　贷:银行存款　　　　　　　　　　　　　　　10 500 000

第三节　长期股权投资的后续计量

长期股权投资在持有期间,根据投资企业对被投资单位的影响程度及是否存在活跃市场、公允价值能否可靠取得等进行划分,应当分别采用成本法及权益法进行核算。

一、长期股权投资的成本法

(一)成本法的定义及适用范围

成本法,是指投资按成本计价的方法。长期股权投资的成本法适用于企业持有的能够对被投资单位实施控制的长期股权投资。

投资企业能够对被投资单位实施控制的,被投资单位为其子公司,投资企业应当将子公司纳入合并财务报表的合并范围。投资对子公司的长期股权投资,应当采用成本法核算,编制合并财务报表时按照权益法进行调整。

(二)成本法的核算

采用成本法核算的长期股权投资,核算方法如下:

(1)初始投资或追加投资时,按照初始投资或追加投资时的成本增加长期股权投资的账面价值。

借:长期股权投资——××公司
　贷:银行存款等

(2)被投资单位宣告分派的现金股利或利润中,投资企业按应享有的部分,确认为当期投资收益;但投资企业确认的投资收益仅限于所获得的被投资单位在接受投资后产生的累积净利润的分配额。所获得的被投资单位宣告分派的利润或现金股利超过被投资单位在接受投资后产生的累积净利润的部分,应冲减长期股权投资的账面价值。

借:应收股利
　贷:投资收益

【例6-8】 甲公司2018年1月1日,以银行存款1 010万元购入乙公司60%的股权,并取得对乙公司的控制权。2018年3月20日,乙公司宣告分配现金股利100万元。2018年4月20日,甲公司收到现金股利60万元。甲公司与乙公司不存在关联关系。

根据上述材料做如下会计处理:

2018年1月1日,甲公司取得投资时:

借:长期股权投资——乙公司　　　　　　　10 100 000
　　贷:银行存款　　　　　　　　　　　　　10 100 000

2018年3月20日,乙公司宣告分派现金股利:

借:应收股利　　　　　　　　　　　　　　　600 000
　　贷:投资收益　　　　　　　　　　　　　　600 000

2018年4月20日,甲公司收到现金股利时:

借:银行存款　　　　　　　　　　　　　　　600 000
　　贷:应收股利　　　　　　　　　　　　　　600 000

二、长期股权投资的权益法

(一)权益法的定义及其适用范围

权益法,是指投资以初始投资成本计量后,在投资持有期间根据投资企业享有被投资单位所有者权益的份额的变动对投资的账面价值进行调整的方法。

投资企业对被投资单位具有共同控制或重大影响的长期股权投资,即对合营企业投资及对联营企业投资,应当采用权益法核算。

(二)权益法核算

1. 初始投资成本的调整

投资企业取得对联营企业或合营企业的投资以后,对于取得投资时投资成本与应享有被投资单位可辨认净资产公允价值份额之间的差额,应区别情况分别处理。

(1)初始投资成本大于取得投资时应享有被投资单位可辨认净资产公允价值份额的,该部分差额从本质上是投资企业在取得投资过程中通过购买作价体现出的与所取得股权份额相对应的商誉及不符合确认条件的资产价值。初始投资成本大于投资时应享有被投资单位可辨认净资产公允价值的份额,两者之间的差额不要求对长期股权投资的成本进行调整。

企业取得投资时,应按确定的初始投资成本做如下会计分录:

借:长期股权投资——成本(××公司)
　　贷:银行存款等

(2)初始投资成本小于取得投资时应享有被投资单位可辨认净资产公允价值份额的,两者之间的差额体现为双方在交易作价过程中转让方的让步,该部分经济利益流入应作为当期收益处理,计入取得投资当期的营业外收入,同时调整增加长期股权投资的账面价值。

企业取得投资时,应按确定的初始投资成本做如下会计分录:

借:长期股权投资——成本(××公司)
　　　　贷:银行存款等
同时,按初始投资成本小于应享有被投资企业可辨认净资产公允价值份额的差额,做如下会计分录:
　　借:长期股权投资——成本(××公司)
　　　　贷:营业外收入

【例6-9】 2018年1月1日,甲公司以900万元购入A公司40%普通股股权,并对A公司具有重大影响,当日A公司可辨认净资产的公允价值为2000万元(假定公允价值等于账面价值),款项已以银行存款支付。

取得投资时,甲公司应进行以下账务处理:

　　借:长期股权投资——成本(A公司)　　　　　9 000 000
　　　　贷:银行存款　　　　　　　　　　　　　　9 000 000

长期股权投资的初始投资成本900万元大于取得投资时应享有被投资单位可辨认净资产公允价值的份额800万元(2 000×40%),该差额不调整长期股权投资的账面价值。

假定上例中甲公司以760万元购入A公司40%普通股股权,长期股权投资的初始投资成本760万元小于取得投资时应享有被投资单位可辨认净资产公允价值的份额800万元(2 000×40%),该差额应计入取得投资当期的营业外收入,账务处理如下:

　　借:长期股权投资——成本(B公司)　　　　　8 000 000
　　　　贷:银行存款　　　　　　　　　　　　　　7 600 000
　　　　　　营业外收入　　　　　　　　　　　　　　400 000

2. 投资损益的确认

投资企业取得长期股权投资后,应当按照应享有或应分担的被投资单位实现净利润或发生净亏损的份额(法规或章程规定不属于投资企业的净损益除外),调整长期股权投资的账面价值,并确认为当期投资损益。

　　借:长期股权投资——损益调整(××公司)
　　　　(被投资企业经过调整后的净利润×持股比例)
　　　　贷:投资收益

在确认应享有或应分担被投资单位的净利润或净亏损时,在被投资单位账面净利润的基础上,应考虑以下因素的影响进行适当调整:

一是被投资单位采用的会计政策及会计期间与投资企业不一致的,应按投资企业的会计政策及会计期间对被投资单位的财务报表进行调整。

二是以取得投资时被投资单位固定资产、无形资产的公允价值为基础计提的折旧额或摊销额,以及以投资企业取得投资时的公允价值为基础计算确定的资产减值准备金额等对被投资单位净利润的影响。

被投资单位个别利润表中的净利润是以其持有的资产、负债账面价值为基础持续计算的,而投资企业在取得投资时,是以被投资单位有关资产、负债的公允价值为基础确定投资成本,长期股权投资的投资收益所代表的是被投资单位资产、负债在公允价值计量的情况下在未来期间通过经营产生的损益中归属于投资企业的部分。取得投资时有关资产、负债的公允价值与其账面价值不同的,未来期间,在计算归属于投资企业应享有的净利润或应承担的净亏损时,应以投资时被投资单位有关资产对投资企业的成本即取得投资时的公允价值为基础计算确定,从而产生了需要对被投资单位账面净利润进行调整的情况。

在针对上述事项对被投资单位实现的净利润进行调整时,应考虑重要性原则,不具重要性的项目可不予调整。符合下列条件之一的,投资企业可以以被投资单位的账面净利润为基础,计算确认投资损益,同时应在会计报表附注中说明不能按照准则中规定进行核算的原因:

(1)投资企业无法合理确定取得投资时被投资单位各项可辨认资产等的公允价值;

(2)投资时被投资单位可辨认资产的公允价值与其账面价值相比,两者之间的差额不具重要性的;

(3)其他原因导致无法取得被投资单位的有关资料,不能按照准则中规定的原则对被投资单位的净损益进行调整的。

【例6-10】 沿用【例6-9】假定长期股权投资的成本大于取得投资时被投资单位可辨认净资产公允价值份额的情况下,取得投资当年被投资单位实现净利润240万元。投资企业与被投资单位均以公历年度作为会计年度,两者之间采用的会计政策相同。由于投资时被投资单位各项资产、负债的账面价值与其公允价值相同,不需要对被投资单位实现的净损益进行调整,投资企业应确认的投资收益为72(240×30%)万元。

【例6-11】 甲公司于2018年1月1日购入B公司30%的股份,购买价款为2 000万元,并自取得投资之日起派人参与B公司的生产经营决策。取得投资当日,B公司可辨认净资产公允价值为5 000万元,除表6-2所列项目外,乙公司其他资产、负债的公允价值与账面价值相同。

假定B公司于2018年实现净利润960万元,其中在甲公司取得投资时的账面存货有60%对外出售。甲公司与B公司的会计年度及采用的会计政策相同。固定资产、无形资产均按直线法提取折旧或摊销,预计净残值均为0。假定甲公司与B公司之间未发生任何内部交易,不考虑所得税影响。

表6-2 资产公允价值与账面价值差额表　　　　　　　　　　　万元

项目	账面原价	已提折旧或摊销	公允价值	乙公司预计使用年限	甲公司取得投资后剩余使用年限
存货	800		1 000		
固定资产	1 200	240	1 600	20	16
合计	2 000	240	2 600		

甲公司在确定其应享有的投资收益时,应在B公司实现净利润的基础上,根据取得投资时B公司有关资产的账面价值与其公允价值差额的影响进行调整:

存货账面价值与公允价值的差额应调减的利润=(1 000-800)×60%=120(万元)

固定资产公允价值与账面价值差额应调整增加的折旧额 = 1 600 ÷ 16 - 1200 ÷ 20 = 40(万元)

基于投资时按相关资产公允价值调整后的净利润 = 960 - 120 - 40 = 800(万元)

甲公司按持股比例计算应确认的投资收益 = 800 × 30% = 240(万元)

确认投资收益的账务处理为：

借：长期股权投资——损益调整（B 公司）　　　240
　　贷：投资收益　　　　　　　　　　　　　　　240

三是在确认投资收益时，除考虑公允价值的调整外，对于投资企业与其联营企业及合营企业之间发生的未实现内部交易损益应予抵销。即投资企业与联营企业及合营企业之间发生的未实现内部交易损益按照持股比例计算归属于投资企业的部分应当予以抵销，在此基础上确认投资损益。投资企业与被投资单位发生的内部交易损失，按照《企业会计准则第 8 号——资产减值》等规定属于资产减值损失的，应当全额确认。投资企业对于纳入其合并范围的子公司与其联营企业及合营企业之间发生的内部交易损益，也应当按照上述原则进行抵销，在此基础上确认投资损益。

3. 取得现金股利或利润的处理

按照权益法核算的长期股权投资，投资企业自被投资单位取得的现金股利或利润，应抵减长期股权投资的账面价值。在被投资单位宣告分派现金股利或利润时，借记"应收股利"科目，贷记"长期股权投资——损益调整"科目；自被投资单位取得的现金股利或利润超过已确认损益调整的部分应视同投资成本的收回，冲减长期股权投资的账面价值。

4. 投资损失的确认与处理

按照权益法核算的长期股权投资，投资企业确认应分担被投资单位发生的损失，应以长期股权投资账面价值及其他实质上构成对被投资单位净投资的长期权益减记至零为限，投资企业负有承担额外损失义务的除外。相关的会计分录如下：

借：投资收益（被投资企业调整以后的净亏损×持股比例）
　　贷：长期股权投资——损益调整（×××公司）

这里所讲"其他实质上构成对被投资单位净投资的长期权益"通常是指长期应收项目，比如，企业对被投资单位的长期债权，该债权没有明确的清收计划且在可预见的未来期间不准备收回的，实质上构成对被投资单位的净投资，但不包括投资企业与被投资单位之间因销售商品、提供劳务等日常活动所产生的长期债权。

投资企业在确认应分担被投资单位发生的亏损时，具体应按照以下顺序处理：

首先，减记长期股权投资的账面价值。

其次，在长期股权投资的账面价值减记至零的情况下，对于未确认的投资损失，考虑除长期股权投资以外，账面上是否有其他实质上构成对被投资单位净投资的长期权益项目，如果有，则应以其他长期权益的账面价值为限，继续确认投资损失，冲减长期应收项目等的账面价值。

最后，经过上述处理，按照投资合同或协议约定，投资企业仍需要承担额外损失弥补等义务的，应按预计将承担的义务金额确认预计负债，计入当期投资损失。

企业在实务操作过程中,在发生投资损失时,应借记"投资收益"科目,贷记"长期股权投资——损益调整"科目。在长期股权投资的账面价值减记至零以后,考虑其他实质上构成对被投资单位净投资的长期权益,继续确认的投资损失,应借记"投资收益"科目,贷记"长期应收款"科目;因投资合同或协议约定导致投资企业需要承担额外义务的,按照或有事项准则的规定,对于符合确认条件的义务,应确认为当期损失,同时确认预计负债,借记"投资收益"科目,贷记"预计负债"科目。除上述情况仍未确认的应分担被投资单位的损失,应在帐外备查登记。

在确认了有关的投资损失以后,被投资单位于以后期间实现盈利的,应按以上相反顺序分别减记已确认的预计负债、恢复其他长期权益及长期股权投资账面价值,同时确认投资收益。即应当按顺序分别借记"预计负债""长期应收款""长期股权投资"科目,贷记"投资收益"科目。

【例6-12】 甲企业持有A企业30%的股权,2017年12月31日该项长期股权投资的账面价值为1 500万元。A公司20×7年发生净亏损6 000万元。甲公司账上有应收A公司长期应收款200万元(符合长期权益的条件),假定取得投资时被投资单位各项资产公允价值等与账面价值,双方所采用的会计政策及会计期间相同,甲公司与A公司之间未发生内部商品交易。2018年A公司实现净利润2 000万元。

由于被投资单位各项资产公允价值等与账面价值,而且投资双方没有发生内部交易,因此不需要对A公司2017年的净亏损进行调整。

根据上述材料,甲公司有关会计处理如下:

2017年度甲公司应分担亏损的金额 = 6 000 × 30% = 1 800(万元),超过了投资账面价值1 500万元和长期权益200万元。

借:投资收益　　　　　　　　　　　　　　　　　15 000 000
　　贷:长期股权投资——损益调整　　　　　　　　　15 000 000
借:投资收益　　　　　　　　　　　　　　　　　2 000 000
　　贷:长期应收款　　　　　　　　　　　　　　　2 000 000

2017年度甲公司共确认投资损失 = 1 500 + 200 = 1 700(万元)。在长期股权投资和长期权益的账面价值均减至为0后,还有未确认的投资损失100万元,应在备查簿中备查登记。

在被投资企业A公司2018年实现净利润,甲公司按应享有份额600(2 000×30%)万元扣除原未确认的投资损失100万元后,做如下会计处理:

借:长期应收款　　　　　　　　　　　　　　　　2 000 000
　　长期股权投资——损益调整　　　　　　　　　3 000 000
　　贷:投资收益　　　　　　　　　　　　　　　5 000 000

5. 被投资单位其他综合收益变动的处理

因可供出售金融资产公允价值变动形成的利得与损失、外币报表折算差额等引起被投资单位其他综合收益发生变动的,投资方应当按照归属于本企业的部分,相应调整长期股权投资的账面价值,同时增加或减少其他综合收益。

借(或贷):长期股权投资——其他综合收益

贷(或借):其他综合收益

6. 被投资单位除净损益、其他综合收益和利润分配以外所有者权益的其他变动的处理

采用权益法核算时,投资企业对于被投资单位除净损益、其他综合收益和利润分配以外所有者权益的其他变动,在持股比例不变的情况下,应按照持股比例与被投资单位除净损益以外所有者权益的其他变动中归属于本企业的部分,相应调整长期股权投资的账面价值,同时增加或减少资本公积。

借(或贷):长期股权投资——其他权益变动
　　贷(或借):资本公积——其他资本公积

【例6-13】 甲公司持有乙公司30%的股份,能够对乙公司施加重大影响。当期乙公司因持有的可供出售金融资产公允价值的变动计入资本公积的金额为1 500万元,除该事项外,乙公司当期实现的净损益为9 200万元。假定甲公司与乙公司适用的会计政策、会计期间相同,投资时乙公司有关资产、负债的公允价值与其账面价值亦相同,双方当期及以前期间未发生任何内部交易。

甲公司在确认应享有被投资单位所有者权益的变动时,应进行的账务处理为:

借:长期股权投资——损益调整(乙公司)　　　　27 600 000
　　　　　　　　　——其他权益变动(乙公司)　　4 500 000
　贷:投资收益　　　　　　　　　　　　　　　　27 600 000
　　　资本公积——其他资本公积　　　　　　　　4 500 000

7. 股票股利的处理

被投资单位分派的股票股利,投资企业不做账务处理,但应于除权日在备查簿中注明所增加的股数,以反映股份数额和每股成本的变化情况。

三、长期股权投资的减值

长期股权投资在按照规定进行核算确定其账面价值的基础上,如果存在减值迹象的,应当按照相关准则的规定计提减值准备。其中对子公司、联营企业及合营企业的投资,应当确定其可收回金额及应予计提的减值准备。企业持有的对被投资单位不具有共同控制或重大影响、在活跃市场中没有报价、公允价值不能可靠计量,并准备长期持有的股权投资发生减值时,应当将其按照可供出售金融资产减值进行账务处理,确定其可收回金额及应予计提的减值准备。

长期股权投资的减值准备在提取以后,均不允许转回。

第四节　长期股权投资核算方法的转换及处置

一、长期股权投资核算方法的转换

长期股权投资在持有期间,因各方面情况的变化,可能导致其核算需要由一种方法转换为另外的方法。

(一)成本法转换为权益法

长期股权投资的核算由成本法转为权益法时,应以成本法下长期股权投资的账面价值作为按照权益法核算的初始投资成本。并在此基础上比较该初始投资成本与应享有被投资单位可辨认净资产公允价值的份额。确定是否需要对长期股权投资的账面价值进行调整。

因处置投资导致对被投资单位的影响能力由控制转为具有重大影响或是与其他投资方一起实施共同控制的情况下,首先应按处置或收回投资的比例结转应终止确认的长期股权投资成本。

在此基础上,应当比较剩余的长期股权投资成本与按照剩余持股比例计算原投资时应享有被投资单位可辨认净资产公允价值的份额,属于投资作价中体现的商誉部分,不调整长期股权投资的账面价值;属于投资成本小于应享有被投资单位可辨认净资产公允价值份额的,在调整长期股权投资成本的同时应调整留存收益。

对于原取得投资后至转变为权益法核算之间被投资单位实现净损益中应享有的份额,一方面应当调整长期股权投资的账面价值,同时对于原取得投资时至处置投资当期期初被投资单位实现的净损益(扣除已发放及已宣告发放的现金股利和利润)中应享有的份额,调整留存收益,对于处置投资当期期初至处置投资之日被投资单位实现的净损益中享有的份额,调整当期损益;其他原因导致被投资单位所有者权益变动中应享有的份额,在调整长期股权投资账面价值的同时,应当计入"其他综合收益"或"资本公积——其他资本公积"。

长期股权投资在成本法转为权益法核算之后,其后续的计量应当按照权益法核算的要求进行相应的账务处理。

【例6-14】　2016年1月1日,甲公司以3 300万元取得A公司60%的股权,款项以银行存款支付,A公司2016年1月1日可辨认净资产公允价值总额为5 000万元(假定其公允价值等于账面价值),甲公司对A公司具有控制权,并对该项投资采用成本法核算。甲公司每年均按10%提取盈余公积。

(1)2016年A公司实现净利润1 800万元,未分派现金股利。因可供出售金融资产公允价值变动增加其他综合收益200万元。

(2)2017年A公司实现净利润1 200万元,未分派现金股利。

(3)2018年1月3日,甲公司出售A公司30%的股权,取得价款2 600万元,款项已存入银行存款账户,当日A公司可辨认净资产公允价值总额为8 200万元。甲公司出售A公司30%股权后不再对A公司有控制权,但仍能对其施加重大影响,因此,甲公司对A公司的股权投资由成本法改为权益法核算。甲公司剩余30%股权的公允价值为3 300万元。假定不考虑其他因素,甲公司有关股权投资的会计处理如下:

(1)2016年1月1日:

借:长期股权投资——A公司　　　　　　　　33 000 000
　　贷:银行存款　　　　　　　　　　　　　　33 000 000

(2)2016年、2017年A公司实现净损益时,成本法下甲公司不需要进行会计处理。

(3)2018年1月3日:

①确认处置投资的收益:

借:银行存款　　　　　　　　　　　　　　　26 000 000
　　贷:长期股权投资——A公司　　　　　　　16 500 000
　　　　投资收益　　　　　　　　　　　　　　9 500 000

②对剩余股权改按权益法核算:

2018年1月3日,剩余长期股权投资的账面价值为1 650万元,与原投资时应享有被投资企业可辨认净资产公允价值份额之间的差额150万元(1 650 - 5 000 × 30%)体现为商誉,该部分商誉的价值不需要对长期股权投资的成本进行调整。

处置投资后,按照剩余持股比例计算享有被投资企业自购买日至处置投资日期间实现的净损益的份额为900万元[(1 800 + 1200)× 30%],应调整增加长期股权投资的账面价值,同时调整留存收益;按照剩余持股比例计算享有被投资企业所有者其他权益变动中的份额60万元(200 × 30%),应调整长期股权投资的账面价值,同时调整其他综合收益。

借:长期股权投资——损益调整(A公司)　　　9 000 000
　　　　　　　　——其他综合收益(A公司)　　600 000
　　贷:盈余公积　　　　　　　　　　　　　　　900 000
　　　　利润分配——未分配利润　　　　　　　8 100 000
　　　　其他综合收益　　　　　　　　　　　　　600 000

(二)权益法转换为成本法

因追加投资原因导致原持有的对联营企业或合营企业的投资转变为对子公司投资的,企业应将长期股权投资由权益法转为成本法核算,以购买日之前所持有被投资单位的长期股权投资的账面价值与购买日新增投资成本之和,作为该项长期股权投资的初始投资成本。

企业购买日之前持有的被投资方的长期股权涉及其他综合收益或其他权益变动的,应当在处置该项投资时将与其相关的其他综合收益或其他权益转入当期投资收益。

后续期间,自被投资单位分得的现金股利或利润未超过转换时被投资单位账面未分配利润中本企业享有份额的,应冲减长期股权投资的成本,不作为投资收益。自被投资单位取得的现金股利或利润超过转换时被投资单位账面未分配利润中本企业享有份额的,确认为当期损益。

【例6-15】 2017年1月1日,甲公司以1 500万元取得C公司30%的股权,款项以银行存款支付。C公司2017年1月1日可辨认净资产公允价值总额为5 000万元(假定其公允价值等于账面价值),因对C公司有重大影响,甲公司对该项投资采用权益法核算。甲公司每年均按10%提取盈余公积。

2017年C公司实现净利润1 000万元,未分派现金股利。

2018年1月1日,甲公司又以1 800万元取得C公司30%的股权,款项以银行存款支付,当日C公司可辨认净资产公允价值总额为6 000万元。取得该部分股权后,甲公司能够对C公司实施控制,因此,甲公司对C公司的股权投资由权益法改为成本法核算。

根据上述材料,甲公司长期股权投资的相关会计处理如下:

(1)2017年1月1日:

借:长期股权投资——C公司　　　　　　　　15 000 000
　　贷:银行存款　　　　　　　　　　　　　　15 000 000

(2)2017年末:

借:长期股权投资——损益调整(C公司)　　　3 000 000
　　贷:投资收益　　　　　　　　　　　　　　3 000 000

(3)2018年1月1日:

①购入30%股权时:

借:长期股权投资——C公司　　　　　　　　18 000 000
　　贷:银行存款　　　　　　　　　　　　　　18 000 000

②调整长期股权投资的账面价值

借:盈余公积　　　　　　　　　　　　　　　　300 000
　　利润分配——未分配利润　　　　　　　　　270 0000
　　贷:长期股权投资——C公司　　　　　　　300 0000

二、金融资产与长期股权投资之间的转换

企业因追加投资或处置投资导致持股比例发生变动,进而引起权益性投资分类的转换和会计处理发生相应变化。权益性投资分类的转换仅指长期股权投资与以公允价值计量的金融资产之间的相互转换,即追加投资导致的以公允价值计量的金融资产转换为长期股权投资和处置投资导致长期股权投资转换为以公允价值计量的金融资产。需要特别说明的是,此处所提及的以公允价值计量的金融资产仅包括以公允价值计量且其变动计入当期损益的权益工具投资和指定为以公允价值计量且其变动计入其他综合收益的非交易性权益工具投资。

(一)以公允价值计量的金融资产转为长期股权投资

因追加投资导致持股比例上升,企业能够对被投资单位施加重大影响、共同控制或是实施控制的,企业应将以公允价值计量的金融资产转为长期股权投资,在后续计量中采用权益法或成本法进行核算。

(1)以公允价值计量的金融资产转为长期股权投资,且对被投资单位实施重大影响、共同控制。

企业应将原确认的以公允价值计量的金融资产转为长期股权投资,同时按照权益法进行后续计量。原以公允价值计量的金融资产的公允价值与新增投资成本之和作为长期股权投资的初始投资成本。原指定为以公允价值计量且其变动计入其他综合收益的非交易性权益工具投资的公允价值与其账面价值之间的差额,以及原计入其他综合收益的累计公允价值变动应当计入留存收益。同时,在此基础上比较持有长期股权的初始投资成本与应享有被投资单位可辨认净资产公允价值份额之间的差额,前者大于后者的,属于通过投资作价体现的商誉部分,不调整长期股权投资的账面价值;前者小于后者的,属于通过投资获得的利得,差额应调整长期股权投资的账面价值,同时将利得计入营业外收入。

【例6-16】 A公司于2017年11月10日取得B公司5%的股权,将其分类为指定以公允价值计量且其变动计入其他综合收益的非交易性权益性工具投资,取得成本为1 800万元,2017年12月31日其公允价值为2 000万元。2018年2月1日,A公司又从市场上取得B公司15%股权,实际支付款项6300万元,原5%投资在该日的公允价值为2 100万元。从2018年2月1日起,A公司能够对B公司施加重大影响。2018年2月1日B公司可辨认净资产公允价值为44 000万元。A公司按照10%的比例提取法定盈余公积。

A公司对上述投资的相关会计处理如下:

A公司2018年2月1日长期股权投资的初始投资成本=6 300+2 100=8 400(万元)

(1)2017年11月10日:

借:其他权益工具投资——成本　　　　　　　　　18 000 000
　　贷:银行存款　　　　　　　　　　　　　　　　18 000 000

(2)2017年12月31日

借:其他权益工具投资——公允价值变动　　　　　2 000 000
　　贷:其他综合收益　　　　　　　　　　　　　　2 000 000

(3)2018年2月1日

借:长期股权投资——投资成本　　　　　　　　　63 000 000
　　贷:银行存款　　　　　　　　　　　　　　　　63 000 000

借:长期股权投资——投资成本　　　　　　　　　21 000 000
　　贷:其他权益工具投资——成本　　　　　　　　18 000 000
　　　　　　　　　　　　——公允价值变动　　　　2 000 000
　　　　盈余公积　　　　　　　　　　　　　　　　100 000
　　　　利润分配——未分配利润　　　　　　　　　900 000

借:其他综合收益　　　　　　　　　　　　　　　2 000 000
　　贷:盈余公积　　　　　　　　　　　　　　　　200 000
　　　　利润分配——未分配利润　　　　　　　　　1 800 000

2018年2月1日A公司应享有B公司可辨认净资产公允价值份额为44 000×20%=8 800(万元),大于初始投资成本8 400(万元),应调整长期股权投资的账面价值,调整金额为8 800-8 400=400(万元)。

借:长期股权投资——投资成本　　　　　　　　　4 000 000
　　贷:营业外收入　　　　　　　　　　　　　　　　4 000 000

(2)以公允价值计量的金融资产转为长期股权投资,且对被投资单位实施控制。

企业应将原确认的以公允价值计量的金融资产根据追加投资所形成的企业合并的类型确定长期股权投资的初始投资成本,同时按照成本法进行后续计量。如果追加投资后形成同一控制下的企业合并的,投资方应当按照形成企业合并时的累计持股比例计算的合并日应享有被投资方所有者权益在最终控制方合并财务报表中的账面价值的份额,作为长期股权投资的初始投资成本。初始投资成本大于追加投资前原以公允价值计量的金融资产的账面价值与合并日追加投资支付的对价之和的差额应当计入资本公积;反之,应当冲减资本公积(仅限于资本溢价或股本溢价),资本公积余额不足冲减的,依次冲减盈余公积和未分配利润。如果追加投资后形成非同一控制下的企业合并的,投资方应当以追加投资前原以公允价值计量的金融资产的账面价值与合并日追加投资支付的对价之和,作为长期股权投资的初始投资成本。如果以公允价值计量的金融资产是指定为以公允价值计量且其变动计入其他综合收益的非交易性权益工具投资,则该非交易性权益工具投资在原持有期间因公允价值变动而形成的其他综合收益应同时转出,计入留存收益。

【例6-17】　A公司和B公司同为C公司的子公司。若A公司于2017年11月10日取得B公司5%的股权,将其分类为交易性金融资产,取得成本为1 800万元,2017年12月31日其公允价值为2 000万元。2018年2月1日,A公司又从市场上取得B公司50%股权,实际支付款项12 000万元,原5%投资在该日的公允价值为2 100万元。从2018年2月1日起,A公司能够对B公司施加重大影响。2018年2月1日B公司所有者权益在最终控制方C公司合并财务报表中的账面价值为44 000万元。

A公司对上述投资的有关会计处理入下:

A公司2018年2月1日长期股权投资的初始投资成本=44 000×55%=24 200万元

(1)2017年11月10日:
借:交易性金融资产——成本　　　　　　　　　　18 000 000
　　贷:银行存款　　　　　　　　　　　　　　　　18 000 000

(2)2017年12月31日
借:交易性金融资产——公允价值变动　　　　　　2 000 000
　　贷:公允价值变动损益　　　　　　　　　　　　2 000 000

(3)2018年2月1日
借:交易性金融资产——公允价值变动　　　　　　1 000 000
　　贷:公允价值变动损益　　　　　　　　　　　　1 000 000
借:长期股权投资——B公司　　　　　　　　　　242 000 000

贷:交易性金融资产——成本	18 000 000
——公允价值变动	3 000 000
银行存款	120 000 000
资本公积——股本溢价	101 000 000
借:公允价值变动损益	3 000 000
贷:投资收益	3 000 000

(二)长期股权投资转为以公允价值计量的金融资产

企业因处置部分长期股权等原因导致丧失对被投资单位的控制、共同控制以及重大影响,对于剩余股权应当改按以公允价值计量的金融资产进行相应账务核算。剩余长期股权投资可以转换为两类以公允价值计量的金融资产:以公允价值计量且其变动计入当期损益的金融资产和指定以公允价值计量且其变动计入其他综合收益的金融资产。

按照转换日剩余长期股权投资的公允价值作为金融资产的初始投资成本,剩余长期股权投资公允价值与账面价值之间的差额计入投资收益。原长期股权投资因采用权益法核算而确认的其他综合收益应采用与被投资企业直接处置相关资产或负债相同的基础进行会计处理,原长期股权投资因采用权益法核算而确认的其他权益变动(资本公积——其他资本公积)应当转入当期投资收益。

【例 6-18】 甲公司持有 A 公司 30%的有表决权股份,因能够对 A 公司的生产经营决策施加重大影响,采用权益法核算。2018 年 3 月,甲公司将该项投资中的 50%对外出售,出售以后,无法再对 A 公司施加重大影响,甲公司将剩余股权投资划归为交易性金融资产,剩余股权投资在当日的公允价值为 2 000 万元。出售时,该项长期股权投资的账面价值为 3 200 万元,其中成本 2 600 万元,损益调整为 400 万元,其他综合收益为 100 万元,除净损益、其他综合收益和利润分配外的其他所有者权益变动为 100 万元。出售取得价款 1 800 万元已收入银行存款户。

甲公司对上述投资业务的会计处理如下:

(1)处置 50%的股权投资:

借:银行存款	18 000 000
贷:长期股权投资——成本	13 000 000
——损益调整	2 000 000
——其他综合收益	500 000
——其他权益变动	500 000
投资收益	2 000 000

(2)将长期股权投资转为金融资产:

借:交易性金融资产	20 000 000
贷:长期股权投资——成本	13 000 000
——损益调整	2 000 000
——其他综合收益	500 000
——其他权益变动	500 000

  投资收益   4 000 000

(3)将其他综合收益转入当期损益：
借：其他综合收益   1 000 000
  贷：投资收益   1 000 000

(4)将其他权益变动转入当期损益：
借：资本公积——其他资本公积   1 000 000
  贷：投资收益   1 000 000

三、长期股权投资的处置

  企业在持有长期股权的过程中，因多方面原因导致其将持有的股权全部或部分对外出售，或者因抵偿债务、非货币性资产交换等业务而转出股权。企业处置长期股权投资时，应相应结转与所售股权相对应的长期股权投资的账面价值，出售所得价款与处置长期股权投资账面价值之间的差额，应确认为当期投资损益。

  采用权益法核算的长期股权投资，原计入"其他综合收益"或"资本公积——其他资本公积"中的金额，在处置时亦应按相应出售比例进行结转，将与所出售股权相对应的部分在处置时转入当期损益。

  【例6-19】 甲公司原持有A公司40%的股权，2018年6月20日，甲公司决定将其持有的A公司股权的50%出售，取得价款900万元。出售时甲公司对A公司长期股权投资的账面价值为2 000万元，其中：投资成本1 400万元，损益调整400万元，其他权益变动200万元。甲公司处置部分对A公司的股权投资后，仍然能够对A公司施加重大影响。

  假定不考虑其他因素，甲公司有关的账务处理如下：

应确认的处置损益 = 900 - 2 000 × 1/2 = -100(万元)

借：银行存款   9 000 000
  投资收益   1 000 000
  贷：长期股权投资——成本   7 000 000
       ——损益调整   2 000 000
       ——其他权益变动   1 000 000

同时，还应将原计入资本公积的部分按比例转入当期损益：
借：资本公积——其他资本公积   1 000 000
  贷：投资收益   1 000 000

思考题

1. 长期股权投资核算的内容有哪些？
2. 如何确定长期股权投资的初始成本？
3. 成本法和权益法的区别有哪些方面？
4. 如何确定长期股权投资成本法与权益法之间转换的初始投资成本？
5. 金融资产与长期股权投资之间转换如何进行会计处理？

第七章 固定资产

【学习目标】

1. 掌握固定资产的特点和分类。
2. 掌握固定资产增加、减少和期末计价各环节的会计处理方法。
3. 掌握折旧的计算方法。

【本章重点】

固定资产的计价。

【本章难点】

固定资产的加速折旧法的计算。

第一节 固定资产的确认和初始计量

一、固定资产的定义和确认条件

（一）固定资产的定义

固定资产,是指同时具有下列特征的有形资产:①为生产商品、提供劳务、出租或经营管理而持有的;②使用寿命超过一个会计年度。

从固定资产的定义看,固定资产具有以下三个特征:

1. 为生产商品、提供劳务、出租或经营管理而持有

企业持有固定资产的目的是为了生产商品、提供劳务、出租或经营管理,即企业持有的固定资产是企业的劳动工具或手段,而不是用于出售的产品。其中"出租"的固定资产,是指企业以经营租赁方式出租的机器设备类固定资产,不包括以经营租赁方式出租的建筑物,后者属于企业的投资性房地产,不属于固定资产。

2. 使用寿命超过一个会计年度

固定资产的使用寿命,是指企业使用固定资产的预计期间,或者该固定资产所能生产产品或提供劳务的数量。通常情况下,固定资产的使用寿命是指使用固定资产的预计期间,比如自用房屋建筑物的使用寿命表现为企业对该建筑物的预计使用年限。对于某

些机器设备或运输设备等固定资产,其使用寿命表现为以该固定资产所能生产产品或提供劳务的数量,例如,汽车或飞机等,按其预计行驶或飞行里程估计使用寿命。

固定资产使用寿命超过一个会计年度,意味着固定资产属于非流动资产,随着使用和磨损,通过计提折旧方式逐渐减少账面价值。对固定资产计提折旧和减值准备,均属于固定资产后续计量。

3.固定资产是有形资产

固定资产具有实物形态,这一特征将固定资产与无形资产区别开来。有些无形资产可能同时符合固定资产的其他特征,如无形资产为生产商品、提供劳务而持有,使用寿命超过一个会计年度,但是,由于其没有实物形态,所以,不属于固定资产。

(二)固定资产的确认条件

固定资产在符合定义的前提下,应当同时满足以下两个条件,才能加以确认。

1.与该固定资产有关的经济利益很可能流入企业

资产最重要的特征是预期会给企业带来经济利益。企业在确认固定资产时,需要判断与该项固定资产有关的经济利益是否很可能流入企业。如果与该项固定资产有关的经济利益很可能流入企业,并同时满足固定资产确认的其他条件,那么,企业应将其确认为固定资产;否则,不应将其确认为固定资产。

在实务中,判断与固定资产有关的经济利益是否很可能流入企业,主要判断与该固定资产所有权相关的风险和报酬是否转移到了企业。与固定资产所有权相关的风险,是指由于经营情况变化造成的相关收益的变动,以及由于资产闲置、技术陈旧等原因造成的损失;与固定资产所有权相关的报酬,是指在固定资产使用寿命内使用该资产而获得的收入,以及处置该资产所实现的利得等。

通常,取得固定资产的所有权是判断与固定资产所有权相关的风险和报酬转移到企业的一个重要标志。但是,所有权是否转移,不是判断与固定资产所有权相关的风险和报酬转移到企业的唯一标志,在有些情况下,某项固定资产的所有权虽然不属于企业,但是,企业能够控制与该项固定资产有关的经济利益流入企业,这就意味着与该固定资产所有权相关的风险和报酬实质上已转移到企业,在这种情况下,企业应将该项固定资产予以确认。例如,融资租入的固定资产,企业虽然不拥有固定资产的所有权,但与固定资产所有权相关的风险和报酬实质上已转移到了企业(承租人),因此,符合固定资产确认的第一个条件。

对于购置的环保设备和安全设备等资产,其使用不能直接为企业带来经济利益,但是有助于企业从相关资产获得经济利益,或者将减少企业未来经济利益的流出,因此,对于这类设备,企业应将其确认为固定资产。例如,为净化环境或者满足国家有关排污标准的需要购置的环保设备,这些设备的使用虽然不会为企业带来直接的经济利益,却有助于企业提高对废水、废气、废渣的处理能力,有利于净化环境,企业为此将减少未来由于污染环境而需要支付的环境净化费或者罚款,因此,也符合固定资产确认的第一个条件。

对于工业企业所持有的工具、用具、备品备件、维修设备等资产,施工企业所持有的模板、挡板、架料等周转材料,以及地质勘探企业所持有的管材等资产,企业应当根据实际情况,分别管理和核算。尽管该类资产具有固定资产的某些特征,比如,使用期限超过一年,也能够带来经济利益,但由于数量多单价低,考虑到成本效益原则,在实务中,通常确认为存货。但符合固定资产定义和确认条件的,比如企业(民用航空运输)的高价周转件等,应当确认为固定资产。

固定资产的各组成部分,如果各自具有不同使用寿命或者以不同方式为企业提供经济利益,从而适用不同折旧率或折旧方法的,该各组成部分实际上是以独立的方式为企业提供经济利益,企业应当分别将各组成部分确认为单项固定资产。例如,飞机的引擎,如果其与飞机机身具有不同的使用寿命,适用不同折旧率或折旧方法,则企业应当将其确认为单项固定资产。

2. 该固定资产的成本能够可靠地计量

成本能够可靠地计量是资产确认的一项基本条件。企业在确定固定资产成本时必须取得确凿证据,但是,有时需要根据所获得的最新资料,对固定资产的成本进行合理的估计。比如,企业对于已达到预定可使用状态但尚未办理竣工决算的固定资产,需要根据工程预算、工程造价或者工程实际发生的成本等资料,按估计价值确定其成本,办理竣工决算后,再按照实际成本调整原来的暂估价值。

二、固定资产的初始计量

固定资产的初始计量,指取得固定资产时对其初始入账价值的确定。固定资产应当按照成本进行初始计量。

成本包括企业为购建某项固定资产达到预定可使用状态前所发生的一切合理的、必要的支出。在实务中,企业取得固定资产的方式是多种多样的,包括外购、自行建造、投资者投入以及非货币性资产交换、债务重组、企业合并和融资租赁等,取得的方式不同,其成本的具体构成内容及确定方法也不尽相同。

1. 外购固定资产的成本

企业外购固定资产的成本,包括购买价款、相关税费、使固定资产达到预定可使用状态前所发生的可归属于该项资产的运输费、装卸费、安装费和专业人员服务费等。

外购固定资产是否达到预定可使用状态,需要根据具体情况进行分析判断。如果购入不需要安装的固定资产,购入后即可发挥作用,因此,购入后即可达到预定可使用状态。如果购入需要安装的固定资产,只有安装调试后,达到设计要求或合同规定的标准,该项固定资产才可发挥作用,才意味着达到预定可使用状态。

在实务中,企业可能以一笔款项同时购入多项没有单独标价的资产。如果这些资产均符合固定资产的定义,并满足固定资产的确认条件,则应将各项资产单独确认为固定资产,并按各项固定资产公允价值的比例对总成本进行分配,分别确定各项固定资产的成本。

企业购入的固定资产分为不需要安装的固定资产和需要安装的固定资产两种情形。不需要安装的固定资产的取得成本包括企业实际支付的购买价款、包装费、运杂费、保险费、专业人员服务费和相关税费(不含可抵扣的增值税进项税额)等,其账务处理为:按应计入固定资产成本的金额,借记"固定资产"科目,贷记"银行存款""应付账款""应付票据"等科目;需要安装的固定资产的取得成本包括企业实际支付的购买价款、包装费、运杂费、保险费、专业人员调试费、相关税费和安装调试成本等,其账务处理为:按应计入固定资产成本的金额,先借记"在建工程"科目,贷记"银行存款""应付账款""应付票据"等科目,待安装完毕交付使用时,借记"固定资产"科目,贷记"在建工程"科目。

【例7-1】 甲公司购入不需要安装的新设备一台,价款400 000元,增值税进项税额52 000元,运杂费2 000元,均以银行存款支付。假定不考虑其他相关税费。账务处理如下:

借:固定资产　　　　　　　　　　　　　　　　　　　402 000
　　应交税费—应交增值税(进项税额)　　　　　　　52 000
　　贷:银行存款　　　　　　　　　　　　　　　　　　454 000

甲公司购置设备的成本 = 400 000 + 2 000 = 402 000(元)

【例7-2】甲公司购入一台需要安装的机器设备,以银行存款支付买价700 000元,增值税进项税额91 000元,另支付包装及运杂费5 000元,该机器出包给某安装公司安装,用银行存款支付安装费15 000元。安装完工后交付使用。假定不考虑其他相关税费。甲公司的账务处理如下:

(1)购入固定资产时:

借:在建工程　　　　　　　　　　　　　　　　　　　705 000
　　应交税费——应交增值税(进项税额)　　　　　　91 000
　　贷:银行存款　　　　　　　　　　　　　　　　　　796 000

(2)支付安装费时:

借:在建工程　　　　　　　　　　　　　　　　　　　15 000
　　贷:银行存款　　　　　　　　　　　　　　　　　　15 000

(3)安装完工交付使用时:

借:固定资产　　　　　　　　　　　　　　　　　　　720 000
　　贷:在建工程　　　　　　　　　　　　　　　　　　720 000

2. 自行建造固定资产成本

自行建造固定资产的成本,由建造该项资产达到预定可使用状态前所发生的必要支出构成。包括所耗用工程物资成本、投入的人工成本、交纳的相关税费、为建造该项固定资产借入的款项发生的应予资本化的借款费用以及应分摊的间接费用等。

企业自行建造固定资产包括自营建造和出包建造两种方式。无论采用何种方式,所建工程都应当按照实际发生的支出确定其工程成本并单独核算。

(1)自营方式建造固定资产。企业以自营方式建造固定资产,意味着企业自行组织工程物资采购、自行组织施工人员从事工程施工。实务中,企业较少采用自营方式建造固定资产,多数情况下采用出包方式。企业如有以自营方式建造固定资产,其成本应当按照直接材料、直接人工、直接机械施工费等计量。

企业为建造固定资产准备的各种物资应当按照实际支付的买价、运输费、保险费等相关税费作为实际成本,并按照各种专项物资的种类进行明细核算。工程完工后,剩余的工程物资转为本企业存货的,按其实际成本或计划成本进行结转。建设期间发生的工程物资盘亏、报废及毁损,减去残料价值以及保险公司、过失人等赔款后的净损失,计入所建工程项目的成本;盘盈的工程物资或处置净收益,冲减所建工程项目的成本。工程完工后发生的工程物资盘盈、盘亏、报废、毁损,计入"资产处置损益"科目。

建造固定资产领用工程物资、原材料或库存商品,应按其实际成本转入所建工程成本。自营方式建造固定资产应负担的职工薪酬、辅助生产部门为之提供的水、电、运输等劳务,以及其他必要支出等也应计入所建工程项目的成本。符合资本化条件,应计入所建造固定资产成本的借款费用按照《企业会计准则第17号——借款费用》的有关规定处理。

企业自营方式建造固定资产,发生的工程成本应通过"在建工程"科目核算,工程完工达到预定可使用状态时,从"在建工程"科目转入"固定资产"科目。

①购买工程物资时:
借:工程物资
　　应交税费——应交增值税(进项税额)
　贷:银行存款

②领用工程物资时:
借:在建工程
　贷:工程物资

③领用原材料时:
借:在建工程
　贷:原材料

④工程人员薪酬:
借:在建工程
　贷:应付职工薪酬

⑤支付相关税费:
借:在建工程
　贷:银行存款

⑥达到预定可使用状态:
借:固定资产
　贷:在建工程

【例7-3】 2018年3月,甲公司采用自营方式建造一生产线,发生的有关经济业务如下:

(1)3月4日,购入工程物资一批,已经验收入库,价款200 000元,可抵扣的进项税额为26 000元,以银行存款支付。

(2)3月5日,工程领用购入工程物资的50%。

(3)3月10日,工程领用生产材料一批,该批材料实际成本50 000元。

(4)3月25日,工程应负担职工薪酬22 800元。

(5)3月28日,以银行存款支付相关工程费用40 000元。

(6)3月30日,工程完工交付使用,剩余50%的工程物资交材料仓库,供生产使用。
根据上述材料,甲公司有关会计处理如下:
(1)3月4日购入工程物资时:

借:工程物资   200 000
　　应交税费——应交增值税(进项税额)   26 000
　　贷:银行存款   226 000

(2)3月5日工程领用购入工程物资时:

借:在建工程   100 000
　　贷:工程物资   100 000

(3)3月10日工程领用生产材料时:

借:在建工程   50 000
　　贷:原材料   50 000

(4)3月25日工程负担职工薪酬时:

借:在建工程   22 800
　　贷:应付职工薪酬   22 800

(5)3月28日以银行存款支付相关工程费用时:

借:在建工程   40 000
　　贷:银行存款   40 000

(6)剩余工程物资交材料仓库时:

借:原材料   100 000
　　贷:工程物资   100 000

(7)固定资产达到预定可使用状态时:

实际成本 = 100 000 + 50 000 + 22 800 + 40 000 = 212 800(元)

借:固定资产   212 800
　　贷:在建工程   212 800

(2)出包方式建造固定资产。在出包方式下,企业通过招标方式将工程项目发包给建造承包商,由建造承包商(即施工企业)组织工程项目施工。企业要与建造承包商签订建造合同,企业是建造合同的甲方,负责筹集资金和组织管理工程建设,通常称为建设单位,建造承包商是建造合同的乙方,负责建筑安装工程施工任务。

企业以出包方式建造固定资产,其成本由建造该项固定资产达到预定可使用状态前所发生的必要支出构成,包括发生的建筑工程支出、安装工程支出以及需分摊计入各固定资产价值的待摊支出。建筑工程、安装工程支出,如人工费、材料费、机械使用费等由建造承包商核算。对于发包企业而言,建筑工程支出、安装工程支出是构成在建工程成本的重要内容,发包企业按照合同规定的结算方式和工程进度定期与建造承包商办理工程价款结算,结算的工程价款计入在建工程成本。待摊支出,待摊支出是指在建设期间发生的,不能直接计入某项固定资产价值,而应由所建造固定资产共同负担的相关费用,包括为建造工程发生的管理费、可行性研究费、临时设施费、公证费、监理费、应负担的税金、符合资本化条件的借款费用、建设期间发生的工程物资盘亏、报废及毁损净损失以及负荷联合试车费等。

企业为建造固定资产通过出让方式取得土地使用权而支付的土地出让金不计入在建工程成本,应确认为无形资产(土地使用权)。

在出包方式下,"在建工程"科目主要是企业与建造承包商办理工程价款的结算科目,按建筑工程、安装工程以及不同固定资产项目设置明细账户,分别核算建造成本和各项费用。企业支付给建造承包商的工程价款,作为工程成本通过"在建工程"科目核算。企业应按合理估计的工程进度和合同规定结算的进度款,借记"在建工程——建筑工程(××工程)""在建工程——安装工程(××工程)"科目,贷记"银行存款""预付账款"等科目。工程完成时,按合同规定补付的工程款,借记"在建工程"科目,贷记"银行存款"等科目。企业将需安装设备运抵现场安装时,借记"在建工程——在安装设备(××设备)"科目,贷记"工程物资——××设备"科目;企业为建造固定资产发生的待摊支出,借记"在建工程——待摊支出"科目,贷记"银行存款""应付职工薪酬""长期借款"等科目。

在建工程达到预定可使用状态时,

首先计算分配待摊支出,待摊支出的分配率可按下列公式计算:

$$待摊支出分配率 = \frac{累计发生的待摊支出}{建筑工程支出 + 安装工程支出 + 在安装设备支出} \times 100\%$$

××工程应分配的待摊支出 = ××工程支出 × 待摊支出分配率

其次,计算确定已完工的固定资产成本:

房屋、建筑物等固定资产成本 = 建筑工程支出 + 应分摊的待摊支出

需要安装设备的成本 = 设备成本 + 为设备安装发生的基础、支座等建筑工程支出 + 安装工程支出 + 应分摊的待摊支出

然后,进行相应的账务处理,借记"固定资产"科目,贷记"在建工程——建筑工程""在建工程——安装工程""在建工程——待摊支出"等科目。

【例7-4】 甲公司经当地有关部门批准,新建一个火电厂。建造的火电厂由3个单项工程组成,包括建造发电车间、冷却塔以及安装发电设备。2017年2月1日,甲公司与乙公司签订合同,将该项目出包给乙公司承建。根据双方签订的合同,建造发电车间的价款为500万元,建造冷却塔的价款为300万元,安装发电设备需支付安装费用50万元。建造期间发生的有关事项如下:

(1)2017年2月10日,甲公司按合同约定向乙公司预付10%备料款80万元,其中发电车间50万元,冷却塔30万元。

借:预付账款　　　　　　　　　　　　　　　　　800 000
　　贷:银行存款　　　　　　　　　　　　　　　　800 000

(2)2017年8月2日,建造发电车间和冷却塔的工程进度达到50%,甲公司与乙公司办理工程价款结算400万元,其中发电车间250万元,冷却塔150万元。甲公司抵扣了预付备料款后,将余款用银行存款付讫。

借:在建工程——建筑工程(冷却塔)　　　　　　1 500 000
　　　　　　——建筑工程(发电车间)　　　　　2 500 000

贷：银行存款　　　　　　　　　　　　　　　　　3 200 000
　　　　预付账款　　　　　　　　　　　　　　　　　　800 000

(3)2017年10月8日,甲公司购入需安装的发电设备,价款总计350万元,增值税进项税额45.5万元,已用银行存款付讫。

　　借：工程物资——发电设备　　　　　　　　　　　3 500 000
　　　　应交税费——应交增值税(进项税额)　　　　　　455 000
　　贷：银行存款　　　　　　　　　　　　　　　　　3 955 000

(4)2018年3月10日,建筑工程主体已完工,甲公司与乙公司办理工程价款结算400万元,其中,发电车间250万元,冷却塔150万元。甲公司向乙公司开具了一张期限3个月的商业票据。

　　借：在建工程——建筑工程(冷却塔)　　　　　　　1 500 000
　　　　　　　　——建筑工程(发电车间)　　　　　　2 500 000
　　贷：应付票据　　　　　　　　　　　　　　　　　4 000 000

(5)2018年4月1日,甲公司将发电设备运抵现场,交乙公司安装。

　　借：在建工程——安装工程(发电设备)　　　　　　3 500 000
　　贷：工程物资——发电设备　　　　　　　　　　　3 500 000

(6)2018年5月10日,发电设备安装到位,甲公司与乙公司办理设备安装价款结算50万元,款项已支付。

　　借：在建工程——安装工程(发电设备)　　　　　　　500 000
　　贷：银行存款　　　　　　　　　　　　　　　　　　500 000

(7)工程项目发生管理费、可行性研究费、公证费、监理费共计29万元,已用银行存款付讫。

　　借：在建工程——待摊支出　　　　　　　　　　　　290 000
　　贷：银行存款　　　　　　　　　　　　　　　　　　290 000

(8)2018年5月,进行负荷联合试车领用本企业材料10万元,发生其他试车费用5万元,用银行存款支付,试车期间取得发电收入20万元存入银行。

　　借：在建工程——待摊支出　　　　　　　　　　　　150 000
　　贷：原材料　　　　　　　　　　　　　　　　　　　100 000
　　　　银行存款　　　　　　　　　　　　　　　　　　 50 000
　　借：银行存款　　　　　　　　　　　　　　　　　　200 000
　　贷：在建工程——待摊支出　　　　　　　　　　　　200 000

(9)2018年6月1日,完成试车,各项指标达到设计要求。

待摊支出分配率 = (29 + 15 - 20) ÷ (发电车间500 + 冷却塔300 + 发电设备400) × 100% = 24 ÷ 1 200 × 100% = 2%

发电车间应分配的待摊支出 = 500 × 2% = 10(万元)

冷却塔应分配的待摊支出 = 300 × 2% = 6(万元)

发电设备应分配的待摊支出 = 400 × 2% = 8(万元)

结转在建工程：

借:在建工程——建筑工程——发电车间		100 000
——冷却塔		60 000
——发电设备		80 000
贷:在建工程——待摊支出		240 000

计算已完工的固定资产的成本:

发电车间的成本 = 500 + 10 = 510(万元)

冷却塔的成本 = 300 + 6 = 306(万元)

发电设备的成本 = 400 + 8 = 408(万元)

借:固定资产——发电车间		5 100 000
——冷却塔		3 060 000
——发电设备		4 080 000
贷:在建工程——建筑工程——发电车间		5 100 000
——冷却塔		3 060 000
——发电设备		4 080 000

3. 投资者投入固定资产的成本

投资者投入固定资产的成本,应当按照投资合同或协议约定的价值确定,但合同或协议约定价值不公允的除外。在投资合同或协议约定价值不公允的情况下,按照该项固定资产的公允价值作为入账价值。

4. 其他方式取得的固定资产的成本

企业取得固定资产的其他方式主要包括非货币性资产交换、债务重组、企业合并等。企业通过非货币性资产交换、债务重组、企业合并等方式取得的固定资产,其初始入账成本应当分别按照《企业会计准则第 7 号——非货币性资产交换》《企业会计准则第 12 号——债务重组》《企业会计准则第 20 号——企业合并》等相关准则的规定确定,本章内容予以略过。其后续计量和披露应当执行固定资产准则的规定。

5. 盘盈固定资产的成本

盘盈的固定资产,应按以下方法确定其入账价值:

①同类或类似固定资产存在活跃市场的,按同类或类似固定资产的市场价格(重置成本),减去按该项资产的新旧程度估计的价值损耗后的余额作为入账价值。

②同类或类似固定资产不存在活跃市场的,按该项固定资产的预计未来现金流量现值,作为入账价值。

盘盈的固定资产,作为前期会计差错更正处理,在按管理权限报经批准处理前,应先通过"以前年度损益调整"科目核算,而不是通过"待处理财产损溢"科目核算。

第二节 固定资产的后续计量

固定资产的后续计量是指固定资产在持有过程中因其资产价值发生变化而导致的资产账面价值重新确定的过程,主要包括固定资产折旧的计提、减值损失的确定,以及后续支出的计量。其中,固定资产的减值应当按照《企业会计准则第 8 号——资产减值》处理。

一、固定资产折旧

(一)固定资产折旧的定义

固定资产折旧是指在固定资产的使用寿命内,按照确定的方法对应计折旧额进行的系统分摊。应计折旧额,是指应当计提折旧的固定资产的原价扣除其预计净残值后的余额。如果已对固定资产计提减值准备,还应当扣除已计提的固定资产减值准备累计金额。

固定资产在使用过程中,其价值将发生损耗,损耗的价值不断转移到使用该项固定资产从事生产经营活动的成本中。因此,固定资产计提折旧是一个持续的成本分配过程,通过这个成本分配过程可以确定固定资产账面价值。固定资产的损耗分为有形损耗和无形损耗两种。有形损耗是因固定资产在使用过程中造成的机械磨损和因风、雨、阳光等自然因素的侵蚀引起的自然磨损组成。无形损耗是由于技术进步因素引起的固定资产价值的减损,这种损耗伴随着企业生产经营情况和市场经济情况的改变。

(二)影响固定资产折旧的因素

影响固定资产折旧的因素主要有以下几个方面:
(1)固定资产原值,指固定资产的成本。
(2)预计净残值,指假定固定资产预计使用寿命已满并处于使用寿命终了时的预期状态,企业从该项资产处置中获得的扣除预计处置费用后的金额。
(3)固定资产减值准备,指已计提的固定资产减值准备累计金额。固定资产计提减值准备后,应当在剩余使用寿命内根据调整后的固定资产账面价值(固定资产账面余额扣减累计折旧和累计减值准备后的金额)和预计净残值重新计算确定折旧率和折旧额。
(4)固定资产的使用寿命,指企业使用固定资产的预计期间,或者该固定资产所能生产产品或提供劳务的数量。企业确定固定资产使用寿命时,应当考虑下列因素:
①该项资产预计生产能力或实物产量。
②该项资产预计有形损耗,如设备使用中发生磨损、房屋建筑物受到自然侵蚀等。
③该项资产预计无形损耗,如因新技术的出现而使现有的资产技术水平相对陈旧、市场需求变化使产品过时等。
④法律或者类似规定对该项资产使用的限制。某些固定资产的使用寿命可能受法律或类似规定的约束。如对于融资租赁的固定资产,根据《企业会计准则第 21 号——租赁》规定,能够合理确定租赁期届满时将会取得租赁资产所有权的,应当在租赁资产使用寿命内计提折旧;如果无法合理确定租赁期届满时能够取得租赁资产所有权的,应当在租赁期与租赁资产使用寿命两者中较短的期间内计提折旧。

(三)计提折旧的固定资产范围

按照固定资产准则的规定,企业应当对其所有的固定资产计提折旧,但是,已提足折旧仍继续使用的固定资产、单独计价入账的土地以及持有待售的固定资产除外。在确定计提折旧的范围时还应注意以下几点：

（1）固定资产应当按月计提折旧，并根据用途计入相关资产的成本或者当期损益。固定资产应自达到预定可使用状态时开始计提折旧，终止确认时或划分为持有待售非流动资产时停止计提折旧。为简化核算，当月增加的固定资产，当月不计提折旧，从下月起计提折旧；当月减少的固定资产，当月仍计提折旧，从下月起不计提折旧。

（2）固定资产提足折旧后，不论能否继续使用，均不再计提折旧，提前报废的固定资产也不再补提折旧。所谓提足折旧是指已经提足该项固定资产的应计折旧额。

（3）已达到预定可使用状态但尚未办理竣工决算的固定资产，应当按照估计价值确定其成本，并计提折旧；待办理竣工决算后再按实际成本调整原来的暂估价值，但不需要调整原已计提的折旧额。

（四）固定资产折旧方法

企业应当根据与固定资产有关的经济利益的预期实现方式，合理选择折旧方法。可选用的折旧方法包括年限平均法、工作量法、双倍余额递减法和年数总和法等。企业选用不同的固定资产折旧方法，将影响固定资产使用寿命期间内不同时期的折旧费用，因此，固定资产的折旧方法一经确定，不得随意变更。如需变更应当报经有关主管部门批准后备案，因属于会计估计变更，需要在会计报表附注中予以说明。

1. 年限平均法

年限平均法又称直线法，是指将固定资产的应计折旧额均衡地分摊到固定资产预计使用寿命内的一种方法。采用这种方法计算的每期折旧额均相等。

平均年限法是固定资产折旧计提方法中最常用，也是最简单的一种方法。计算公式如下：

$$年折旧额 = \frac{固定资产原值 - 预计净残值}{预计使用年限}$$

$$月折旧额 = 年折旧额 \div 12$$

在实际工作中通常根据固定资产的原值和折旧率计算固定资产的折旧额，计算公式如下：

$$年折折旧率 = \frac{1 - 预计净残值率}{预计使用年限} \times 100\%$$

$$月折旧率 = 年折旧率 \div 12$$

$$月折旧额 = 固定资产原价 \times 月折旧率$$

【例7-6】 甲公司为增值税一般纳税人。2018年2月28日，甲公司购入一台需要安装的生产设备，以银行存款支付设备价款100万元，增值税进项税额13万元。3月6日，甲公司以银行存款支付装卸费6万元。4月10日，设备开始安装，在安装过程中，甲公司发生安装人员工资8万元；领用原材料一批，该批原材料的成本为6万元，相应的增值税进项税额为0.78万元。设备于2018年6月20日完成安装，达到预定可使用状态。该设备预计使用10年，预计净残值为零，甲公司采用平均年限法计提折旧。

根据上述材料,甲公司有关该项固定资产的折旧计算如下:

甲公司该设备的入账价值 = 100 + 6 + 8 + 6 = 120(万元)

设备的年折旧额 = 120 ÷ 10 = 12(万元)

甲公司对该设备 20×8 年应计提折旧 = 12×6/12 = 6(万元)

采用年限平均法计算固定资产折旧虽然比较简便,但它也存在着一些明显的局限性。固定资产在不同使用年限提供的经济效益是不同的。一般来讲,固定资产在其使用前期工作效率相对较高,所带来的经济利益也就多;而在其使用后期,工作效率一般呈下降趋势,因而,所带来的经济利益也就逐渐减少。年限平均法没有考虑这种情况,明显是不合理的。当固定资产各期负荷程度相同时,各期应分摊相同的折旧费,这时采用年限平均法计算折旧是合理的。但是,如果固定资产各期负荷程度不同,采用年限平均法计算折旧时,则不能反映固定资产的实际使用情况,提取的折旧数与固定资产的损耗程度也不相符。

2. 工作量法

工作量法,是根据实际工作量计算每期应提折旧额的一种方法。计算公式如下:

$$单位工作量折旧额 = 固定资产原价 \times \frac{1 - 预计净残值率}{预计总工作量}$$

某项固定资产月折旧额 = 该项固定资产当月工作量 × 单位工作量折旧额

【例 7-7】 甲公司对运输车辆采用工作量法计提折旧。某运输汽车一辆,原值为 300 000 元,预计净残值率为 4%,预计行驶总里程为 800 000 千米。2018 年 3 月该汽车行驶 60 000 千米。

根据上述材料,甲公司对该汽车的折旧额计算如下:

单位工作量折旧额 = 300 000 × (1 - 4%) ÷ 800 000 = 0.36(元/千米)

2018 年 3 月该固定资产应计提的折旧额 = 0.36 × 60 000 = 21 600(元)

工作量法一般适用于价值较高的检测设备、运输设备等各月工作量不均衡的固定资产。

3. 双倍余额递减法

双倍余额递减法,是指在不考虑固定资产预计净残值的情况下,根据每期期初固定资产原价减去累计折旧后的余额和双倍的直线法折旧率计算固定资产折旧的一种方法。计算公式如下:

年折旧率 = 2/预计使用寿命(年) × 100%

月折旧率 = 年折旧率 ÷ 12

月折旧额 = 期初固定资产账面净值 × 月折旧率

由于每年年初固定资产净值没有扣除预计净残值,因此,在应用这种方法计算折旧额时必须注意不能使固定资产的账面折余价值降低到其预计净残值以下,即实行双倍余额递减法计算折旧的固定资产,应在其折旧年限到期前两年内,将固定资产净值扣除预计净残值后的余额平均摊销。

【例 7-8】 甲公司某项设备原价为 100 万元,预计使用寿命为 5 年,预计净残值率为 4%;假设甲公司没有对该机器设备计提减值准备。

甲公司按双倍余额递减法计算折旧,每年折旧额计算如下:

年折旧率 = 2/5 × 100% = 40%

第一年应提的折旧额 = 100 × 40% = 40(万元)

第二年应提的折旧额 = (100 - 40) × 40% = 24(万元)

第三年应提的折旧额 = (100 - 40 - 24) × 40% = 14.4(万元)

从第四年起改按年限平均法(直线法)计提折旧:

第四、五年应提的折旧额 = (100 - 40 - 24 - 14.4 - 100 × 4%) ÷ 2 = 8.8(万元)

4. 年数总和法

年数总和法,又称年限合计法,是将固定资产的原价减去预计净残值的余额乘以一个以固定资产尚可使用寿命为分子、以预计使用寿命逐年数字之和为分母的逐年递减的分数计算每年的折旧额的一种方法。计算公式如下:

$$年折旧率 = \frac{尚可使用年限}{预计使用寿命的年数总和} \times 100\%$$

$$月折旧率 = 年折旧率 \div 12$$

$$月折旧额 = (固定资产原价 - 预计净残值) \times 月折旧率$$

【例7-9】 甲公司某项固定资产原始价值800 000元,估计净残值20 000元,预计使用年限为5年。该固定资产采用年数总和法,其各年折旧额的计算见表7-1。

表7-1 折旧计算表 元

年份	尚可使用年限	原价-净残值/元	年折旧率	每年折旧额/元	累计折旧/元
第1年	5	780 000	5/15	260 000	260 000
第2年	4	780 000	4/15	208 000	468 000
第3年	3	780 000	3/15	156 000	624 000
第4年	2	780 000	2/15	104 000	728 000
第5年	1	780 000	1/15	52 000	780 000

双倍余额递减法和年数总和法都属于加速折旧方法,其特点是在固定资产使用的早期多提折旧,后期少提折旧,其递减的速度逐年加快,从而相对加快折旧的速度,目的是使固定资产成本在估计使用寿命期内加快得到补偿。

(五)固定资产折旧的会计处理

固定资产应当按月计提折旧,计提的折旧应通过"累计折旧"科目核算,并根据用途计入相关资产的成本或者当期损益。企业基本生产车间所使用的固定资产,其计提的折旧应计入制造费用;管理部门所使用的固定资产,其计提的折旧应计入管理费用;销售部门所使用的固定资产,其计提的折旧应计入销售费用;自行建造固定资产过程中使用的固定资产,其计提的折旧应计入在建工程成本;经营租出的固定资产,其计提的折旧额应计入其他业务成本;未使用的固定资产,其计提的折旧应计入管理费用。

一般会计处理如下:

借:制造费用(基本生产车间固定资产计提的折旧)
　　管理费用(管理部门或未使用固定资产计提的折旧)
　　销售费用(销售部门固定资产计提的折旧)
　　在建工程(自行建造固定资产过程中使用固定资产计提的折旧)
　　其他业务成本(经营租出的固定资产计提的折旧)
　贷:累计折旧

【例7-10】 甲公司2018年1月份固定资产计提折旧情况如下:
第一生产车间厂房计提折旧6.9万元,机器设备计提折旧10万元。
管理部门房屋建筑物计提折旧12万元,运输工具计提折旧4.8万元。
销售部门房屋建筑物计提折旧7.2万元,运输工具计提折旧4.56万元。
甲公司2018年1月份计提折旧的会计处理如下:

借:制造费用——第一生产车间　　　　　169 000
　　管理费用　　　　　　　　　　　　　168 000
　　销售费用　　　　　　　　　　　　　117 600
　贷:累计折旧　　　　　　　　　　　　　　　454 600

(六)固定资产使用寿命、预计净残值和折旧方法的复核

由于固定资产的使用寿命长于一年,属于企业的非流动资产,企业至少应当于每年年度终了,对固定资产的使用寿命、预计净残值和折旧方法进行复核。

在固定资产使用过程中,其所处的经济环境、技术环境以及其他环境有可能对固定资产使用寿命和预计净残值产生较大影响。为真实反映固定资产为企业提供经济利益的期间及每期实际的资产消耗,企业至少应当于每年年度终了,对固定资产使用寿命和预计净残值进行复核。如果固定资产使用寿命预计数与原先估计数有差异,应当调整固定资产使用寿命;如果固定资产预计净残值与原先估计数有差异,应当调整预计净残值。

固定资产使用过程中所处经济环境、技术环境以及其他环境的变化也可能致使与固定资产有关的经济利益的预期实现方式发生重大改变。如果固定资产给企业带来经济利益的方式发生重大变化,企业也应相应改变固定资产折旧方法。例如,某企业以前年度采用年限平均法计提固定资产折旧,此次年度复核中发现,与该固定资产相关的技术发生很大变化,年限平均法已很难反映该项固定资产给企业带来经济利益的方式,因此,决定变年限平均法为加速折旧法。

因此,企业应当结合自身的实际情况,制定固定资产目录、分类方法、每类或每项固定资产的使用寿命、预计净残值、折旧方法等,并编制成册,根据企业的管理权限,经股东大会或董事会,或经理(厂长)会议或类似机构批准,按照法律、行政法规等的规定报送有关各方备案,同时备置于企业所在地,以供投资者等有关各方查阅。企业已经确定并对外报送,或备置于企业所在地的有关固定资产目录、分类方法、使用寿命、预计净残值、折旧方法等,一经确定不得随意变更,如需变更,应按照上述程序,经批准后报送有关各方备案。

二、固定资产的后续支出

固定资产的后续支出是指固定资产使用过程中发生的更新改造支出、修理费用等。后续支出的处理原则为：符合固定资产确认条件的，应当计入固定资产成本，同时将被替换部分的账面价值扣除；不符合固定资产确认条件的，应当计入当期损益。

（一）资本化的后续支出

如果与固定资产有关的后续支出能够延长固定资产的使用寿命，或者使固定资产生产的产品质量产生实质性的提高，或者使产品成本实质性的降低，那么就可以认定该项支出属于固定资产的资本化支出，应当予以资本化。

固定资产发生可资本化的后续支出时，企业一般应将该固定资产的原价、已计提的累计折旧和减值准备转销，将固定资产的账面价值转入在建工程，并在此基础上重新确定固定资产原价。因已转入在建工程，因此停止计提折旧。在固定资产发生的后续支出完工并达到预定可使用状态时，再从在建工程转为固定资产，并按重新确定的固定资产原价、使用寿命、预计净残值和折旧方法计提折旧。固定资产发生的可资本化的后续支出，通过"在建工程"科目核算。

一般会计处理如下：

(1) 将固定资产转入改扩建时：

借：在建工程（固定资产的帐面价值）
　　累计折旧（固定资产已计提的累计折旧额）
　　固定资产减值准备（已计提的固定资产减值准备）
　　贷：固定资产（固定资产的原价）

(2) 发生改扩建支出时：

借：在建工程
　　贷：应付职工薪酬
　　　　原材料
　　　　银行存款等

(3) 达到预定可使用状态时：

借：固定资产（改扩建后固定资产的原价）
　　贷：在建工程

【例 7-11】 甲公司有关固定资产更新改造的资料如下：

(1) 2017 年 12 月 30 日，该公司自行建成了一条生产线，建造成本为 1 146 000 元；采用年限平均法计提折旧；预计净残值率为 3%，预计使用寿命为 6 年。

(2) 2017 年 1 月 1 日，由于生产的产品适销对路，现有生产线的生产能力已难以满足公司生产发展的需要，但若新建生产线则建设周期过长。甲公司决定对现有生产线进行改扩建，以提高其生产能力。假定该生产线未发生减值。

(3) 2017 年 1 月 1 日至 3 月 31 日，经过三个月的改扩建，完成了对这条印刷生产线的改扩建工程，共发生支出 537 800 元，全部以银行存款支付。

(4)该生产线改扩建工程达到预定可使用状态后,大大提高了生产能力,预计将其使用寿命延长4年,即为10年。假定改扩建后的生产线的预计净残值率为改扩建后固定资产账面价值的3%;折旧方法仍为年限平均法。

(5)为简化计算过程,整个过程不考虑其他相关税费;公司按年度计提固定资产折旧。

本例中,生产线改扩建后,生产能力将大大提高,能够为企业带来更多的经济利益,改扩建的支出金额也能可靠计量,因此该后续支出符合固定资产的确认条件,应计入固定资产的成本。有关的会计处理如下:

(1)固定资产后续支出发生前:

$$该条生产线的应计折旧额 = 1\ 146\ 000 \times (1 - 3\%) = 1\ 111\ 620(元)$$
$$年折旧额 = 1\ 111\ 620 \div 6 = 185\ 270(元)$$

2017年和2018年两年计提固定资产折旧的账务处理为:

借:制造费用　　　　　　　　　　　　　　　　　185 270
　贷:累计折旧　　　　　　　　　　　　　　　　　185 270

(2)2019年1月1日,固定资产的账面价值 = 1 146 000 - 185 270 × 2 = 775 460(元)

固定资产转入改扩建:

借:在建工程　　　　　　　　　　　　　　　　　775 460
　累计折旧　　　　　　　　　　　　　　　　　　370 540
　贷:固定资产　　　　　　　　　　　　　　　　1 146 000

(3)2019年1月1日至3月31日,发生改扩建工程支出:

借:在建工程　　　　　　　　　　　　　　　　　537 800
　贷:银行存款等　　　　　　　　　　　　　　　537 800

(4)2019年3月31日,生产线改扩建工程达到预定可使用状态,固定资产的入账价值 = 775 460 + 537 800 = 1 313 260(元)

借:固定资产　　　　　　　　　　　　　　　　1 313 260
　贷:在建工程　　　　　　　　　　　　　　　　1 313 260

(5)2019年3月31日,转为固定资产后,按重新确定的使用寿命、预计净残值和折旧方法计提折旧:

$$应计折旧额 = 1\ 313\ 260 \times (1 - 3\%) = 1\ 273\ 862.2(元)$$
$$月折旧额 = 1\ 273\ 862.2 / (7 \times 12 + 9) \approx 13\ 697.44(元)$$
$$年折旧额 = 13\ 697.44 \times 12 = 164\ 369.28(元)$$
$$2019年应计提的折旧额 = 13\ 697.44 \times 9 = 123\ 276.96(元)$$

会计分录为:

借:制造费用　　　　　　　　　　　　　　　　　123 276.96
　贷:累计折旧　　　　　　　　　　　　　　　　　123 276.96

企业发生的某些固定资产后续支出可能涉及替换原固定资产的某组成部分,当发生的后续支出符合资本化确认条件时,应将其计入固定资产成本,同时将被替换部分的账面价值扣除。这样可以避免将替换部分的成本和被替换部分的成本同时计入固定资产成本,导致固定资产成本高计。被替换部分的账面价值计入当期损益,转入"营业外支出"账户。

企业对固定资产进行定期检查发生的大修理费用,有确凿证据表明符合资本化确认条件的部分,可以计入固定资产成本,不符合资本化确认条件的,应当费用化,计入当期损益。固定资产在定期大修理间隔期间,照提折旧。

【例7-12】 甲公司为增值税一般纳税人,适用的增值税税率为13%。有关固定资产的业务资料如下:

(1)公司董事会决定于2018年3月31日对生产用固定资产——A设备进行技术改造。2018年3月31日,A设备的账面原价为500万元,已计提折旧240万元,未计提减值准备。A设备预计使用寿命为20年,预计净残值20万元,采用年限平均法计提折旧。

(2)为改造该固定资产领用原材料50万元,发生人工费用19万元,领用工程物资51万元,改造过程中替换了A设备的一个主要部件,替换部件的账面原价为25万元。

(3)该固定资产技术改造工程于2018年9月20日达到预定可使用状态并交付生产使用。预计尚可使用寿命为10年,预计净残值为17万元,折旧方法不变。

根据以上材料,甲公司的相关会计处理如下:

(1)将固定资产的账面价值转入在建工程:

借:在建工程　　　　　　　　　　　　　　　　　　2 600 000
　　累计折旧　　　　　　　　　　　　　　　　　　2 400 000
　　贷:固定资产　　　　　　　　　　　　　　　　　　5 000 000

(2)发生相关工程支出:

借:在建工程　　　　　　　　　　　　　　　　　　1 200 000
　　贷:原材料　　　　　　　　　　　　　　　　　　　500 000
　　　　应付职工薪酬　　　　　　　　　　　　　　　　190 000
　　　　工程物资　　　　　　　　　　　　　　　　　　510 000

(3)结转被替换部件的账面价值:

被替换部件的账面价值 = 25 - 240 × 25/500 = 13(万元)

借:资产处置损益　　　　　　　　　　　　　　　　　130 000
　　贷:在建工程　　　　　　　　　　　　　　　　　　130 000

(4)改建工程完工,结转工程成本:

改造后的固定资产原价 = 260 + 120 - 13 = 367(万元)

借:固定资产　　　　　　　　　　　　　　　　　　3 670 000
　　贷:在建工程　　　　　　　　　　　　　　　　　　3 670 000

(5)改造后固定资产的年折旧额 = (367 - 17) ÷ 10 = 35(万元)

(二)费用化的后续支出

与固定资产有关的修理费用等后续支出,不符合资本化确认条件的,应当根据不同情况分别在发生时计入当期损益。

一般情况下,固定资产投入使用之后,由于固定资产磨损、各组成部分耐用程度不同,可能导致固定资产的局部损坏,为了维护固定资产的正常运转和使用,充分发挥其使用效能,企业将对固定资产进行必要的维护。固定资产的日常修理费用在发生时应直接计入当期损益:企业生产车间(部门)和行政管理部门等发生的固定资产修理费用等后续支出计入"管理费用";企业设置专设销售机构的,其发生的与专设销售机构相关的固定资产修理费用等后续支出,计入"销售费用"。

相应业务的会计处理如下:
借:管理费用(行政管理部门)
　　销售费用(专设销售机构的)
　贷:原材料
　　　应付职工薪酬
　　　银行存款

【例7-13】 2018年3月10日,甲公司对现有的一台生产用机器设备进行日常维护,维护过程中领用本企业原材料一批,价值为86 000元,应支付维护人员的工资为32 000元;不考虑其他相关税费。

本例中,对机器设备的维护,仅仅是为了维护固定资产的正常使用而发生的,不产生未来的经济利益,因此应在其发生时确认为费用。甲公司的会计处理为:

借:管理费用　　　　　　　　　　　　　　　　118 000
　贷:原材料　　　　　　　　　　　　　　　　　86 000
　　　应付职工薪酬　　　　　　　　　　　　　 32 000

企业固定资产更新改造支出不满足资本化确认条件的,在发生时也应直接计入当期损益。

企业对固定资产进行装修,发生的装修费用符合资本化确认条件的,应当将装修费用计入固定资产账面价值,在"固定资产"科目下设置"固定资产装修"明细科目进行核算,并在两次装修期间与其尚可使用年限两者间较短期间内进行单独摊销。如果在固定资产下次装修时,该明细科目还有余额,则将余额一次性计入当期损益。

第三节　固定资产的处置

一、固定资产终止确认的条件

固定资产满足下列条件之一的,应当予以终止确认:

(一)该固定资产处于处置状态

固定资产处置包括固定资产的出售、转让、报废或毁损、对外投资、非货币性资产交换、债务重组等。处于处置状态的固定资产不再用于生产商品、提供劳务、出租或经营管理,因此不再符合固定资产的定义,应予终止确认。

（二）该固定资产预期通过使用或处置不能产生经济利益

固定资产的确认条件之一是"与该固定资产有关的经济利益很可能流入企业"，如果一项固定资产预期通过使用或处置不能产生经济利益，那么它就不再符合固定资产的定义和确认条件，应予终止确认。

二、固定资产处置的会计处理

企业出售、转让、报废固定资产或发生固定资产毁损，应当将处置收入扣除账面价值和相关税费后的金额计入当期损益。固定资产处置一般通过"固定资产清理"科目进行核算。该账户属于资产类账户，用来核算企业因出售、报废和毁损等原因转入清理的固定资产净值以及在清理过程中所发生的清理费用和清理收入。借方登记转入清理的固定资产账面价值、销售固定资产应缴纳的税金以及处置过程中发生的清理费用；贷方登记出售固定资产的取得的价款、残料变价收入以及向保险公司或相关责任人收取的赔偿款。其贷方余额表示清理后的净收益；借方余额表示清理后的净损失。清理完毕后净收益转入"资产处置损益"账户的贷方；净损失转入"资产处置损益"账户的借方。

企业因出售、转让、报废或毁损、对外投资、非货币性资产交换、债务重组等处置固定资产会计处理过程为：

(1)出售、报废和毁损的固定资产转入清理时
借：固定资产清理（转入清理的固定资产账面价值）
　　累计折旧（已计提的折旧）
　　固定资产减值准备（已计提的减值准备）
　贷：固定资产（固定资产的账面原价）

(2)发生清理费用时
借：固定资产清理
　贷：银行存款
　　　应付职工薪酬

(3)计算交纳税金时
按照税法的有关规定，企业销售房屋、建筑物、设备等不动产，应按其销售额计算交纳增值税。

借：固定资产清理
　贷：应交税费——应交增值税（销项税额）

(4)收回出售固定资产的价款、残料价值和变价收入等时
借：银行存款
　　原材料等
　贷：固定资产清理

(5)应由保险公司或过失人赔偿时
借：其他应收款
　贷：固定资产清理

(6)固定资产清理后的净收益,
借:固定资产清理
　　贷:资产处置损益——处理固定资产净收益（属于生产经营期间）
(7)固定资产清理后的净损失
借:资产处置损益——非常损失（属于生产经营期间因为自然灾害等非正常原因造成的损失）
　　资产处置损益——处理非流动资产净损失（属于生产经营期间正常的处理损失）
　　贷:固定资产清理

【例7－14】 甲公司一项固定资产因自然灾害造成毁损。该固定资产原始价值200 000元,累计已计提折旧68 000元。出售残料取得价款2 000元,以银行存款支付清理费用1 200元,收到保险公司理赔款140 000元。

根据以上材料,甲公司有关的会计处理如下:
(1)转销毁损固定资产的账面价值时:

借:固定资产清理　　　　　　　　　　　　　　　132 000
　　累计折旧　　　　　　　　　　　　　　　　　 68 000
　　贷:固定资产　　　　　　　　　　　　　　　 200 000

(2)出售残料时:

借:银行存款　　　　　　　　　　　　　　　　　 2 000
　　贷:固定资产清理　　　　　　　　　　　　　　2 000

(3)支付清理费用:

借:固定资产清理　　　　　　　　　　　　　　　 1 200
　　贷:银行存款　　　　　　　　　　　　　　　　1 200

(4)收到保险公司理赔款时:

借:银行存款　　　　　　　　　　　　　　　　　 140 000
　　贷:固定资产清理　　　　　　　　　　　　　　140 000

(5)结转毁损固定资产的净损益时:

借:固定资产清理　　　　　　　　　　　　　　　 8 800
　　贷:资产处置损益——处置非流动资产利得　　　8 800

三、固定资产盘亏的会计处理

固定资产是一种价值较高、使用期限较长的有形资产,因此,对于管理规范的企业而言,盘盈、盘亏的固定资产较为少见。企业应当健全制度,加强管理,定期或者至少于每年年末对固定资产进行清查盘点,以保证固定资产核算的真实性和完整性。如果清查中发现固定资产损溢的应及时查明原因,应在期末结账前处理完毕。

固定资产盘亏造成的损失,应当计入当期损益。企业在财产清查中盘亏的固定资产,按盘亏固定资产的账面价值借记"待处理财产损溢——待处理固定资产损溢"科目,按已计提的累计折旧,借记"累计折旧"科目,按已计提的减值准备,借记"固定资产减值准备"科目,按固定资产原价,贷记"固定资产"科目。按管理权限报经批准后处理时,按可收回的保险赔偿或过失人赔偿,借记"其他应收款"科目,按应计入营业外支出的金额,借记"营业外支出——盘亏损失"科目,贷记"待处理财产损溢——待处理固定资产损溢"科目。

【例7-15】 甲公司为增值税一般纳税人,2018年12月31日进行财产清查时发现短缺一台笔记本电脑,原价为10 000元,已计提折旧7 000元,购入时增值税税额为1 600元。

甲公司应编制如下会计分录:

(1)盘亏固定资产时:

借:待处理财产损溢	3 000
累计折旧	7 000
贷:固定资产	10 000

(2)转出不可抵扣的进项税额时:

借:待处理财产损溢	1 600
贷:应交税费——应交增值税(进项税额转出)	1 600

(3)报经批准转销时:

借:营业外支出——盘亏损失	4 600
贷:待处理财产损溢	4 600

思考题

1. 解释原值、折旧、加速折旧法的含义。
2. 固定资产如何分类?固定资产的计价方法有哪几种?
3. 增加途径有哪几种?如何核算?
4. 影响折旧的因素有哪些?计算方法有哪几种?
5. 期末计价的方法及核算。

第八章 无形资产

【学习目标】

1. 掌握无形资产和其他资产的内容和特点。
2. 重点掌握无形资产的会计处理方法。

【本章重点】

无形资产的核算。

【本章难点】

无形资产的内容和计价。

第一节 无形资产的确认和初始计量

一、无形资产的定义与特征

无形资产是指企业拥有或者控制的没有实物形态的可辨认非货币性资产,主要包括专利权、非专利技术、商标权、著作权、特许权、土地使用权等。无形资产具有以下特征:

(一)由企业拥有或者控制并能为其带来未来经济利益的资源

预计能为企业带来未来经济利益,是作为一项资产的本质特征,无形资产也不例外。通常情况下,企业拥有或者控制的无形资产应当拥有其所有权并且能够为企业带来未来经济利益。但在某些情况下企业虽然不拥有某项无形资产的所有权,但是有权获得某项无形资产产生的经济利益,同时又能约束其他人获得这些经济利益,这说明企业实际控制了该项无形资产。比如,企业自行研制的技术通过申请依法取得专利权后,在一定期限内拥有了该专利技术的法定所有权;又比如企业与其他企业签订合约转让商标权,由于合约的签订,使商标使用权转让方的相关权利受到法律的保护。

(二)无形资产不具有实物形态

无形资产通常表现为某种权利、某项技术或是某种获取超额利润的综合能力。它们不具有实物形态,看不见,摸不着,比如,土地使用权、非专利技术等。无形资产为企业带来经济利益的方式与固定资产不同,固定资产是通过实物价值的磨损和转移来为企业带来未来经济利益,而无形资产很大程度上是通过自身所具有的技术等优势为企业带来未来经济利益,不具有实物形态是无形资产区别于其他资产的特征之一。

需要指出的是,某些无形资产的存在有赖于实物载体,但这并不改变无形资产本身不具有实物形态的特性。比如,计算机软件需要存储在介质中。那么在确定一项包含无形和有形要素的资产是属于固定资产,还是属于无形资产时,通常需要以哪个要素更重要作为判断的依据。例如,计算机控制的机械工具没有特定计算机软件就不能运行时,则说明该软件是构成相关硬件不可缺少的组成部分,该软件应作为固定资产处理;如果计算机软件不是相关硬件不可缺少的组成部分,则该软件应作为无形资产核算。无论是否存在实物载体,只要将一项资产归类为无形资产,则不具有实物形态仍然是无形资产的特征之一。

(三)无形资产具有可辨认性

要作为无形资产进行核算,该资产必须是能够区别于其他资产可单独辨认的,如企业持有的专利权、非专利技术、商标权、土地使用权、特许权等。商誉则不能作为企业的无形资产核算。首先,从可辨认性角度考虑,商誉是与企业整体价值联系在一起的,无法满足无形资产的定义对可辨认性的要求。其次,企业合并中取得的商誉代表了购买方为从不能单独辨认并独立确认的资产中获得预期未来经济利益而付出的代价。这些未来经济利益可能产生于取得的可辨认资产之间的协同作用,也可能产生于购买者在企业合并中准备支付的、但不符合在财务报表上确认条件的资产。第三,从计量上来讲,商誉是企业合并成本大于合并中取得的各项可辨认资产、负债公允价值份额的差额,代表的是企业未来现金流量大于每一单项资产产生未来现金流量的合计金额,其存在无法与企业自身区分开来。因此,虽然商誉也是没有实物形态的非货币性资产,但由于其不具有可辨认性,不构成无形资产。

判断无形资产是否具有可辨认性,应符合以下条件之一:

(1)能够从企业中分离或者划分出来,并能单独用于出售或转让等,而不需要同时处置在同一获利活动中的其他资产,则说明无形资产可以辨认。如果无形资产需要与有关的合同一起用于出售、转让等,也视为可辨认无形资产。

(2)产生于合同性权利或其他法定权利,无论这些权利是否可以从企业或其他权利和义务中转移或者分离。如一方通过与另一方签订特许权合同而获得的特许使用权,通过法律程序申请获得的商标权、专利权等。

如果企业有权获得一项无形资产产生的未来经济利益,并能约束其他方获取这些利益,则表明企业控制了该项无形资产。例如,对于会产生经济利益的技术知识,若其受到版权、贸易协议约束(如果允许)等法定权利或雇员保密法定责任的保护,那么说明该企业控制了相关利益。

客户关系、人力资源等,由于企业无法控制其带来的未来经济利益,不符合无形资产的定义,不应将其确认为无形资产。

内部产生的品牌、报刊名、刊头、客户名单和实质上类似项目的支出不能与整个业务开发成本区分开来。因此,这类项目不应确认为无形资产。

(四)无形资产属于非货币性资产

无形资产由于没有发达的交易市场,一般不容易转化成现金,在持有过程中通过某些权利、技术等优势为企业带来未来经济利益。因此,无形资产为企业带来未来经济利益的情况不确定,不属于以固定或可确定的金额收取的资产,属于非货币性资产。

二、无形资产的内容

无形资产通常包括专利权、非专利技术、商标权、著作权、特许权、土地使用权等。

(一)专利权

专利权,是指国家专利主管机关依法授予发明创造专利申请人,对其发明创造在法定期限内所享有的专有权利,包括发明专利权、实用新型专利权和外观设计专利权。发明,是指对产品、方法或者其改进所提出的新的技术方案。实用新型,是指对产品的形状、构造或者其结合所提出的适于实用的新的技术方案。外观设计,是指对产品的形状、图案或者其结合以及色彩与形状、图案的结合所做出的富有美感并适用于工业应用的新设计。发明专利权的期限为20年,实用新型专利权和外观设计专利权的期限为10年,均自申请日起计算。

(二)非专利技术

非专利技术,也称专有技术。它是指不为外界所知、在生产经营活动中已采用了的、不享有法律保护的、可以带来经济效益的各种技术和诀窍。非专利技术一般包括工业专有技术、商业贸易专有技术、管理专有技术等。工业专有技术指在生产上已经采用,仅限于少数人知道,不享有专利权或发明权的生产、装配、修理、工艺或加工方法的技术知识,可以用蓝图、配方、技术记录、操作方法的说明等具体资料表现出来,也可以通过卖方派出技术人员进行指导。或接受买方人员进行技术实习等手段实现;商业贸易专有技术,指具有保密性质的市场情报、原材料价格情报以及用户、竞争对象的情况的有关知识;管理专有技术,指生产组织的经营方式、管理方法、培训职工方法等保密知识。非专利技术并不是专利法的保护对象,非专利技术用自我保密的方式来维持其独占性,具有经济性、机密性和动态性等特点。

(三)商标权

商标是用来辨认特定的商品或劳务的标记。商标权指专门在某类指定的商品或产品上使用特定的名称或图案的权利。经商标局核准注册的商标为注册商标,包括商品商标、服务商标和集体商标、证明商标;商标注册人享有商标专用权,受法律保护。集体商标,是指以团体、协会或者其他组织名义注册,供该组织成员在商事活动中使用,以表明使用者在该组织中的成员资格的标志。证明商标,是指由对某种商品或者服务具有监督能力的组织所控制,而由该组织以外的单位或者个人使用于其商品或者服务,用以证明该商品或者服务的原产地、原料、制造方法、质量或者其他特定品质的标志。注册商标的有效期为10年,自核准注册之日起计算。注册商标有效期满,需要继续使用的,应当在期满前6个月内申请续展注册;在此期间未能提出申请的,可以给予6个月的宽展期。宽展期满仍未提出申请的,注销其注册商标。每次续展注册的有效期为10年。

(四)著作权

著作权又称版权,指作者对其创作的文学、科学和艺术作品依法享有的某些特殊权利。著作权包括作品署名权、发表权、修改权和保护作品完整权,还包括复制权、发行权、出租权、展览权、表演权、放映权、广播权、信息网络传播权、摄制权、改编权、翻译权、汇编权以及应当由著作权人享有的其他权利。著作权人包括作者和其他依法享有著作权的公民、法人或者其他组织。著作权属于作者,创作作品的公民是作者。由法人或者其他组织主持,代表法人或者其他组织意志创作,并由法人或者其他组织承担责任的作品,法人或者其他组织视为作者。作者的署名权、修改权、保护作品完整权的保护期不受限制。公民的作品,其发表权、复制权、发行权、出租权、展览权、表演权、放映权、广播权、信息网络传播权、摄制权、改编权、翻译权、汇编权以及应当由著作权人享有的其他权利的保护期,为作者终生及其死亡后50年,截止于作者死亡后第50年的12月31日;如果是合作作品,截止于最后死亡的作者死亡后第50年的12月31日。

(五)特许权

特许权,又称经营特许权、专营权,指企业在某一地区经营或销售某种特定商品的权利或是一家企业接受另一家企业使用其商标、商号、技术秘密等的权利。通常有两种形式,一种是由政府机构授权,准许企业使用或在一定地区享有经营某种业务的特权,如水、电、邮电通信等专营权、烟草专卖权等等;另一种指企业间依照签订的合同,有限期或无限期使用另一家企业的某些权利,如连锁店分店使用总店的名称等。特许权业务涉及特许权受让人和让与人两个方面。通常在特许权转让合同中规定了特许权转让的期限、转让人和受让人的权利和义务。转让人一般要向受让人提供商标、商号等使用权,传授专有技术,并负责培训营业人员,提供经营所必需的设备和特殊原料。受让人则需要向转让人支付取得特许权的费用,开业后则按营业收入的一定比例或其他计算方法支付享用特许权费用。此外,还要为转让人保守商业秘密。

(六)土地使用权

土地使用权,指国家准许某企业在一定期间内对国有土地享有开发、利用、经营的权利。根据我国土地管理法的规定,我国土地实行公有制,任何单位和个人不得侵占、买卖或者以其他形式非法转让。企业取得土地使用权的方式大致有行政划拨取得、外购取得(例如以缴纳土地出让金方式取得)及投资者投资取得几种。通常情况下,作为投资性房地产或者作为固定资产核算的土地,按照投资性房地产或者固定资产核算;以缴纳土地出让金等方式外购的土地使用权、投资者投入等方式取得的土地使用权作为无形资产核算。

三、无形资产的确认条件

无形资产应当在符合定义的前提下,同时满足以下两个确认条件时,才能予以确认。

(一)与该资产有关的经济利益很可能流入企业

作为无形资产确认的项目,必须具备产生的经济利益很可能流入企业。通常情况下,无形资产产生的未来经济利益可能包括在销售商品、提供劳务的收入中,或者企业使用该项无形资产而减少或节约的成本中,或体现在获得的其他利益中。要确定无形资产创造的经济利益是否很可能流入企业,需要企业的管理当局对包括无形资产的预计使用寿命内存在的各种因素做出最稳健的估计。

(二)该无形资产的成本能够可靠地计量

成本能够可靠地计量是资产确认的一项基本条件。对于无形资产来说,这个条件相对更为重要。对于企业内部产生的品牌、报刊名等,因其成本无法可靠计量,不作为无形资产确认。

四、无形资产的初始计量

无形资产通常是按实际成本计量,即以取得无形资产并使之达到预定用途而发生的全部支出,作为无形资产的成本。对于不同来源取得的无形资产,其初始成本构成也不尽相同。

(一)外购的无形资产

外购的无形资产,其成本包括购买价款、相关税费以及直接归属于使该项资产达到预定用途所发生的其他支出。其中,直接归属于使该项资产达到预定用途所发生的其他支出包括使无形资产达到预定用途所发生的专业服务费用、测试无形资产是否能够正常发挥作用的费用等。下列各项不包括在无形资产的初始成本中:

(1)为引入新产品进行宣传发生的广告费、管理费用及其他间接费用;

(2)无形资产已经达到预定用途以后发生的费用。

【例8-1】 甲公司因某项生产活动需要一项专利权,如果使用了该项专利权,甲公司预计其生产能力比原先提高25%,销售利润率增长20%。为此,2018年3月10日,甲公司以1 000万元的价格从产权交易中心竞价获得了该项专利权,另支付相关税费50万元和有关专业服务费用10万元。为推广该专利权所生产的产品发生的宣传费20万元、展览费8万元,上述款项均用银行存款支付。

无形资产初始计量的成本 = 1 000 + 50 + 10 = 1 060(万元)

甲公司的会计处理如下:

借:无形资产——专利权   10 600 000
  销售费用   280 000
 贷:银行存款   10 880 000

外购的无形资产,应按其取得成本进行初始计量;如果购入的无形资产超过正常信用条件延期支付价款,实质上具有融资性质的,应按所取得无形资产购买价款的现值计量其成本,现值与应付价款之间的差额作为未确认的融资费用,在付款期间内按照实际利率法确认为利息费用。

【例 8-2】 2013 年 1 月 1 日,甲公司从乙公司购入一项无形资产,由于资金周转紧张,甲公司与乙公司协议以分期付款方式支付款项。协议约定该无形资产作价 2 000 万元,甲公司每年年末付款 400 万元,分 5 年付清。假定银行同期贷款利率为 5%。为了简化核算,假定不考虑其他有关税费(已知 5 年期 5% 利率,其年金现值系数为 4.329 5)。

甲公司的会计处理如下(表 8-1):

表 8-1 未确认的融资费用

年份	融资余额/万元	利率	本年利息/万元 融资余额×利率	付款/万元	还本付款-利息/万元	未确认融资费用/万元 上年余额-本年利息
0	1 731.80					268.20
1	1 418.39	0.05	86.59	400.00	313.41	181.61
2	1 089.31	0.05	70.92	400.00	329.08	110.69
3	743.78	0.05	54.47	400.00	345.53	56.22
4	380.97	0.05	37.19	400.00	362.81	19.03
5	0.00	0.05	19.03	400.00	380.97	0.00
合计			268.20	2 000.00	1 731.80	

无形资产现值 = 400 × 4.329 5 = 1 731.80(万元)

未确认的融资费用 = 400 × 5 - 1 731.80 = 268.20(万元)

借:无形资产	17 318 000
未确认融资费用	2 682 000
贷:长期应付款	20 000 000

20×3 年底付款时:

借:长期应付款	4 000 000
贷:银行存款	4 000 000
借:财务费用	865 900
贷:未确认融资费用	865 900

20×4 年底付款时:

借:长期应付款	4 000 000
贷:银行存款	4 000 000
借:财务费用	709 200
贷:未确认融资费用	709 200

2015 年底付款时:

借:长期应付款		4 000 000
贷:银行存款		4 000 000
借:财务费用		544 700
贷:未确认融资费用		544 700

2016 年底付款时:

借:长期应付款		4 000 000
贷:银行存款		4 000 000
借:财务费用		371 900
贷:未确认融资费用		371 900

2017 年底付款时:

借:长期应付款		4 000 000
贷:银行存款		4 000 000
借:财务费用		190 300
贷:未确认融资费用		190 300

(二) 自行开发形成的无形资产

企业在生产经营过程中投入资金进行新技术、新工艺、新产品的研究开发活动,如果开发成功将形成企业新的无形资产。对于企业自行开发的无形资产,我国企业会计准则规定应当按照无形资产的实际成本计价,其成本包括自满足无形资产确认条件和研发支出满足无形资产确认条件后至达到预定用途前所发生的支出总额,对于以前期间已经费用化的成本不做调整。具体无形资产的成本与研发费用识别及其相关账务处理将在本章第二节中单独详细讲述。

(三) 投资者投入的无形资产

投资者投入的无形资产的成本,应当按照投资合同或协议约定的价值确定无形资产的取得成本。如果投资合同或协议约定价值不公允的,应按无形资产的公允价值作为无形资产初始成本入账。

【例 8-3】 2015 年 1 月 10 日,甲公司取得股东乙公司作为出资投入的一项商标权,甲公司与乙公司协议商定,乙公司以其商标权投资于甲公司,双方协议价格(等于公允价值)为 560 万元,甲公司另支付相关税费 3 万元,款项已通过银行转账支付。

甲公司接受乙公司作为投资的商标权的成本 = 560 + 3 = 563(万元)

甲公司的会计处理如下:

借:无形资产——商标权		5 630 000
贷:实收资本(或股本)		5 600 000
银行存款		30 000

(四) 通过非货币性资产交换、债务重组、政府补贴等方式取得的无形资产

企业通过非货币性资产交换、债务重组、政府补贴等方式取得的无形资产应分别按

照《企业会计准则第 7 号——非货币性资产交换》、《企业会计准则第 12 号——债务重组》、《企业会计准则第 16 号——政府补贴》的有关规定进行相应的账务处理。

(五) 土地使用权的处理

企业取得的土地使用权,通常应当按照取得时所支付的价款及相关税费确认为无形资产。土地使用权用于自行开发建造厂房等地上建筑物时,土地使用权的账面价值不与地上建筑物合并计算其成本,而仍作为无形资产进行核算,土地使用权与地上建筑物分别进行摊销和提取折旧。但下列情况除外:

(1) 房地产开发企业取得的土地使用权用于建造对外出售的房屋建筑物,相关的土地使用权应当计入所建造的房屋建筑物成本。

(2) 企业外购的房屋建筑物,实际支付的价款中包括土地以及建筑物的价值,则应当对支付的价款按照合理的方法(例如,公允价值比例)在土地和地上建筑物之间进行分配;如果确实无法在地上建筑物与土地使用权之间进行合理分配的,应当全部作为固定资产,按照固定资产确认和计量的规定进行处理。

企业改变土地使用权的用途,将其用于出租或增值目的时,应将其转为投资性房地产。

【例 8-4】 2016 年 1 月 1 日,甲公司购入一块土地的使用权,以银行存款转账支付 9 000 万元,并在该土地上自行建造厂房等工程,发生材料支出 13 000 万元,工资费用 7 000 万元,其他相关费用 10 000 万元等。该工程已经完工并达到预定可使用状态。假定土地使用权的使用年限为 50 年,该厂房的使用年限为 25 年,两者都没有净残值,都采用直线法进行摊销和计提折旧。为简化核算,不考虑其他相关税费。

甲公司的会计处理如下:

(1) 支付转让价款:

借:无形资产——土地使用权	90 000 000
贷:银行存款	90 000 000

(2) 在土地上自行建造厂房:

借:在建工程	300 000 000
贷:工程物资	130 000 000
应付职工薪酬	70 000 000
银行存款	100 000 000

(3) 厂房达到预定可使用状态:

借:固定资产	300 000 000
贷:在建工程	300 000 000

(4) 每年分别摊销土地使用权和对厂房计提折旧:

借:管理费用	1 800 000
贷:累计摊销	1 800 000
借:制造费用	12 000 000
贷:累计折旧	12 000 000

第二节 自行开发形成无形资产的确认和计量

企业在生产经营过程中,除了从企业外部获得所需的生产技术、商标等无形资产外,通常会投入大量的资金开展研发活动,更新生产工艺,开发新技术和新产品,以扩大市场份额,获得超额利润,提高竞争优势。我国《企业会计准则第6号——无形资产》规定企业自创商誉以及内部产生的品牌、报刊名等不确认为无形资产,但是同时规定企业内部研究开发项目研究阶段的支出计入发生当期的损益,开发阶段的支出在满足一定条件的情况下才可予以资本化,确认为无形资产。在实务工作中,一般将企业内部研究开发项目划分研究阶段与开发阶段,具体会计核算也按研究阶段和开发阶段来区分支出的费用化和资本化,分别进行相应会计核算。

一、研究阶段和开发阶段的划分

对于企业自行进行的研究开发项目,应当区分研究阶段与开发阶段两个部分分别进行核算。

(一)研究阶段

研究阶段,是指为获取并理解新的科学或技术知识而进行的独创性的有计划的调查的期间,有关研究活动包括:意于获取知识而进行的活动;研究成果或其他知识的应用研究、评价和最终选择;材料、设备、产品、工序、系统或服务替代品的研究;以及新的或经改进的材料、设备、产品、工序、系统或服务的可能替代品的配制、设计、评价和最终选择等。

研究阶段是建立在有计划的调查基础上,研发项目已经董事会或者相关管理层的批准,并着手进行收集相关资料、展开市场调查等研究活动,为进一步的开发活动进行资料及相关方面的准备。企业进行相应的研究活动后是否会形成无形资产具有很大的不确定性,也无法确保在这一阶段会形成阶段性成果。因此,研究阶段的特点具有计划性和探索性。基于研究阶段的特点,研究阶段的有关支在发生时应当予以费用化,计入当期损益。

(二)开发阶段

开发阶段是指在进行商业性生产或使用前,将研究成果或其他知识应用于某项计划或设计,以生产出新的或具有实质性改进的材料、装置、产品等的期,有关开发活动包括:生产前或使用前的原型和模型的设计、建造和测试;含新技术的工具、夹具、模具和冲模的设计;不具有商业性生产经济规模的试生产设施的设计、建造和运营;新的或经改造的材料、设备、产品、工序、系统或服务所选定的替代品的设计、建造和测试等。

开发阶段是建立在研究阶段基础上,对项目的开发具有针对性,进入开发阶段的研发项目往往形成成果的可能性较大。因此开发阶段具有针对性和形成成果的可能性较大的特点。相对于研究阶段来讲,研究活动进入开发阶段后说明在大程度上形成一项新产品或新技术的基本条件已经具备,此时如果企业能够证明满足无形资产的定义及相关确认条件,所发生的开发支出可资本化,确认为无形资产的成本。

二、开发阶段支出资本化的确认条件

在开发阶段,判断可以将有关支出资本化计入无形资产成本的条件包括:

(1)完成该无形资产以使其能够使用或出售在技术上具有可行性。

企业要在其已取得的当前阶段成果的基础上判断继续进行开发所需的技术条件等是否具备,是否存在技术上的障碍或其他不确定性,并提供相关的证据和材料。

(2)具有完成该无形资产并使用或出售的意图。

企业要确保其研发项目形成成果以后,无论是以出售方式,还是为自己使用,能够为企业带来经济利益。

(3)无形资产产生经济利益的方式,包括能够证明运用该无形资产生产的产品存在市场或无形资产自身存在市场,无形资产将在内部使用的,应当证明其有用性。

作为无形资产确认,其基本条件是能够为企业带来未来经济利益。就其能够为企业带来未来经济利益的方式来讲,如果有关的无形资产在形成以后,主要是用于形成新产品或新工艺的,企业应对运用该无形资产生产的产品市场情况进行估计,应能够证明所生产的产品存在市场,并能够带来经济利益的流入;如果有关的无形资产开发以后主要是用于对外出售的,则企业应能够证明市场上存在对该类无形资产的需求,开发以后存在外在的市场可以出售并带来经济利益的流入;如果无形资产开发以后,不是用于生产产品,也不是用于对外出售,而是在企业内部使用的,则企业应能够证明在企业内部使用时对企业的有用性。

(4)有足够的技术、财务资源和其他资源支持,以完成该无形资产的开发,并有能力使用或出售该无形资产。

这一条件主要包括:①为完成该项无形资产开发具有技术上的可靠性。②财务资源和其他资源支持。③能够证明企业在开发过程中所需的技术、财务和其他资源,以及企业获得这些资源的相关计划等。

(5)归属于该无形资产开发阶段的支出能够可靠地计量。

企业对于开发活动发生的支出应单独核算,如发生的开发人员的工资、材料费等,在企业同时从事多项开发活动的情况下,所发生的支出同时用于支持多项开发活动的,应按照一定的标准在各项开发活动之间进行分配,无法明确分配的,应予费用化计入当期损益,不计入开发活动的成本。

三、内部开发的无形资产的计量

从时间方面看,内部开发活动计入无形资产的成本仅包括在满足资本化条件的时点至无形资产达到预定用途前发生的支出总和,对于同一项无形资产在开发过程中达到资本化条件之前已经费用化计入当期损益的支出不再进行调整。从核算内容方面看,内部研发活动计入无形资产的成本由可直接归属于该资产的创造、生产并使该资产能够以管理层预定的方式运作的所有必要支出组成。具体可直接归属成本包括:开发该无形资产时耗费的材料、劳务成本、注册费、在开发该无形资产过程中使用的其他专利权和特许权的摊销,以及按照借款费用的处理原则可资本化的利息支出。在开发无形资产过程中发生的除上述可直接归属于无形资产开发活动的其他销售费用、管理费用等间接费用、无形资产达到预定用途前发生的可辨认的无效和初始运作损失、为运行该无形资产发生的培训支出等不构成无形资产的开发成本。

四、内部研究开发费用的会计处理

(一)基本原则

企业内部研究和开发无形资产,其在研究阶段的支出全部费用化,计入当期损益(管理费用);开发阶段的支出符合条件的资本化,不符合资本化条件的计入当期损益(管理费用)。如果确实无法区分研究阶段的支出和开发阶段的支出,应将其所发生的研发支出全部费用化,计入当期损益。

(二)具体账务处理方法

(1)企业自行开发无形资产发生的研发支出,不满足资本化条件的,借记"研发支出——费用化支出"科目,满足资本化条件的,借记"研发支出——资本化支出"科目,贷记"原材料"、"银行存款"、"应付职工薪酬"等科目。

(2)企业以其他方式取得的正在进行中的研究开发项目,应按确定的金额,借记"研发支出——资本化支出"科目,贷记"银行存款"等科目。以后发生的研发支出,应当比照上述第一条原则进行处理。

(3)研究开发项目达到预定用途形成无形资产的,应按"研发支出——资本化支出"科目的余额,借记"无形资产"科目,贷记"研发支出——资本化支出"科目。

【例8-5】 2018年1月1日,甲公司的董事会批准研发某项新型技术,该公司董事会认为,研发该项目具有可靠的技术和财务等资源的支持,并且一旦研发成功将降低该公司的生产成本。2019年1月31日,该项新型技术研发成功并已达到预定用途。研发过程中所发生的直接相关的必要支出情况如下:

(1)2018年度发生材料费用9 500 000元,人工费用4 000 000元,计提专用设备折旧700 000元,以银行存款支付其他费用3 050 000元,总计17 250 000元,其中,符合资本化条件的支出为7 500 000元。

(2)2019年1月31日前发生材料费用700 000元,人工费用600 000元,计提专用设备折旧40 000元,其他费用30 000元,总计1 370 000元。

甲公司的会计处理为:

(1)2018年度发生研发支出:

借:研发支出——费用化支出　　　　　　　　　　　9 750 000
　　　　　　——资本化支出　　　　　　　　　　　7 500 000
　贷:原材料　　　　　　　　　　　　　　　　　　9 500 000
　　　应付职工薪酬　　　　　　　　　　　　　　　4 000 000

  累计折旧   700 000
  银行存款   3 050 000

(2)2018年12月31日，将不符合资本化条件的研发支出转入当期管理费用：
借：管理费用   9 750 000
  贷：研发支出——费用化支出   9 750 000

(3)2019年1月份发生研发支出：
借：研发支出——资本化支出   1 370 000
  贷：原材料   700 000
    应付职工薪酬   600 000
    累计折旧   40 000
    银行存款   30 000

(4)2019年1月31日，该项新型技术已经达到预定用途：
借：无形资产   8 870 000
  贷：研发支出——资本化支出   8 870 000

第三节　无形资产的后续计量

一、无形资产后续计量的原则

  企业在取得无形资产并进行初始确认和计量后，即进入无形资产的使用阶段，在此阶段无形资产的价值不断地转移到使用无形资产的生产部门、管理部门、销售部门等的费用中，最终构成企业的产品成本或经营费用中的一部分。从会计核算的角度看，无形资产的使用阶段即为无形资产的后续计量。无形资产的后续计量需要解决两个问题：无形资产转移价值的计量和无形资产账面价值的计量。无形资产转移价值的计量是通过无形资产的累计摊销业务的核算实现的，无形资产账面价值的计量是以在无形资产期使用间其初始成本减去累计摊销额和累计减值损失后的余额计量。

  要确定无形资产在使用过程中的累计摊销额，基础是估计其使用寿命，而使用寿命有限的无形资产才需要在估计使用寿命内采用系统合理的方法进行摊销，对于使用寿命不确定的无形资产则不需要摊销。

（一）估计无形资产的使用寿命

  企业应当于取得无形资产时分析判断其使用寿命。无形资产的使用寿命如为有限的，应当估计该使用寿命的年限或者构成使用寿命的产量等类似计量单位数量；无法预见无形资产为企业带来未来经济利益期限的，应当视为使用寿命不确定的无形资产。

  估计无形资产使用寿命应考虑的主要因素包括：
(1)该资产通常的产品寿命周期，以及可获得的类似资产使用寿命的信息。
(2)技术、工艺等方面的现实情况及对未来发展的估计。

(3)以该资产在该行业运用的稳定性和生产的产品或服务的市场需求情况。

(4)现在或潜在的竞争者预期采取的行动。

(5)为维持该资产产生未来经济利益的能力所需要的维护支出,以及企业预计支付有关支出的能力。

(6)对该资产的控制期限,以及对该资产使用的法律或类似限制,如特许使用期间、租赁期间等。

(7)与企业持有的其他资产使用寿命的关联性等。

例如,企业以支付土地出让金方式取得一块土地50年的使用权,如果企业准备持续持有,在50年期间内没有计划出售,则该项土地使用权预期为企业带来未来经济利益的期间为50年。

(二)无形资产使用寿命的确定

某些无形资产的取得源自合同性权利或其他法定权利,其使用寿命不应超过合同性权利或其他法定权利的期限。但如果企业使用资产的预期的期限短于合同性权利或其他法定权利规定的期限的,则应当按照企业预期使用的期限确定其使用寿命。

如果合同性权利或其他法定权利能够在到期时因续约等延续,则仅当有证据表明企业续约不需要付出重大成本时,续约期才能够包括在使用寿命的估计中。下列情况下,一般说明企业无须付出重大成本即可延续合同性权利或其他法定权利:有证据表明合同性权利或法定权利将被重新延续,如果在延续之前需要第三方同意,则还需有第三方将会同意的证据;有证据表明为获得重新延续所必需的所有条件将被满足,以及企业为延续持有无形资产付出的成本相对于预期从重新延续中流入企业的未来经济利益相比不具有重要性。如果企业为延续无形资产持有期间而付出的成本与预期从重新延续中流入企业的未来经济利益相比具有重要性,则从本质上来看是企业获得的一项新的无形资产。

没有明确的合同或法律规定无形资产的使用寿命的,企业应当综合各方面情况,例如企业经过努力,聘请相关专家进行论证、与同行业的情况进行比较以及参考企业的历史经验等,来确定无形资产为企业带来未来经济利益的期限。如果经过这些努力,仍确实无法合理确定无形资产为企业带来经济利益的期限的,才能将该无形资产作为使用寿命不确定的无形资产。

此外,有关的调查表明,根据产品生命周期、市场竞争等方面情况综合判断,该品牌将在不确定的期间内为企业产生现金流量。综合各方面情况,该商标可视为使用寿命不确定的无形资产。

(三)无形资产使用寿命的复核

企业至少应当于每年年度终了,对无形资产的使用寿命及摊销方法进行复核,如果有证据表明无形资产的使用寿命及摊销方法不同于以前的估计,如由于合同的续约或无形资产应用条件的改善,延长了无形资产的使用寿命则对于使用寿命有限的无形资产,应改变其摊销年限及摊销方法并按照会计估计变更进行处理。

对于使用寿命不确定的无形资产,如果有证据表明其使用寿命是有限的,则应视为会计估计变更,应当估计其使用寿命并按照使用寿命有限的无形资产的处理原则进行处理。

二、使用寿命有限的无形资产

使用寿命有限的无形资产,应在其预计的使用寿命内采用系统合理的方法对应摊销金额进行摊销。应摊销金额,是指无形资产的成本扣除残值后的金额。已计提减值准备的无形资产,还应扣除已计提的无形资产减值准备累计金额。使用寿命有限的无形资产,其残值一般应当视为零。

(一)摊销期和摊销方法

无形资产的摊销期自其可供使用(即其达到预定用途)时起至终止确认时止。即,无形资产摊销的起始和停止日期为:当月增加的无形资产,当月开始摊销;当月减少的无形资产,当月不再摊销。

在无形资产的使用寿命内系统地分摊其应摊销金额,存在多种方法。这些方法包括直线法、产量法等。企业选择的无形资产摊销方法:应当能够反映与该项无形资产有关的经济利益的预期实现方式,并一致地运用于不同会计期间。如果受技术陈旧因素影响较大的专利权和专有技术等无形资产,可采用类似固定资产加速折旧的方法进行摊销;有特定产量限制的特许经营权或专利权,应采用产量法进行摊销。无法可靠确定其预期实现方式的,应当采用直线法进行摊销。

无形资产的摊销一般应计入当期损益,但如果某项无形资产是专门用于生产某种产品或者其他资产,其所包含的经济利益是通过转入到所生产的产品或其他资产中实现的,则无形资产的摊销费用应当计入相关资产的成本。例如,某项专门用于生产过程中的专利技术,其摊销费用应构成所生产产品成本的一部分,计入制造该产品的制造费用。

持有待售的无形资产不进行摊销,按照账面价值与公允价值减去处置费用后的净额孰低进行计量。

(二)残值的确定

除下列情况除外,无形资产的残值一般为零:

(1)有第三方承诺在无形资产使用寿命结束时购买该项无形资产。

(2)可以根据活跃市场得到无形资产预计残值信息,并且该市场在该项无形资产使用寿命结束时可能存在。

无形资产的残值,意味着在其经济寿命结束之前企业预计将会处置该无形资产,并且从该处置中取得利益。估计无形资产的残值应以资产处置时的可收回金额为基础,此时的可收回金额是指在预计出售日,出售一项使用寿命已满且处于类似使用状况下,同类无形资产预计的处置价格(扣除相关税费)。残值确定以后,在持有无形资产的期间,至少应于每年年末进行复核,预计其残值与原估计金额不同的,应按照会计估计变更进行处理。如果无形资产的残值重新估计以后高于其账面价值的,则无形资产不再摊销,直至残值降至低于账面价值时再恢复摊销。

(三)使用寿命有限的无形资产摊销的账务处理

使用寿命有限的无形资产应当在其使用寿命内,采用合理的摊销方法进行摊销。摊销时,应当考虑该项无形资产所服务的对象,并以此为基础将其摊销价值计入相关资产的成本或者当期损益。

【例8-6】 2017年1月1日,A公司从外单位购得一项专利权,支付价款2 700万元,另支付注册登记费300万,款项已支付,估计该项专利权的使用寿命为10年,该项专利权用于产品生产;同时,购入一项商标权,支付价款5 000万元,款项已支付,估计该商标权的使用寿命为20年。假定这两项无形资产的净残值均为零,并按直线法摊销。

本例中,A公司外购的专利权的估计使用寿命为10年,表明该项无形资产是使用寿命有限的无形资产,且该项无形资产用于产品生产,因此,应当将其摊销金额计入相关产品的制造成本。A公司外购的商标权的估计使用寿命为20年,表明该项无形资产同样也是使用寿命有限的无形资产,而商标权的摊销金额通常直接计入当期管理费用。

A公司的会计处理如下:
(1)取得无形资产时:
借:无形资产——专利权　　　　　　　　　30 000 000
　　无形资产——商标权　　　　　　　　　50 000 000
　　贷:银行存款　　　　　　　　　　　　　80 000 000
(2)按年摊销时:
借:制造费用——专利权　　　　　　　　　3 000 000
　　管理费用——商标权　　　　　　　　　2 500 000
　　贷:累计摊销　　　　　　　　　　　　　5 500 000

如果A公司2018年12月31日根据科学技术发展的趋势判断,2017年购入的该项专利权在6年后将被淘汰,不能再为企业带来经济利益,决定对其再使用6年后不再使用,A公司应当在2018年12月31日据此变更该项专利权的估计使用寿命,并按会计估计变更进行处理。

2018年12月31日该项无形资产累计摊销金额为600(300×2)万元,2019年该项无形资产的摊销金额为400[(3 000-600)/6]万元。

A公司2019年对该项专利权按年摊销的会计处理如下:
借:制造费用——专利权　　　　　　　　　4 000 000
　　贷:累计摊销　　　　　　　　　　　　　4 000 000

三、使用寿命不确定的无形资产

根据可获得的相关信息判断,如果无法合理估计某项无形资产的使用寿命的,应作为使用寿命不确定的无形资产进行核算。对于使用寿命不确定的无形资产,在持有期间内不需要摊销,但应当在每个会计期间进行减值测试。其减值测试的方法按照资产减值的原则进行处理,如经减值测试表明已发生减值,则需要计提相应的减值准备,其相关的账务处理为:借记"资产减值损失"科目,贷记"无形资产减值准备"科目。

【例8-7】 2017年1月1日,A公司购入一项市场领先的畅销产品的商标的成本为8 000万元,该商标按照法律规定还有5年的使用寿命,但是在保护期届满时,A公司可每10年以较低的手续费申请延期,同时A公司有充分的证据表明其有能力申请延期。此外,有关的调查表明,根据产品生命周期、市场竞争等方面情况综合判断,该商标将在不确定的期间内为企业带来现金流量。

根据上述情况,该商标可视为使用寿命不确定的无形资产,在持有期间内不需要进行摊销。

2018年年底,A公司对该商标按照资产减值的原则进行减值测试,经测试表明该商标已发生减值。2018年年底,该商标的公允价值为5 000万元。

则A公司的会计处理如下:

(1) 2017年购入商标时:

借:无形资产——商标权　　　　　　　　　　　80 000 000
　　贷:银行存款　　　　　　　　　　　　　　　80 000 000

(2) 2018年发生减值时:

借:资产减值损失(80 000 000 - 50 000 000)　　30 000 000
　　贷:无形资产减值准备——商标权　　　　　　30 000 000

第四节　无形资产的处置

企业在持有无形资产过程中发生无形资产出售、对外出租、对外捐赠等业务活动,或者因无形资产无法为企业带来未来经济利益时,发生予以终止确认并转销等行为,统称为无形资产的处置。

一、无形资产的出售

我国会计准则第42号规定:企业主要通过出售(包括具有商业实质的非货币性资产交换)而非持续适用一项非流动资产或处置组收回其账面价值的,应当将其划分为持有待售类别。根据该项规定,企业持有的无形资产对外出售时应当将其划分为持有待售非流动资产。

企业将无形资产首次划分为持有待售类别前,应当按照有关会计准则规定计量该项无形资产的账面价值。在初始计量或在资产负债表日重新计量持有待售的无形资产时,该项无形资产的账面价值高于其公允价值减去预计出售费用净值的,应当将账面价值减记至公允价值减去预计出售费用后的净值,减记的金额确认为资产减值损失,计入当期损益,同时计提持有待售资产减值准备。

具体会计处理如下:

将无形资产划分为持有待售资产时,应将无形资产的账面价值转入持有待售资产中。

借:持有待售资产——无形资产(账面价值)
  累计摊销(已计提的累计摊销)
  无形资产减值准备(原已计提的减值准备)
  贷:无形资产(原值)

同时,根据账面价值高于其公允价值减去预计出售费用净值的差额计提资产减值准备:

借:资产减值损失
  贷:持有待售资产减值准备——无形资产

出售无形资产实际收到的价款时:

借:银行存款等科目
  持有待售资产减值准备——无形资产
  贷:应交税费——应交增值税(销项税额)
    持有待售资产——无形资产
借/贷:资产处置损益

【例8-8】甲企业为增值税一般纳税人,拟出售一项商标权。该项商标权购入成本为3 100 000元,已摊销金额为1 900 000元,已计提的减值准备为300 000元。该项商标权的公允价值减去预计出售费用后的净值为700 000元,出售所得不含税价款为1 200 000元,甲企业出售无形资产适用增值税税率为6%,假设不考虑其他税费。

甲公司的会计处理为:

借:持有待售资产——无形资产	900 000
累计摊销	1 900 000
无形资产减值准备	300 000
贷:无形资产	3 100 000
借:资产减值损失	200 000
贷:持有待售资产减值准备——无形资产	200 000

出售商标权应纳增值税 = 1 200 000 × 6% = 72 000元

借:银行存款	1 272 000
持有待售资产减值准备——无形资产	200 000
贷:持有待售资产——无形资产	900 000
应交税费——应交增值税(销项税额)	72 000
资产处置损益	500 000

二、无形资产的出租

企业将所拥有的无形资产的使用权让渡给他人,并收取租金,属于企业开展其他经营活动取得的收入,在满足收入确认条件的情况下,应确认相关的收入及成本,并通过其他业务收支项目进行核算。让渡无形资产使用权而取得的租金收入,借记"银行存款"等科目,贷记"其他业务收入"等科目;摊销出租无形资产的成本,借记"其他业务成本"科目,贷记"累计摊销"等科目;发生与转让有关的各种费用支出时,借记"其他业务成本"

科目,贷记"银行存款"等科目。

【例8-9】 2019年1月1日,A企业将某商标权出租给乙公司使用,租期为4年,每年收取不含税租金150 000元,根据相关规定,A企业为增值税一般纳税人,应交纳的增值税为9 000元,(适用增值税税率为6%)。在出租期间内A企业不再使用该商标权。该商标权系A企业2018年1月1日购入的,初始入账价值为1 800 000元,预计使用年限为15年,采用直线法摊销。假定按年摊销商标权,且不考虑增值税以外的其他相关税费。

A企业的会计处理如下:

(1)每年取得租金:

借:银行存款　　　　　　　　　　　　　　　　　159 000
　　贷:其他业务收入——出租商标权　　　　　　　150 000
　　　　应交税费——应交增值税(销项税额)　　　　9 000

(2)按年对该项专利技术进行摊销:

借:其他业务成本——商标权摊销　　　　　　　　120 000
　　贷:累计摊销　　　　　　　　　　　　　　　　120 000

三、无形资产的报废

如果无形资产预期不能为企业带来未来经济利益,例如,该无形资产已被其他新技术所替代或超过法律保护期,不能再为企业带来经济利益的,则不再符合无形资产的定义,应将其报废并予以转销,其账面价值转作当期损益。转销时,应按已计提的累计摊销,借记"累计摊销"科目;按其账面余额,贷记"无形资产"科目;按其差额,借记"营业外支出"科目。已计提减值准备的,还应同时结转减值准备。

【例8-10】 企业原拥有一项非专利技术,采用直线法进行摊销,预计使用期限为10年。现该项非专利技术已被内部研发成功的新技术所替代,并且根据市场调查,用该非专利技术生产的产品已没有市场,预期不能再为企业带来任何经济利益,故应当予以转销。转销时,该项非专利技术的成本为1 000 000元,已摊销6年,累计计提减值准备2 400 000元,该项非专利技术的残值为0。假定不考虑其他相关因素。

则甲公司的会计处理如下:

借:累计摊销　　　　　　　　　　　　　　　　　6 000 000
　　无形资产减值准备　　　　　　　　　　　　　2 400 000
　　营业外支出——处置非流动资产损失　　　　　1 600 000
　　贷:无形资产——非专利技术　　　　　　　　10 000 000

思考题

1. 什么是无形资产? 有何特点?
2. 会计上核算的无形资产包括哪些内容? 需要设置哪些账户?
3. 研发支出应如何确认与计量?

第九章　流动负债

【学习目标】
1. 熟悉流动负债的含义、内容及分类。
2. 掌握流动负债的确认和计量方法。
3. 掌握短期借款、应付及预收款项的核算。
4. 掌握应付职工薪酬的内容及核算方法。
5. 掌握应交税费的内容及核算方法。

【本章重点】
短期借款、应付及预收款项的核算。

【本章难点】
应交税费和应付职工薪酬的核算。

第一节　流动负债概述

一、流动负债的含义

流动负债是指企业将在一年或一个营业周期以内偿还的债务。流动负债包括短期借款、应付票据、应付账款、预收账款、应付职工薪酬、应交税费、应付利息、应付股利、其他应付款等。流动负债因偿还期限较短,一般不采用折现现值计量,而采用历史成本法计量。

二、流动负债的特征

流动负债是企业由企业过去的交易或事项导致的、需要企业承担的一项现实义务,履行该项义务将导致经济利益很可能流出企业。因此,流动负债的金额是能够可靠计量的。除此之外,流动负债还具有以下特征:
(1)企业举借流动负债的目的是满足经营周转资金的需要。
(2)流动负债偿还期限较短。
(3)流动负债的金额相对较小。

(4)根据资产和负债期限配置的要求,企业一般用流动资产来偿付。

第二节　短期借款

一、短期借款核算内容

短期借款是指企业向银行或其他金融机构等借入的期限在一年以下(含一年)的各种借款。企业借入短期借款的目的是为了维持正常的生产经营所需要的资金。企业借入的短期借款构成了一项负债。与长期借款相比,短期借款具有借款金额小、期限短、利息低、容易取得等特点。

二、短期借款的账务处理

短期借款的账务处理包括:借款的取得、借款利息计提、偿还本金和利息三个部分。

企业应设置"短期借款"一级会计科目核算企业取得的短期借款,该科目属于负债类科目,其贷方核算企业取得的借款的本金,借方核算企业归还的借款本金。借款利息的计提在"财务费用"科目中单独核算,企业应在每个月的月末和资产负债表日计算确定短期借款的应计利息,按照应计的金额,借记"财务费用"科目,按利息支付方式的不同,同时贷记"应付利息"或"银行存款"等科目。企业应于到期日偿还短期借款的本金以及尚未支付的利息,借记"短期借款""应付利息"科目,贷记"银行存款"科目。

【例9-1】 A公司于2013年1月1日从银行借入一年期,年利率7.2%的借款200万元,用于补充企业流动资金的不足。款项已收到并存入银行。A公司相关业务的会计处理如下:

(1)2013年1月1日取得借款时

借:银行存款　　　　　　　　　　　　　　　　　　　　2 000 000
　　贷:短期借款　　　　　　　　　　　　　　　　　　　　2 000 000

(2)A公司每月应计提的利息 = 2 000 000 × 7.2% × 1/12 = 12 000(元)

①若企业采用分次付息,到期还本的付息方式,则企业每月计提和支付利息时

借:财务费用　　　　　　　　　　　　　　　　　　　　12 000
　　贷:银行存款　　　　　　　　　　　　　　　　　　　　12 000

②若企业采用分次计息,到期一次还本付息的方式,则企业每月计提利息时

借:财务费用　　　　　　　　　　　　　　　　　　　　12 000
　　贷:应付利息　　　　　　　　　　　　　　　　　　　　12 000

到期支付利息时

借:应付利息　　　　　　　　　　　　　　　　　　　　120 000
　　贷:银行存款　　　　　　　　　　　　　　　　　　　　120 000

(3)借款到期,归还本金时

借:短期借款　　　　　　　　　　　　　　　　　　　　2 000 000

贷:银行存款　　　　　　　　　　　　　　　　2 000 000

第三节　应付及预收款项

一、应付票据

　　应付票据是企业采用商业汇票支付方式购买商品和物资,或者接受劳务等而承兑的商业汇票。应付票据是由出票人出票,委托付款人在指定日期无条件支付特定的金额给收款人或者持票人的票据。应付票据按承兑人的不同分为商业承兑汇票和银行承兑汇票,按是否带息分为带息应付票据和不带息应付票据两种。

　　企业应设置"应付票据"账户用于核算购买商品和物资,或者接受劳务等而开出或承兑的商业汇票。应付票据初始入账金额为其面值,到期值因票据是否计息而存在差异,不带息应付票据的到期值就是其面值,带息应付票据的到期值是其面值和持有期间应支付的利息之和。

　　应付票据的具体会计处理如下:
　　(1)企业开具商业汇票用于支付货款,同时支付手续费时
　　借:原材料/库存商品等
　　　　应交税费——应交增值税(进项税额)
　　　贷:应付票据
　　借:财务费用
　　　贷:银行存款
　　(2)带息票据按期计提利息时
　　由于我国商业汇票期限较短,在期末,通常对尚未支付的应付票据计提利息,计入当期财务费用;票据到期支付票款时,尚未计提的利息部分直接计入当期财务费用。
　　借:财务费用
　　　贷:应付票据
　　(3)票据到期,支付票据款时
　　如为不带息票据,则
　　借:应付票据(面值)
　　　贷:银行存款
　　如为带息票据,则
　　借:应付票据(面值+已计提的利息)
　　　　财务费用(尚未计提的利息)
　　　贷:银行存款
　　(4)应付票据到期,企业无力支付到期款项时,应根据商业汇票承兑人的不同进行相应的账务处理。
　　如果为商业承兑汇票,则企业应将无法兑付的应付票据转为应付账款。

借:应付票据
　　　　贷:应付账款
　　如果为银行承兑汇票,由于企业无法承兑的商业汇票由承兑银行无条件向持票人付款,因此企业应将无法兑付的应付票据转为对银行的逾期贷款。
　　借:应付票据
　　　　贷:短期借款

【例9-2】 甲公司为增值税一般纳税人,于2019年3月5日购入原材料,该材料的实际成本为50万元,增值税税额为6.5万元。甲公司开出承诺的不带息商业汇票,期限为3个月。材料已验收入库。根据上述经济业务,甲公司应做如下账务处理:

2019年3月5日,甲公司签发商业汇票时:
　　借:原材料　　　　　　　　　　　　　　　　　　　500 000
　　　　应交税费——应交增值税(进项税额)　　　　　　 65 000
　　　　贷:应付票据　　　　　　　　　　　　　　　　　565 000

2019年6月5日,商业汇票到期,甲公司按期付款时:
　　借:应付票据　　　　　　　　　　　　　　　　　　 565 000
　　　　贷:银行存款　　　　　　　　　　　　　　　　　565 000

2019年9月5日商业汇票到期,甲公司无力支付到期款项,将应付票据转作应付账款。
　　借:应付票据　　　　　　　　　　　　　　　　　　 565 000
　　　　贷:应付账款　　　　　　　　　　　　　　　　　565 000

二、应付账款

应付账款指因购买材料、商品或接受劳务供应等而发生的债务。这是买卖双方由于取得物资与支付货款在时间上不一致而产生的负债。

因购买商品等而产生的应付账款,应设置"应付账款"账户进行核算,用以反映这部分负债的价值。应付账款入账时间的确定,一般应以与所购买物资所有权有关的风险和报酬已经转移或劳务已经接受为标志。但在实际工作中,一般是区别下列情况进行相应会计处理:

(1)在物资和发票账单同时到达的情况下,应付账款一般待物资验收入库后,才按发票账单登记入账,这主要是为了确认所购入的物资是否在质量、数量和品种上都与合同上订明的条件相符,以免因先入账而在验收入库时发现购入物资错、漏、破损等问题再行调账。
　　借:原材料/库存商品等
　　　　应交税费——应交增值税(进项税额)
　　　　贷:应付账款

(2)在物资和发票账单未同时到达的情况下,由于应付账款需根据发票账单登记入账,有时货物已到,发票账单要间隔较长时间才能到达,由于这笔负债已经成立,应作为一项负债反映,在月份终了将所购物资和应付债务估计入账,待下月初再用红字予以冲回的办法。

月底暂估入账时
借:原材料/库存商品等
　　应交税费——应交增值税(进项税额)
　　贷:应付账款
下月初红字冲回时
借:原材料/库存商品等(红字)
　　应交税费——应交增值税(进项税额)(红字)
　　贷:应付账款(红字)

应付账款一般按应付金额入账,而不按到期应付金额的现值入账。如果购入的资产在形成一笔应付账款时是带有现金折扣的,应付账款入账金额的确定按发票上记载的应付金额的总值(即不扣除折扣)记账。在这种方法下,应按发票上记载的全部应付金额,借记有关科目,贷记"应付账款"科目;获得的现金折扣冲减当期财务费用。

借:应付账款
　　贷:银行存款
　　　　财务费用

在某些情况下,因收款人的特定原因而确实无法支付的应付款项,企业应将其确认为当期的营业外收入。

借:应付账款
　　贷:营业外收入

【例9-3】 C公司为增值税一般纳税人,2019年5月1日购入商品一批,发票上注明的价款为50 000元,增值税为6 500元,商品已经验收入库,款项尚未支付。5月6日企业开具转账支票用于支付前欠货款。

C公司的会计处理如下:
(1)2019年5月1日购入商品时

借:库存商品　　　　　　　　　　　　　　　　　　　　　50 000
　　应交税费——应交增值税(进项税额)　　　　　　　　　 6 500
　　贷:应付账款　　　　　　　　　　　　　　　　　　　　　56 500

(2)5月6日支付前欠货款时

借:应付账款　　　　　　　　　　　　　　　　　　　　　56 500
　　贷:银行存款　　　　　　　　　　　　　　　　　　　　　56 500

三、预收账款

预收账款是买卖双方协议商定,由购货方预先支付一部分货款给供应方而发生的一项负债。预收账款的核算应视企业的具体情况而定。如果预收账款比较多的,可以设置"预收账款"科目;预收账款不多的,也可以不设置"预收账款"科目,直接记入"应收账款"科目的贷方。

单独设置"预收账款"科目核算的,其"预收账款"科目的贷方,反映预收的货款和补付的货款;借方反映应收的货款和退回多收的货款;期末贷方余额,反映尚未结清的预收款项,借方余额反映应收的款项。具体会计处理如下:

(1)企业收取购货方的预付货款时

借:银行存款

  贷:预收账款

(2)企业发出商品、物资或提供劳务时

借:预收账款

  贷:主营业务收入

    应交税费——应交增值税(销项税额)

(3)企业收到购货方支付的剩余款项时

借:银行存款

  贷:预收账款

(4)企业退还多收的款项时

借:预收账款

  贷:银行存款

第四节　职工薪酬

一、职工薪酬的内容

职工薪酬,是指企业为获得职工提供的服务或终止劳动合同关系而给予的各种形式的报酬。企业提供给职工配偶、子女、受赡养人、已故员工遗属及其他受益人等的福利,也属于职工薪酬。职工薪酬主要包括短期薪酬、离职后福利、辞退福利和其他长期职工福利。

(一)短期薪酬

短期薪酬,是指企业预期在职工提供相关服务的年度报告期间结束后12个月内将全部予以支付的职工薪酬,因解除与职工的劳动关系给予的补偿除外。因解除与职工的劳动关系给予的补偿属于辞退福利的范畴。短期薪酬主要包括:

(1)职工工资、奖金、津贴和补贴,是指按照构成工资总额的计时工资、计件工资支付给职工的超额劳动报酬等的劳动报酬、为了补偿职工特殊或额外的劳动消耗和因其他特殊原因支付给职工的津贴,以及为了保证职工工资水平不受物价影响支付给职工的物价补贴等。企业的短期奖金计划属于短期薪酬,长期奖金计划属于其他长期职工福利。

(2)职工福利费,是指企业为职工提供的除职工工资、奖金、津贴和补贴、职工教育经费、社会保险费及住房公积金等以外的福利待遇支出,包括发放给职工或为职工支付的以下各项现金补贴和非货币性集体福利:

①为职工卫生保健、生活等发放或支付的各项现金补贴和非货币性福利,包括职工

因公外地就医费用、职工疗养费用、防暑降温费等。

② 企业尚未分离的内设集体福利部门所发生的设备、设施和人员费用。

③ 发放给在职职工的生活困难补助以及按规定发生的其他职工福利支出,如丧葬补助费、抚恤费、职工异地安家费、独生子女费等。

(3) 医疗保险费、工伤保险费和生育保险费等社会保险费,是指企业按照国家规定的基准和比例计算,向社会保险经办机构缴纳的医疗保险费、工伤保险费和生育保险费。

(4) 住房公积金,是指企业按照国家规定的基准和比例计算,向住房公积金管理机构缴存的住房公积金。

(5) 工会经费和职工教育经费,是指企业为了改善职工文化生活、为职工学习先进技术和提高文化水平和业务素质,用于开展工会活动和职工教育及职业技能培训等相关支出。

(6) 短期带薪缺勤,是指企业支付工资或提供补偿的职工缺勤,包括年休假、病假、短期伤残、婚假、产假、丧假、探亲假等。

(7) 短期利润分享计划,是指因职工提供服务而与职工达成的基于利润或其他经营成果提供薪酬的协议。长期利润分享计划属于其他长期职工福利。

(8) 非货币性福利,是指企业以自己的产品或外购商品发放给职工作为福利,企业提供给职工无偿使用自己拥有的资产或租赁资产供职工无偿使用等。

(9) 其他短期薪酬,是指除上述薪酬以外的其他为获得职工提供的服务而给予的短期薪酬。

(二) 离职后福利

离职后福利,是指企业为获得职工提供的服务而在职工退休或与企业解除劳动关系后,提供的各种形式的报酬和福利,属于短期薪酬和辞退福利的除外。

离职后福利计划,是指企业与职工就离职后福利达成的协议,或者企业为向职工提供离职后福利制定的规章或办法等。离职后福利计划按其特征可以分为设定提存计划和设定受益计划。其中,设定提存计划,是指向独立的基金缴存固定费用后,企业不再承担进一步支付义务的离职后福利计划。设定受益计划,是指除设定提存计划以外的离职后福利计划。

(三) 辞退福利

辞退福利,是指企业在职工劳动合同到期之前解除与职工的劳动合同关系,或者为鼓励职工自愿接受裁减而给予职工的补偿。辞退福利主要包括:

(1) 在职工劳动合同尚未到期前,不论职工本人是否愿意,企业决定解除与职工的劳动关系而给予的补偿。

(2) 在职工劳动合同尚未到期前,为鼓励职工自愿接受裁减而给予的补偿,职工有权利选择继续在职或接受补偿离职。

辞退福利通常采取解除劳动关系时一次性支付补偿的方式,也有通过提高退休后养老金或其他离职后福利的标准,或者在职工不再为企业带来经济利益后,将职工工资支付到辞退后未来某一期间的方式。

根据辞退福利的定义和包括的内容,企业应当区分辞退福利与正常退休养老金。辞退福利是在职工与企业签订的劳动合同到期前,企业根据法律与职工本人或职工代表(工会)签订的协议,或者基于商业惯例,承诺当其提前终止对职工的雇佣关系时支付的补偿,引发补偿的事项是辞退,因此,企业应当在辞退时进行确认和计量;职工在正常退休时获得的养老金,是其与企业签订的劳动合同到期时,或者职工达到了国家规定的退休年龄时获得的退休后生活补偿金额,此种情况下给予补偿的事项是职工在职时提供的服务而不是退休本身,因此,企业应当在职工提供服务的会计期间确认和计量。

另外,职工虽然没有与企业解除劳动合同,但未来不再为企业提供服务,不能为企业带来经济利益,企业承诺提供实质上具有辞退福利性质的经济补偿的,发生"内退"的情况,在其正式退休日期之前应当比照辞退福利处理,在其正式退休日期之后,应当按照离职后福利处理。

(四)其他长期职工福利

其他长期职工福利,是指除短期薪酬、离职后福利、辞退福利之外所有的职工薪酬包括长期带薪缺勤、长期残疾福利、长期利润分享计划等。

二、短期薪酬的确认、计量及会计处理

企业应当在职工为其提供服务的会计期间,将实际发生的短期薪酬确认为负债,并根据职工提供服务的受益对象,计入当期损益或相关资产成本。

(一)短期薪酬的确认和计量

(1)企业发生的职工工资、津贴和补贴等短期薪酬,应当根据职工提供服务情况和工资标准等计算应计入职工薪酬的工资总额,并按照受益对象计入当期损益或相关资产成本。

(2)企业为职工缴纳的医疗保险费、工伤保险费、生育保险费等社会保险费和住房公积金,以及按规定提取的工会经费和职工教育经费,应当在职工为其提供服务的会计期间,根据规定的计提基础和计提比例计算确定相应的职工薪酬金额,并确认相关负债,按照受益对象计入当期损益或相关资产成本。

(3)企业发生的职工福利费,应当在实际发生时根据实际发生额计入当期损益或相关资产成本企业向职工提供非货币性福利的,应当按照公允价值计量。公允价值不能可靠计量的,可以采用成本计量。其中:

① 企业以自产的产品作为非货币性福利提供给职工的,应当按照该产品的公允价值和相关税费确定职工薪酬金额,并计入当期损益或相关资产成本。

② 企业以外购的商品作为非货币性福利提供给职工的,应当按照该商品的公允价值和相关税费确定职工薪酬的金额,并计入当期损益或相关资产成本。

(4)带薪缺勤,应分为累积带薪缺勤和非累积带薪缺勤。

① 累积带薪缺勤是指带薪缺勤权利可以结转下期的带薪缺勤,本期尚未用完的带薪

缺勤权利可以在未来期间使用。我国企业职工休年假期间的工资通常属于累积带薪缺勤。企业应当在职工提供服务从而增加了其未来享有的带薪缺勤权利时,确认与累积带薪缺勤。

② 非累积带薪缺勤是指带薪缺勤权利不能结转下期的带薪缺勤,本期尚未用完的带薪缺勤权利将予以取消,并且职工离开企业时也无权获得现金支付。我国企业职工休婚假、产假、丧假、探亲假、病假期间的工资通常属于非累积带薪缺勤。

企业应当在职工实际发生缺勤的会计期间确认与非累积带薪缺勤相关的职工薪酬。

(5)短期利润分享计划,同时满足下列条件的,企业应当确认与利润分享计划相关的应付职工薪酬,并计入当期损益或相关资产成本。

① 企业因过去事项导致现在具有支付职工薪酬的法定义务或推定义务。
② 因利润分享计划所产生的应付职工薪酬义务能够可靠估计

企业在计量利润分享计划产生的应付职工薪酬时,应当反映职工因离职而没有得到利润分享计划支付的可能性。

如果企业在职工为其提供相关服务的年度报告期间结束后12个月内,不需要全部支付利润分享计划产生的应付职工薪酬,该利润分享计划应当作为其他长期职工福利处理。

(二)短期薪酬的会计处理

企业应当在职工为其提供服务的会计期间,将应付的职工薪酬确认为负债,除因解除与职工的劳动关系给予的补偿外,应当根据职工提供服务的受益对象,分别下列情况处理:

(1)应由生产产品、提供劳务负担的职工薪酬,计入产品成本或劳务成本。生产产品、提供劳务中的直接生产人员和直接提供劳务人员发生的职工薪酬,计入存货成本,但非正常消耗的直接生产人员和直接提供劳务人员的职工薪酬,应当在发生时确认为当期损益。

(2)应由在建工程、无形资产负担的职工薪酬,计入建造固定资产或无形资产成本。自行建造固定资产和自行研究开发无形资产过程中发生的职工薪酬,能否计入固定资产或无形资产成本,取决于相关资产的成本确定原则。比如企业在研究阶段发生的职工薪酬不能计入自行开发无形资产的成本,在开发阶段发生的职工薪酬,符合无形资产资本化条件的,应当计入自行开发无形资产的成本。

(3)上述1、2两项之外的其他职工薪酬,计入当期损益。除直接生产人员、直接提供劳务人员、符合准则规定条件的建造固定资产人员、开发无形资产人员以外的职工,包括公司总部管理人员、董事会成员、监事会成员等人员相关的职工薪酬,因难以确定直接对应的受益对象,均应当在发生时计入当期损益。

企业应当设置"应付职工薪酬"账户,用来核算根据有关规定应付给职工的各种薪酬,并按照职工薪酬的组成内容设置明细账,进行明细核算。

1.货币性职工薪酬的计量

对于货币性薪酬,企业一般应当根据职工提供服务情况和职工货币薪酬的标准,计算应计入职工薪酬的金额,按照收益对象计入相关成本或当期费用,借记"生产成本"、"管理费用"等科目,贷记"应付职工薪酬"等科目,发放时,借记"应付职工薪酬"科目,贷记"银行存款"等科目。在确定应付职工薪酬和应当计入成本费用的职工薪酬金额时,企业应当区分两种情况:

(1)对于国务院有关部门、省、自治区、直辖市人民政府或经批准的企业年金计划规定了计提基础和计提比例的职工薪酬项目,企业应当按照规定的计提标准,计量企业承担的职工薪酬义务和计入成本费用的职工薪酬。

(2)对于国家(包括省、市、自治区政府)相关法律法规没有明确规定计提基础和计提比例的职工福利费,企业应当根据历史经验数据和自身实际情况,预计应付职工薪酬金额和应计入成本费用的薪酬金额;每个资产负债表日,企业应当对实际发生的福利费金额和预计金额进行调整。

【例9-4】 2019年3月,甲公司当月应发工资2 100万元,其中:生产部门直接生产人员工资1 000万元;生产部门管理人员工资200万元;公司管理部门人员工资360万元;公司专设产品销售机构人员工资100万元;建造厂房人员工资240万元;内部开发存货管理系统人员工资200万元。

根据所在地政府规定,公司分别按照职工工资总额的10%、12.5%和10%计提医疗保险费、养老保险费和住房公积金,缴纳给当地社会保险经办机构和住房公积金管理机构。公司分别按照职工工资总额的2%和1.5%计提工会经费和职工教育经费。假定公司存货管理系统已处于开发阶段,本月研发支出全部符合资本化条件。

假定不考虑所得税影响。

应计入生产成本的职工薪酬金额 = 1 000 + 1 000 × (10% + 12.5% + 10% + 2% + 1.5%) = 1 360(万元)

应计入制造费用的职工薪酬金额 = 200 + 200 × (10% + 12.5% + 10% + 2% + 1.5%) = 272(万元)

应计入管理费用的职工薪酬金额 = 360 + 360 × (10% + 12.5% + 10% + 2% + 1.5%) = 489.6(万元)

应计入销售费用的职工薪酬金额 = 100 + 100 × (10% + 12.5% + 10% + 2% + 1.5%) = 136(万元)

应计入在建工程成本的职工薪酬金额 = 240 + 240 × (10% + 12.5% + 10% + 2% + 1.5%) = 326.4(万元)

应计入无形资产成本的职工薪酬金额 = 200 + 200 × (10% + 12.5% + 10% + 2% + 1.5%) = 272(万元)

甲公司应根据上述业务,做如下会计处理:

借:生产成本	13 600 000
制造费用	2 720 000
管理费用	4 896 000
销售费用	1 360 000
在建工程	3 264 000

研发支出——资本化支出	2 720 000
贷:应付职工薪酬——工资	21 000 000
——社会保险费	4 725 000
——住房公积金	2 100 000
——工会经费	420 000
——职工教育经费	315 000

2.非货币性职工薪酬的计量

企业向职工提供的非货币性职工薪酬,应当分别情况处理:

(1)以自产产品或外购商品发放给职工作为福利。

企业以其生产的产品作为非货币性福利提供给职工的,应当按照该产品的公允价值和相关税费,计量应计入成本费用的职工薪酬金额。相关收入及其成本的确认计量和相关税费的处理,与正常商品销售相同。以外购商品作为非货币性福利提供给职工的,应当按照该商品的公允价值和相关税费计量应计入成本费用的职工薪酬金额。

需要注意的是,在以自产产品或外购商品发放给职工作为福利的情况下,企业在进行账务处理时,应当先通过"应付职工薪酬"科目归集当期应计入成本费用的非货币性薪酬金额,以确定完整准确的企业人工成本金额。

(2)将拥有的房屋等资产无偿提供给职工使用或租赁住房等资产供职工无偿使用。

企业将拥有的房屋等资产无偿提供给职工使用的,应当根据受益对象,将住房每期应计提的折旧计入相关资产成本或费用,同时确认应付职工薪酬。租赁住房等资产供职工无偿使用的,应当根据受益对象,将每期应付的租金计入相关资产成本或费用,并确认应付职工薪酬。难以认定受益对象的,直接计入当期损益,并确认应付职工薪酬。

【例9-5】 甲公司为一家生产彩电的企业,共有职工100名,其中直接参与生产的职工80人,总部管理人员20人。2019年2月,公司以其生产的每台成本为5 000元的液晶彩电和外购的每部不含税价格为1 000元的手机作为春节福利发放给每位职工。该型号液晶彩电的售价为每台7 000元。甲公司适用的增值税税率为13%,已开具了增值税专用发票;甲公司以银行存款支付了购买手机的价款和增值税进项税额,已取得了增值税专用发票,适用的增值税税率为13%。

分析:企业以自己生产的产品作为福利发放给职工,应计入成本费用的职工薪酬金额以公允价值计量,计入主营业务收入,产品按照成本结转,但要根据相关税收规定,视同销售计算增值税销项税额。外购商品发放给职工作为福利,应当将交纳的增值税进项税额计入成本费用。

甲公司该项业务的具体会计处理如下:

(1)彩电的售价总额 = 7 000 × 80 + 7 000 × 20 = 560 000 + 140 000 = 700 000(元)

彩电的增值税销项税额 = (560 000 + 140 000) × 13% = 72 800 + 18 200 = 91 000 (元)

公司决定发放非货币性福利时,应做如下账务处理:

借:生产成本	632 800
管理费用	158 200

贷:应付职工薪酬——非货币性福利　　　　　　　　　　　791 000
实际发放液晶彩电时,应做如下账务处理:
借:应付职工薪酬——非货币性福利　　　　　　　　　　　791 000
　　贷:主营业务收入　　　　　　　　　　　　　　　　　　700 000
　　　　应交税费——应交增值税(销项税额)　　　　　　　 91 000
借:主营业务成本　　　　　　　　　　　　　　　　　　　500 000
　　贷:库存商品　　　　　　　　　　　　　　　　　　　　500 000

(2)手机的售价总额=80×1 000+20×1 000=80 000+20 000=100 000(元)
手机的进项税额=(80 000+20 000)×13%=10 400+2 600=13 000(元)
公司决定发放非货币性福利时,应做如下会计处理:
借:生产成本　　　　　　　　　　　　　　　　　　　　　 90 400
　　管理费用　　　　　　　　　　　　　　　　　　　　　 22 600
　　贷:应付职工薪酬——非货币性福利　　　　　　　　　　113 000
购买手机时,公司应作如下账务处理:
借:库存商品　　　　　　　　　　　　　　　　　　　　　100 000
　　应交税费——应交增值税(进项税额)　　　　　　　　　 13 000
　　贷:银行存款　　　　　　　　　　　　　　　　　　　　113 000
借:应付职工薪酬——非货币福利　　　　　　　　　　　　 113 000
　　贷:库存商品　　　　　　　　　　　　　　　　　　　　100 000
　　　　应交税费——应交增值税(进项税额转出)　　　　　　13 000

【例9-6】　某公司为总部各部门经理级别以上职工提供汽车免费使用,同时为副总裁以上高级管理人员每人租赁一套住房。该公司总部共有部门经理以上职工25名,每人提供一辆桑塔纳汽车免费使用,假定每辆桑塔纳汽车每月计提折旧500元;该公司共有副总裁以上高级管理人员5名,公司为其每人租赁一套面积为100平方米带有家具和电器的公寓,月租金为每套4 000元。

该公司每月应做如下会计处理:
借:应付职工薪酬——非货币性福利　　　　　　　　　　　 32 500
　　贷:累计折旧　　　　　　　　　　　　　　　　　　　　 12 500
　　　　其他应付款　　　　　　　　　　　　　　　　　　　 20 000
借:管理费用　　　　　　　　　　　　　　　　　　　　　　 32 500
　　贷:应付职工薪酬——非货币性福利　　　　　　　　　　 32 500

3. 带薪缺勤的计量

带薪缺勤是指企业在职工因病假、婚假等原因缺勤期间支付的薪酬。根据带薪的权利是否可以累积分为累积带薪缺勤和非累积带薪缺勤。

累积带薪缺勤,是指带薪缺勤权利可以结转下期的带薪缺勤,本期尚未用完的带薪缺勤权利可以在未来期间使用。非累积带薪缺勤,是指带薪缺勤权利不能结转下期的带薪缺勤,本期尚未用完的带薪缺勤权利将予以取消,并且职工离开企业时也无权获得现金支付。

我国《企业会计准则第9号——职工薪酬》规定,企业应当在职工提供服务从而增加了其未来享有的带薪缺勤权利时,确认与累积带薪缺勤相关的职工薪酬,并以累积未行使权利而增加的预期支付金额计量。企业应当在职工实际发生缺勤的会计期间确认与非累积带薪缺勤相关的职工薪酬。

企业应当根据资产负债表日因累积未使用权利而导致的预期支付的追加金额,记入"应付职工薪酬—累积带薪缺勤"账户,同时,应当根据受益对象,将其计入相关资产成本或当期损益。与非累积带薪缺勤相关的职工薪酬由于已经包括在企业每期向职工发放的工资等薪酬中,因此,不必再单独做相应的账务处理。

4. 利润分享计划的计量

利润分享计划是指员工根据其工作绩效而获得一部分公司利润的组织整体激励计划,是由企业建立并提供资金支持,让其员工或受益者参与利润分配的计划。

利润分享计划同时满足下列条件的,企业应当确认相关的应付职工薪酬:

(1)企业因过去事项导致现在具有支付职工薪酬的法定义务或推定义务。

(2)因利润分享计划所产生的应付职工薪酬义务金额能够可靠估计。属于下列三种情形之一的,视为义务金额能够可靠估计:

① 在财务报告批准报出之前企业已确定应支付的薪金额。

② 该短期利润分享计划的正式条款中包括确定薪酬金额的方式。

③ 过去的惯例为企业确定推定义务金额提供了明显证据。

企业制订有短期利润分享计划(或奖金计划)的,当职工完成规定业绩指标时,可按照企业净利润的一定比例计算应享有的薪酬,记入"应付职工薪酬——短期利润分享计划"账户,同时应当根据受益对象,将其计入相关资产成本或当期损益。

第五节 应交税费

企业在一定时期内取得的营业收入和实现的利润或发生特定经营行为,要按照规定向国家交纳各种税金,这些应交的税金应按照权责发生制的原则确认,在尚未交纳之前暂时停留在企业,形成企业的一项短期负债。企业按照规定应纳的税金主要包括:增值税、消费税、城市维护建设税、资源税、所得税、土地增值税、房产税、车船税、城镇土地使用税、教育费附加、矿产资源补偿费等。由企业为职工代扣代的个人所得税,也通过应交税费核算。

一、增值税

增值税是对在我国境内销售货物、无形资产或者不动产、提供服务,以及进口货物的单位和个人的增值额征收的一种流转税。增值税是我国目前的第一大税种,我国于2016年5月1日起全面推开营改增试点,将建筑业、房地产业、金融业、生活服务业纳入征税范围。根据应税销售额的水平,增值税的纳税人分为一般纳税人和小规模纳税人,年应税销售额超过财政部和国家税务总局规定标准的纳税人为一般纳税人,未超过规定标准的纳税人为小规模纳税人。

增值税是就货物或应税劳务的增值部分征收的一种税。按照增值税暂行条例规定，企业购入货物或接受应税劳务支付的增值税（即进项税额），可以从销售货物或提供劳务按规定收取的增值税（即销项税额）中抵扣。按照规定，企业购入货物或接受劳务必须具备以下凭证，其进项税额才能予以扣除。

增值税专用发票。实行增值税以后，一般纳税企业销售货物或者提供应税劳务均应开具增值税专用发票，增值税专用发票记载了销售货物的售价、税率以及税额等，购货方以增值税专用发票上记载的购入货物已支付的税额，作为扣税和记账的依据。

完税凭证。企业进口货物必须交纳增值税，其交纳的增值税在完税凭证上注明，进口货物交纳的增值税根据从海关取得的完税凭证上注明的增值税额，作为扣税和记账依据。

购进免税农产品或收购废旧物资，按照经税务机关批准的收购凭证上注明的价款或收购金额的一定比率计算进项税额，并以此作为扣税和记账的依据。

企业购入货物或者接受应税劳务，没有按照规定取得并保存增值税扣税凭证，或者增值税扣税凭证上未按照规定注明增值税额及其他有关事项的，其进项税额不能从销项税额中抵扣。会计核算中，如果企业不能取得有关的扣税证明，则购进货物或接受应税劳务支付的增值税额不能作为进项税额扣税，其已支付的增值税只能记入购入货物或接受劳务的成本。

1. 科目设置

企业应交的增值税，在"应交税费"科目下设置"应交增值税"明细科目进行核算。"应交增值税"明细科目的借方发生额，反映企业购进货物或接受应税劳务支付的进项税额、实际已交纳的增值税等；贷方发生额，反映销售货物或提供应税劳务应交纳的增值税额、出口货物退税、转出已支付或应分担的增值税等；期末借方余额，反映企业尚未抵扣的增值税。"应交税费——应交增值税"科目分别设置"进项税额""已交税金""销项税额""出口退税""进项税额转出""转出未交增值税""转出多交增值税""减免税款""出口抵减内销产品应纳税额"等专栏。

2. 一般纳税企业一般购销业务的会计处理

实行增值税的一般纳税企业实行比例税率，使用增值税专用发票。企业销售货物或提供劳务可以开具增值税专用发票（或完税凭证、购进免税农产品凭证、收购废旧物资凭证、外购物资支付的运输费用的结算单据，下同）；购入货物取得的增值税专用发票上注明的增值税额可以用销项税额抵扣；如果企业销售货物或者提供劳务采用销售额和销项税额合并定价方法的，按公式"销售额 = 含税销售额 ÷ (1 + 增值税税率)"还原为不含税销售额，并按不含税销售额计算销项税额。

根据我国增值税税法规定，一般纳税人适用税率的具体规定如下：

(1) 销售或者进口除基本生活必需品之外的货物，提供加工、修理修配或有形资产租赁服务，适用的增值税税率为13%。

(2) 销售或者进口保证基本生活必需品，包括农产品（含粮食）、食用植物油、自来水天然气、书刊、农药、化肥、电子出版物、音像制品、食用盐等商品，适用的增值税税率为9%。

(3)提供交通运输、邮政、基础电信、建筑、不动产租赁服务,销售不动产,转让土地使用权,适用的增值税税率为9%。

(4)提供金融服务、研发和技术服务、信息技术服务、文化创意服务、物流辅助服务、鉴证咨询服务等,适用的增值税税率为6%。

(5)零税率,即税率为零,仅适用于跨境销售国务院规定范围内的服务、无形资产,以及输往保区、保税工厂、保税仓库的货物。零税率不但不需要缴税,还可以退还以前纳税环节所做的增值税。

根据我国增值税暂行条例规定,允许从当期销项税额中抵扣进项税额的情形,主要包括以下几类:

(1)从销售方取得的增值税专用发票上注明的增值税额。

(2)从海关取得的海关进口增值税专用款书上注明的增值税额。

(3)购进农产品,除取得增值税专用发票或者海关进口增值税专用缴款书外,按照农产品收购发票或者销售发票上注明的农产品买价和9%的扣除率计算的进项税额。

(4)从境外单位或者个人购进服务、无形资产或者不动产,自税务机关或者扣缴义务人取得的解缴税款的完税凭证上注明的增值税额。

在某些情况下,税法规定企业发生的进项税额不得从销项税额中抵扣,主要情形如下:

(1)用于简易计税方法计税项目、免征增值税项目、集体福利或者个人消费的购进货物、包括加工修理修配劳务、服务、无形资产和不动产。

(2)非正常损失的购进货物,以及相关的加工修理修配劳务和交通运输服务。

(3)非正常损失的在产品、产成品所耗用的购进货物(不包括固定资产)、加工修理修配劳务和交通运输服务。

(4)非正常损失的不动产,以及该不动产所耗用的购进货物、设计服务和建筑服务。

(5)非正常损失的不动产在建工程所耗用的购进货物、设计服务和建筑服务。

(6)购进的旅客运输服务、贷款服务、餐饮服务、居民日常服务和娱乐服务。

一般纳税企业的增值税账务处理分为购进阶段和销售阶段,当期应纳增值税额的确定采用扣税法计算,计算公式为:

$$当期应纳税额 = 当期销项税额 - 当期进项税额。$$

在购进阶段,会计处理时实行价税分离,增值税专用发票上注明的价款计入购入货物的成本;增值税专用发票上注明的增值税额部分,计入进项税额,借记"应交税费——应交增值税(进项税额)"科目。在销售阶段,销售价格为不含税价,如果定价时价格中含增值税,应还原为不含税价格作为企业的销售收入,按照计税价格和适用税率计算向购买方收取的增值税作为销项税额,贷记"应交税费——应交增值税(销项税额)"科目。

【例9-7】 甲企业为增值税一般纳税人,适用的增值税率为13%,本期发生业务如下:

销售商品取得销售收入2 000万元,款项已经全部收取,存入银行,销售商品成本1 600万元。从乙企业(增值税一般纳税人)购入生产用设备,按固定资产核算。甲企业为购置该项不动产共支付价款和相关税费678万元,其中含增值税78万元。期末计算并缴纳本期应缴纳的增值税额。

根据现行增值税制度规定,甲企业对上述经济业务,应做如下会计处理:
销售商品取得收入时:

借:银行存款   22 600 000
 贷:主营业务收入   20 000 000
  应交税费——应交增值税(销项税额) 2 600 000
借:主营业务成本   1 600 000
 贷:库存商品   1 600 000

取得不动产时:

借:固定资产   6 000 000
 应交税费——应交增值税(进项税额)   780 000
 贷:银行存款   6 780 000

计算缴纳本期应缴纳的增值税时:

   本期应纳增值税额 = 2 600 000 - 78 000 = 1 820 000 元

借:应交税费——应交增值税(已交税金) 1 820 000
 贷:银行存款   1 820 000

3. 小规模纳税企业的会计处理

小规模纳税人,是指应纳增值税销售额在规定的标准以下,并且会计核算不健全的纳税人。小规模纳税人只需设置"应交税费—应交增值税"明细账户,不需要在"应交增值税"明细账户内设置三级明细账。

小规模纳税人企业对增值税的会计处理,具有以下特点:

(1)无论是否取得增值税专用发票,其支付的增值税税额均直接计入购入货物的成本。

(2)企业销售货物或提供劳务时,一般不可以开具增值税专用发票。

(3)销售货物或提供应税劳务采用简易办法计算应纳税额,即按照销售额的一定比例计算。

(4)如果企业销售货物或提供劳务时采用价税合一的方法定价的,可以按照公式"不含税的售额=含税的销售额/(1+征收率)"先计算销售额,再根据不含税的销售额计算应纳税额,小规模纳税人的征收率一般为3%。

从会计核算角度看,首先,小规模纳税企业购入货物无论是否具有增值税专用发票,其支付的增值税额均不计入进项税额,不得由销项税额抵扣,应计入购入货物的成本。相应地,其他企业从小规模纳税企业购入货物或接受劳务支付的增值税额,如果不能取得增值税专用发票,也不能作为进项税额抵扣,而应计入购入货物或应税劳务的成本。

【例9-8】 乙企业核定为小规模纳税人,本期购入原材料,按照增值税专用发票上记载的原材料价款为100万元,支付的增值税额为13万元,企业开出承兑的商业汇票,材料已到达并验收入库(材料按实际成本核算)。该企业本期销售产品,销售价格总额为80万元(含税),假定符合收入确认条件,销售产品成本为60万元,货款尚未收到。该企业

适用的增值税征收率为3%。根据上述经济业务,企业应做如下会计处理:
购进货物时:
借:原材料　　　　　　　　　　　　　　　　　　　1 130 000
　　贷:应付票据　　　　　　　　　　　　　　　　　　1 130 000
销售货物时:
$$\text{不含税价格} = 80 \div (1 + 3\%) = 77.6699(万元)$$
$$\text{应交增值税} = 77.6699 \times 3\% = 2.3301(万元)$$
借:应收账款　　　　　　　　　　　　　　　　　　　800 000
　　贷:主营业务收入　　　　　　　　　　　　　　　　776 699
　　　　应交税费——应交增值税　　　　　　　　　　　23 301
借:主营业务成本　　　　　　　　　　　　　　　　　600 000
　　贷:库存商品　　　　　　　　　　　　　　　　　　600 000

4. 视同销售的会计处理

按照增值税暂行条例实施细则的规定,对于企业将自产、委托加工或购买的货物分配给股东或投资者;将自产、委托加工的货物用于集体福利或个人消费等行为,视同销售货物,需计算交纳增值税。对于税法上某些视同销售的行为,如对外投资,会计核算遵照非货币性资产交换准则进行会计处理。但是,无论会计上是否做销售处理,只要税法规定需要交纳增值税的,应当计算交纳增值税销项税额,并计入"应交税费——应交增值税"科目中的"销项税额"。

【例9-9】 甲公司为增值税一般纳税人,本期以自产产品对乙公司投资,双方协议按产品的售价作价。该批产品的成本150万元,假设售价和计税价格均为200万元。该产品的增值税税率为13%。如果该笔交易符合非货币性资产交换准则规定的按公允价值计量的条件,乙公司收到投入的产品作为原材料使用。根据上述经济业务,甲、乙(假如甲、乙公司原材料均采用实际成本进行核算)企业应分别做如下会计处理:

甲公司:
对外投资转出计算的销项税额 = 200 × 13% = 26(万元)
借:长期股权投资　　　　　　　　　　　　　　　　2 260 000
　　贷:主营业务收入　　　　　　　　　　　　　　　2 000 000
　　　　应交税费——应交增值税(销项税额)　　　　　260 000
借:主营业务成本　　　　　　　　　　　　　　　　1 500 000
　　贷:库存商品　　　　　　　　　　　　　　　　　1 500 000
乙公司:
收到投资时,视同购进处理
借:原材料　　　　　　　　　　　　　　　　　　　2 000 000
　　应交税费——应交增值税(进项税额)　　　　　　260 000
　　贷:实收资本　　　　　　　　　　　　　　　　　2 260 000

5. 不予抵扣项目的会计处理

按照增值税暂行条例及其实施细则的规定,企业购进用于集体福利或个人消费的固定资产、用于非应税项目的购进货物或者应税劳务等按规定不予抵扣增值税进项税额。如果购入货物时就能认定其进项税额不能抵扣的,如购进用于集体福利或个人消费的固定资产、购入的货物直接用于免税项目、直接用于非应税项目,或者直接用于集体福利和个人消费的,进行会计处理时,其增值税专用发票上注明的增值税额,计入购入货物及接受劳务的成本。如果购入货物时不能直接认定其进项税额能否抵扣的,增值税专用发票上注明的增值税额,按照增值税会计处理方法记入"应交税费—应交增值税(进项税额)"科目;以后这部分购入货物用于按规定不得抵扣进项税额项目的,应将原已计入进项税额并已支付的增值税转入有关的承担者予以承担,通过"应交税费——应交增值税(进项税额转出)"科目转入有关的"在建工程"、"应付职工薪酬——职工福利"、"待处理财产损溢"等科目。

【例9-10】 甲企业为增值税一般纳税人,本期购入一批材料,增值税专用发票上注明的增值税额为19.5万元,材料价款150万元。材料已入库,货款已经支付(假如该企业材料采用实际成本进行核算)。材料入库后,该企业将该批材料全部用于发放职工福利。根据该项经济业务,企业可做如下会计处理:

材料入库时:
借:原材料　　　　　　　　　　　　　　　　　　1 500 000
　　应交税费——应交增值税(进项税额)　　　　195 000
　　贷:银行存款　　　　　　　　　　　　　　　1 695 000

用于发放职工福利时:
借:应付职工薪酬　　　　　　　　　　　　　　　1 695 000
　　贷:应交税费——应交增值税(进项税额转出)　195 000
　　　　原材料　　　　　　　　　　　　　　　　1 500 000

6. 转出多交增值税和未交增值税的会计处理

为了分别反映增值税一般纳税人欠交增值税款和待抵扣增值税的情况,确保企业及时足额上交增值税,避免出现企业用以前月份欠交增值税抵扣以后月份未抵扣的增值税的情况,企业应在"应交税费"科目下设置"未交增值税"明细科目,核算企业月份终了从"应交税费——应交增值税"科目转入的当月未交或多交的增值税;同时,在"应交税费——应交增值税"科目下设置"转出未交增值税"和"转出多交增值税"专栏。月份终了,企业计算出当月应交未交的增值税,借记"应交税费——应交增值税(转出未交增值税)"科目,贷记"应交税费——未交增值税"科目;当月多交的增值税,借记"应交税费——未交增值税"科目,贷记"应交税费——应交增值税(转出多交增值税)"科目,经过结转后,月份终了,"应交税费——应交增值税"科目的余额,反映企业尚未抵扣的增值税。

值得注意的是,企业当月交纳当月的增值税,仍然通过"应交税费——应交增值税(已交税金)"科目核算;当月交纳以前各月未交的增值税,通过"应交税费——未交增值税"科目,不通过"应交税费——应交增值税(已交税金)"科目核算。

二、消费税

消费税是以特定消费品的流转额为计税依据而征收的一种商品税。消费税是世界各国普遍征收的一种流转税。为了正确引导消费方向,国家在普遍征收增值税的基础上,选择部分消费品,再征收一道消费税,目的是为了调节产品结构,引导消费方向,保证国家财政收入。按照《中华人民共和国消费税暂行条例》的规定,消费税的纳税义务人为生产、委托加工和进口应税消费品的企业,因此消费税一般为生产及进口应税消费品的企业缴纳。

消费税的征收方法采取从价定率和从量定额两种方法。实行从价定率办法计征的应纳税额的税基为销售额,如果企业应税消费品的销售额中未扣除增值税税款,或者因不能开具增值税专用发票而发生价款和增值税税款合并收取的,在计算消费税时,按公式"应税消费品的销售额=含增值税的销售额÷(1+增值税税率或征收率)"换算为不含增值税税款的销售额。实行从量定额办法计征的应纳税额的销售数量是指应税消费品的数量;属于销售应税消费品的,为应税消费品的销售数量;属于自产自用应税消费品的,为应税消费品的移送使用数量;属于委托加工应税消费品的,为纳税人收回的应税消费品数量;进口的应税消费品,为海关核定的应税消费品进口征税数量。

1. 科目设置

企业按规定应交的消费税,在"应交税费"科目下设置"应交消费税"明细科目核算。"应交消费税"明细科目的借方发生额,反映实际交纳的消费税和待扣的消费税;贷方发生额,反映按规定应交纳的消费税;期末贷方余额,反映尚未交纳的消费税;期末借方余额,反映多交或待扣的消费税。

2. 产品销售的会计处理

企业销售产品时应交纳的消费税,应分别情况进行处理:

企业将生产的产品直接对外销售的,对外销售产品应交纳的消费税,通过"税金及附加"科目核算;企业按规定计算出应交的消费税,借记"税金及附加"科目,贷记"应交税费——应交消费税"科目。

【例9-11】 甲企业为生产珠宝玉石的增值税一般纳税人。2019年4月,甲销售一批A产品,售价为20万元,适用的增值税税率为13%。该批产品为应税消费品,适用的消费税税率为10%。该批产品的生产成本为15万元。产品已发出,款项尚未收到。

分析:本例中,甲销售A产品,要计算应交增值税,同时由于A产品属于应税消费品,还要计算应交消费税。

$$应交增值税的销项税 = 200\ 000 \times 13\% = 26\ 000(元)$$
$$应纳消费税额 = 200\ 000 \times 10\% = 20\ 000(元)$$

具体账务处理为:

借:应收账款	234 000
贷:主营业务收入	200 000
应交税费——应交增值税(销项税额)	34 000
借:主营业务成本	150 000
贷:库存商品	150 000
借:税金及附加	20 000
贷:应交税费——应交消费税	20 000

企业用自产应税消费品对外投资,或用于在建工程、非生产机构等其他方面按规定应交纳的消费税,应计入有关的成本。

3. 委托加工应税消费品的会计处理

按照税法规定,企业委托加工的应税消费品,由受托方在向委托方交货时代扣代缴税款(除受托加工或翻新改制金银首饰按规定由受托方交纳消费税外)。委托加工的应税消费品,委托方用于连续生产应税消费品的,所纳税款准予按规定抵扣。这里的委托加工应税消费品,是指由委托方提供原料和主要材料,受托方只收取加工费和代垫部分辅助材料加工的应税消费品,对于由受托方提供原材料生产的应税消费品,或者受托方先将原材料卖给委托方,然后再接受加工的应税消费品,以及由受托方以委托方名义购进原材料生产的应税消费品,都不作为委托加工应税消费品,而应当按照销售自制应税消费品交纳消费税。委托加工的应税消费品直接出售的,不再征收消费税。

在会计处理时,需要交纳消费税的委托加工应税消费品,于委托方提货时,由受托方代收代缴税款。受托方按应扣税款金额,借记"应收账款"、"银行存款"等科目,贷记"应交税费——应交消费税"科目。委托加工应税消费品收回后,直接用于销售的,委托方应将代收代缴的消费税计入委托加工的应税消费品成本,借记"委托加工物资"、"生产成本"等科目,贷记"应付账款"、"银行存款"等科目,待委托加工应税消费品销售时,不需要再交纳消费税;委托加工的应税消费品收回后用于连续生产应税消费品,按规定准予抵扣的,委托方应按代收代缴的消费税款,借记"应交税费——应交消费税"科目,贷记"应付账款"、"银行存款"等科目,待用委托加工的应税消费品生产出应纳消费税的产品销售时,再交纳消费税。

委托加工或翻新改制金银首饰按规定由受托方交纳消费税。企业应于向委托方交货时,按规定交纳的消费税,借记"税金及附加"科目,贷记"应交税费——应交消费税"科目。

【例9-12】 2019年4月,甲公司委托外单位加工一批材料,该材料为应税消费品,其实际成本为20万元。甲公司支付给受托方的加工费为5万元,应支付的增值税进项税额为0.65万元,由受托方代收代缴的消费税为0.5万元。材料已经加工完毕验收入库,全部价款已使用支票付讫。根据该项经济业务,委托方应做如下账务处理:

(1)如果委托方收回加工后的材料用于继续生产应税消费品,委托方的会计处理如下:

借:委托加工物资　　　　　　　　　　　　　　　　　　　200 000
　　贷:原材料　　　　　　　　　　　　　　　　　　　　　200 000
借:委托加工物资　　　　　　　　　　　　　　　　　　　 50 000
　　应交税费——应交消费税　　　　　　　　　　　　　　 5 000
　　　　　　——应交增值税(进项税额)　　　　　　　　　6 500
　　贷:银行存款　　　　　　　　　　　　　　　　　　　　61 500
借:原材料　　　　　　　　　　　　　　　　　　　　　　250 000
　　贷:委托加工物资　　　　　　　　　　　　　　　　　　250 000

(2)如果委托方收回加工后的材料直接用于销售,委托方的账务处理如下:

借:委托加工物资	200 000
贷:原材料	200 000
借:委托加工物资	55 000
应交税费——应交增值税(进项税额)	6 500
贷:银行存款	61 500
借:原材料	255 000
贷:委托加工物资	255 000

4.进出口产品的会计处理

需要交纳消费税的进口消费品,由海关代征,于报关进口时纳税,其交纳的消费税应计入该进口消费品的成本,借记"固定资产""材料采购"等科目,贷记"银行存款"等科目。

三、其他应交税费

1.资源税

资源税是国家对在我国境内开采矿产品或者生产盐的单位和个人征收的一种税。资源税按照应税产品的课税数量和规定的单位税额计算,公式为:"应纳税额 = 课税数量 × 单位税额"。这里的课税数量为:开采或者生产应税产品销售的,以销售数量为课税数量;开采或者生产应税产品自用的,以自用数量为课税数量。

(1)科目设置:企业按规定应交的资源税,在"应交税费"科目下设置"应交资源税"明细科目核算。"应交资源税"明细科目的借方发生额,反映企业已交的或按规定允许抵扣的资源税;贷方发生额,反映应交的资源税;期末借方余额反映多交或尚未抵扣的资源税;期末贷方余额,反映尚未交纳的资源税。

(2)销售产品或自产自用产品相关的资源税的会计处理:在会计核算时,企业按规定计算出销售应税产品应交纳的资源税,借记"税金及附加"科目,贷记"应交税费——应交资源税"科目;企业计算出自产自用的应税产品应交纳的资源税,借记"生产成本"、"制造费用"等科目,贷记"应交税费——应交资源税"科目。

【例9-13】 某企业将自产的煤炭2 000吨用于产品生产,每吨应交资源税5元。根据该项经济业务,企业应做如下会计处理:

$$自产自用煤炭应交的资源税 = 2\ 000 \times 5 = 10\ 000(元)$$

借:生产成本	10 000
贷:应交税费——应交资源税	10 000

(3)收购未税矿产品相关资源税的会计处理:按照资源税暂行条例的规定,收购未税矿产品的单位为资源税的扣缴义务人。企业应按收购未税矿产品实际支付的收购款以及代扣代缴的资源税,作为收购矿产品的成本,将代扣代缴的资源税,记入"应交税费——应交资源税"科目。

(4)外购液体盐加工固体盐相关资源税的会计处理:按规定企业外购液体盐加工固体盐的,所购入液体盐交纳的资源税可以抵扣。在会计核算时,购入液体盐时,按所允许抵扣的资源税,借记"应交税费——应交资源税"科目,按外购价款扣除允许抵扣资源后的数额,借记"材料采购"等科目,按应支付的全部价款,贷记"银行存款"、"应付账款"等科目;企业加工成固体盐后,在销售时,按计算出的销售固体盐应交的资源税,借记"税金及附加"科目,贷记"应交税费——应交资源税"科目;将销售固体盐应纳资源税抵扣液体盐已纳资源税后的差额上交时,借记"应交税费——应交资源税"科目,贷记"银行存款"科目。

2. 土地增值税

国家从1994年起开征了土地增值税,转让国有土地使用权、地上建筑物及其附着物并取得收入的单位和个人,均应交纳土地增值税。土地增值税按照转让房地产所取得的增值额和规定的税率计算征收。这里的增值额是指转让房地产所取得的收入减除规定扣除项目金额后的余额。企业转让房地产所取得的收入,包括货币收入、实物收入和其他收入。计算土地增值额的主要扣除项目有:①取得土地使用权所支付的金额;②开发土地的成本、费用;③新建房屋及配套设施的成本、费用,或者旧房及建筑物的评估价格;④与转让房地产有关的税金。

在会计处理时,企业交纳的土地增值税通过"应交税费——应交土地增值税"科目核算。兼营房地产业务的企业,应由当期收入负担的土地增值税,借记"其他业务成本"科目,贷记"应交税费——应交土地增值税"科目。转让的国有土地使用权与其地上建筑物及其附着物一并在"固定资产"或"在建工程"科目核算的,转让时应交纳的土地增值税,借记"固定资产清理"、"在建工程"科目,贷记"应交税费——应交土地增值税"科目。企业在项目全部竣工结算前转让房地产取得的收入,按税法规定预交的土地增值税,借记"应交税费——应交土地增值税"科目,贷记"银行存款"等科目;待该项房地产销售收入实现时,再按上述销售业务的会计处理方法进行处理。该项目全部竣工、办理结算后进行清算,收到退回多交的土地增值税,借记"银行存款"等科目,贷记"应交税费——应交土地增值税"科目,补交的土地增值税做相反的会计分录。

3. 房产税、土地使用税、车船税和印花税

房产税是国家对在城市、县城、建制镇和工矿区征收的由产权所有人缴纳的一种税。房产税依照房产价格计算交纳。没有房产原值作为依据的,由房产所在地税务机关参考同类房产核定;房产出租的,以房产租金收入为房产税的计税依据。土地使用税是国家为了合理利用城镇土地,调节土地级差收入,提高土地使用效益,加强土地管理而开征的一种税,以纳税人实际占用的土地面积为计税依据,依照规定税额计算征收。车船税由拥有并且使用车船的单位和个人交纳。车船税按照适用税额计算交纳、企业按规定计算应交的房产税、土地使用税、车船税时,借记"税金及附加"科目,贷记"应交税费——应交房产税(或土地使用税、车船税)"科目;上交时,借记"应交税费——应交房产税(或土地使用税、车船税)"科目,贷记"银行存款"科目。

印花税是对书立、领受购销合同等凭证行为征收的税款,实行由纳税人根据规定自行计算应纳税额,购买并一次贴足印花税票的交纳方法。应纳税凭证包括:购销、加工承揽、建设工程承包、财产租赁、货物运输、仓储保管、借款、财产保险、技术合同或者具有合同性质的凭证;产权转移书据;营业账簿;权利、许可证照等。纳税人根据应纳税凭证的性质,分别按比例税率或者按件定额计算应纳税额。

由于企业交纳的印花税,是由纳税人根据规定自行计算应纳税额以购买并一次贴足印花税票的方法交纳的税款。即一般情况下,企业需要预先购买印花税票,待发生应税行为时,再根据凭证的性质和规定的比例税率或者按件计算应纳税额,将已购买的印花税票粘贴在应纳税凭证上,并在每枚税票的骑缝处盖戳注销或者划销,办理完税手续。企业交纳的印花税,不会发生应付未付税款的情况,不需要预计应纳税金额,同时也不存在与税务机关结算或清算的问题,因此,企业交纳的印花税不需要通过"应交税费"科目核算,于购买印花税票时,直接借记"税金及附加"科目,贷记"银行存款"科目。

4. 城市维护建设税

为了加强城市的维护建设,扩大和稳定城市维护建设资金的来源,国家开征了城市维护建设税。城市维护建设税税额按照流转税的一定比例计算。在会计核算时,企业按规定计算出的城市维护建设税,借记"税金及附加"科目,贷记"应交税费——应交城市维护建设税"科目;实际上交时,借记"应交税费——应交城市维护建设税"科目,贷记"银行存款"科目。

5. 所得税

企业的生产、经营所得和其他所得,依照有关所得税暂行条例及其细则的规定需要缴纳所得税。企业应交纳的所得税,在"应交税费"科目下设置"应交所得税"明细科目核算;当期应计入损益的所得税,作为一项费用,在净收益前扣除。企业按照一定方法计算,计入损益的所得税,借记"所得税费用"科目,贷记"应交税费——应交所得税"科目。

6. 耕地占用税

耕地占用税是国家为了利用土地资源,加强土地管理,保护农用耕地而征收的一种税。耕地占用税以实际占用的耕地面积计税,按照规定税额一次征收。企业交纳的耕地占用税,不需要通过"应交税费"科目核算。企业按规定计算交纳耕地占用税时,直接计入相关资产成本,借记"在建工程"科目,贷记"银行存款"科目。

7. 教育费附加

教育费附加是国家为了发展我国的教育事业、提高人民的文化素质而征收的一项费用,按照企业缴纳流转税的一定比例计征,并与流转税一起缴纳。在会计核算时,企业按规定计算出的教育费附加,借记"税金及附加"科目,贷记"应交税费——应交教育费附加"科目;实际上交时,借记"应交税费——应交教育费附加"科目,贷记"银行存款"科目。

第六节 其他应付款项

一、应付利息

应付利息,是指企业按照合同约定应支付的利息,包括短期借款当期应计提的利息、分期付息到期还本的长期借款当期应计提的利息、企业发行的分期付息的企业债券当期应计提的利息。

资产负债表日,应按摊余成本和实际利率计算确定的利息费用,借记"在建工程""财务费用""研发支出"等科目,按合同利率计算确定的应付未付利息,贷记"应付利息",按借贷双方之间的差额,借记或贷记"长期借款——利息调整""应付债券——利息调整"等科目。实际支付利息时,借记"应付利息",贷记"银行存款"科目。

合同利率与实际利率差异较小的,也可以采用合同利率计算确定当期的利息费用。实际支付利息时,借记"应付利息",贷记"银行存款"等科目。

本科目期末贷方余额,反映企业应付未付的利息。

二、应付股利

应付股利是指企业经股东大会或类似机构审议批准分配的现金股利或利润。企业股东大会或类似机构审议批准的利润分配方案、宣告分派的现金股利或利润,在实际支付前,形成企业的负债。

企业董事会或类似机构通过的利润分配方案中拟分配的现金股利或利润,不应确认负债,但应在附注中披露。只有企业经股东大会或类似机构审议批准的利润分配方案,才能作为进行账务处理的依据。企业按应支付的现金股利或利润时,借记"利润分配——应付股利或利润"科目,贷记"应付股利";实际支付现金股利或利润时,借记"应付股利",贷记"银行存款"等科目。

三、其他应付款

其他应付款,是指企业除应付票据、应付账款、预收账款、应付职工薪酬、应付利息、应付股利、应交税费、长期应付款等以外的其他各项应付、暂收的款项。具体包括应付经营租入固定资产和包装物押金、存入保证金(如收取的包装物押金)、企业采用售后租回方式融入的资金等。

企业应设置"其他应收款"账户核算发生的其他各种应付、暂收款项,借记"银行存款""管理费用"等科目,贷记"其他应付款";支付的其他各种应付、暂收款项,借记"其他应付款",贷记"银行存款"等科目。

思考题

1. 流动负债包括哪些内容?
2. 应交税费包括哪些内容?
3. 一般纳税人和小规模纳税人在增值税的核算上有何不同?
4. 本章核算涉及哪些主要账户?

第十章　非流动负债

【学习目标】

1. 了解非流动负债的含义、特征和分类。
2. 掌握长期借款、应付债券的核算。
3. 掌握借款费用资本化和费用化的核算。

【本章重点】

长期借款、应付债券的核算。

【本章难点】

应付债券的核算。

第一节　非流动负债概述

一、非流动负债的含义及分类

非流动负债是指企业将在1年或超过1年的一个营业周期以上偿还的债务。与流动负债相比，非流动负债(也称长期负债)具有金额大、期限长、可以分期偿还等特点。

长期负债的分类标准由多种，具体如下所示：

(一)按照筹资方式分类

按照筹资的方式，长期负债可以分为长期借款、应付债券和长期应付款。

(1) 长期借款。长期借款是企业向银行或其他金融机构借入的，偿还期在1年以上或超过1年的一个营业周期以上的各种借款。

(2) 应付债券。应付债券是企业为筹集资金而对外发行的期限在1年以上的长期借款性的债务凭证。

(3) 长期应付款。长期应付款是企业在经营活动过程中形成的对其他企业的长期负债，如融资租入固定资产应付款等。

(二)按照偿还方式分类

按照偿还方式，长期负债可以分为一次偿还的长期负债和分次偿还的长期负债。

(1) 一次偿还的长期负债。一次偿还的长期负债是指在规定的到期日一次还清的长期债务,其中又包括到期一次还本付息和分期付息到期还本两种形式。

(2) 分期偿还的长期负债。分期偿还的长期负债是指在规定期限内分若干期偿还的长期债务,通常利息也是分期支付的。

(三)按照偿债保证分类

按照偿债保证,长期负债可以分为有抵押长期负债和信用长期负债。

(1)有抵押长期负债。有抵押长期负债是指企业以指定的实物资产作为偿债保证的长期负债。

(2) 信用长期负债。信用长期负债是指没有实物资产作为偿债保证,仅凭企业的信誉取得的长期负责。

二、非流动负债筹集资金方式的优劣势

企业筹集长期资金的方式包括举借长期负债和追加投入资本两种方式。这两种筹资方式各有利弊。与追加投入资本相比,举借长期负债具有以下优点:

(1) 举借长期负债不影响企业原有的股权结构,有利于保持原有投资者控制企业的权力。

(2) 举借长期负债可以增加投资者的收益,不论企业的经营状况如何,债权人都将按约定的利率获取利息,如果企业经营所获得的投资回报率高于长期负债约定的利率,超过的部分就全部扣减。

(3) 在缴纳所得税时,长期负债的利息支出作为正常的经营成本或经营费用从利润总额中归投资者所有,而股利只能从税后利润中支付,不能作为纳税扣减项目。

举借长期负债也有不足之处,主要表现在:

(1) 长期负债的利息是固定费用。如果举债经营的投资回报率低于长期负债约定的利率将会减少投资者的利益。

(2) 长期负债有明确的到期日。企业必须准备足够的现金偿还到期的债务,这将影响企业财务上的灵活性。

(3) 如果企业到期不能偿还债务,债权人的偿债要求可能会导致企业破产清算。

第二节 长期借款

一、长期借款的核算内容

长期借款,是指企业从银行或其他金融机构借入的期限在1年以上(不含1年)的借款。

企业应设置"长期借款"账户核算企业借入的长期借款的增加变动情况,从金融机构借入款项时记入账户贷方,归还本金时记入账户借方。该账户按贷款企业设置明细

账户。

二、长期借款的会计核算

企业借入各种长期借款时,按实际收到的款项,借记"银行存款"科目,按贷款合同上标明的贷款金额,贷记"长期借款——本金",按借贷双方之间的差额,借记"长期借款——利息调整"。

企业长期借款产生的利息属于建期间的计入当期损益(管理费用);属于为购建固定资产而筹借的长期借款利息支出及其他支出,符合资本化条件的,计入有关固定资产的购建成本;不符合资本化条件的,计入当期的财务费用。在资产负债表日,企业应按长期借款的摊余成本和实际利率计算确定的长期借款的利息费用,借记"在建工程""财务费用""管理费用"等科目,按借款本金和合同利率计算确定的应付未付利息,贷记"应付利息"科目,按其差额,贷记"长期借款——利息调整"科目。

企业归还长期借款,按归还的长期借款本金,借记"长期借款——本金"科目,按转销的利息调整金额,贷记"长期借款——利息调整"科目,按实际归还的款项,贷记"银行存款"科目,按借贷双方之间的差额,借记"在建工程"、"财务费用""管理费用"等科目。

【例10-1】 甲企业为建造一幢厂房,2017年1月1日借入期限为两年的长期专门借款 1 000 000 元,款项已存入银行。借款利率按市场利率确定为9%,每年付息一次,期满后一次还清本金。2017年初,以银行存款支付工程价款共计 600 000 元,2018年初又以银行存款支付工程费用 400 000 元。该厂房于2018年8月底完工,达到预定可使用状态。假定不考虑闲置专门借款资金存款的利息收入或者投资收益。根据上述业务编制有关会计处理如下:

(1)2017年1月1日,取得借款时:

借:银行存款　　　　　　　　　　　　　　　　1 000 000
　　贷:长期借款　　　　　　　　　　　　　　　　　1 000 000

(2)2017年初,支付工程款时:

借:在建工程　　　　　　　　　　　　　　　　　600 000
　　贷:银行存款　　　　　　　　　　　　　　　　　　600 000

(3)2017年12月31日,计算20×7年应计入工程成本的利息时:

$$借款利息 = 1\,000\,000 \times 9\% = 90\,000(元)$$

借:在建工程　　　　　　　　　　　　　　　　　90 000
　　贷:应付利息　　　　　　　　　　　　　　　　　　90 000

(4)2017年12月31日支付借款利息时:

借:应付利息　　　　　　　　　　　　　　　　　90 000
　　贷:银行存款　　　　　　　　　　　　　　　　　　90 000

(5)2018年初支付工程款时:

借:在建工程　　　　　　　　　　　　　　　　　400 000
　　贷:银行存款　　　　　　　　　　　　　　　　　　400 000

(6)2018年8月底达到预定可使用状态,该期应计入工程成本的利息 = (1 000 000 ×

9% ÷12)×8 =60 000(元)

　　借:在建工程　　　　　　　　　　　　　　　60 000
　　　贷:应付利息　　　　　　　　　　　　　　　　60 000
同时:
　　借:固定资产　　　　　　　　　　　　　　　1 150 000
　　　贷:在建工程　　　　　　　　　　　　　　　1 150 000

(7)2018年12月31日,计算20×8年9～12月应计入财务费用的利息:

(1 000 000×9% ÷12)×3 =30 000(元)

　　借:财务费用　　　　　　　　　　　　　　　　30 000
　　　贷:应付利息　　　　　　　　　　　　　　　　30 000

(8)2018年12月31日支付利息时:

　　借:应付利息　　　　　　　　　　　　　　　　90 000
　　　贷:银行存款　　　　　　　　　　　　　　　　90 000

(9)2019年1月1日到期还本时:

　　借:长期借款　　　　　　　　　　　　　　　1 000 000
　　　贷:银行存款　　　　　　　　　　　　　　　1 000 000

第三节　应付债券

一、应付债券定义及分类

债券是企业为筹集资金,依照法定程序发行的,约定在一定期限内还本付息的一种书面凭证。应付债券是以发行债券的方式筹集资金而形成的一种长期负债。

应付债券可以按不同的方式进行分类。

1.按照偿还本金方式分类,应付债券可以分为一次还本债券和分期还本债券。

(1)一次还本债券是全部本金都在确定的到期日一次偿还的债券。一次还本债券又分为到期一次还本付息的债券和分期付息到期还本的债券两种。

(2)分期还本债券是按不同的日期分次偿还本金的债券。

2.按照偿债保证分类,应付债券可以分为抵押债券和信用债券。

(1)抵押债券是以特定的财产作为偿债保证所发行的债券。

(2)信用债券是没有特定的财产作为偿债保证,仅凭债券发行企业的信誉所发行的债券。

3.按照是否记名分类,应付债券可以分为记名债券和不记名债券。

(1)记名债券是记录持有人姓名的债券。记名债券如果要转让,必须到指定场所办理过户手续。

(2)不记名债券是不记录持有人姓名的债券。

4.按照付息标准分类,应付债券可以分为普通债券和收益债券

(1)普通债券是按固定利率计算并支付利息的债券。

(2)收益债券是按企业的收益水平确定利息的债券。收益债券没有固定的利率,根据当期的收益水平确定应付利息的多少,通常会有上下限的约束。

5.其他分类

应付债券除了上述分类外,还有一些特殊的种类。

(1)可赎回债券是发行企业有权于债券到期之前,按特定价格赎回的债券。

(2)可要求偿付债券是债权人在到期前有权要求清偿的债券。

(3)可转换债券是在发行后的一定时期内,可以按一定比例和价格转换成发行企业股票的债券。

二、一般公司债券

(一)公司债券的发行

企业发行的超过一年期以上的债券,构成了企业的长期负债。公司债券的发行方式有三种,即面值发行、溢价发行、折价发行。假设其他条件不变,债券的票面利率高于市场利率(一般用同期银行存款利率)时,可按超过债券票面价值的价格发行,称为溢价发行。溢价是企业以后各期多付利息而事先得到的补偿;如果债权的票面利率低于市场利率,可按低于债券面值的价格发行,称为折价发行。折价是企业以后各期少付利息而预先给投资者的补偿。如果债券的票面利率与市场利率相同,可按票面价格发行,称为面值发行。溢价或折价是发行债券企业在债券存续期间内对利息费用的一种调整。

从理论上讲,债券的发行价格为其所支付的本息按市场利率折算的现值。债券的发行价格由两个部分组成:债券面值(到期值)按市场利率(实际利率)折算的现值和按债券票面利率计算的各期利息(年金)以市场利率折算的现值总和。用公式表示为:

债券发行价格 = 到期偿还本金按市场利率计算的现值 +
    各期票面利息按市场利率计算的现值
  = 债券面值 × $1/(1+市场利率)^{期数}$ + 债券面值 × 票面利率 × 年金现值系数
  = $F \times 1/(1+i)^n + A \times [1-(1+i)^{-n}]/i$

现将三种情况列于表10-1。

表10-1 债券面值、票面利率、市场利率与现值(发行价格)的关系

利率	债券(现值)	发行价格
市场利率 = 票面利率	现值 = 面值	按面值
市场利率 < 票面利率	现值 > 面值	按溢价(面值 + 溢价)
市场利率 > 票面利率	现值 < 面值	按折价(面值 - 折价)

显而易见,债券的发行价格(现值)随市场利率的变动而呈反方向变动,当市场利率上升时,债券的价格下跌;相反,当市场利率下降时,债券的价格上升。值得注意的是,债券一经发售,债券信托合同就告成立,其后无论市场利率如何波动,对发行的债券均不产生影响,也不必调整会计记录。

【例10-2】 甲为筹集扩大生产规模所需要的资金,于2013年1月1日发行为期5年、一次还本的债券5 000 000元,债券利息每半年支付一次,债券票面注明的利率为年利率6%。

(1)假定债券发行时市场利率为4%。

①债券面值按市场利率4%折算的现值。

因债券在5年后一次还本,到期偿还的5 000 000元票面金额的现值,应是债券按市场利率2%(每半年)计算10期的复利现值,即

$$5\ 000\ 000 \times (P/F, 2\%, 10) = 5\ 000\ 000 \times 0.8203 = 4\ 101\ 500(元)$$

②债券利息按市场利率4%折算的现值。

债券各期应付利息 = 5 000 000 × 6%/2 = 150 000元,共10期,其按市场利率2%计算的年金现值为:

$$150\ 000 \times (P/A, 2\%, 10) = 150\ 000 \times 8.9836 = 1\ 347\ 540(元)$$

③债券的发行价格 = 4 101 500 + 1 347 540 = 5 449 040(元)

(2)假定债券发行时市场利率为8%。

$$\begin{aligned}
债券的发行价格 &= 5\ 000\ 000 \times (P/F, 4\%, 10) + 150\ 000 \times (P/A, 4\%, 10) \\
&= 5\ 000\ 000 \times 0.6755 + 150\ 000 \times 8.1108 \\
&= 3\ 377\ 500 + 1\ 216\ 620 \\
&= 4\ 594\ 120(元)
\end{aligned}$$

(3)假定债券发行时市场利率为6%。

$$\begin{aligned}
债券的发行价格 &= 5\ 000\ 000 \times (P/F, 3\%, 10) + 150\ 000 \times (P/A, 3\%, 10) \\
&= 5\ 000\ 000 \times 0.7441 + 150\ 000 \times 8.530 \\
&= 3\ 720\ 500 + 1\ 279\ 500 \\
&= 5\ 000\ 000(元)
\end{aligned}$$

(二)公司债券的核算

1. 债券发行的会计处理

企业应设置"应付债券"账户核算企业发行的公司债券的增减变动情况,在"应付债券"账户下设置"面值""利息调整""应计利息"三个明细账户分别核算具体项目的变动。无论是按面值发行,还是溢价发行或折价发行,均按债券面值记入"应付债券"科目的"面值"明细科目,实际收到的款项与面值的差额,记入"利息调整"明细科目。企业发行债券时,按实际收到的款项,借记"银行存款"科目,按债券票面价值,贷记"应付债券——面值"科目,按实际收到的款项与票面价值之间的差额,贷记或借记"应付债券——利息调整"科目。

2. 利息调整的摊销

利息调整应在债券存续期间内采用实际利率法进行摊销。实际利率法是指按照应付债券的实际利率计算其摊余成本及各期利息费用的方法;实际利率是指将应付债券在债券存续期间的未来现金流量,折现为该债券当前账面价值所使用的利率。

资产负债表日,对于分期付息、一次还本的债券,企业应按应付债券的摊余成本和实际利率计算确定的债券利息费用,借记"在建工程""制造费用""财务费用"等科目,按票面利率计算确定的应付未付利息,贷记"应付利息"科目,按其差额,借记或贷记"应付债券——利息调整"科目。

对于一次还本付息的债券,应于资产负债表日按摊余成本和实际利率计算确定的债券利息费用,借记"在建工程""制造费用""财务费用"等科目,按票面利率计算确定的应付未付利息,贷记"应付债券——应计利息"科目,按其差额,借记或贷记"应付债券——利息调整"科目。

【例10-3】 承【例10-2】,甲公司2016年1月1日发行为期5年,票面年利率6%,每半年付息一次,到期一次性还本的债券一批,债券面值为5 000 000元。

(1)若发行时的市场利率也为6%,债券按面值平价发行,收取款项5 000 000全部存入银行。会计分录为:

借:银行存款　　　　　　　　　　　　　　　　　5 000 000
　　贷:应付债券——面值　　　　　　　　　　　　　5 000 000

(2)若发行时的市场利率为4%,债券溢价发行,收取款项5 449 040全部存入银行。会计分录为:

借:银行存款　　　　　　　　　　　　　　　　　5 449 040
　　贷:应付债券——面值　　　　　　　　　　　　　5 000 000
　　　　应付债券——利息调整　　　　　　　　　　　　449 040

(3)若发行时的市场利率为8%,债券折价发行,收取款项4 594 120全部存入银行。会计分录为:

借:银行存款　　　　　　　　　　　　　　　　　4 594 120
　　应付债券——利息调整　　　　　　　　　　　　　405 880
　　贷:应付债券——面值　　　　　　　　　　　　　5 000 000

3. 债券的偿还的会计处理

企业发行的债券通常分为到期一次还本付息或一次还本、分期付息两种。采用一次还本付息方式的,企业应于债券到期支付债券本息时,借记"应付债券——面值、应计利息"科目,贷记"银行存款"科目。采用一次还本、分期付息方式的,在每期支付利息时,借记"应付利息"科目,贷记"银行存款"科目;债券到期偿还本金并支付最后一期利息时,借记"应付债券——面值""在建工程""财务费用""制造费用"等科目,贷记"银行存款"科目,按借贷双方之间的差额,借记或贷记"应付债券——利息调整"科目。

【例10-4】 承【例10-2】公司应于第五年末,债券到期时用银行存款一次性偿还本金。会计分录:

借:应付债券——面值　　　　　　　　　　　　　5 000 000

    贷:银行存款   5 000 000

【例10-5】 2013年12月31日,甲公司经批准发行5年期一次还本、分期付息的公司债券,债券面值10 000 000元,票面利率为年利率6%,债券利息在每年12月31日支付。假定债券发行时的市场利率为5%。

甲公司该批债券实际发行价格为:

$$10\,000\,000 \times 0.7835 + 10\,000\,000 \times 6\% \times 4.3295 = 10\,432\,700(元)$$

甲公司根据上述资料,采用实际利率法和摊余成本计算确定的利息费用,见表10-2。

表10-2 利息费用一览表   元

付息日期	支付利息	利息费用	摊销的利息调整	应付债券摊余成本
2013年12月31日				10 432 700.00
2014年12月31日	600 000	521 635.00	78 365.00	10 354 335.00
2015年12月31日	600 000	517 716.75	82 283.25	10 272 051.75
2016年12月31日	600 000	513 602.59	86 397.41	10 185 654.34
2017年12月31日	600 000	509 282.72	90 717.28	10 094 937.06
2018年12月31日	600 000	*505 062.94	94 937.06	10 000 000.00

*尾数调整

根据表10-2的资料,甲公司的会计处理如下:

(1)2013年12月31日发行债券时:

借:银行存款   10 432 700
　　贷:应付债券——面值   10 000 000
　　　　　　　——利息调整   432 700

(2)2014年12月31日计算利息费用时:

借:财务费用等   521 635
　　应付债券——利息调整   78 365
　　贷:应付利息   600 000

2015年、2016年、2017年确认利息费用的会计处理同2008年。

(3)2018年12月31日归还债券本金及最后一期利息费用时:

借:财务费用等   505 062.94
　　应付债券——面值   10 000 000
　　　　　　　——利息调整   94 937.06
　　贷:银行存款   10 600 000

第四节 长期应付款

长期应付款,是指企业除长期借款和应付债券以外的其他各种长期应付款项,包括应付融资租入固定资产的租赁费、以分期付款方式购入固定资产发生的应付款项等。

一、应付融资租入固定资产的租赁费

企业采用融资租赁方式租入的固定资产,应在租赁期开始日,将租赁开始日租赁资产公允价值与最低租赁付款额现值两者中较低者,加上初始直接费用,作为租入资产的入账价值,借记"固定资产"等科目,按最低租赁付款额,贷记"长期应付款"科目,按发生的初始直接费用,贷记"银行存款"等科目,按其差额,借记"未确认融资费用"科目。

企业在计算最低租赁付款额的现值时,能够取得出租人租赁内含利率的,应当采用租赁内含利率作为折现率;否则,应当采用租赁合同规定的利率作为折现率。企业无法取得出租人的租赁内含利率且租赁合同没有规定利率的,应当采用同期银行贷款利率作为折现率。租赁内含利率,是指在租赁开始日,使最低租赁收款额的现值与未担保余值的现值之和等于租赁资产公允价值与出租人的初始直接费用之和的折现率。

未确认融资费用应当在租赁期内各个期间进行分摊。企业应当采用实际利率法计算确认当期的融资费用。

二、具有融资性质的延期付款购买资产

企业购买资产有可能延期支付有关价款。如果延期支付的购买价款超过正常信用条件,实质上具有融资性质的,所购资产的成本应当以延期支付购买价款的现值为基础确定。实际支付的价款与购买价款的现值之间的差额,应当在信用期间内采用实际利率法进行摊销,计入相关资产成本或当期损益。具体来说,企业购入资产超过正常信用条件延期付款实质上具有融资性质时,应按购买价款的现值,借记"固定资产""在建工程"等科目,按应支付的价款总额,贷记"长期应付款"科目,按其差额,借记"未确认融资费用"科目。

第五节 借款费用

一、借款费用概述

(一)借款费用的范围

借款费用是企业因借入资金所付出的代价,它包括借款利息、折价或者溢价的摊销、辅助费用以及因外币借款而发生的汇兑差额等。对于企业发生的权益性融资费用,不应包括在借款费用中。融资租赁业务中承租人根据租赁会计准则所确认的融资费用属于

借款费用。

(二)借款费用的确认

借款费用的确认主要解决的是将每期发生的借款费用资本化还是费用化的问题,即借款费用是计入相关资产的成本,还是计入当期损益。根据我国《企业会计准则——借款费用》的规定,借款费用确认的基本原则是:企业发生的借款费用,可直接归属于符合资本化条件的资产的购建或者生产的,应当予以资本化,计入相关资产成本;其他借款费用,应当在发生时根据其发生额确认为财务费用,计入当期损益。

企业只有发生在资本化期间内的有关借款费用,才允许资本化。因此,资本化期间的确定是借款费用确认和计量的重要前提。借款费用资本化期间,是指从借款费用开始资本化时点到停止资本化时点的期间,但不包括借款费用暂停资本化的期间。

1. 借款费用开始资本化

借款费用允许开始资本化必须同时满足以下三个条件:

(1)资产支出已经发生。

资产支出是指企业支付现金、转移非现金资产或者承担带息债务形式所发生的支出。其中:支付现金,是指用货币资金支付符合资本化条件的资产的购建或者生产支出;转移非现金资产,是指企业将自己的非现金资产直接用于符合资本化条件的资产的购建或者生产;承担带息债务,是指企业为了购建或者生产符合资本化条件的资产所用物资等而承担的带息应付款项(如带息应付票据)。

(2)借款费用已经发生。

借款费用已经发生是指企业已经发生了因购进或者生产符合资本化条件的资产而专门借入款项的借款费用或者占用了一般借款费用。

(3)为使资产达到预定可使用或者可销售状态所必要的构建或者生产活动已经开始。

为使资产达到预定可使用或者可销售状态所必要的构建或者生产活动已经开始是指符合资本化条件的资产的实体建造或者生产工作已经开始。

2. 借款费用暂停资本化

根据我国《企业会计准则——借款费用》的规定,符合资本化条件的资产在构建或者生产过程中发生非正常中断且中断时间连续超过3个月的,应当暂停借款费用的资本化。因此,借款费用暂停资本化应同时符合两个条件:

(1)中断的原因必须是非正常中断。属于正常中断的,相关借款费用仍可资本化。非正常中断,通常是由于企业管理决策上的原因或者其他不可预见的原因等所导致的中断。例如,企业因与施工方发生了质量纠纷,或者工程、生产用料没有及时供应,或者资金周转发生了困难,或者施工、生产发生了安全事故,或者发生了与资产购建、生产有关的劳动纠纷等原因,以及不可预知的天气原因等导致资产购建或者生产活动发生中断,均属于非正常中断。

(2)中断时间连续超过3个月。

3. 借款费用停止资本化

购建或者生产符合资本化条件的资产达到预定可使用或者可销售状态时，借款费用应当停止资本化。符合下列情形之一的，应当认为企业购建或生产的符合资本化条件的资产达到了预定可使用或可销售状态：

(1) 资产的实体建造全部完成或实质完成。

(2) 购建的固定资产与设计要求或合同要求基本相符。

(3) 继续发生的支出很少或者几乎不再发生。

如果所购建或者生产的资产分别建造、分别完工的，企业应当区别情况界定借款费用停止资本化的时点：

(1) 所购建或者生产的符合资本化条件的资产的各部分分别完工。且每部分在其他部分继续建造或者生产过程中可供使用或者可对外销售，且为使该部分资产达到预定可使用或可销售状态所必要的购建或者生产活动实质上已经完成的，应当停止与该部分资产相关的借款费用的资本化，因为该部分资产已经达到了预定可使用或者可销售状态。

(2) 如果企业购建或者生产的资产的各部分分别完工，但必须等到整体完工后才可使用或者对外销售的，应当在该资产整体完工时停止借款费用的资本化。在这种情况下。即使各部分资产已经完工，也不能够认为该部分资产已经达到了预定可使用或者可销售状态，企业只能在所购建固定资产整体完工时。才能认为资产已经达到了预定可使用或者可销售状态，借款费用方可停止资本化。

二、借款费用的计量

(一) 借款利息资本化金额的确定

在借款费用资本化期间内，每一会计期间的利息(包括折价或溢价的摊销，下同)资本化金额，应当按照下列规定确定：

(1) 为购建或者生产符合资本化条件的资产而借入专门借款的，应当以专门借款当期实际发生的利息费用，减去将尚未动用的借款资金存入银行取得的利息收入或进行暂时性投资取得的投资收益后的金额确定。

【例 10-6】 M 公司 2017 年 1 月 1 日开始动工建造一生产车间，施工期 1 年。施工期间发生的支出情况如下：2017 年 1 月 1 日支出 300 000 元，2017 年 7 月 1 日支出 350 000 元。公司为建造生产车间于 2017 年 1 月 1 日借入专门借款 500 000 元，借款期限 2 年，年利率 6%。2017 年 7 月 1 日借入专门借款 200 000 元，借款期限 2 年，年利率 8%。闲置借款资金均用于短期投资，月收益率 0.5%。办公楼于 2017 年底完工，具体见表 10-3。

表 10-3 资本支出一览表

日期	每期资产支出金额	资产支出累计金额	闲置借款资金
2017 年 1 月 1 日	300 000	300 000	200 000
2017 年 7 月 1 日	350 000	650 000	50 000

公司会计处理如下：

①资本化期间为 2017 年 1 月 1 日至 2017 年 12 月 31 日。

②资本化期间专门借款实际发生利息金额 = 500 000 × 6% + 200 000 × 8% × 6/12 = 38 000(元)

③资本化期间利用闲置借款资金投资收益 = 200 000 × 0.5% × 6 + 50000 × 0.5% × 6 = 1 500(元)

④公司 2017 年资本化金额 = 38 000 - 1 500 = 36 500(元)

2017 年 12 月 31 日编制会计分录如下：

借：在建工程　　　　　　　　　　　　　　　　　　　36 500
　　应收利息　　　　　　　　　　　　　　　　　　　 1 500
　　贷：应付利息　　　　　　　　　　　　　　　　　　38 000

(2)为购建或者生产符合资本化条件的资产而占用了一般借款的，企业应当根据累计资产支出超过专门借款部分的资产支出加权平均数乘以所占用一般借款的资本化率，计算确定一般借款应予资本化的利息金额。资本化率应当根据一般借款加权平均利率计算确定。

一般借款应予资本化的利息金额应当按照下列公式计算：

一般借款利息费用资本化金额 = 累计资产支出超过专门借款部分的资产支出加权平均数 × 所占用一般借款的资本化率

所占用一般借款的资本化率 = 所占用一般借款加权平均利率

$$= \frac{\text{所占用一般借款当期实际发生的利息之和}}{\text{所占用一般借款本金加权平均数}}$$

$$\text{所占用一般借款本金加权平均数} = \frac{\sum \left(\binom{\text{所占用每笔}}{\text{一般借款本金}} \times \binom{\text{每笔一般借款在}}{\text{当期所占用的天数}} \right)}{\text{当期天数}}$$

【例 10 - 7】N 公司 2017 年 1 月 1 日开始动工建造一生产车间，施工期 2 年。公司向银行借入一般借款 2 笔：

2017 年 1 月 1 日借入 3 年期借款 1 000 万元，年利率 6%。

2017 年 7 月 1 日借入 2 年期借款 1200 万元，年利率 7%。

施工期间发生的支出情况如下：2017 年 1 月 1 日支出 700 万元，2017 年 4 月 1 日支出 240 万元，2017 年 8 月 1 日支出 300 万元，2017 年 12 月 1 日支出 120 万元。

N 公司会计处理如下：

(1)2017 年借款利息 = 1 000 × 6% + 1 200 × 7% × 6/12 = 102(万元)

(2)借款本金加权平均数 = 1 000 × 12/12 + 1 200 × 6/12 = 1 600(万元)

(3)加权平均利率 = 102 ÷ 1 600 × 100% = 6.375%

(4)累计资产支出加权平均数 = 700 × 12/12 + 240 × 9/12 + 300 × 5/12 + 120 × 1/12 = 1 040(万元)

(5)一般借款利息费用资本化金额 = 1 040 × 6.375% = 66.30(万元)

(6)2017 年 12 月 31 日编制会计分录如下：

借：在建工程　　　　　　　　　　　　　　　　　　　663 000

财务费用	357 000
贷:应付利息	1 020 000

(二)借款辅助费用资本化金额的计算

辅助费用是企业为了安排借款而发生的必要费用,包括借款手续费(如发行债券手续费)、佣金等。如果企业不发生这些费用,就无法取得借款。因此辅助费用是企业借入款项所付出的一种代价是借款费用的有机组成部分。

辅助费用往往是在借款时一次发生的,在计算每期借款费用资本化金额时比较容易确认和计量。专门借款发生的辅助费用,在所购建或者生产的符合资本化条件的资产达到预定可使用或者可销售状态之前发生的,应当在发生是根据实际发生额予以资本化,计入符合资本化条件的资产的成本;之后的计入当期损益。一般借款发生的辅助费用也按上述原则处理。

(三)汇兑差额资本化金额的计算

在借款费用资本化期间内,为购建固定资产而专门借入的外币借款所产生的汇兑差额,是购建固定资产的一项代价,应当予以资本化,计入固定资产成本。

思考题

1. 长期负债各包括哪些内容?
2. 企业债券发行方式有哪些?
3. 长期借款与短期借款的核算有哪些差异?
4. 借款费用的费用化与资本化的区别。

第十一章 所有者权益

【学习目标】

1. 了解所有者权益的特点。
2. 熟悉所有者权益的内容。
3. 掌握各项所有者权益项目的会计处理方法。

【本章重点】

所有者权益的核算。

【本章难点】

对所有者权益内容的理解。

第一节 所有者权益概述

一、所有者权益概念及性质

所有者权益是指企业资产扣除负债后由所有者享有的剩余权益,是企业所有者对企业净资产的要求权。所有者权益的表现形式取决于企业的组织形式。对于独资企业和合伙企业来说,所有者权益可以称为业主权益和合伙人权益,对股份公司而言,则通常称为股东权益。所有者权益根据其核算的内容和要求,可分为实收资本(或股本)、资本公积、盈余公积和未分配利润等部分。其中,盈余公积和未分配利润统称为留存收益。

企业资金的来源包括负债和所有者权益。负债和所有者权益统称为权益,二者均对企业的资产具有要求权。但二者之间又存在着明显的区别。其主要区别如下:

(1)性质不同。所有者权益是所有者对企业剩余资产的要求权,这种权利在债权人对企业资产的要求权之后;而负债则在企业清偿时,债权人对企业的资产具有优先要求权。

(2)权利不同。所有者享有参与利润分配、参与企业经营管理等多项权利,债权人只享有到期收回本金和利息的权利,并没有参与经营管理与利润分配的权利。

(3)偿还期限不同。在企业持续经营的情况下所有者权益一般不存在收回的问题,不存在偿还日期,是企业可以长期使用的一项资金;而负债则有明确的到期偿还日期。

(4)风险不同。所有者能够获得多少收益,视企业的盈利水平和经营政策而定,风险较大。而债权人可以按照约定的利率获得利息,企业不论盈利与否,均应支付利息,风险较小。

(5)计量不同。所有者权益是资产和负债计量以后形成的结果,属于间接计量。而负债必须在发生时按规定的方法进行计量,属于直接计量。

所有者权益是所有者对企业资产的剩余索取权,所有者权益即可反映所有者投入资本的保值增值情况,又体现了保护债权人权益的理念。负债反映的是企业债权人对企业资产的索取权,而且通常债权人对企业资产的索取权要优先于所有者对企业资产的索取权,因此,所有者权益和负债在性质上有本质区别,企业在会计确认、计量和报告中应当严格区分负债和所有者权益,以如实反映企业的财务状况,尤其是企业的偿债能力和产权比率等。

二、所有者权益的构成内容

所有者权益的来源包括所有者投入的资产、直接计入所有者权益的利得和损失、留存收益等。通常由实收资本(或股本)、资本公积(含资本溢价或股本溢价、其他资本公积)、盈余公积和未分配利润构成。商业银行等金融企业按照规定在税后利润中提取的一般风险准备,也构成所有者权益。

所有者投入的资本是指所有者投入企业的资本部分,它既包括构成企业注册资本或者股本部分的金额,也包括投入资本超过注册资本或者股本部分的金额,即资本溢价或者股本溢价,这部分投入资本在我国企业会计准则体系中被计入了资本公积。对于股份公司,投入资本表现为实际发行的股票的面值总额,称为股本;对于有限责任公司,投入资本表现为投资者实际出资额,称为实收资本。资本公积是指归所有者共有的、非利润转化面形成的资本,主要包括资本溢价(或股本溢价)以及其他资本公积(非股本溢价或者资本溢价形成的资本公积)。

直接计入所有者权益的利得和损失,是指不应计入当期损益、会导致所有者权益发生增减变动的、与所有者投入资本或者向所有者分配利润无关的利得或者损失。利得包括直接计入所有者权益的利得和直接计入当期利润的利得,直接计入所有者权益的利得是指由企业非日常活动所形成的、会导致所有者权益增加的、与所有者投入资本无关的经济利益的流入。损失包括直接计入所有者权益的损失和直接计入当期利润的损失,直接计入所有者权益的损失是指由企业非日常活动所发生的、会导致所有者权益减少的、与向所有者分配利润无关的经济利益的流出。直接计入所有者权益的利得和损失是企业根据会计准则规定不能在当期损益中确认,而应当在其他综合收益中确认的各项利得和损失,主要指确认为权益工具的金融工具的利息支出或股利分配等作为权益的变动处理。企业发行金融工具如视为权益工具的,应当从权益(其他权益工具投资)中扣除。其他权益工具,主要是指企业发行的除普通股以外的归类为权益工具的各种金融工具(如企业发行的优先股)。

留存收益是企业历年实现的净利润留存于企业的部分,主要包括历年累计计提的盈余公积和未分配利润。盈余公积是指企业从净利润中提取的、具有特定用途的资金,包括法定盈余公积和任意公积。未分配利润是指企业各期净利润在分配完后剩余部分的累计数,即净利润中尚未指定用归所有者占有的部分。

第二节 实收资本

按照我国有关法律规定,投资者设立企业首先必须投入资本。实收资本是投资者投入资本形成法定资本的价值,所有者向企业投入的资本,在一般情况下无须偿还,可以长期周转使用。实收资本的构成比例,即投资者的出资比例或股东的股份比例,通常是确定所有者在企业所有者权益中所占的份额和参与企业财务经营决策的基础,也是企业进行利润分配或股利分配的依据,同时还是企业清算时确定所有者对净资产的要求权的依据。

一、实收资本确认和计量的基本要求

企业应当设置"实收资本"科目,核算企业接受投资者投入的实收资本,股份有限公司应将该科目改为"股本"。投资者可以用现金投资,也可以用现金以外的其他有形资产投资,符合国家规定比例的,还可以用无形资产投资。企业收到投资时,一般应做如下会计处理:收到投资人投入的现金,应在实际收到或者存入企业开户银行时,按实际收到的金额,借记"银行存款"科目,以实物资产投资的,应在办理实物产权转移手续时,借记有关资产科目,以无形资产投资的,应按照合同、协议或公司章程规定移交有关凭证时,借记"无形资产"科目,按投入资本在注册资本或股本中所占份额,贷记"实收资本"或"股本"科目,按其差额,贷记"资本公积——资本溢价"或"资本公积——股本溢价"等科目。

【例11-1】 甲、乙、丙三家公司商定共同出资设立有限责任公司云帆有限责任公司,公司注册资本为20 000 000元,甲、乙、丙持股比例分别为30%、30%和40%。2017年6月5日,云帆公司如期收到各投资者一次性缴足的款项。

根据上述资料,云帆公司应做如下账务处理:

借:银行存款	20 000 000
贷:实收资本——甲公司	6 000 000
——乙公司	6 000 000
——丙公司	8 000 000

【例11-2】 甲股份有限公司发行普通股40 000 000股,每股面值为1元,发行价格为3元。款项120 000 000元已经全部收到,发行过程中发生相关税费70 000元。

根据上述资料,甲股份有限公司应做如下账务处理:

计入股本的金额 = 40 000 000 × 1 = 40 000 000(元)

计入资本公积的金额 = (3 - 1) × 40 000 000 - 70 000 = 79 930 000(元)

借:银行存款	119 930 000
贷:股本	40 000 000
资本公积——股本溢价	79 930 000

按照《中华人民共和国公司法》的规定,有限责任公司的股东可以用货币出资,也可以用实物、知识产权、土地使用权等可以用货币估价并可以依法转让的非货币财产作价出资;但是,法律、行政法规规定不得作为出资的财产除外。对作为出资的非货币财产应当评估作价,核实财产,不得高估或者低估作价。法律、行政法规对评估作价有规定的,从其规定。全体股东的货币出资金额不得低于有限责任公司注册资本的30%。

初建有限责任公司时,各投资者按照合同、协议或公司章程投入企业的资本,应全部记入"实收资本"科目,注册资本为在公司登记机关登记的全体股东认缴的出资额。在企业增资时,如有新投资者介入,新介入的投资者缴纳的出资额大于按约定比例计算的其在注册资本中所占的份额部分,不记入"实收资本"科目,而作为资本公积,记入"资本公积"科目。

股份有限公司是指全部资本由等额股份构成并通过发行股票筹集资本、股东以其认购的股份为限对公司承担责任、公司以其全部财产对公司债务承担责任的企业法人。股份有限公司设立有两种方式,即发起式和募集式。发起式设立的特点是公司的股份全部由发起人认购,不向发起人之外的任何人募集股份;募集式设立的特点是公司股份除发起人认购外,还可以采用向其他法人或自然人发行股票的方式进行募集。公司设立方式不同,筹集资本的风险也不同。发起式设立公司,其所需资本由发起人一次认足,一般不会发生设立公司失败的情况,因此,其筹资风险小。社会募集股份,其筹资对象广泛,在资本市场不景气或股票的发行价格不恰当的情况下,有发行失败(即股票未被全部认购)的可能,因此,其筹资风险大。按照有关规定,发行失败损失由发起人负担,包括承担筹建费用、公司筹建过程中的债务和对认股人已缴纳的股款支付银行同期存款利息等责任。

股份有限公司与其他企业相比较,最显著的特点就是将企业的全部资本划分为等额股份,并通过发行股票的方式来筹集资本。股东以其所认购股份对公司承担有限责任。股份是很重要的指标。股票的面值与股份总数的乘积为股本,股本应等于企业的注册资本,所以,股本也是很重要的指标。为了直观地反映这一指标,在会计处理上,股份有限公司应设置"股本"科目。

"股本"科目核算股东投入股份有限公司的股本,企业应将核定的股本总额、股份总数、每股面值在股本账户中作备查记录。为提供企业股份的构成情况,企业可在"股本"科目下按股东单位或姓名设置明细账。企业的股本应在核定的股本总额范围内,发行股票取得。但值得注意的是,企业发行股票取得的收入与股本总额往往不一致,公司发行股票取得的收入大于股本总额的,称为溢价发行;小于股本总额的,称为折价发行;等于股本总额的,为面值发行。我国不允许企业折价发行股票。在采用溢价发行股票的情况下,企业应将相当于股票面值的部分记入"股本"科目,其余部分在扣除发行手续费、佣金等发行费用后记入"资本公积——股本溢价"科目。

二、实收资本增减变动的会计处理

《中华人民共和国公司登记管理条例》规定,公司增加注册资本的,有限责任公司股东认缴新增资本的出资和股份有限公司的股东认购新股,应当分别依照《公司法》设立有限责任公司缴纳出资和设立股份有限公司缴纳股款的有关规定执行。公司法定公积金转增为注册资本的,验资证明应当载明留存的该项公积金不少于转增前公司注册资本的25%。公司减少注册资本的,应当自公告之日起45日后申请变更登记,并应当提交公司在报纸上登载公司减少注册资本公告的有关证明和公司债务清偿或者债务担保情况的说明。公司减资后的注册资本不得低于法定的最低限额。公司变更实收资本的,应当提交依法设立的验资机构出具的验资证明,并应当按照公司章程载明的出资时间、出资方式缴纳出资。公司应当自足额缴纳出资或者股款之日起30日内申请变更登记。

(一)实收资本增加的会计处理

1.企业增加资本的一般途径

企业一般有三条途径增加资本:

(1)将资本公积转为实收资本或者股本。

会计上应借记"资本公积——资本溢价"或"资本公积—股本溢价"科目,贷记"实收资本"或"股本"科目。

(2)将盈余公积转为实收资本。

会计上应借记"盈余公积"科目,贷记"实收资本"或"股本"科目。这里要注意的是,资本公积和盈余公积均属所有者权益,转为实收资本或者股本时,企业如为独资企业的,核算比较简单,直接结转即可;如为股份有限公司或有限责任公司的,应按原投资者所持股份同比例增加各股东的股权。

(3)所有者(包括原企业所有者和新投资者)投入。

企业接受投资者投入的资本,借记"银行存款""固定资产""无形资产""长期股权投资"等科目,贷记"实收资本"或"股本"等科目。

【例11-3】 甲公司由A和B两家公司共同投资设立,原注册资本为20 000 000元。A和B出资分别为12 000 000元和8 000 000元。为了扩大经营规模,经批准,甲公司按照原出资比例将资本公积4 000 000元转增资本。

根据上述资料,甲公司应做如下会计处理:

原出资比例:

A:1 200÷(1 200+800)=60%

B:800÷(1 200+800)=40%

A增加:400×60% =240(万元)

B增加:400×40% =160(万元)

借:资本公积   4 000 000

  贷:实收资本——A公司   2 400 000

    ——B公司   1 600 000

2.企业资本增加的其他途径

(1)股份有限公司发放股票股利。

股份有限公司采用发放股票股利实现增资的,在发放股票股利时,按照股东原来持有的股数分配,如股东所持股份按比例分配的股利不足一股时,应采用支付现金或凑股的方式处理。例如,股东会决议按股票面额的10%发放股票股利时(假定新股发行价格及面额与原股相同),对于所持股票不足10股的股东,将会发生不能领取一股的情况。在这种情况下,企业或者将不足一股的股票股利改为现金股利,用现金支付,或者由股东相互转让,凑为整股。股东大会批准的利润分配方案中分配的股票股利,应在办理增资手续后,借记"利润分配"科目,贷记"股本"科目。

(2)可转换公司债券持有人行使转换权利。

可转换公司债券持有人行使转换权利,将其持有的债券转换为股票,按可转换公司债券的余额,借记"应付债券——可转换公司债券(面值、利息调整)"科目,按其权益成分的金额,借记"资本公积——其他资本公积"科目,按股票面值和转换的股数计算的股票面值总额,贷记"股本"科目,按其差额,贷记"资本公积——股本溢价"科目。

(3)企业将重组债务转为资本。

企业将重组债务转为资本的,应按重组债务的账面余额,借记"应付账款"等科目,按债权人因放弃债权而享有本企业股份的面值总额,贷记"实收资本"或"股本"科目,按股份的公允价值总额与相应的实收资本或股本之间的差额,贷记或借记"资本公积——资本溢价/股本溢价"科目,按其差额,贷记"营业外收入——债务重组利得"科目。

(4)以权益结算的股份支付的行权。

以权益结算的股份支付换取职工或其他方提供服务的,应在行权日,按根据实际行权情况确定的金额,借记"资本公积——其他资本公积"科目,按应计入实收资本或股本的金额,贷记"实收资本"或"股本"科目。

(二)实收资本减少的会计处理

企业实收资本减少的原因通常有两种:一是资本过剩;二是企业发生重大亏损而需要减少实收资本。

企业因资本过剩而减资,一般要发还股款。有限责任公司和一般企业发还投资的会计处理比较简单,按法定程序报经批准减少注册资本的,借记"实收资本"科目,贷记"库存现金""银行存款"等科目。

股份有限公司由于采用的是发行股票的方式筹集股本,发还股款时,则要回购发行的股票,发行股票的价格与股票面值可能不同,回购股票的价格也可能与发行价格不同,会计处理较为复杂。股份有限公司因减少注册资本而回购本公司股份的,应按实际支付的金额,借记"库存股"科目,贷记"银行存款"等科目。注销库存股时,应按股票面值和注销股数计算的股票面值总额,借记"股本"科目,按注销库存股的账面余额,贷记"库存股"科目,按其差额,冲减股票发行时原记入资本公积的溢价部分,借记"资本公积——股本溢价"科目,回购价格超过上述冲减"股本"及"资本公积——股本溢价"科目的部分,应依次借记"盈余公积""利润分配——未分配利润"等科目;如回购价格低于回购股份所对应的股本,所注销库存股的账面余额与所冲减股本的差额作为增加股本溢价处理,按回购股份所对应的股本面值,借记"股本"科目,按注销库存股的账面余额,贷记"库存股"科目,按其差额,贷记"资本公积——股本溢价"科目。

【例11-4】 甲公司截至2018年12月31日共发行股票3 000万股,股票面值为1

元,资本公积(股本溢价)600万元,盈余公积400万元。经股东大会批准,甲公司以现金回购本公司股票300万股并注销。假定甲公司按照每股4元回购股票,不考虑其他因素,甲公司的会计处理如下:

$$库存股的成本 = 300 \times 4 = 1\,200(万元)$$

借:库存股		12 000 000
贷:银行存款		12 000 000
借:股本		3 000 000
资本公积——股本溢价		6 000 000
盈余公积		3 000 000
贷:库存股		12 000 000

注销库存股应首先冲减股本,之后按照股本溢价、盈余公积、未分配利润的顺序依次冲减。只有上一个账户中的余额不够冲减,才会使用下一个账户的余额。

【例 11-5】 沿用【例 11-4】,假定甲公司以每股0.9元回购股票,其他条件不变。甲公司的会计处理如下:

$$库存股的成本 = 3\,000\,000 \times 0.9 = 2\,700\,000(元)$$

借:库存股		2 700 000
贷:银行存款		2 700 000
借:股本		3 000 000
贷:库存股		2 700 000
资本公积——股本溢价		300 000

由于甲公司以低于面值的价格回购股票,股本与库存股成本的差额300 000元应做增加资本公积处理。

第三节 资本公积

一、资本公积概述

资本公积是企业收到投资者的超出其在企业注册资本(或股本)中所占份额的投资,以及直接计入所有者权益的利得和损失等。资本公积包括资本溢价(或股本溢价)和其他资本公积。

资本溢价(或股本溢价)是企业收到投资者的超出其在企业注册资本(或股本)中所占份额的投资。形成资本溢价(或股本溢价)的原因有溢价发行股票、投资者超额缴入资本等。

其他资本公积是指除资本溢价或者股本溢价项目以外所形成的资本公积。

资本公积一般应当设置"资本(或股本)溢价""其他资本公积"明细科目核算。

二、资本公积的确认和计量

(一)资本溢价或股本溢价的会计处理

1. 资本溢价

投资者经营的企业(不含股份有限公司),投资者依其出资份额对企业经营决策享有表决权,依其所认缴的出资额对企业承担有限责任。企业在会计处理中要注意明确记录投资者认缴的出资额,真实地反映各投资者对企业享有的权利与承担的义务。会计上应设置"实收资本"科目,核算企业投资者按照公司章程所规定的出资比例实际缴付的出资额。在企业创立时,出资者认缴的出资额全部记入"实收资本"科目。

在企业重组并有新的投资者加入时,为了维护原有投资者的权益,新加入的投资者的出资额,并不一定全部作为实收资本处理。这是因为,在企业正常经营过程中投入的资金虽然与企业创立时投入的资金在数量上一致,但其获利能力却不一致。企业创立时,要经过筹建、试生产经营、为产品寻找市场、开辟市场等等过程,从投入资金到取得投资回报,中间需要许多时间,并且这种投资具有风险性,在这个过程中资本利润率很低。而企业进行正常生产经营后,在正常情况下,资本利润率要高于企业初创阶段。而这高于初创阶段的资本利润率是初创时必要的垫支资本带来的,企业创办者为此付出了代价。因此,相同数量的投资,由于出资时间不同,其对企业的影响程度不同,由此而带给投资者的权力也不同,往往早期出资带给投资者的权利要大于后期出资带给投资者的权利。所以,新加入的投资者要付出大于原有投资者的出资额,才能取得与投资者相同的投资比例。另外,不仅原投资者原有投资从质量上发生了变化,就是从数量上也可能发生变化,这是因为企业经营过程中实现利润的一部分留在企业,形成留存收益,而留存收益也属于投资者权益,但其未转入实收资本。新加入的投资者如与原投资者共享这部分留存收益,也要求其付出大于原有投资者的出资额,才能取得与原有投资者相同的投资比例。投资者投入的资本中按其投资比例计算的出资额部分,应记入"实收资本"科目,大于部分应记入"资本公积"科目。

2. 股本溢价

股份有限公司是以发行股票的方式筹集股本的,股票是企业签发的证明股东按其所持股份享有权利和承担义务的书面证明。由于股东按其所持企业股份享有权利和承担义务,为了反映和便于计算各股东所持股份占企业全部股本的比例,企业的股本总额应按股票的面值与股份总数的乘积计算。国家规定,实收股本总额应与注册资本相等。因此,为提供企业股本总额及其构成及注册资本等信息,在采用与股票面值相同的价格发行股票的情况下,企业发行股票取得的收入,应全部记入"股本"科目;在采用溢价发行股票的情况下,企业发行股票取得的收入,相当于股票面值的部分记入"股本"科目,超出股票面值的溢价收入记入"资本公积"科目。委托证券商代理发行股票而支付的手续费、佣金等,应从溢价发行收入中扣除,企业应按扣除手续费、佣金后的数额记入"资本公积"科目。

【例 11-6】 甲公司委托乙证券公司代理发行普通股 2 000 000 股,每股面值 1 元,按每股 1.2 元的价格发行。公司与受托单位约定,按发行收入的 3% 收取手续费,从发行收入中扣除。假如收到的股款已存入银行。

根据上述资料,A 公司应做如下会计处理:

公司收到受托发行单位交来的现金 = 2 000 000 × 1.2 × (1 - 3%) = 2 328 000(元)

应计入资本公积的金额 = 溢价收入 - 发行手续费

$$= 2\,000\,000 \times (1.2 - 1) - 2\,000\,000 \times 1.2 \times 3\%$$
$$= 328\,000(元)$$

借:银行存款　　　　　　　　　　　　　　　2 328 000
　　贷:股本　　　　　　　　　　　　　　　　　2 000 000
　　　　资本公积——股本溢价　　　　　　　　　　328 000

(二)其他资本公积的会计处理

其他资本公积,是指除资本溢价(或股本溢价)项目以外所形成的资本公积,其他资本公积不得用于转增资本。

其他资本公积主要由以下交易或事项引起:

1. 采用权益法核算的长期股权投资

长期股权投资采用权益法核算的,在持股比例不变的情况下,被投资单位除净损益以外所有者权益的其他变动,企业按持股比例计算应享有的份额,如果是利得,应当增加长期股权投资的账面价值,同时增加资本公积(其他资本公积);如果是损失应当做相反的会计分录。当处置采用权益法核算的长期股权投资时,应当将原记入资本公积的相关金额转入投资收益。

2. 以权益结算的股份支付

以权益结算的股份支付换取职工或其他方提供服务的,应按照确定的金额,记入"管理费用"等科目,同时增加资本公积(其他资本公积)。在行权日,应按实际行权的权益工具数量计算确定的金额,借记"资本公积——其他资本公积"科目,按记入实收资本或股本的金额,贷记"实收资本"或"股本"科目,并将其差额记入"资本公积——资本溢价"或"资本公积——股本溢价"。

(三)资本公积转增资本的会计处理

按照《公司法》的规定,法定公积金(资本公积和盈余公积)转为资本时,所留存的该项公积金不得少于转增前公司注册资本的 25%。经股东大会或类似机构决议,用资本公积转增资本时,应冲减资本公积,同时按照转增前的实收资本(或股本)的结构或比例,将转增的金额记入"实收资本"(或"股本")科目下各所有者的明细分类账。

第四节　其他综合收益

其他综合收益是指企业未在当期损益中确定的各项利得和损失,包括以后会计期间不能重分类进损益的其他综合收益和以后会计期间满足规定条件时将重新分类进损益的其他综合收益两类。

（1）以后会计期间不能重分类进损益的其他综合收益，主要包括重新计量设定受益计划净负债或净资产变动导致的权益变动。

（2）以后会计期间满足规定条件时将重新分类进损益的其他综合收益项目主要包括：公允价值计量且其变动计入其他综合收益的金融资产；按照金融工具准则规定，对金融资产重分类按照规定可以将原计入其他综合收益的利得或损失转入当期损益的部分。具体包括以下内容：

①存货或自用房地产转换为投资性房地产。

企业将作为存货的房地产转换为采用公允价值模式计量的投资性房地产时，应当按该项房地产在转换日的公允价值，借记"投资性房地产——成本"科目，原已计提跌价准备的，借记"存货跌价准备"科目，按其账面余额，贷记"开发产品"等科目；同时，转换日的公允价值小于账面价值的，按其差额，借记"公允价值变动损益"科目，转换日的公允价值大于账面价值的，按其差额，贷记"其他综合收益"科目。

企业将自用的建筑物等转换为采用公允价值模式计量的投资性房地产时，应当按该项房地产在转换日的公允价值，借记"投资性房地产——成本"科目，原已计提减值准备的，借记"固定资产减值准备"科目，按已计提的累计折旧等，借记"累计折旧"等科目，按其账面余额，贷记"固定资产"等科目；同时，转换日的公允价值小于账面价值的，按其差额，借记"公允价值变动损益"科目，转换日的公允价值大于账面价值的，按其差额，贷记"其他综合收益"科目。

②公允价值计量且其变动计入其他综合收益的金融资产公允价值的变动

公允价值计量且其变动计入其他综合收益的金融资产公允价值变动形成的利得，除减值损失和外币货币性金融资产形成的汇兑差额外，借记"其他权益工具投资——公允价值变动"科目，贷记"其他综合收益"科目，公允价值变动形成的损失，做相反的会计分录。

③现金流量套期工具产生的利得或损失总属于有效套期的部分。

④外币财务报表折算差额。

第五节　留存收益

一、盈余公积

（一）盈余公积的有关规定

根据《公司法》等有关法规的规定，企业当年实现的净利润，一般应当按照如下顺序进行分配：

1. 提取法定公积金

公司制企业的法定公积金按照税后利润的10%的比例提取(非公司制企业也可按照超过10%的比例提取),在计算提取法定盈余公积的基数时。不应包括企业年初未分配利润。公司法定公积金累计额为公司注册资本的50%以上时,可以不再提取法定公积金。

公司的法定公积金不足以弥补以前年度亏损的,在提取法定公积金之前,应当先用当年利润弥补亏损。

2. 提取任意公积金

公司从税后利润中提取法定公积金后,经股东会或者股东大会决议,还可以从税后利润中提取任意公积金。非公司制企业经类似权力机构批准也可提取任意盈余公积。

3. 向投资者分配利润或股利

公司弥补亏损和提取公积金后所余税后利润,有限责任公司股东按照实缴的出资比例分取红利,但是,全体股东约定不按照出资比例分取红利的除外;股份有限公司按照股东持有的股份比例分配,但股份有限公司章程规定不按持股比例分配的除外。

股东会、股东大会或者董事会违反规定,在公司弥补亏损和提取法定公积金之前向股东分配利润的,股东必须将违反规定分配的利润退还公司。公司持有的本公司股份不得分配利润。

盈余公积是指企业按照规定从净利润中提取的各种积累资金。公司制企业的盈余公积分为法定盈余公积和任意盈余公积。两者的区别就在于其各自计提的依据不同。前者以国家的法律或行政规章为依据提取;后者则由企业自行决定提取。

企业提取盈余公积主要可以用于以下几个方面:

1. 弥补亏损

企业发生亏损时,应由企业自行弥补。弥补亏损的渠道主要有三条:一是用以后年度税前利润弥补。按照现行制度规定,企业发生亏损时,可以用以后五年内实现的税前利润弥补,即税前利润弥补亏损的期间为五年。二是用以后年度税后利润弥补。企业发生的亏损经过五年期间未弥补足额的,尚未弥补的亏损应用所得税后的利润弥补。三是以盈余公积弥补亏损。企业以提取的盈余公积弥补亏损时,应当由公司董事会提议,并经股东大会批准。

2. 转增资本

企业将盈余公积转增资本时,必须经股东大会决议批准。在实际将盈余公积转增资本时,要按股东原有持股比例结转。

企业提取的盈余公积,无论是用于弥补亏损,还是用于转增资本,只不过是在企业所有者权益内部做结构上的调整,比如企业以盈余公积弥补亏损时,实际是减少盈余公积留存的数额,以此抵补未弥补亏损的数额,并不引起企业所有者权益总额的变动;企业以盈余公积转增资本时,也只是减少盈余公积结存的数额,但同时增加企业实收资本或股本的数额,也并不引起所有者权益总额的变动。

3. 扩大企业生产经营

盈余公积的用途,并不是指其实际占用形态,提取盈余公积也并不是单独将这部分资金从企业资金周转过程中抽出。企业盈余公积的结存数,实际只表现为企业所有者权益的组成部分,表明企业生产经营资金的一个来源而已。其形成的资金可能表现为一定的货币资金,也可能表现为一定的实物资产,如存货和固定资产等,随同企业的其他来源所形成的资金进行循环周转,用于企业的生产经营。

(二)盈余公积的确认和计量

为了反映盈余公积的形成及使用情况,企业应设置"盈余公积"科目。企业应当分别"法定盈余公积""任意盈余公积"进行明细核算。外商投资企业还应分别"储备基金""企业发展基金"进行明细核算。

企业提取盈余公积时,借记"利润分配——提取法定盈余公积""利润分配——提取任意盈余公积"科目,贷记"盈余公积——法定盈余公积""盈余公积—任意盈余公积"科目。

外商投资企业按规定提取的储备基金、企业发展基金、职工奖励及福利基金,借记"利润分配——提取储备基金""利润分配——提取企业发展基金""利润分配——提取职工奖励及福利基金"科目,贷记"盈余公积——储备基金""盈余公积——企业发展基金""应付职工薪酬"科目。

企业用盈余公积弥补亏损或转增资本时,借记"盈余公积",贷记"利润分配——盈余公积补亏""实收资本"或"股本"科目。经股东大会决议,用盈余公积派送新股,按派送新股计算的金额,借记"盈余公积"科目,按股票面值和派送新股总数计算的股票面值总额,贷记"股本"科目。

二、未分配利润

未分配利润是企业留待以后年度进行分配的结存利润,也是企业所有者权益的组成部分。相对于所有者权益的其他部分来讲,企业对于未分配利润的使用分配有较大的自主权。从数量上来讲,未分配利润是期初未分配利润,加上本期实现的净利润,减去提取的各种盈余公积和分出利润后的余额。

在会计处理上,未分配利润是通过"利润分配"科目进行核算的,"利润分配"科目应当分别"提取法定盈余公积""提取任意盈余公积""应付现金股利或利润""转作股本的股利""盈余公积补亏"和"未分配利润"等进行核算。

(一)分配股利或利润的会计处理

经股东大会或类似机构决议,分配给股东或投资者的现金股利或利润,借记"利润分配——应付现金股利或利润"科目,贷记"应付股利"科目。经股东大会或类似机构决议,分配给股东的股票股利,应在办理增资手续后,借记"利润分配——转作股本的股利"科目,贷记"股本"科目。

(二)期末结转的会计处理

企业期末结转利润时,应将各损益类科目的余额转入"本年利润"科目,结平各损益类科目。结转后"本年利润"的贷方余额为当年实现的净利润,借方余额为当期发生的净亏损。年度终了,应将本年收入和支出相抵后结出的本年实现的净利润或净亏损,转入"利润分配——未分配利润"科目。同时,将"利润分配"科目所属的其他明细科目的余额,转入"未分配利润"明细科目。结转后,"未分配利润"明细科目的贷方余额,就是未分配利润的金额;如出现借方余额,则表示未弥补亏损的金额。"利润分配"科目所属的其他明细科目应无余额。

(三) 弥补亏损的会计处理

企业在生产经营过程中既有可能发生盈利,也有可能出现亏损。企业在当年发生亏损的情况下,与实现利润的情况相同,应当将本年发生的亏损自"本年利润"科目,转入"利润分配——未分配利润"科目,借记"利润分配——未分配利润"科目,贷记"本年利润"科目,结转后"利润分配"科目的借方余额,即为未弥补亏损的数额。然后通过"利润分配"科目核算有关亏损的弥补情况。

由于未弥补亏损形成的时间长短不同等原因,以前年度未弥补亏损有的可以以当年实现的税前利润弥补,有的则须用税后利润弥补。以当年实现的利润弥补以前年度结转的未弥补亏损,不需要进行专门的账务处理。企业应将当年实现的利润自"本年利润"科目,转入"利润分配——未分配利润"科目的贷方,其贷方发生额与"利润分配——未分配利润"的借方余额自然抵补。无论是以税前利润还是以税后利润弥补亏损,其会计处理方法均相同。但是,两者在计算交纳所得税时的处理是不同的。在以税前利润弥补亏损的情况下,其弥补的数额可以抵减当期企业应纳税所得额,而以税后利润弥补的数额,则不能作为纳税所得扣除处理。

【例 11-7】 甲股份有限公司的股本为 100 000 000 元,每股面值 1 元。2018 年年初未分配利润为贷方 80 000 000 元,2018 年实现净利润 50 000 000 元。

假定公司按照 2018 年实现净利润的 10% 提取法定盈余公积,5% 提取任意盈余公积,同时向股东按每股 0.2 元派发现金股利,按每 10 股送 3 股的比例派发股票股利。2019 年 3 月 15 日,甲公司以银行存款支付了全部现金股利,新增股本也已经办理完股权登记和相关增资手续。A 公司的会计处理如下:

(1) 2018 年度终了时,企业结转本年实现的净利润:
借:本年利润　　　　　　　　　　　　　　　50 000 000
　　贷:利润分配——未分配利润　　　　　　　　　50 000 000
(2) 提取法定盈余公积和任意盈余公积:
借:利润分配——提取法定盈余公积　　　　　5 000 000
　　　　　　——提取任意盈余公积　　　　　2 500 000
　　贷:盈余公积——法定盈余公积　　　　　　　　5 000 000
　　　　　　　——任意盈余公积　　　　　　　　2 500 000
(3) 结转"利润分配"的明细科目:
借:利润分配——未分配利润　　　　　　　　7 500 000
　　贷:利润分配——提取法定盈余公积　　　　　　5 000 000

——提取任意盈余公积　　　　　　　　　2 500 000

甲公司 2018 年底"利润分配——未分配利润"科目的余额为：
$$80\,000\,000 + 50\,000\,000 - 7\,500\,000 = 122\,500\,000(元)$$
即贷方余额 122 500 000 元，反映企业的累计未分配利润为 122 500 000 元。

(4) 批准发放现金股利：
$$100\,000\,000 \times 0.2 = 20\,000\,000(元)$$

借：利润分配——应付现金股利　　　　　20 000 000
　　贷：应付股利　　　　　　　　　　　　　　　　20 000 000

2019 年 3 月 15 日，实际发放现金股利：
借：应付股利　　　　　　　　　　　　　20 000 000
　　贷：银行存款　　　　　　　　　　　　　　　　20 000 000

(5) 2019 年 3 月 15 日，发放股票股利：
$$100\,000\,000 \times 1 \times 30\% = 30\,000\,000(元)$$

借：利润分配——转作股本的股利　　　　30 000 000
　　贷：股本　　　　　　　　　　　　　　　　　　30 000 000

第六节　其他权益工具

企业发行的除普通股（作为实收资本或股本）以外，按照金融负债和权益工具区分原则分类为权益工具的其他权益工具，按照以下原则进行会计处理：

一、其他权益工具会计处理的基本原则

企业发行的金融工具应当按照金融工具准则进行初始确认和计量；其后，于每个资产负债表日计提利息或分派股利，按照相关具体企业会计准则进行处理。即企业应当以所发行金融工具的分类为基础，确定该工具利息支出或股利分配等的会计处理。对于归类为权益工具的金融工具，无论其名称中是否包含"债"，其利息支出或股利分配都应当作为发行企业的利润分配，其回购、注销等作为权益的变动处理；对于归类为金融负债的金融工具，无论其名称中是否包含"股"，其利息支出或股利分配原则上按照借款费用进行处理，其回购或赎回产生的利得或损失等计入当期损益。

企业（发行方）发行金融工具，其发生的手续费、佣金等交易费用，如分类为债务工具且以摊余成本计量的，应当计入所发行工具的初始计量金额；如分类为权益工具的应当从权益（其他权益工具）中扣除。

二、金融工具账务处理

(1) 发行方对于归类为金融负债的金融工具在"应付债券"科目核算。"应付债券"科目应当按照发行的金融工具种类进行明细核算，并在各类工具中按"面值""利息调整""应计利息"设置明细账，进行明细核算（发行方发行的符合流动负债特征并归类为

流动负债的金融工具,以相关流动性质的负债类科目进行核算)。

对于需要拆分且形成衍生金融负债或衍生金融资产的,应将拆分的衍生金融负债或衍生金融资产按照其公允价值在"衍生工具"科目核算。对于发行的且嵌入了非紧密相关的衍生金融资产或衍生金融负债的金融工具,如果发行方选择将其整体指定为以公允价值计量且其变动计入当期损益的,则应将发行的金融工具的整体在以公允价值计量且其变动计入当期损益的金融负债等科目核算。

(2)在所有者权益类科目中设置"其他权益工具"科目,核算企业发行的除普通股以外的归类为权益工具的各种金融工具。"其他权益工具"科目应按发行金融工具的种类等进行明细核算。

思考题

1. 什么是所有者权益?包括哪些内容?
2. 比较投入资本、实收资本与注册资本。
3. 资本公积的形成渠道有哪些?主要用途是什么?
4. 盈余公积的来源渠道有哪些?主要用途是什么?
5. 什么是留存收益?包括哪些内容?
6. 什么是其他综合收益?如何确认?

第十二章 收入、费用和利润

【学习目标】

1. 掌握销售商品收入的确认、计量及其具体会计处理。
2. 掌握提供劳务收入的确认、计量及其具体会计处理。
3. 掌握建造合同收入的确认、计量及其会计处理。
4. 掌握期间费用的内容及其会计处理。
5. 掌握利润的组成以及利润的结算和分配的会计处理。

【本章重点】

销售商品收入、提供劳务收入、让渡资产使用权收入和建造合同收入的确认、计量。

【本章难点】

利润的结算和分配的会计处理。

第一节 收 入

一、收入的定义及其分类

收入是指企业在日常活动中形成的、会导致所有者权益增加的、与所有者投入资本无关的经济利益的总流入。其中,日常活动是指企业为完成其经营目标所从事的经常性活动以及与之相关的其他活动。

收入可以有不同的分类。按照企业从事日常活动的性质,可将收入分为销售商品收入、提供劳务收入、让渡资产使用权收入、建造合同收入等。其中,销售商品收入是指企业通过销售商品实现的收入,如工业企业制造并销售产品、商业企业销售商品等实现的收入。提供劳务收入是指企业通过提供劳务实现的收入,如咨询公司提供咨询服务、软件开发企业为客户开发软件、安装公司提供安装服务等实现的收入。让渡资产使用权收入是指企业通过让渡资产使用权实现的收入,如商业银行对外贷款、租赁公司出租资产等实现的收入。建造合同收入是指企业承担建造合同所形成的收入。按照企业从事日常活动在企业的重要性,可将收入分为主营业务收入、其他业务收入等。其中,主营业务收入是指企业为完成其经营目标从事的经常性活动实现的收入。如工业企业制造并销售产品、商业企业销售商品、保险公司签发保单、咨询公司提供咨询服务、软件开发企业为客户开发软件、安装公司提供安装服务、商业银行对外贷款、租赁公司出租资产等实现的收入。这些活动形成的经济利益的总流入构成收入，属于企业的主营业务收入，根据其性质的不同，分别通过"主营业务收入""利息收入""保费收入"等科目进行核算。其他业务收入是指与企业为完成其经营目标所从事的经常性活动相关的活动实现的收入。例如，工业企业对外出售不需用的原材料、对外转让无形资产使用权等。这些活动形成的经济利益的总流入也构成收入，属于企业的其他业务收入，根据其性质的不同，分别通过"其他业务收入"科目核算。

本章主要涉及销售商品、提供劳务、让渡资产使用权、建造合同等的收入确认和计量，不涉及长期股权投资、租赁、原保险合同、再保险合同等形成的收入确认和计量。

二、销售商品收入

(一)销售商品收入的确认原则

企业应当在履行了合同中的履约义务，即在客户取得相关商品控制权时确认收入。取得相关商品控制权，是指能够主导该商品的使用，并从中获得几乎全部的经济利益，也包括有能力阻止其他商品的使用并从中获得经济利益。

销售商品收入同时满足下列条件的，才能予以确认：

(1)合同各方已批准该合同并承诺将履行各自义务。

(2)该合同明确了合同各方与所转让的商品相关的权利和义务。

(3)该合同有明确的与所转让的商品相关的支付条款。

(4)该合同具有商业性质，即履行该合同将改变企业未来现金流量的风险、时间分布或金额。

(5)企业因向客户转让商品而有权取得的对价很可能收回。

在进行上述判断时需要注意以下五点：

(1)合同约定的权利和义务是否具有法律约束力，需要企业所处的法律环境和实务操作进行判断，包括合同定义的方式和流程、具有法律约束力的权利和义务的时间等。

【例12-1】 甲公司销售一批商品给乙公司。乙公司已根据甲公司开出的发票账单支付了货款，取得了提货单，但甲公司尚未将商品移交乙公司。

根据本例的资料，甲公司采用交款提货的销售方式，即购买方已根据销售方开出的发票账单支付货款，并取得卖方开出的提货单。在这种情况下，购买方支付货款并取得提货单，说明商品销售合同约定的权利和义务具有法律约束力，具有商业实质。企业因向客户转让商品而有权取得的对价很可能收回。

(2)合同具有商业性质，是指履行该合同将改变企业未来现金流量的风险、时间分布或金额。

【例12-2】 甲公司向乙公司销售一批商品，商品已经发出，乙公司已经预付部分货款，剩余货款由乙公司开出一张商业承兑汇票，销售发票账单已交付乙公司。乙公司收到商品后，发现商品质量没有达到合同约定的要求，立即根据合同有关条款与甲公司交涉,要求在价格上给予一定折让,否则要求退货。双方没有就此达成一致意见,甲公司也未采取任何补救措施。

根据本例的资料,商品已经发出,并将发票账单交付买方,同时收到部分货款,商品销售合同约定的权利和义务具有法律约束力,但是由于有后续期间的相关事实和情况发生重大变化,合同无法满足收入确认条件,因此不再确认销售收入。

需要说明的是,如果没有商业实质的非货币性资产交换,无论何时,均不应确认收入。

(3)企业在评估其因向客户转让商品而有权取得的对价是否很可能收回时,仅应考虑客户到期支付时支付对价的能力和意图(即客户的信用风险)。

【例12-3】 甲公司向乙公司销售一部电梯,电梯已经运抵乙公司,发票账单已经交付,同时收到部分货款。合同约定,甲公司应负责该电梯的安装工作,在安装工作结束并经乙公司验收合格后,乙公司应立即支付剩余货款。

根据本例的资料,电梯安装调试工作通常是电梯销售合同的重要组成部分,在安装过程中可能会发生一些不确定因素,影响电梯销售收入的实现。在需要安装或检验的销售中,如果安装程序比较简单或检验是为了最终确定合同或协议价格而必须进行的程序,企业可以在发出商品时确认收入。

通常情况下,如果合同各方已批准该合同并承诺将履行各自义务;该合同明确了合同各方与所转让的商品相关的权利和义务;该合同有明确的与所转让的商品相关的支付条款。该合同具有商业性质,即履行该合同将改变企业未来现金流量的风险、时间分布或金额;企业因向客户转让商品而有权取得的对价很可能收回,那么该企业应该在合同开始日确认收入。

(4)收入的金额能够可靠地计量。

收入的金额能够可靠地计量,是指收入的金额能够合理地估计。如果收入的金额不能够合理地估计,则无法确认收入。通常情况下,企业在销售商品时商品销售价格已经确定,企业应当按照从购货方已收或应收的合同或协议价款确定收入金额。如果销售商品涉及现金折扣、商业折扣、销售折让等因素,还应当在考虑这些因素后确定销售商品收入金额。如果企业从购买方应收取的合同或协议价款延期收取具有融资性质,企业应按应收取的合同或协议价款的公允价值确定销售商品收入金额。

由于销售商品过程中受某些不确定因素的影响,也有可能存在商品销售价格发生变动的情况,如附有销售退回条件的商品销售,如果企业不能合理估计退货的可能性,则无法确定销售商品价格,也就不能合理地估计收入的金额,不应在发出商品时确认收入,而应当在售出商品退货期满、销售商品价格能够可靠计量时确认收入。

企业从购货方已收或应收的合同协议价款不公允的,企业应按公允的交易价格确定收入金额,不公允的价款不应确定为收入金额。

【例12-4】 甲公司与乙公司签订协议,约定甲公司生产并向乙公司销售一台大型设备。限于自身生产能力不足,甲公司委托丙公司生产该大型设备的一个主要部件。甲公司与丙公司签订的协议约定,丙公司生产该主要部件发生的成本经甲公司认定后,其金额的110%即为甲公司应支付给丙公司的款项。假定甲公司本身负责的部件生产任务和丙公司负责的部件生产任务均已完成,并由甲公司组装后运抵乙公司,乙公司验收合格后及时支付了货款。但是,丙公司尚未将由其负责的部件相关的成本资料交付甲公司认定。

本例中,虽然甲公司已将大型设备交付乙公司,且已收到货款。但是,甲公司为该大型设备发生的相关成本因丙公司相关资料未送达而不能可靠地计量,也不能合理估计。因此,甲公司收到货款时不应确认为收入。

如果甲公司为该大型设备发生的相关成本因丙公司相关资料未送达而不能可靠地计量,但是甲公司基于以往经验能够合理估计出该大型设备的成本,仍可以认为满足本确认条件。

(5)合同变更。

经合同各方同意对原合同范围或者价格(或二者)做出的变更,企业应区分下列三种情形对合同变更进行分别跨级处理。

①合同变更部分作为单独合同进行会计处理的情况。合同变更增加了可明确区分的商品及合同价款,且新增合同价款反映了新增商品单独售价的,应当将合同变更作为单独的合同进行会计处理。

②合同变更作为原合同终止及新合同订立进行会计处理的情况。合同变更情况不符合①情形,且在合同变更日已转让商品与未转让商品之间可以明确区分的,应当视为原合同终止,同时,将原合同未履行部分与合同变更何为新合同进行会计处理。

③合同变更部分更作为原合同的组成部分进行会计处理的情况。合同变更情况不符合①情形,且在合同变更日已转让商品与未转让商品之间可以明确区分的,应当将原合同变更部分作为原合同的组成部分进行会计处理。在合同变更日计算履约进度,并相应调整当期收入和相应成本等。

【例12-5】 截至2018年末,根据销售合同约定,甲公司累计发生成本500万元,履约进度约为60%,合同销售额为1 200万元,则2017年末应确认收入720万元。

(二)销售商品收入的会计处理

1.通常情况下销售商品收入的处理

确认销售商品收入时,企业应按已收或应收的合同或协议价款,加上应收取的增值税额,借记"银行存款""应收账款""应收票据"等科目,按确定的收入金额,贷记"主营业务收入""其他业务收入"等科目,按应收取的增值税额,贷记"应交税费——应交增值税(销项税额)"科目;同时应在资产负债表日,按应交纳的消费税、资源税、城市维护建设税、教育费附加等税费金额,借记"税金及附加"科目,贷记"应交税费——应交消费税(应交资源税、应交城市维护建设税等)"科目。

如果售出商品不符合收入确认条件,则不应确认收入,已经发出的商品,应当通过"发出商品"科目进行核算。

2.托收承付方式销售商品的处理

托收承付,是指企业根据合同发货后,委托银行向异地付款单位收取款项,由购货方向银行承诺付款的销售方式。在这种销售方式下,企业通常应在发出商品且办妥托收手续时确认收入。如果商品已经发出且办妥托收手续,但由于各种原因与发出商品所有权相关的风险和报酬没有转移的,企业不应确认收入。

【例 12-6】 甲公司在 2019 年 5 月 12 日向乙公司销售一批商品,开出的增值税专用发票上注明的销售价格为 250 000 元,增值税税额为 32 500 元,款项尚未收到;该批商品成本为 200 000 元。甲公司在销售时已知乙公司资金周转发生困难,但为了减少存货积压,同时也为了维持与乙公司长期建立的商业关系,甲公司仍将商品发往乙公司且办妥托收手续。假定甲公司销售该批商品的增值税纳税义务已经发生。

根据本例的资料,由于乙公司资金周转存在困难,因而甲公司在货款回收方面存在较大的不确定性,与该批商品所有权有关的风险和报酬没有转移给乙公司。根据销售商品收入的确认条件,甲公司在发出商品且办妥托收手续时不能确认收入,已经发出的商品成本应通过"发出商品"科目反映。有关该项经济业务,甲公司的账务处理如下:

(1)2019 年 5 月 12 日发出商品时:

借:发出商品　　　　　　　　　　　　　　　　200 000
　　贷:库存商品　　　　　　　　　　　　　　　　200 000

同时,将增值税专用发票上注明的增值税税额转入应收账款:

借:应收账款　　　　　　　　　　　　　　　　32 500
　　贷:应交税费——应交增值税(销项税额)　　　32 500

(注:如果销售该商品的增值税纳税义务尚未发生,则不做这笔分录,待纳税义务发生时再做应交增值税的分录)

(2)如 2019 年 5 月 10 日,乙公司给甲公司开出、承诺一张面值为 292 500 元,为期 6 个月的不带息商业汇票,甲公司应据以确认销售收入:

借:应收账款　　　　　　　　　　　　　　　　282 500
　　贷:主营业务收入　　　　　　　　　　　　　　250 000
　　　　应交税费——应交增值税(销项税额)　　　32 500

借:主营业务成本　　　　　　　　　　　　　　200 000
　　贷:发出商品　　　　　　　　　　　　　　　　200 000

(3)2019 年 11 月 10 日收到款项时:

借:银行存款　　　　　　　　　　　　　　　　282 500
　　贷:应收账款　　　　　　　　　　　　　　　　282 500

3. 销售商品涉及现金折扣、商业折扣、销售折让的处理

企业销售商品有时也会遇到现金折扣、商业折扣、销售折让等问题,应当区分不同情况进行处理:

(1)现金折扣,是指债权人为鼓励债务人在规定的期限内付款而向债务人提供的债务扣除。企业销售商品涉及现金折扣的,应当按照扣除现金折扣前的金额确定销售商品收入金额。现金折扣在实际发生时计入财务费用。

(2)商业折扣,是指企业为促进商品销售而在商品标价上给予的价格扣除。企业销售商品涉及商业折扣的,应当按照扣除商业折扣后的金额确定销售商品收入金额。

(3)销售折让,是指企业因售出商品的质量不合格等原因而在售价上给予的减让。

对于销售折让,企业应区分不同情况进行处理:①已确认收入的售出商品发生销售折让的,通常应当在发生时冲减当期销售商品收入;②已确认收入的销售折让属于资产负债表日后事项的,应当按照有关资产负债表日后事项的相关规定进行处理。

【例 12-7】 东风公司 2019 年 6 月 1 日向甲企业赊销一批产品,合同约定的销售价格为 10 万元,增值税销项税额为 1.3 万元,东风公司开出发票账单并发出商品。根据合同约定,产品赊销期限为 30 天,现金折扣为"$2/10,1/20,n/30$",计算现金折扣时不包括增值税。东风公司采用总价法的会计处理如下:

赊销产品:
借:应收账款　　　　　　　　　　　　　　　　　　　　113 000
　　贷:主营业务收入　　　　　　　　　　　　　　　　　　100 000
　　　　应交税费——应交增值税(销项税额)　　　　　　　13 000

如乙公司在 10 天内付款,可按 2% 得到现金折扣:
借:银行存款　　　　　　　　　　　　　　　　　　　　111 000
　　财务费用　　　　　　　　　　　　　　　　　　　　　 2 000
　　贷:应收账款　　　　　　　　　　　　　　　　　　　113 000

如乙公司超过 10 天但在 20 天内付款,可按 1% 得到现金折扣:
借:银行存款　　　　　　　　　　　　　　　　　　　　112 000
　　财务费用　　　　　　　　　　　　　　　　　　　　　 1 000
　　贷:应收账款　　　　　　　　　　　　　　　　　　　113 000

如乙公司超过 20 天付款,不能得到现金折扣:
借:银行存款　　　　　　　　　　　　　　　　　　　　113 000
　　贷:应收账款　　　　　　　　　　　　　　　　　　　113 000

【例 12-8】 2019 年 4 月 10 日,甲公司向乙公司销售一批商品,产品成本为 200 000 元,合同约定的销售价款为 240 000 元,增值税销项税额为 31 200 元。

假定合同约定验货付款。2019 年 4 月 15 日,乙公司在验收过程中发现商品质量存在问题,要求在价格上给予 5% 的折让。此时甲公司发出商品时不符合收入确认的全部条件,不能确认销售收入;待乙公司验货并付款后,甲公司按销售折让后的实际交易价格给乙公司开具发票账单,并确认收入。

(1)2019 年 4 月 10 日,甲企业发出商品:
借:发出商品　　　　　　　　　　　　　　　　　　　　200 000
　　贷:库存商品　　　　　　　　　　　　　　　　　　　200 000

(2)2019 年 4 月 15 日,乙公司按折后的价格付款:
　　　　实际销售价格 = 240 000 × (1 - 5%) = 228 000(元)
　　　　增值税销项税额 = 31 200 × (1 - 5%) = 29 640(元)
借:银行存款　　　　　　　　　　　　　　　　　　　　257 640
　　贷:主营业务收入　　　　　　　　　　　　　　　　　228 000
　　　　应交税费——应交增值税(销项税额)　　　　　　　29 640
借:主营业务成本　　　　　　　　　　　　　　　　　　200 000

  贷:发出商品   200 000

  假定合同约定交款提货,甲公司于乙公司付款后向其开具发票及提货单。2019年4月15日,乙公司在验收过程中发现商品质量存在问题,要求在价格上给予5%的折让。

  (1)2019年4月10日,甲企业收款后开具发票、提货单:

  借:银行存款   271 200
    贷:主营业务收入   240 000
      应交税费——应交增值税(销项税额)   31 200
  借:主营业务成本   200 000
    贷:库存商品   200 000

  (2)2019年4月15日,甲公司退回多收款项:

  借:主营业务收入   12 000
    应交税费——应交增值税(销项税额)   1 560
    贷:银行存款   13 560

  4. 销售退回的处理

  销售退回,是指企业售出的商品由于质量、品种不符合要求等原因而发生的退货。对于销售退回,企业应区分不同情况进行会计处理。

  (1)对于未确认收入的售出商品发生销售退回的,企业应按已记入"发出商品"科目的商品成本金额,借记"库存商品"科目,贷记"发出商品"科目。

  (2)对于已确认收入的售出商品发生退回的,企业应在发生时冲减当期销售商品收入,同时冲减当期销售商品成本。如该项销售退回已发生现金折扣的,应同时调整相关财务费用的金额;如该项销售退回允许扣减增值税额的,应同时调整"应交税费——应交增值税(销项税额)"科目的相应金额。

  (3)已确认收入的售出商品发生的销售退回属于资产负债表日后事项的,应当按照有关资产负债表日后事项的相关规定进行会计处理。

  【例12-9】 甲公司在2019年6月18日向乙公司销售一批商品,开出的增值税专用发票上注明的销售价款为50 000元,增值税额为6 500元。该批商品成本为36 000元。为及早收回货款,甲公司和乙公司约定的现金折扣条件为:2/10,1/20,n/30。乙公司在2019年6月26日支付货款。2019年8月5日,该批商品因质量问题被乙公司退回,甲公司当日支付有关款项。假定计算现金折扣时不考虑增值税。甲公司的账务处理如下:

  (1)2019年6月18日销售实现时,按销售总价确认收入时:

  借:应收账款   56 500
    贷:主营业务收入   50 000
      应交税费——应交增值税(销项税额)   6 500
  借:主营业务成本   36 000
    贷:库存商品   36 000

  (2)在2019年6月26日收到货款时,按销售总价50 000元的2%享受现金折扣1 000(50 000×2%)元,实际收款55 500(56 500 - 1 000)元。

借:银行存款	55 500
财务费用	1 000
贷:应收账款	56 500

(3)2019年8月5日发生销售退回时:

借:主营业务收入	50 000
应交税费——应交增值税(销项税额)	6 500
贷:银行存款	55 500
财务费用	1 000
借:库存商品	36 000
贷:主营业务成本	36 000

5.特殊销售商品业务的处理

企业会计实务中,可能遇到一些特殊的销售商品业务。在将销售商品收入和计量原则运用于特殊销售商品收入的会计处理时,应结合这些特殊销售商品交易的形式,并注重交易的实质。

(1)代销商品。代销商品区分以下情况处理:

①视同买断方式。视同买断方式代销商品,是指委托方和受托方签订合同或协议,委托方按合同或协议收取代销的货款,实际售价由受托方自定,实际售价与合同或协议价之间的差额归受托方所有。如果委托方和受托方之间的协议明确标明,受托方在取得代销商品后,无论是否能够卖出、是否获利,均与委托方无关,那么,委托方和受托方之间的代销商品交易,与委托方直接销售商品给受托方没有实质区别,在符合销售商品收入确认条件时,委托方应确认相关销售商品收入。如果委托方和受托方之间的协议明确标明,将来受托方没有将商品售出时可以将商品退回给委托方,或受托方因代销商品出现亏损时可以要求委托方补偿,那么,委托方在交付商品时不确认收入,受托方也不作为购进商品处理,受托方将商品销售后,按实际售价确认销售收入,并向委托方开具代销清单,委托方收到代销清单时,再确认本企业的销售收入。

【例12-10】 甲公司2019年4月1日采用视同买断方式委托A公司代销一批商品。该批商品的成本为10 000元,协议价为15 000,增值税税额为1 950元;A公司在取得代销商品后,无论是否能够卖出、是否获利,均与甲公司无关,代销商品的实际售价由A公司自定。A公司将该批产品按20 000元的价格售出,收取增值税2 600,并给甲公司开具代销清单、结清协议价款。

(1)甲公司的会计处理。

发出委托代销商品:

借:应收账款	16 950
贷:主营业务收入	15 000
应交税费——应交增值税(销项税额)	1 950
借:主营业务成本	10 000
贷:库存商品	10 000

收到A公司开来的代销清单以及汇入的货款:

借:银行存款 16 950
　　贷:应收账款 16 950

(2) A 公司的会计处理。

收到受托代销商品:
借:库存商品 15 000
　　应交税费——应交增值税(进项税额) 1 950
　　贷:应付账款 16 950

售出代销商品:
借:银行存款 22 600
　　贷:主营业务收入 20 000
　　　　应交税费——应交增值税(销项税额) 2 600
借:主营业务成本 15 000
　　贷:库存商品 15 000

按协议价将货款汇给甲公司:
借:应付账款 16 950
　　贷:银行存款 16 950

②收取手续费方式。在这种方式下,委托方在发出商品时通常不应确认销售商品收入,而应在收到受托方开出的代销清单时确认销售商品收入;受托方应在商品销售后,按合同或协议约定的方法计算确定的手续费确认收入。

【例 12-11】 2019 年 4 月 1 日,甲公司委托 B 公司销售一批商品,商品成本 18 000 元。根据代销协议,商品售价为 22 000 元,增值税税额为 2 860 元,B 公司按售价的 5% 收取手续费。B 公司将该商品售出后,给甲公司开来了代销清单,甲公司根据代销清单所列的已销售商品金额给 B 公司开具了增值税专用发票。

甲公司的会计处理:

(1) 发出商品时:
借:委托代销商品 18 000
　　贷:库存商品 18 000

(2) 收到代销清单时:
借:应收账款 24 860
　　贷:主营业务收入 22 000
　　　　应交税费——应交增值税(销项税额) 2 860
借:主营业务成本 18 000
　　贷:委托代销商品 18 000
借:销售费用 1 100
　　贷:应收账款 1 100

(3) 收到 B 公司支付的货款时:
借:银行存款 23 760
　　贷:应收账款 23 760

B公司的会计处理如下：

(1)收到商品时：

借：受托代销商品   22 000

    贷：受托代销商品款   22 000

(2)对外销售时：

借：银行存款   24 860

    贷：应付账款   22 000

        应交税费——应交增值税(销项税额)   2 860

(3)收到增值税专用发票时：

借：应交税费——应交增值税(进项税额)   2 860

    贷：应付账款   2 860

(4)转销受托代销商品以及受托代销商品款：

借：受托代销商品款   22 000

    贷：受托代销商品   22 000

(5)支付货款并计算代销手续费时：

借：应付账款   24 860

    贷：银行存款   23 760

        主营业务收入   1 100

(2)预收款销售商品。预收款销售商品，是指购买方在商品收到前按合同或协议约定分期付款，销售方在收到最后一笔款项时才交货的销售方式。在这种方式下，销售方直到收到最后一笔款项才将商品交付购货方，表明商品所有权上的主要风险和报酬只有在收到最后一笔款项时才转移给购货方，企业通常应在发出商品时确认收入，在此之前预收的货款应确认为负债。

【例12-12】 2019年4月13日甲公司与乙公司签订协议，采用分期预收款方式向乙公司销售一批商品。该批商品实际成本为500 000元。协议约定，该批商品销售价格为600 000元，增值税额为78 000元；乙公司应在协议签订时预付60%的货款(按销售价格计算)，剩余货款于两个月后支付。甲公司的会计处理如下：

(1)收到60%货款时：

借：银行存款   360 000

    贷：预收账款   360 000

(2)收到剩余货款，发出商品确认收入：

借：预收账款   360 000

    银行存款   438 000

    贷：主营业务收入   600 000

        应交税费——应交增值税(销项税额)   78 000

借：主营业务成本   500 000

    贷：库存商品   500 000

(3)附有销售退回条件的商品销售。附有销售退回条件的商品销售，是指购买方依照有关协议有权退货的销售方式。在这种销售方式下,企业根据以往经验能够合理估计退货可能性且确认与退货相关负债的,通常应在发出商品时确认收入;企业不能合理估计退货可能性的,通常应在售出商品退货期满时确认收入。

【例12-13】 甲公司是一家健身器材销售公司。2019年5月1日,甲公司向乙公司销售5 000件健身器材,单位销售价格为500元,单位成本为400元,开出的增值税专用发票上注明的销售价款为2 500 000元,增值税额为325 000元。协议约定,乙公司应于2019年6月1日之前支付货款,在2019年10月30日之前有权退还健身器材。健身器材已经发出,款项尚未收到。假定甲公司根据过去的经验,估计该批健身器材退货率约为20%。在2019年9月30日甲公司对退货率进行了重新评估,认为只有10%的健身器材会被退回。甲公司为增值税一般纳税人,健身器材发出时纳税义务已经发生;实际发生销售退回时有关的增值税额允许冲减。甲公司的会计处理如下:

①2019年5月1日发出健身器材时:

借:应收账款　　　　　　　　　　　　　　　　　2 825 000
　　贷:主营业务收入　　　　　　　　　　　　　　2 000 000
　　　　预计负债——应付退货款　　　　　　　　　　500 000
　　　　应交税费——应交增值税(销项税额)　　　　325 000
借:主营业务成本　　　　　　　　　　　　　　　　1 600 000
　　应收退货成本　　　　　　　　　　　　　　　　　400 000
　　贷:库存商品　　　　　　　　　　　　　　　　2 000 000

②2019年6月1日前收到货款时:

借:银行存款　　　　　　　　　　　　　　　　　　2 825 000
　　贷:应收账款　　　　　　　　　　　　　　　　2 825 000

③2019年9月30日,甲公司对退货率重新评估:

借:预计负债——应付退货款　　　　　　　　　　　　250 000
　　贷:主营业务收入　　　　　　　　　　　　　　　250 000
借:主营业务成本　　　　　　　　　　　　　　　　　200 000
　　贷:应收退货成本　　　　　　　　　　　　　　　200 000

④2019年10月30日发生销售退回,实际退货量为400件,款项已经支付:

借:库存商品　　　　　　　　　　　　　　　　　　　160 000
　　应交税费——应交增值税(销项税额)　　　　　　　26 000
　　预计负债——应付退货款　　　　　　　　　　　　250 000
　　贷:应收退货成本　　　　　　　　　　　　　　　160 000
　　　　主营业务成本　　　　　　　　　　　　　　　50 000
　　　　银行存款　　　　　　　　　　　　　　　　　226 000
借:主营业务成本　　　　　　　　　　　　　　　　　40 000
　　贷:应收退货成本　　　　　　　　　　　　　　　40 000

【例12-14】 沿用【例12-13】的资料。假定甲公司无法根据过去的经验,估计该批健身器材的退货率;健身器材发出时纳税义务已经发生。甲公司的会计处理如下:

① 2019 年 5 月 1 日发出健身器材时：

借：应收账款　　　　　　　　　　　　　　　　　　　325 000
　　贷：应交税费——应交增值税（销项税额）　　　　　　325 000
借：发出商品　　　　　　　　　　　　　　　　　　　2 000 000
　　贷：库存商品　　　　　　　　　　　　　　　　　　2 000 000

② 2019 年 6 月 1 日前收到货款时：

借：银行存款　　　　　　　　　　　　　　　　　　　2 825 000
　　贷：预收账款　　　　　　　　　　　　　　　　　　2 500 000
　　　　应收账款　　　　　　　　　　　　　　　　　　　325 000

③ 2019 年 10 月 30 日退货期满没有发生退货时：

借：预收账款　　　　　　　　　　　　　　　　　　　2 500 000
　　贷：主营业务收入　　　　　　　　　　　　　　　　2 500 000
借：主营业务成本　　　　　　　　　　　　　　　　　2 000 000
　　贷：发出商品　　　　　　　　　　　　　　　　　　2 000 000

④ 2019 年 10 月 30 日退货期满，发生 2 000 件退货时：

借：预收账款　　　　　　　　　　　　　　　　　　　2 500 000
　　应交税费——应交增值税（销项税额）　　　　　　　130 000
　　贷：主营业务收入　　　　　　　　　　　　　　　　1 500 000
　　　　银行存款　　　　　　　　　　　　　　　　　　1 130 000
借：主营业务成本　　　　　　　　　　　　　　　　　1 200 000
　　库存商品　　　　　　　　　　　　　　　　　　　　 800 000
　　贷：发出商品　　　　　　　　　　　　　　　　　　2 000 000

（4）售后回购。售后回购，是指销售商品的同时，销售方同意日后再将同样或类似的商品购回的销售方式。在这种方式下，销售方应根据合同或协议条款判断企业是否已将商品所有权上的主要风险和报酬转移给购货方，以确定是否确认销售商品收入。在大多数情况下，回购价格固定或等于原售价加合理回报，售后回购交易属于融资交易，商品所有权上的主要风险和报酬没有转移，收到的款项应确认为负债；回购价格大于原售价的差额，企业应在回购期间按期计提利息，计入财务费用。

【例 12-15】 2019 年 5 月 1 日，甲公司向乙公司销售一批商品，开出的增值税专用发票上注明的销售价款为 50 万元，增值税额为 6.5 万元。该批商品成本为 45 万元；商品已经发出，款项已经收到。协议约定，甲公司应于 9 月 30 日将所售商品购回，回购价为 60 万元（不含增值税额）。甲公司的会计处理如下：

① 5 月 1 日发出商品时：

借：银行存款　　　　　　　　　　　　　　　　　　　　565 000
　　贷：其他应付款　　　　　　　　　　　　　　　　　　500 000
　　　　应交税费——应交增值税（销项税额）　　　　　　 65 000
借：发出商品　　　　　　　　　　　　　　　　　　　　450 000
　　贷：库存商品　　　　　　　　　　　　　　　　　　　450 000

② 回购价大于原售价的差额,应在回购期间按期计提利息费用,计入当期财务费用。由于回购期间为 5 个月,货币时间价值影响不大,采用直线法计提利息费用,每月计提利息费用为 2(10÷5)万元。

借:财务费用　　　　　　　　　　　　　　　　　　　　　20 000
　　贷:其他应付款　　　　　　　　　　　　　　　　　　　　20 000

③9 月 30 日回购商品时,收到的增值税专用发票上注明的商品价格为 60 万元,增值税额为 7.8 万元。假定商品已验收入库,款项已经支付。

借:财务费用　　　　　　　　　　　　　　　　　　　　　20 000
　　贷:其他应付款　　　　　　　　　　　　　　　　　　　　20 000
借:库存商品　　　　　　　　　　　　　　　　　　　　　450 000
　　贷:发出商品　　　　　　　　　　　　　　　　　　　　　450 000
借:其他应付款　　　　　　　　　　　　　　　　　　　　600 000
　　应交税费——应交增值税(进项税额)　　　　　　　　　78 000
　　贷:银行存款　　　　　　　　　　　　　　　　　　　　678 000

(5)售后租回。售后租回,是指销售商品的同时,销售方同意在日后再将同样的商品租回的销售方式。在这种方式下,销售方应根据合同或协议条款判断销售商品是否满足收入确认条件。通常情况下,售后租回属于融资交易,企业保留了与所有权相联系的继续管理权,或能够对其实施有效控制,企业不应确认收入,收到的款项应确认为负债;售价与资产账面价值之间的差额应当采用合理的方法进行分摊,作为折旧费用或租金费用的调整。有确凿证据表明认定为经营租赁的售后租回交易是按照公允价值达成的,销售的商品按照售价确认收入,并按账面价值结转成本。

(6)以旧换新销售。以旧换新销售,是指销售方在销售商品的同时回收与所售商品相同的旧商品。在这种情况下,销售的商品应当按照销售商品收入确认条件确认收入,回收的商品作为购进商品处理。

三、提供劳务收入

符合劳务收入确认条件的是:
(1)合同各方已批准该合同并承诺将履行各自义务。
(2)该合同明确了合同各方与所转让的商品相关的权利和义务。
(3)该合同有明确的与所转让的商品相关的支付条款。
(4)该合同具有商业性质,即履行该合同将改变企业未来现金流量的风险、时间分布或金额。
(5)企业因向客户转让商品而有权取得的对价很可能收回。

企业在确定提供劳务收入总额收回的可能性时,应当进行定性分析。如果确定提供劳务收入总额收回的可能性大于不能收回的可能性,即可认为提供劳务收入总额很可能流入企业。通常情况下,企业提供的劳务符合合同或协议要求,接受劳务方承诺付款,就表明提供劳务收入总额收回的可能性大于不能收回的可能性。如果企业判断提供劳务收入总额不是很可能流入企业,应当提供确凿证据。

(3)交易的完工进度能够可靠地确定,是指交易的完工进度能够合理地估计。企业确定提供劳务交易的完工进度,可以选用下列方法:

①已完工作的测量,这是一种比较专业的测量方法,由专业测量师对已经提供的劳务进行测量,并按一定方法计算确定提供劳务交易的完工程度。

②已经提供的劳务占应提供劳务总量的比例,这种方法主要以劳务量为标准确定提供劳务交易的完工程度。

③已经发生的成本占估计总成本的比例,这种方法主要以成本为标准确定提供劳务交易的完工程度。只有反映已提供劳务的成本才能包括在已经发生的成本中,只有反映已提供或将提供劳务的成本才能包括在估计总成本中。

(4)交易中已发生和将发生的成本能够可靠地计量,是指交易中已经发生和将要发生的成本能够合理地估计。企业应当建立完善的内部成本核算制度和有效的内部财务预算及报告制度,准确地提供每期发生的成本,并对完成剩余劳务将要发生的成本做出科学、合理的估计。同时应随着劳务的不断提供或外部情况的不断变化,随时对将要发生的成本进行修订。

2. 完工百分比法

完工百分比法,是指按照提供劳务交易的完工进度确认收入和费用的方法。在这种方法下,确认的提供劳务收入金额能够提供各个会计期间关于提供劳务交易及其业绩的有用信息。

企业应当在资产负债表日按照提供劳务收入总额乘以完工进度扣除以前会计期间累计已确认提供劳务收入后的金额,确认当期提供劳务收入;同时,按照提供劳务估计总成本乘以完工进度扣除以前会计期间累计已确认劳务成本后的金额,结转当期劳务成本。用公式表示如下:

本期确认的收入 = 劳务总收入 × 本期末止劳务的完工进度 − 以前期间已确认的收入

本期确认的费用 = 劳务总成本 × 本期末止劳务的完工进度 − 以前期间已确认的费用

在采用完工百分比法确认提供劳务收入的情况下,企业应按计算确定的提供劳务收入金额,借记"应收账款""银行存款"等科目,贷记"主营业务收入"科目。结转提供劳务成本时,借记"主营业务成本"科目,贷记"劳务成本"科目。

【例12-16】 甲公司于2018年12月1日接受一项设备安装任务,安装期为3个月,合同总收入600 000元,至年底已预收安装费400 000元,实际发生安装费用250 000元(假定均为安装人员薪酬),预计还会发生150 000元。假定甲公司按实际发生的成本占估计总成本的比例确定劳务的完工进度。甲公司的会计处理如下:

(1)计算:

实际发生的成本占估计总成本的比例 = 250 000 ÷ (250 000 + 150 000) = 62.5%

2018年12月31日确认的提供劳务收入 = 600 000 × 62.5% − 0 = 375 000(元)

2018年12月31日结转的提供劳务成本 = (250 000 + 150 000) × 62.5% − 0 = 250 000(元)

(2)账务处理：

①实际发生劳务成本时：

借：劳务成本	250 000	
贷：应付职工薪酬		250 000

②预收劳务款项时：

借：银行存款	400 000	
贷：预收账款		400 000

③ 2018年12月31日确认提供劳务收入并结转劳务成本时：

借：预收账款	375 000	
贷：主营业务收入		375 000
借：主营业务成本	250 000	
贷：劳务成本		250 000

【例12-17】 甲公司于2018年10月1日与丙公司签订合同，为丙公司订制一款软件，工期大约5个月，合同总收入500 000元。至2018年12月31日，甲公司已发生成本200 000元（假定均为开发人员薪酬），预收账款150 000元。甲公司预计开发该软件还将发生成本320 000元。2018年12月31日，经专业测量师测量，该软件的完工进度为60%。假定甲公司按季度编制财务报表，合同收入很可能收回。甲公司的会计处理如下：

(1)计算：

2018年12月31日确认提供劳务收入 = 500 000 × 60% − 0 = 300 000(元)

2018年12月31日确认提供劳务成本 = 320 000 × 60% − 0 = 192 000(元)

(2)账务处理：

①实际发生劳务成本时：

借：劳务成本	200 000	
贷：应付职工薪酬		200 000

②预收劳务款项时：

借：银行存款	150 000	
贷：预收账款		150 000

③2018年12月31日确认提供劳务收入并结转劳务成本时：

借：预收账款	300 000	
贷：主营业务收入		300 000
借：主营业务成本	192 000	
贷：劳务成本		192 000

(二)提供劳务交易结果不能可靠估计

企业在资产负债表日提供劳务交易结果不能够可靠估计的，即不能满足上述四个条件中的任何一条时，企业不能采用完工百分比法确认提供劳务收入。此时，企业应正确预计已经发生的劳务成本能够得到补偿和不能得到补偿，分别进行会计处理：

(1)已经发生的劳务成本预计能够得到补偿的,应按已收或预计能够收回的金额确认提供劳务收入,并结转已经发生的劳务成本。

(2)已经发生的劳务成本预计全部不能得到补偿的,应将已经发生的劳务成本计入当期损益,不确认提供劳务收入。

【例12-18】 甲公司于2018年12月25日接受乙公司委托,为其培训一批学员,培训期为4个月,2019年1月1日开学。协议约定,乙公司应向甲公司支付的培训费总额为15 000元,分三次等额支付,第一次在开学时预付,第二次在2019年3月1日支付,第三次在培训结束时支付。

2019年1月1日,乙公司预付第一次培训费。至2019年2月28日,甲公司发生培训成本4 000元(假定均为培训人员薪酬)。2019年3月1日,甲公司得知乙公司经营发生困难,后两次培训费能否收回难以确定。甲公司的会计处理如下:

(1)2019年1月1日收到乙公司预付的培训费:

借:银行存款　　　　　　　　　　　　　　　　　　　5 000
　　贷:预收账款　　　　　　　　　　　　　　　　　　5 000

(2)2019年2月28日实际发生培训支出15 000元:

借:劳务成本　　　　　　　　　　　　　　　　　　　4 000
　　贷:应付职工薪酬　　　　　　　　　　　　　　　　4 000

(3)2019年2月28日确认提供劳务收入并结转劳务成本:

借:预收账款　　　　　　　　　　　　　　　　　　　4 000
　　贷:主营业务收入　　　　　　　　　　　　　　　　4 000
借:主营业务成本　　　　　　　　　　　　　　　　　4 000
　　贷:劳务成本　　　　　　　　　　　　　　　　　　4 000

(三)同时销售商品和提供劳务交易

企业与其他企业签订的合同或协议,有时既包括销售商品又包括提供劳务,如销售电梯的同时负责安装工作、销售软件后继续提供技术支持、设计产品同时负责生产等。此时,如果销售商品部分和提供劳务部分能够区分且能够单独计量的,企业应当分别核算销售商品部分和提供劳务部分,将销售商品的部分作为销售商品处理,将提供劳务的部分作为提供劳务处理;如果销售商品部分和提供劳务部分不能够区分,或虽能区分但不能够单独计量的,企业应当将销售商品部分和提供劳务部分全部作为销售商品部分进行会计处理。

【例12-19】 甲公司与乙公司签订合同,向乙公司销售一部电梯并负责安装。甲公司开出的增值税专用发票上注明的价款合计为5 000 000元,其中电梯销售价格为4 800 000元,安装费为200 000元,增值税额为650 000元。电梯的成本为4 200 000元;电梯安装过程中发生安装费160 000元,均为安装人员薪酬。假定电梯已经安装完成并经验收合格,款项已收银行存款账户。

根据上述资料,甲公司的电梯销售和电梯安装可以区分且能够单独可靠计量,因此,甲公司的电梯销售收入和电梯安装劳务应分别确认。甲公司的会计处理如下:

(1)发出电梯时:
借:发出商品   4 200 000
    贷:库存商品   4 200 000
(2)实际发生安装费用时:
借:劳务成本   160 000
    贷:应付职工薪酬   160 000
(3)安装完毕检验合格,确认销售电梯和劳务收入时:
借:银行存款   5 650 000
    贷:主营业务收入——销售商品   4 800 000
              ——提供劳务   200 000
        应交税费——应交增值税(销项税额)   650 000
(4)结转销售商品成本和安装成本时:
借:主营业务成本   4 360 000
    贷:发出商品   4 200 000
        劳务成本   160 000

【例12-20】 甲公司向B商场销售一批彩色电视机,为保证及时供货,双方约定由甲公司用自己的汽车进行运输,甲公司向B商场确定的货款价格包括彩电售价和运输费价格。甲公司开出的增值税专用发票上注明的价款合计为3 000 000元,增值税税额为390 000元,款项于当天收到,该批商品成本为2 500 000元。假定货款中彩电销售价格与售价无法区分,甲公司为运输该批彩色电视机发生的成本为20 000元,主要为运输人工薪酬等。

根据上述资料,甲公司的彩电销售和运输难以单独计量,因此,应全部作为商品销售处理,甲公司的会计处理如下:
(1)销售彩色电视机确认收入时:
借:银行存款   3 390 000
    贷:主营业务收入   3 000 000
        应交税费——应交增值税(销项税额)   390 000
(2)发生运输劳务成本时:
借:劳务成本   20 000
    贷:应付职工薪酬   20 000
(3)结转彩色电视机成本和运输成本时:
借:主营业务成本   2 520 000
    贷:库存商品   2 500 000
        劳务成本   20 000

(四)其他特殊劳务收入

下列提供劳务满足收入确认条件的,应按规定确认收入:
(1)安装费,在资产负债表日根据安装的完工进度确认为收入。安装工作是商品销售附带条件的,安装费通常应在确认商品销售实现时确认为收入。

(2)宣传媒介的收费,在相关的广告或商业行为开始出现于公众面前时确认为收入。广告的制作费,通常应在资产负债表日根据广告的完工进度确认为收入。

(3)为特定客户开发软件的收费,在资产负债表日根据开发的完工进度确认为收入。

(4)包括在商品售价内可区分的服务费,在提供服务的期间内分期确认为收入。

(5)艺术表演、招待宴会和其他特殊活动的收费,在相关活动发生时确认为收入。收费涉及几项活动的,预收的款项应合理分配给每项活动,分别确认为收入。

(6)申请入会费和会员费只允许取得会籍,所有其他服务或商品都要另行收费的,通常应在款项收回不存在重大不确定性时确认为收入。申请入会费和会员费能使会员在会员期内得到各种服务或出版物,或者以低于非会员的价格销售商品或提供服务的,通常应在整个受益期内分期确认为收入。

(7)属于提供设备和其他有形资产的特许权费,通常应在交付资产或转移资产所有权时确认为收入;属于提供初始及后续服务的特许权费,通常应在提供服务时确认为收入。

【例12-21】 甲公司与乙公司签订协议,甲公司允许乙公司经营其连锁店。协议约定,并向乙公司收取特许权费共计800 000元,其中提供家具、柜台等收费300 000元,这些家具、柜台成本为200 000元;提供初始服务,如帮助选址、培训人员、融资、广告等收费300 000元,共发生成本210 000元(其中,120 000元为人员薪酬,90 000元为支付的广告费用);提供后续服务收费200 000元,发生成本80 000元(均为人员薪酬)。协议签订当日,乙公司一次性付清所有款项。假定不考虑其他因素,甲公司的会计处理如下:

(1)收到款项时:

借:银行存款　　　　　　　　　　　　　　　　800 000
　　贷:预收账款　　　　　　　　　　　　　　　　800 000

(2)确认家具、柜台的特许权费收入并结转成本时:

借:预收账款　　　　　　　　　　　　　　　　300 000
　　贷:主营业务收入　　　　　　　　　　　　　　300 000
借:主营业务成本　　　　　　　　　　　　　　200 000
　　贷:库存商品　　　　　　　　　　　　　　　　200 000

(3)提供初始服务时:

借:劳务成本　　　　　　　　　　　　　　　　210 000
　　贷:应付职工薪酬　　　　　　　　　　　　　　120 000
　　　　银行存款　　　　　　　　　　　　　　　　90 000
借:预收账款　　　　　　　　　　　　　　　　300 000
　　贷:主营业务收入　　　　　　　　　　　　　　300 000
借:主营业务成本　　　　　　　　　　　　　　210 000
　　贷:劳务成本　　　　　　　　　　　　　　　　210 000

(4)提供后续服务时:

借:劳务成本　　　　　　　　　　　　　　　　80 000

贷:应付职工薪酬	80 000
借:预收账款	200 000
贷:主营业务收入	200 000
借:主营业务成本	80 000
贷:劳务成本	80 000

(8)长期为客户提供重复劳务收取的劳务费,通常应在相关劳务活动发生时确认为收入。

【例12-22】 甲公司与某住宅小区物业产权人签订合同,为该住宅小区所有住户提供维修、清洁、绿化、保安及代收水电费等劳务,每月来收取劳务费40 000元。假定月末款项均已收到,不考虑其他因素。甲公司的会计处理如下:

借:银行存款	40 000
贷:主营业务收入	40 000

四、让渡资产使用权收入

(一)让渡资产使用权收入的确认

让渡资产使用权收入主要包括:①利息收入,主要是指金融企业对外贷款形成的利息收入,以及同业之间发生往来形成的利息收入等。②使用费收入,主要是指企业转让无形资产(如商标权、专利权、专营权、软件、版权)等资产的使用权形成的使用费收入。

企业对外出租资产收取的租金、进行债权投资收取的利息、进行股权投资取得的现金股利,也构成让渡资产使用权收入,有关的会计处理,请参照有关租赁、金融工具确认和计量、长期股权投资等内容。

让渡资产使用权收入同时满足下列条件的,才能予以确认:

1. 相关的经济利益很可能流入企业

相关的经济利益很可能流入企业,是指让渡资产使用权收入金额收回的可能性大于不能收回的可能性。企业在确定让渡资产使用权收入金额能否收回时,应当根据对方企业的信誉和生产经营情况、双方就结算方式和期限等达成的合同或协议条款等因素,综合进行判断。如果企业估计让渡资产使用权收入金额收回的可能性不大,就不应确认收入。

2. 收入的金额能够可靠地计量

收入的金额能够可靠地计量,是指让渡资产使用权收入的金额能够合理地估计。如果让渡资产使用权收入的金额不能够合理地估计,则不应确认收入。

(二)让渡资产使用权收入的计量

1. 利息收入

企业应在资产负债表日,按照他人使用本企业货币资金的时间和实际利率计算确定利息收入金额。按计算确定的利息收入金额,借记"应收利息""银行存款"等科目,贷记"利息收入""其他业务收入"等科目。

【例12-23】 甲商业银行于2018年10月1日向乙公司发放一笔贷款100万元,期限为1年,年利率为5%,甲银行发放贷款时没有发生交易费用,该贷款合同利率与其实际利率相同。假定甲商业银行按季度编制财务报表,不考虑其他因素。甲商业银行的会计处理如下:

(1)2018年10月1日对外贷款时:

借:贷款　　　　　　　　　　　　　　　　　　　　1 000 000
　　贷:吸收存款　　　　　　　　　　　　　　　　　　　　1 000 000

(2)2018年12月31日确认利息收入时:

借:应收利息　　　　　　　　　　　　(1 000 000×5%÷4)12 500
　　贷:利息收入　　　　　　　　　　　　　　　　　　　　12 500

2. 使用费收入

使用费收入应当按照有关合同或协议约定的收费时间和方法计算确定。不同的使用费收入,收费时间和方法各不相同。有一次性收取一笔固定金额的,如一次收取10年的场地使用费;有在合同或协议规定的有效期内分期等额收取的,如合同或协议规定在使用期内每期收取一笔固定的金额;也有分期不等额收取的,如合同或协议规定按资产使用方每期销售额的百分比收取使用费等。

如果合同或协议规定一次性收取使用费,且不提供后续服务,应当视同销售该项资产一次性确认收入;提供后续服务的,应在合同或协议规定的有效期内分期确认收入。如果合同或协议规定分期收取使用费,应按合同或协议规定的收款时间和金额或规定的收费方法计算确定的金额分期确认收入。

【例12-24】 甲软件公司向乙公司转让某软件的使用权,一次性收费50 000元,不提供后续服务,款项已经收回。假定不考虑其他因素。甲公司的会计处理如下:

借:银行存款　　　　　　　　　　　　　　　　　　　50 000
　　贷:主营业务收入　　　　　　　　　　　　　　　　　　50 000

【例12-25】 甲软件公司向丙公司转让某专利技术的使用权,每年收取使用费用60 000元,款项尚未收到。假定不考虑其他因素。甲公司的账务处理如下:

借:银行存款　　　　　　　　　　　　　　　　　　　60 000
　　贷:主营业务收入　　　　　　　　　　　　　　　　　　60 000

【例12-26】 甲公司向丁公司转让其商品的商标使用权,约定丁公司每年年末按年销售收入的10%支付使用费,使用期10年。第一年,丁公司实现销售收入2 000 000元;第二年,丁公司实现销售收入1 800 000元。假定甲公司均于每年年末收到使用费,不考虑其他因素。甲公司的会计处理如下:

(1)第一年年末确认使用费收入时:

借:银行存款　　　　　　　　　　　　(2 000 000×10%)200 000
　　贷:其他业务收入　　　　　　　　　　　　　　　　　　200 000

(2)第二年年末确认使用费收入时:

借:银行存款　　　　　　　　　　　　(1 800 000×10%)180 000
　　贷:其他业务收入　　　　　　　　　　　　　　　　　　180 000

五、建造合同收入的确认与计量

(一)建造合同概述

建筑安装企业和生产飞机、船舶、大型机械设备等产品的工业制造企业,其生产活动、经营方式不同于一般工商企业,有其特殊性:①这类企业所建造或生产的产品通常体积巨大,如建造的房屋、道路、桥梁、水坝等,或生产的飞机、船舶、大型机械设备等;②建造或生产产品的周期比较长,往往跨越一个或几个会计期间;③所建造或生产的产品的价值比较大。因此,在现实经济生活中,这类企业在开始建造或生产产品之前,通常要与产品的需求方(即客户)签订建造合同。建造合同是指为建造一项或数项在设计、技术、功能、最终用途等方面密切相关的资产而订立的合同。合同的甲方称为客户,乙方称为建造承包商。

建造合同分为固定造价合同和成本加成合同。

固定造价合同,是指按照固定的合同价或固定单价确定工程价款的建造合同。例如:建造一座办公楼,合同规定总造价为 3 000 万元;建造一条公路,合同规定每千米单价为 400 万元。

成本加成合同,是指以合同约定或其他方式议定的成本为基础,加上该成本的一定比例或定额费用确定工程价款的建造合同。例如,建造一艘船舶,合同总价款以建造该船舶的实际成本为基础,加收 3% 计取;建造一段地铁,合同总价款以建造该段地铁的实际成本为基础,加 1 000 万元计取。

(二)合同的分立与合并

企业通常应当按照单项建造合同进行会计处理。但是,在某些情况下,为了反映一项或一组合同的实质,需要将单项合同进行分立或将数项合同进行合并。

1. 合同分立

有的资产建造虽然形式上只签订了一项合同,但各项资产在商务谈判、设计施工、价款结算等方面都是可以相互分离的,实质上是多项合同,在会计上应当作为不同的核算对象。

一项包括建造数项资产的建造合同,同时满足下列三项条件的,每项资产应当分立为单项合同:①每项资产均有独立的建造计划;②与客户就每项资产单独进行谈判,双方能够接受或拒绝与每项资产有关的合同条款;③每项资产的收入和成本可以单独辨认。

例如,某建筑公司与客户签订一项合同,为客户建造一栋宿舍楼和一座食堂。在签订合同时,建筑公司与客户分别就所建宿舍楼和食堂进行谈判,并达成一致意见:宿舍楼的工程造价为 500 万元。食堂的工程造价为 200 万元。宿舍楼和食堂均有独立的施工图预算,宿舍楼的预计总成本为 450 万元,食堂的预计总成本为 170 万元。根据上述资料分析:由于宿舍楼和食堂均有独立的施工图预算,因此符合条件①;由于在签订合同时,建筑公司与客户分别就所建宿舍楼和食堂进行谈判,并达成一致意见,因此符合条件②;由于宿舍楼和食堂均有单独的造价和预算成本,因此符合条件③。建筑公司应将建造宿舍楼和食堂分立为两个单项合同进行会计处理。

如果不同时满足上述三个条件,则不能将合同分立,而应将其作为一个合同进行会计处理。假如上例中,没有明确宿舍楼和食堂各自的工程造价,而是以700万元的总金额签订了该项合同,也未做出各自的预算成本。这时,不符合条件③,则建筑公司不能将该项合同分立为两个单项合同进行会计处理。

2. 合同合并

有的资产建造虽然形式上签订了多项合同,但各项资产在设计、技术、功能、最终用途上是密不可分的,实质上是一项合同,在会计上应当作为一个核算对象。

一组合同无论对应单个客户还是多个客户,同时满足下列三项条件的,应当合并为单项合同:①该组合同按一揽子交易签订;②该组合同密切相关,每项合同实际上已构成一项综合利润率工程的组成部分;③该组合同同时或依次履行。

例如,为建造一个冶炼厂,某建造承包商与客户一揽子签订了三项合同,分别建造一个选矿车间、一个冶炼车间和一个工业污水处理系统。根据合同规定这三个工程将由该建造承包商同时施工,并根据整个项目的施工进度办理价款结算。根据上述资料分析:由于这三项合同是一揽子签订的,表明符合条件①。对客户而言,只有这三项合同全部完工交付使用时,该冶炼厂才能投料生产,发挥效益;对建造承包商而言,这三项合同的各自完工进度,直接关系到整个建设项目的完工进度和价款结算,并且建造承包商对工程施工人员和工程用料实行统一管理。因此,该组合同密切相关,已构成一项综合利润率工程项目,表明符合条件②。该组合同同时履行,表明符合条件③。因此,该建造承包商应将该组合同合并为一个合同进行会计处理。

3. 追加资产的建造

有时,建造合同在执行中,客户可能会提出追加建造资产的要求,从而与建造承包商协商变更原合同内容或者另行签订建造追加资产的合同。根据不同情况,建造追加资产的合同可能与原合同合并为一项合同进行会计核算,也可能作为单项合同单独核算。

追加资产的建造,满足下列条件之一的,应当作为单项合同:①该追加资产在设计、技术或功能上与原合同包括的一项或数项资产存在重大差异;②议定该追加资产的造价时,不需要考虑原合同价款。

例如,某建筑商与客户签订了一项建造合同。合同规定,建筑商为客户设计并建造一栋教学楼,教学楼的工程造价(含设计费用)为600万元,预计总成本为550万元。合同履行一段时间后,客户决定追加建造一座地上车库,并与该建筑商协商一致,变更了原合同内容。根据上述资料分析:由于该地上车库在设计、技术和功能上与原合同包括的教学楼存在重大差异,表明符合条件①,因此该追加资产的建造应当作为单项合同。

(三)合同收入与合同成本

1. 合同收入的组成

合同收入包括两部分内容:①合同规定的初始收入。即建造承包商与客户签订的合同中最初商定的合同总金额,它构成了合同收入的基本内容。②因合同变更、索赔、奖励等形成的收入。

合同变更是指客户为改变合同规定的作业内容而提出的调整。合同变更款同时满足下列条件的,才能构成合同收入:①客户能够认可因变更而增加的收入;②该收入能够可靠地计量。例如,某建造承包商与客户签订了一项建造图书馆的合同,建设期3年。第二年,客户要求将原设计中采用的铝合金门窗改为采用塑钢门窗,并同意增加合同造价50万元。本例中,建造承包商可在第二年将因合同变更而增加的收入50万元认定为合同收入的组成部分;假如建造承包商认为此项变更应增加造价50万元,但双方最终只达成增加造价40万元的协议,则只能将40万元认定为合同收入的组成部分。

索赔款是指因客户或第三方的原因造成的、向客户或第三方收取的、用以补偿不包括在合同造价中成本的款项。索赔款同时满足下列条件的,才能构成合同收入:①根据谈判情况,预计对方能够同意该项索赔;②对方同意接受的金额能够可靠地计量。例如,某建造承包商与客户签订了一项建造水电站的合同。合同规定的建设期是2015年1月至2018年12月;同时规定,发电机由客户采购,于2017年10月交付建造承包商进行安装。该项合同在执行过程中,客户于2018年1月才将发电机交付建造承包商。建造承包商因客户交货延期要求客户支付延误工期款150万元。本例中,假如客户不同意支付延误工期款,则不能将150万元计入合同总收入;假如客户只同意支付延误工期款100万元,则只能将100万元认定为合同收入的组成部分。

奖励款是指工程达到或超过规定的标准,客户同意支付的额外款项。奖励款同时满足下列条件的,才能构成合同收入:①根据合同目前完成情况,足以判断工程进度和工程质量能够达到或超过规定的标准;②奖励金额能够可靠地计量。例如,某建造承包商与客户签订一项建造大桥的合同,合同规定的建设期为2016年10月25日至2018年10月25日。2018年7月,主体工程已基本完工,工程质量符合设计要求,有望提前3个月竣工,客户同意向建造承包商支付提前竣工奖100万元。本例中,假如该项合同的主体工程虽于2018年7月基本完工,但是经工程监理人员认定,工程质量未达到设计要求,还需进一步施工,则不能认定奖励款构成合同收入。

2. 合同成本的组成

合同成本是指为建造某项合同而发生的相关费用,合同成本包括从合同签订开始至合同完成止所发生的、与执行合同有关的直接费用和间接费用。这里所说的"直接费用"是指为完成合同所发生的、可以直接计入合同成本核算对象的各项费用支出;"间接费用"是指为完成合同所发生的、不宜直接归属于合同成本核算对象而应分配计入有关合同成本核算对象的各项费用支出。实务中,间接费用的分配方法主要有人工费用比例法、直接费用比例法等。与合同有关的零星收益,即在合同执行过程中取得的、非经常性的零星收益,如完成合同后处置残余物资取得的收益,不应计入合同收入而应冲减合同成本。

(1)直接费用的组成。合同的直接费用包括四项内容:即耗用的材料费用、耗用的人工费用、耗用的机械使用费和其他直接费用。

耗用的材料费用主要包括施工生产过程中耗用的构成工程实体或有助于形成工程实体的原材料、辅助材料、构配件、零件、半成品的成本和周转材料的摊销及租赁费用。周转材料是指企业在施工过程中能多次使用并可基本保持原来的实物形态而逐渐转移其价值的材料,如施工中使用的模板、挡板和脚手架等。

耗用的人工费用主要包括从事工程建造的人员的工资、奖金、福利费、工资性质的津贴等支出。

耗用的机械使用费主要包括施工生产过程中使用自有施工机械所发生的机械使用费、租用外单位施工机械支付的租赁费和施工机械的安装、拆卸和进出场费。

其他直接费用是指在施工过程中发生的除上述三项直接费用以外的其他可以直接计入合同成本核算对象的费用。主要包括有关的设计和技术援助费用、施工现场材料的二次搬运费、生产工具和用具使用费、检验试验费、工程定位复测费、工程点交费用、场地清理费用等。

(2)间接费用的组成。间接费用主要包括临时设施摊销费用和企业下属的施工、生产单位组织和管理施工生产活动所发生的费用,如管理人员薪酬、劳动保护费、固定资产折旧费及修理费、物料消耗、取暖费、水电费、办公费、差旅费、财产保险费、工程保修费、排污费等。这里所说的"施工单位"是指建筑安装企业的施工队、项目经理部等;"生产单位"是指船舶、飞机、大型机械设备等制造企业的生产车间。这些单位可能同时组织实施几项合同,其发生的费用应由这几项合同的成本共同负担。

(3)不计入合同成本的各项费用。下列各项费用属于期间费用,应在发生时计入当期损益,不计入建造合同成本。

①企业行政管理部门为组织和管理生产经营活动所发生的管理费用。这里所述的"企业行政管理部门"包括建筑安装公司的总公司、船舶、飞机、大型机械设备制造企业等企业总部。

②船舶等制造企业的销售费用。

③企业为建造合同借入款项所发生的、不符合借款费用准则规定的资本化条件的借款费用。例如,企业在建造合同完成后发生的利息净支出、汇兑净损失、金融机构手续费以及筹资发生的其他财务费用。

④因订立合同而发生的有关费用。如企业为订立合同而发生的差旅费、投标费等。

(四)合同收入与合同费用的确认

合同收入与合同费用确认的基本原则是:①如果建造合同的结果能够可靠估计,企业应根据完工百分比法在资产负债表日确认合同收入和合同费用。②如果建造合同的结果不能够可靠估计,应分两种情况进行处理:合同成本能够收回的,合同收入根据能够收回的实际合同成本金额予以确认,合同成本在其发生的当期确认为合同费用;合同成本不可能收回的,应在发生时立即确认为合同费用,不确认合同收入。

合同预计总成本超过合同总收入的,应当将预计损失确认为当期费用。

1. 结果能够可靠估计的建造合同

建造合同的结果能够可靠估计的,企业应根据完工百分比法在资产负债表日确认合同收入和合同费用。完工百分比法是根据合同完工进度确认合同收入和费用的方法,运用这种方法确认合同收入和费用,能为报表使用者提供有关合同进度及本期业绩的有用信息。

(1) 建造合同的结果能够可靠估计的认定标准。固定造价合同的结果能够可靠估计的认定标准为:①合同总收入能够可靠地计量;②与合同相关的经济利益很可能流入企业;③实际发生的合同成本能够清楚地区分和可靠地计量;④合同完工进度和为完成合同尚需发生的成本能够可靠地确定。

成本加成合同的结果能够可靠估计的认定标准为:①与合同相关的经济利益很可能流入企业;②实际发生的合同成本能够清楚地区分和可靠地计量。

(2) 完工进度的确定。确定合同完工进度有以下三种方法:

① 根据累计实际发生的合同成本占合同预计总成本的比例确定。该方法是确定合同完工进度比较常用的方法。计算公式如下:

$$合同完工进度 = \frac{累计实际发生的合同成本}{合同预计总成本} \times 100\%$$

累计实际发生的合同成本是指形成工程完工进度的工程实体和工作量所耗用的直接成本和间接成本,不包括与合同未来活动相关的合同成本(如施工中尚未安装、使用或耗用的材料成本),以及在分包工程的工作量完成之前预付给分包单位的款项(根据分包工程进度支付的分包工程进度款,应构成累计实际发生的合同成本)。

【例 12-27】 甲公司承建 A 工程,工期 2 年,A 工程的预计总成本为 5 000 000 元。第一年,甲建筑公司的"工程施工——A 工程"账户的实际发生额为 3 500 000 元。其中:人工费 800 000 元,材料费 1 900 000 元,机械作业费 500 000 元,其他直接费和工程间接费 300 000 元。经查明,A 工程领用的材料中有一批虽已运到施工现场但尚未使用,尚未使用的材料成本为 500 000 元。根据上述资料计算第一年的完工进度如下:

$$合同完工进度 = \frac{3\,500\,000 - 500\,000}{5\,000\,000} \times 100\% = 60\%$$

② 根据已经完成的合同工作量占合同预计总工作量的比例确定。该方法适用于合同工作量容易确定的建造合同,如道路工程、土石方挖掘、砌筑工程等。计算公式如下:

$$合同完工进度 = \frac{已经完成的合同工作量}{合同预计总工作量} \times 100\%$$

③ 根据实际测定的完工进度确定。该方法是在无法根据上述两种方法确定合同完工进度时所采用的一种特殊的技术测量方法,适用于一些特殊的建造合同,如水下施工工程等。需要注意的是,这种技术测量并不是由建造承包商自行随意测定,而应由专业人员现场进行科学测定。

(3) 完工百分比法的运用。确定建造合同的完工进度后,就可以根据完工百分比法确认和计量当期的合同收入和费用。当期确认的合同收入和费用可用下列公式计算:

当期确认的合同收入 = 合同总收入 × 完工进度 - 以前会计期间累计已确认的收入
当期确认的合同费用 = 合同预计总成本 × 完工进度 - 以前会计期间累计已确认的费用
当期确认的合同毛利 = 当期确认的合同收入 - 当期确认的合同费用

上述公式中的完工进度指累计完工进度。

对于当期完成的建造合同,应当按照实际合同总收入扣除以前会计期间累计已确认收入后的金额,确认为当期合同收入;同时,按照累计实际发生的合同成本扣除以前会计期间累计已确认费用后的金额,确认为当期合同费用。

【例 12-28】 甲公司签订了一项总金额为 11 600 000 元的固定造价合同,合同完工进度按照累计实际发生的合同成本占合同预计总成本的比例确定。工程已于 2016 年 2 月开工,预计 2018 年 9 月完工。最初预计的工程总成本为 11 000 000 元,到 2017 年底,由于材料价格上涨等因素调整了预计总成本,预计工程总成本已为 12 000 000 元。甲公司 2018 年 7 月提前两个月完成了建造合同,工程质量优良,客户同意支付奖励款 400 000 元。建造该工程的其他有关资料见表 12-1。

表 12-1 建造该工程的其他有关资料 元

项目	2016 年	2017 年	2018 年
累计实际发生成本	3 080 000	9 600 000	11 900 000
预计完成合同尚需发生成本	7 920 000	2 400 000	—
结算合同价款	3 480 000	5 920 000	2 600 000
实际收到价款	3 400 000	5 800 000	2 800 000

甲公司对本项建造合同的有关账务处理如下(为简化起见,会计分录以汇总数反映,有关纳税业务的会计分录略):

1. 2016 年会计处理如下:

(1) 登记实际发生的合同成本:

借:工程施工——合同成本　　　　　　　　　　　　3 080 000
　　贷:原材料、应付职工薪酬、机械作业等　　　　　　3 080 000

(2) 登记已结算的合同价款:

借:应收账款　　　　　　　　　　　　　　　　　　3 480 000
　　贷:工程结算　　　　　　　　　　　　　　　　　　3 480 000

(3) 登记实际收到的合同价款:

借:银行存款　　　　　　　　　　　　　　　　　　3 400 000
　　贷:应收账款　　　　　　　　　　　　　　　　　　3 400 000

(4) 确认计量当年的合同收入和费用,并登记入账:

2016 年的完工进度 $= \dfrac{3\,080\,000}{3\,080\,000 + 7\,920\,000} \times 100\% = 28\%$

2016 年确认的合同收入 = 11 600 000 × 28% = 3 248 000(元)

2016 年确认的合同费用 = (3 080 000 + 7 920 000) × 28% = 3 080 000(元)

2016 年确认的合同毛利 = 3 248 000 - 3 080 000 = 168 000(元)

借:主营业务成本　　　　　　　　　　　　　　　　3 080 000
　　工程施工——合同毛利　　　　　　　　　　　　　168 000
　　贷:主营业务收入　　　　　　　　　　　　　　　　3 248 000

2. 2017 年的会计处理如下:

(1) 登记实际发生的合同成本:

借:工程施工——合同成本　　　　　　　　　　　　6 520 000

  贷:原材料、应付职工薪酬、机械作业等   6 520 000
(2)登记结算的合同价款:
借:应收账款   5 920 000
  贷:工程结算   5 920 000
(3)登记实际收到的合同价款:
借:银行存款   5 800 000
  贷:应收账款   5 800 000
(4)确认计量当年的合同收入和费用,并登记入账:

2017 年的完工进度 $= \dfrac{9\,600\,000}{9\,600\,000 + 2\,400\,000} \times 100\% = 80\%$

2017 年确认的合同收入 $= 11\,600\,000 \times 80\% - 3\,248\,000 = 6\,032\,000$(元)

2017 年确认的合同费用 $= (9\,600\,000 + 2\,400\,000) \times 80\% - 3\,080\,000 = 6\,520\,000$(元)

2017 年确认的合同毛利 $= 6\,032\,000 - 6\,520\,000 = -488\,000$(元)

2017 年确认的合同预计损失 $= (9\,600\,000 + 2\,400\,000 - 11\,600\,000) \times (1 - 80\%)$
          $= 80\,000$(元)

注:在 2017 年底,由于该合同预计总成本(12 000 000 元)大于合同总收入(11 600 000 元),预计发生损失总额为 400 000 元,由于已在"工程施工——合同毛利"中反映了 -320 000(168 000 - 488 000)元的亏损,因此应将剩余的、为完成工程将发生的预计损失 80 000 元确认为当期费用。

借:主营业务成本   6 520 000
  贷:主营业务收入   6 032 000
    工程施工——合同毛利   488 000
借:资产减值损失   80 000
  贷:存货跌价准备   80 000

3.2018 年的会计处理如下:
(1)登记实际发生的合同成本:
借:工程施工——合同成本   2 300 000
  贷:原材料、应付职工薪酬、机械作业等   2 300 000
(2)登记结算的合同价款:
借:应收账款   2 600 000
  贷:工程结算   2 600 000
(3)登记实际收到的合同价款:
借:银行存款   2 800 000
  贷:应收账款   2 800 000
(4)确认计量当年的合同收入和费用,并登记入账:

2018 年确认的合同收入 $= (400\,000 + 11\,600\,000) - (3\,248\,000 + 6\,032\,000)$
        $= 2\,720\,000$(元)

2018 年确认的合同费用 $= 11\,900\,000 - 3\,080\,000 - 6\,520\,000 = 2\,300\,000$(元)

2018 年确认的合同毛利 = 2 720 000 - 2 300 000 = 420 000(元)

借:主营业务成本　　　　　　　　　　　　　　　2 300 000
　　工程施工——合同毛利　　　　　　　　　　　　420 000
　贷:主营业务收入　　　　　　　　　　　　　　　2 720 000

(5)2018 年工程全部完工,应将"存货跌价准备"科目相关余额冲减"主营业务成本",将"工程施工"科目的余额与"工程结算"科目的余额相对冲:

借:存货跌价准备　　　　　　　　　　　　　　　　80 000
　贷:主营业务成本　　　　　　　　　　　　　　　　80 000
借:工程结算　　　　　　　　　　　　　　　　　12 000 000
　贷:工程施工——合同成本　　　　　　　　　　11 900 000
　　　　　　——合同毛利　　　　　　　　　　　　100 000

2. 结果不能可靠估计的建造合同

如果建造合同的结果不能可靠估计,则不能采用完工百分比法确认和计量合同收入和费用,而应区别以下两种情况进行会计处理:①合同成本能够收回的,合同收入根据能够收回的实际合同成本予以确认,合同成本在其发生的当期确认为合同费用;②合同成本不可能收回的,应在发生时立即确认为合同费用,不确认合同收入。

【例 12-29】 甲公司与客户签订了一项总金额为 100 万元的建造合同。第一年实际发生工程成本 60 万元,双方均能履行合同规定的义务,但甲公司在年末时对该项工程的完工进度无法可靠确定。

本例中,甲公司不能采用完工百分比法确认收入。由于客户能够履行合同,当年发生的成本均能收回,所以公司可将当年发生的成本金额同时确认为当年的收入和费用,当年不确认利润。其会计处理如下:

借:主营业务成本　　　　　　　　　　　　　　　　600 000
　贷:主营业务收入　　　　　　　　　　　　　　　　600 000

如果该公司当年与客户只办理价款结算 40 万元,其余款项可能收不回来。这种情况下,该公司只能将 40 万元确认为当年的收入,20 万元应确认为当年的费用。其会计处理如下:

借:主营业务成本　　　　　　　　　　　　　　　　600 000
　贷:主营业务收入　　　　　　　　　　　　　　　　400 000
　　　工程施工——合同毛利　　　　　　　　　　　200 000

如果使建造合同的结果不能可靠估计的不确定因素不复存在的,就不应再按照上述规定确认合同收入和费用,而应转为按照完工百分比法确认合同收入和费用。

【例 12-30】 沿用【例 12-29】,如果到第二年,完工进度无法可靠确定的因素消除。第二年实际发生成本为 30 万元,预计为完成合同尚需发生的成本为 10 万元,则企业应当计算合同收入和费用如下:

第二年合同完工进度 = $\frac{60+30}{60+30+10}$ = 90%

第二年确认的合同收入 = 100 × 90% - 40 = 50(万元)

第二年确认的合同成本 = (60 + 30 + 10) × 90% − 60 = 30(万元)
第二年确认的合同毛利 = 50 − 30 = 20(万元)
会计处理如下：

借：主营业务成本　　　　　　　　　　　　　　300 000
　　工程施工——合同毛利　　　　　　　　　　200 000
　　贷：主营业务收入　　　　　　　　　　　　　　500 000

3.合同预计损失的处理

建造承包商正在建造的资产，类似于工业企业的在产品，性质上属于建造承包商的存货，期末应当对其进行减值测试。如果建造合同的预计总成本超过合同总收入，则形成合同预计损失，应提取损失准备，并确认为当期费用。合同完工时，将已提取的损失准备冲减合同费用。

【例 12 - 31】　甲公司签订了一项总金额为 110 万元的固定造价合同，最初预计总成本为 100 万元。第一年实际发生成本 80 万元。年末，预计为完成合同尚需发生成本 45 万元。该合同的结果能够可靠估计。甲公司在年末应进行如下会计处理：

第一年合同完工进度 = $\frac{80}{80+45}$ × 100% = 64%

第一年确认的合同收入 = 110 × 64% = 70.4(万元)

第一年确认的合同费用 = (80 + 45) × 64% = 80(万元)

第一年确认的合同毛利 = 70.4 − 80 = −9.6(万元)

第一年预计的合同损失 = [(80 + 45) − 110] × (1 − 64%) = 5.4(万元)

其账务处理如下：

借：主营业务成本　　　　　　　　　　　　　　800 000
　　贷：主营业务收入　　　　　　　　　　　　　　704 000
　　　　工程施工——合同毛利　　　　　　　　　　96 000
借：资产减值损失　　　　　　　　　　　　　　54 000
　　贷：存货跌价准备　　　　　　　　　　　　　　54 000

第二节　费　用

一、费用的确认

费用是指企业在日常活动中发生的、会导致所有者权益减少的、与向所有者分配利润无关的经济利益的总流出。

费用有狭义和广义之分。广义的费用泛指企业各种日常活动发生的所有耗费；狭义的费用仅指与本期营业收入相配比的那部分耗费。费用应按照权责发生制和配比原则确认，凡应属于本期发生的费用，不论其款项是否支付，均确认为本期费用；反之，不属于本期发生的费用，即使其款项已在本期支付，也不确认为本期费用。

在确认费用时,首先应当划分生产费用与非生产费用的界限。

生产费用是指与企业日常生产经营活动有关的费用,如生产产品所发生的原材料费用、人工费用等;非生产费用是指不应由生产费用负担的费用,如用于购建固定资产所发生的费用,不属于生产费用。从上述定义可以看出,费用与资产有着密切联系,但两者又有明显的区别。按照我国会计准则对资产的定义,资产是指由过去的交易、事项形成,并由企业拥有或控制的资源,该资源预期会给企业带来经济利益。资产从本质上讲是一种经济资源,并且能给企业带来未来的经济利益。企业为了得到未来的经济利益,通常要发生费用,费用是为取得某项资产而耗费的另一项资产的价值。例如,产品成本中的材料费是已耗费的原材料,折旧费是已耗费的固定资产。

其次,应当分清生产费用与产品成本的界限。

生产费用与一定的时期相联系,而与生产的产品无关;产品成本与一定品种和数量的产品相联系,而不论发生在哪一期。费用与成本既有区别,也有联系。虽然两者都是支付或耗费的各项资产,但是严格来讲,成本并不等于费用。费用是相对于收入而言的,当这些支出和耗费与当期收入相配比时,即计入当期损益时,才成为当期的费用。因此,费用与一定的期间相联系,而成本与一定的成本计算对象相联系。当期的成本不一定是当期的费用。比如,产品的生产成本在生产产品的报告期内不能确认为费用,而只有在销售产品的报告期内才能确认为费用。也就是说,生产产品的生产成本在产品销售之前,只是一种资产(在产品或产成品),只有产品销售以后才能作为产品销售成本,转作当期费用。

第三,应当分清生产费用与期间费用的界限。

生产费用应当计入产品成本;而期间费用直接计入当期损益。

在确认费用时,对于确认为期间费用的费用,必须进一步划分为管理费用、销售费用和财务费用。对于确认为生产费用的费用,必须根据该费用发生的实际情况区分不同的费用性质将其确认为不同产品生产所负担的费用;对于几种产品共同发生的费用,必须按受益原则,采用一定方法和程序将其分配计入相关产品的生产成本。

第四,应当分清费用与损失的界限。

从广义上讲,费用包括了损失。损失和费用一样都是经济利益的减少,这一点和费用在性质上没有差别。但从狭义上讲,费用与损失是有区别的。费用是相对于收入而言的,两者存在着配比关系;而损失与利得是相对应的,但两者不存在配比关系。区分费用与损失,很大程度上取决于企业经营活动的性质。对于某一类企业属于费用的项目,对于另一类企业可能属于损失。我国企业会计准则将实现的利得与损失列作当期损益,将未实现的利得与损失列作所有者权益中的其他资本公积。

二、期间费用

期间费用是企业当期发生的费用中的重要组成部分,是指本期发生的、不能直接或间接归入某种产品成本的、直接计入损益的各项费用,包括管理费用、销售费用和财务费用。

(一)管理费用

管理费用是指企业为组织和管理企业生产经营所发生的管理费用,包括企业在筹建期间内发生的开办费、董事会和行政管理部门在企业的经营管理中发生的或者应由企业统一负担的公司经费(包括行政管理部门职工工资及福利费、物料消耗、低值易耗品摊销、办公费和差旅费等)、工会经费、董事会费(包括董事会成员津贴、会议费和差旅费等)、聘请中介机构费、咨询费(含顾问费)、诉讼费、业务招待费、技术转让费、研究费用、排污费以及企业生产车间(部门)和行政管理部门等发生的固定资产修理费用等。

企业发生的管理费用,在"管理费用"科目核算,并在"管理费用"科目中按费用项目设置明细账,进行明细核算。期末,"管理费用"科目的余额结转"本年利润"科目后无余额。

(二)销售费用

销售费用是指企业在销售商品和材料、提供劳务的过程中发生的各种费用,包括企业在销售商品过程中发生的保险费、包装费、展览费和广告费、商品维修费、预计产品质量保证损失、运输费、装卸费等以及为销售本企业商品而专设的销售机构(含销售网点、售后服务网点等)的职工薪酬、业务费、折旧费、固定资产修理费用、委托代销费用、商品流通企业的进货费用等。

企业发生的销售费用,在"销售费用"科目核算,并在"销售费用"科目中按费用项目设置明细账,进行明细核算。期末,"销售费用"科目的余额结转"本年利润"科目后无余额。

金融企业与"销售费用"科目对应的科目是"业务及管理费",用于核算企业(金融)在业务经营和管理过程中所发生的各项费用,包括折旧费、业务宣传费、业务招待费、电子设备运转费、钞币运送费、安全防范费、邮电费、劳动保护费、外事费、印刷费、低值易耗品摊销、职工工资及福利费、差旅费、水电费、职工教育经费、工会经费、会议费、诉讼费、公证费、咨询费、无形资产摊销、长期待摊费用摊销、取暖降温费、聘请中介机构费、技术转让费、绿化费、董事会费、财产保险费、劳动保险费、失业保险费、住房公积金、物业管理费、研究费用、提取保险保障基金等。

(三)财务费用

财务费用是指企业为筹集生产经营所需资金等而发生的筹资费用,包括利息支出(减利息收入)、汇兑损益以及金融机构的手续费、企业发生的现金折扣或收到的现金折扣等。

企业发生的财务费用,在"财务费用"科目核算,并在"财务费用"科目中按费用项目设置明细账,进行明细核算。期末,"财务费用"科目的余额结转"本年利润"科目后无余额。

第三节 利 润

一、利润的构成

企业作为独立的经济实体,应当以自己的经营收入抵补其成本费用,并且实现盈利。企业盈利的大小在很大程度上反映企业生产经营的经济效益,表明企业在每一会计期间的最终经营成果。

利润是指企业在一定会计期间的经营成果。利润包括收入减去费用后的净额、直接计入当期利润的利得和损失等。

直接计入当期的利得和损失,是指应当计入当期损益、会导致所有者权益发生增减变动的、与所有者投入资本或者向所有者分配利润无关的利得或者损失。

(一)营业利润

营业利润＝营业收入－营业成本－税金及附加－销售费用－管理费用－财务费用－研发费用－资产减值损失－信用减值损失＋其他收益±公允价值变动损益±投资收益±资产处置损益

其中,营业收入是指企业经营业务所确定的收入总额,包括主营业务收入和其他业务收入。营业成本是指企业经营业务所发生的实际成本总额,包括主营业务成本和其他业务成本。税金及附加是指企业经营业务应负担的税金及附加费用,包括:消费税、城市维护建设税、资源税、教育费附加、房产税、城镇土地使用税、车船税、印花税等。研发费用是指企业在研发过程中发生的费用化支出,属于管理费用的一部分,但是在利润表中应将其从管理费用中分离出来,单独列报。其他收益是指与企业日常经营活动相关,但不宜冲减成本费用而应计入其他收益的政府补助,包括:增值税即征即退、与资产相关的政府补助确认为递延收益后的分期摊销等。资产处置净损益是指企业出售划分为持有待售的非流动资产或处置组时确认的利得或损失,以及处置未划分为持有待售的固定资产、在建工程、无形资产等而产生的处置利得或损失。资产减值损失是指企业计提各项资产减值准备所形成的损失。公允价值变动损益(或损失)是指企业交易性金融资产等公允价值变动形成的应计入当期损益的利得(或损失)。投资收益(或损失)是指企业以各种方式对外投资所取得的收益(或发生的损失)。

(二)利润总额

利润总额＝营业利润＋营业外收入－营业外支出

其中,营业外收入(或支出)是指企业发生的与日常活动无直接关系的各项利得(或损失)。

(三)净利润

净利润＝利润总额－所得税费用

其中,所得税费用是指企业确认的应从当期利润总额中扣除的所得税费用。

二、营业外收支的会计处理

营业外收支是指企业发生的与日常活动无直接关系的各项收支。营业外收支虽然与企业生产经营活动没有多大的关系,但从企业主体来考虑,同样带来收入或形成企业的支出,也是增加或减少利润的因素,对企业的利润总额及净利润产生较大的影响。

（一）营业外收入

营业外收入是指企业发生的与其日常活动无直接关系的各项利得。营业外收入并不是由企业经营资金耗费所产生的,不需要企业付出代价,实际上是一种纯收入,不需要与有关费用进行配比。因此,在会计核算上,应当严格区分营业外收入与营业收入的界限。营业外收入主要包括：非流动资产毁损报废利得、债务重组利得、罚没利得、无法支付的应付款项、政府补助、盘盈利得、捐赠利得等。

非流动资产毁损报废利得,指因自然灾害等发生的毁损、已丧失使用功能而报废的固定资产等非流动资产所产生的清理净收益。

债务重组利得,指重组债务的账面价值超过清偿债务的现金、非现金资产的公允价值、所转股份的公允价值,或者重组后债务账面价值之间的差额。

罚没利得,指企业收取的滞纳金、违约金以及其他形式的罚款,在弥补了由于对方违约而造成的经济损失之后的净收益。

无法支付的应付款项,指由于债权单位撤销或其他原因而无法支付的应付款项,按规定程序报经批准之后转入当期损益。

盘盈利得,指企业对于现金等清查盘点中盘盈的现金等,报经批准后计入营业外收入的金额。

政府补助,指企业从政府无偿取得货币性资产或非货币性资产形成的利得。

捐赠利得,指企业接受捐赠产生的利得。

企业应当通过"营业外收入"科目,核算营业外收入的取得和结转情况。该科目可按营业外收入项目进行明细核算。期末,应将该科目余额转入"本年利润"科目,结转后该科目无余额。

（二）营业外支出

营业外支出是指企业发生的与日常活动无直接关系的各项损失。营业外支出主要包括：非流动资产毁损报废损失、债务重组损失、罚款支出、公益性捐赠支出、非常损失、盘亏损失等。

非流动资产毁损报废损失,指因自然灾害等发生的毁损、已丧失使用功能而报废的固定资产等非流动资产所产生清理净损失。

债务重组损失,指重组债权的账面余额与受让资产的公允价值、所转股份的公允价值,或者重组后债权的账面价值之间的差额所形成的损失。

罚款支出,指企业由于违反合同、违法经营、偷税漏税、拖欠货款等而支付的违约金、罚款、滞纳金等支出。

公益性捐赠支出，指企业对外进行公益性捐赠发生的支出。

非常损失，指企业对于因客观因素（如自然灾害等）造成的损失，在扣除保险公司赔偿后计入当期损益的净损失。

盘亏损失，指企业在财产清查中发现的固定资产实存数量少于账面数量而发生的资产短缺损失。

企业应通过"营业外支出"科目核算营业外支出的发生及结转情况。该科目可按营业外支出项目进行明细核算。期末，应将该科目余额转入"本年利润"科目，结转后该科目无余额。

需要注意的是，营业外收入和营业外支出之间不存在配比关系，在具体核算时，不得以营业外支出直接冲减营业外收入，也不得以营业外收入冲减营业外支出，即企业在会计核算时，应当区别营业外收入和营业外支出分别进行核算。

三、本年利润的会计处理

企业应设置"本年利润"科目，核算企业当期实现的净利润（或发生的净亏损）。

企业期（月）末结转利润时，应将各损益类科目的金额转入本科目，结平各损益类科目。结转后本科目的贷方余额为当期实现的净利润；借方余额为当期发生的净亏损。

年度终了，企业应将"主营业务收入""其他业务收入""其他收益""营业外收入"等科目的余额分别转入"本年利润"科目的贷方，将"主营业务成本""其他业务成本""税金及附加""销售费用""管理费用""财务费用""资产减值损失""信用减值损失""营业外支出""所得税费用"等科目的余额分别转入"本年利润"科目的借方。企业还应将"公允价值变动损益""投资收益""资产处置损益"科目的净收益转入"本年利润"科目的贷方；将"公允价值变动损益""投资收益""资产处置损益"科目的净损失转入"本年利润"科目的借方。结转后，"本年利润"科目如为贷方余额，表示当年实现的净利润；如为借方余额，表示当年发生的净亏损。

年度终了，企业还应将"本年利润"科目的本年累计余额转入"利润分配——未分配利润"科目。如本年利润为贷方余额，借记"本年利润"科目，贷记"利润分配——未分配利润"科目；如为借方余额，做相反的会计分录。结转后，本年利润科目应无余额。

【例 12-32】 甲制造业企业 2017 年 12 月 31 日的各损益类账户资料见表 12-2。

表 12-2 损益类账户余额表　　　　　　　　元

账户名称	全年累计净发生额	
	借方	贷方
主营业务收入		12 000 000
其他业务收入		1 500 000
公允价值变动损益		300 000
投资收益		1 200 000

续表 12 - 2

账户名称	全年累计净发生额	
	借方	贷方
营业外收入		100 000
主营业务成本	8 000 000	
其他业务成本	800 000	
税金及附加	160 000	
管理费用	1 540 000	
销售费用	1 000 000	
财务费用	400 000	
资产减值损失	300 000	
营业外支出	500 000	

则甲公司在2017年结转本年利润的会计处理如下：
(1)结转各损益类账户的发生额到"本年利润"账户。

借：主营业务收入　　　　　　　　　　　　　　　　　12 000 000
　　其他业务收入　　　　　　　　　　　　　　　　　　1 500 000
　　公允价值变动损益　　　　　　　　　　　　　　　　　300 000
　　投资收益　　　　　　　　　　　　　　　　　　　　1 200 000
　　营业外收入　　　　　　　　　　　　　　　　　　　　100 000
　贷：本年利润　　　　　　　　　　　　　　　　　　　15 100 000
借：本年利润　　　　　　　　　　　　　　　　　　　　1 270 000
　贷：主营业务成本　　　　　　　　　　　　　　　　　8 000 000
　　　其他业务成本　　　　　　　　　　　　　　　　　　800 000
　　　税金及附加　　　　　　　　　　　　　　　　　　　160 000
　　　管理费用　　　　　　　　　　　　　　　　　　　1 540 000
　　　销售费用　　　　　　　　　　　　　　　　　　　1 000 000
　　　财务费用　　　　　　　　　　　　　　　　　　　　400 000
　　　资产减值损失　　　　　　　　　　　　　　　　　　300 000
　　　营业外支出　　　　　　　　　　　　　　　　　　　500 000

经上述结转后，"本年利润"科目的贷方发生额合计15 100 000元，减去借方发生额12 700 000元，得税前会计利润2 400 000元。假设将该税前会计利润进行纳税调整后，应纳税额为3 000 000元，则应交所得税额 = 3 000 000 × 25% = 750 000(元)。假定将该应交所得税按照会计准则进行调整后计算确认的所得税费用为800 000元。则所得税转入"本年利润"会计处理为：

借：本年利润　　　　　　　　　　　　　　　　　　　　800 000
　贷：所得税费用　　　　　　　　　　　　　　　　　　　800 000

(2)结转"本年利润"账户年末余额 1 600 000 元。

借:本年利润   1 600 000

    贷:利润分配——未分配利润   1 600 000

四、利润分配的会计处理

(一)利润分配程序

利润分配是指企业将本年实现的净利润和以前年度积累的未分配利润,按照国家相关规定、企业章程或企业投资人的决议进行分配的过程,企业在分配的过程中可以按照以下的简单程序进行。

1. 提取法定盈余公积金

法定盈余公积金是从企业的净利润中按照一定的比例提取的,公司法中规定企业提取的比例至少为税后利润的10%,当公积金累积到公司注册资本的50%时,可以不再提取。

2. 提取任意盈余公积金

企业可以根据需要提取任意盈余公积金,其提取的比例可以依企业的情况而定。

3. 分配给投资者利润或股利

企业提取法定盈余公积金和法定公益金后,根据相关规定向企业的投资者进行分配利润。

(二)利润分配的核算

1. 账户设置

为正确地、合理地核算企业的利润分配情况,通常应该设置"利润分配"科目,该科目应当分别设置"提取法定盈余公积""提取任意盈余公积""应付利润""转作资本的利润""盈余公积补亏"和"未分配利润"等明细科目。

年度终了,企业应将本年实现的净利润,自"本年利润"科目转入本科目,借记"本年利润"科目,贷记本科目(未分配利润),为净亏损的做相反的会计分录;同时,将"利润分配"科目所属其他明细科目的余额转入本科目"未分配利润"明细科目。结转后,本科目除"未分配利润"明细科目外,其他明细科目应无余额。

2. 利润分配的核算

【例12-33】甲公司2018年度实现净利润160万元。按规定提取10%的法定盈余公积金、10%的任意盈余公积金,向投资者分配利润50万元,同时分派每股面值1元的股票股利。会计处理如下:

(1)结转净利润。

借:本年利润   1 600 000

    贷:利润分配——未分配利润   1 600 000

(2)提取盈余公积。

借:利润分配——提取法定盈余公积   160 000

——提取任意盈余公积金	160 000	
贷：盈余公积——法定盈余公积		160 000
——任意盈余公积金		160 000

(3)分派现金股利。

借：利润分配——应付现金股利	500 000	
贷：应付股利		500 000

(4)分派股票股利,已办妥增资手续。

借：利润分配——转作股本的股利	300 000	
贷：股本		300 000

(5)结转"利润分配"其他明细科目余额。

借：利润分配——未分配利润	1 120 000	
贷：利润分配——提取法定盈余公积		160 000
——提取任意盈余公积金		160 000
——应付利润		500 000
——转作股本的股利		300 000

思考题：

1. 什么是收入？有何主要特征？如何分类？
2. 商品销售收入确认的条件是什么？如何确定商品销售收入的金额？
3. 什么是委托代销？如何进行会计处理？
4. 什么是附有销售退回条款的销售？如何进行会计处理？
5. 如何确认和计量劳务收入？
6. 如何确认和计量建造合同收入和费用？
7. 费用有何特点？
8. 利润由哪几部分构成？如何确定营业利润、利润总额、净利润？
9. 营业外收入和营业外支出主要包括哪些内容？
10. 企业利润应按什么程序进行分配？利润分配应如何进行会计处理？

第十三章 财务报告

【学习目标】

1. 理解财务报表的含义及列报的基本要求。
2. 掌握资产负债表、利润表和所有者权益变动表的结构及其编制方法。
3. 掌握现金流量的分类和现金流量表的结构及其编制方法。
4. 熟悉财务报表附注的主要内容。

【学习重点】

资产负债表和利润表的编制。

【学习难点】

现金流量的分类和现金流量表的编制。

第一节 财务报告概述

财务报告,是指企业对外提供的反映企业某一特定日期的财务状况和某一会计期间的经营成果、现金流量等会计信息的文件。财务报告包括财务报表和其他应当在财务报告中披露的相关信息和资料。

一、财务报表的定义和构成

财务报表是对企业财务状况、经营成果和现金流量的结构性表述。财务报表至少应当包括下列组成部分:①资产负债表;②利润表;③现金流量表;④所有者权益(或股东权益,下同)变动表;⑤附注。

财务报表可以按照不同的标准进行分类:①按财务报表编报期间的不同,可以分为中期财务报表和年度财务报表。中期财务报表是以短于一个完整会计年度的报告期间为基础编制的财务报表,包括月报、季报和半年报等。②按财务报表编报主体的不同,可以分为个别财务报表和合并财务报表。个别财务报表是由企业在自身会计核算基础上对账簿记录进行加工而编制的财务报表,它主要用以反映企业自身的财务状况、经营成果和现金流量情况。合并财务报表是以母公司和子公司组成的企业集团为会计主体,根据母公司和所属子公司的财务报表,由母公司编制的综合反映企业集团财务状况、经营成果及现金流量的财务报表。

二、财务报表列报的基本要求

(一)依据各项会计准则确认和计量的结果编制财务报表

企业应当根据实际发生的交易和事项,按照各项具体会计准则的规定进行确认和计量,并在此基础上编制财务报表。企业应当在附注中对遵循企业会计准则编制的财务报表做出声明,只有遵循了企业会计准则的所有规定时,财务报表才应当被称为"遵循了企业会计准则"。

企业不应以在附注中披露代替对交易和事项的确认和计量,也就是说,企业如果采用不恰当的会计政策,不得通过在附注中披露等其他形式予以更正,企业应当对交易和事项进行正确的确认和计量。

(二)列报基础

在编制财务报表的过程中,企业管理层应当对企业持续经营的能力进行评价,需要考虑的因素包括市场经营风险、企业目前或长期的盈利能力、偿债能力、财务弹性以及企业管理层改变经营政策的意向等。评价后对企业持续经营的能力产生严重怀疑的,应当在附注中披露导致对持续经营能力产生重大怀疑的重要的不确定因素。

非持续经营是企业在极端情况下出现的一种情况,非持续经营往往取决于企业所处的环境以及企业管理部门的判断。一般而言,企业存在以下情况之一的,通常表明企业处于非持续经营状态:①企业已在当期进行清算或停止营业;②企业已经正式决定在下一个会计期间进行清算或停止营业;③企业已确定在当期或下一个会计期间没有其他可供选择的方案而将被迫进行清算或停止营业。企业处于非持续经营状态时,应当采用其他基础编制财务报表,比如破产企业的资产应当采用可变现净值计量、负债应当按照其预计的结算金额计量等。在非持续经营情况下,企业应当在附注中声明财务报表未以持续经营为基础列报,披露未以持续经营为基础的原因以及财务报表的编制基础。

(三)重要性和项目列报

关于项目在财务报表中是单独列报还是合并列报,应当依据重要性原则来判断。重要性是判断项目是否单独列报的重要标准。企业在进行重要性判断时,应当根据所处环境,从项目的性质和金额大小两方面予以判断:一方面,应当考虑该项目的性质是否属于企业日常活动、是否对企业的财务状况和经营成果具有较大影响等因素;另一方面,判断项目金额大小的重要性,应当通过单项金额占资产总额、负债总额、所有者权益总额、营业收入总额、净利润等直接相关项目金额的比重加以确定。

具体实施原则如下:

(1)性质或功能不同的项目,一般应当在财务报表中单独列报,但是不具有重要性的项目可以合并列报,比如存货和固定资产在性质上和功能上都有本质差别,必须分别在资产负债表上单独列报。

（2）性质或功能类似的项目，一般可以合并列报，但是对其具有重要性的类别应该单独列报。比如原材料、在产品等项目在性质上类似，均通过生产过程形成企业的产品存货，因此可以合并列报，合并之后的类别统称为"存货"进行单独列报。

（3）项目单独列报的原则不仅适用于报表，还适用于附注。某些项目的重要性程度不足以在资产负债表、利润表、现金流量表或所有者权益变动表中单独列示，但是可能对附注而言却具有重要性，在这种情况下应当在附注中单独披露。

（4）无论是《企业会计准则第30号——财务报表列报》规定的单独列报项目，还是其他具体会计准则规定单独列报的项目，企业都应当予以单独列报。

（四）列报的一致性

可比性是会计信息质量的一项重要质量要求，目的是使同一企业不同期间和同一期间不同企业的财务报表相互可比。为此，财务报表项目的列报应当在各个会计期间保持一致，不得随意变更，这一要求不仅只针对财务报表中的项目名称，还包括财务报表项目的分类、排列顺序等方面。

在以下规定的特殊情况下，财务报表项目的列报是可以改变的：①会计准则要求改变；②企业经营业务的性质发生重大变化后，变更财务报表项目的列报能够提供更可靠、更相关的会计信息。

（五）财务报表项目金额间的相互抵销

财务报表项目应当以总额列报，资产和负债、收入和费用不能相互抵销，即不得以净额列报，但企业会计准则另有规定的除外。比如，企业欠客户的应付款不得与其他客户欠本企业的应收款相抵销，如果相互抵销就掩盖了交易的实质。

下列两种情况不属于抵销，可以以净额列示：①资产项目按扣除减值准备后的净额列示，不属于抵销。对资产计提减值准备，表明资产的价值确实已经发生减损，按扣除减值准备后的净额列示，才反映了资产当时的真实价值。②非日常活动的发生具有偶然性，并非企业主要的业务，从重要性来讲，非日常活动产生的损益以收入扣减费用后的净额列示，更有利于报表使用者的理解，也不属于抵销。

（六）比较信息的列报

企业在列报当期财务报表时，至少应当提供所有列报项目上一可比会计期间的比较数据，以及与理解当期财务报表相关的说明，目的是向报表使用者提供对比数据，提高信息在会计期间的可比性，以反映企业财务状况、经营成果和现金流量的发展趋势，提高报表使用者的判断与决策能力。

在财务报表项目的列报确需发生变更的情况下，企业应当对上期比较数据按照当期的列报要求进行调整，并在附注中披露调整的原因和性质，以及调整的各项目金额。但是，在某些情况下，对上期比较数据进行调整是不切实可行的，则应当在附注中披露不能调整的原因。

(七) 财务报表表首的列报要求

财务报表一般分为表首、正表两部分,其中,在表首部分企业应当概括地说明下列基本信息:①编报企业的名称,如企业名称在所属当期发生了变更的,还应明确标明;②对资产负债表而言,须披露资产负债表日,而对利润表、现金流量表、所有者权益变动表而言,须披露报表涵盖的会计期间;③货币名称和单位,按照我国企业会计准则的规定,企业应当以人民币作为记账本位币列报,并标明金额单位,如人民币元、人民币万元等;④财务报表为合并财务报表的,应当予以标明。

(八) 报告期间

企业至少应当编制年度财务报表。根据《中华人民共和国会计法》的规定,会计年度自公历1月1日起至12月31日止。因此,在编制年度财务报表时,可能存在年度财务报表涵盖的期间短于一年的情况,比如企业在年度中间(如3月1日)开始设立等,在这种情况下,企业应当披露年度财务报表的实际涵盖期间及其短于一年的原因,并应当说明由此引起财务报表项目与比较数据不具可比性这一事实。

第二节 资产负债表

一、资产负债表的内容及结构

(一) 资产负债表的内容

资产负债表是指反映企业在某一特定日期财务状况的会计报表。它反映企业在某一特定日期所拥有或控制的经济资源、所承担的现时义务和所有者对净资产的要求权。通过资产负债表,可以提供某一日期资产的总额及其结构,表明企业拥有或控制的资源及其分布情况,使用者可以从资产负债表上了解企业在某一特定日期所拥有的资产总量及其结构;可以提供某一日期的负债总额及其结构,表明企业未来需要用多少资产或劳务清偿债务以及清偿时间;可以反映所有者所拥有的权益,据以判断资本保值、增值的情况以及对负债的保障程度。此外,资产负债表还可以提供进行财务分析的基本资料,如将流动资产与流动负债进行比较,计算出流动比率;将速动资产与流动负债进行比较,计算出速动比率等,可以表明企业的变现能力、偿债能力和资金周转能力,从而有助于报表使用者做出经济决策。

(二) 资产负债表的结构

在我国,资产负债表采用账户式结构,报表分为左右两方,左方列示资产各项目,反映全部资产的分布及存在形态;右方列示负债和所有者权益各项目,反映全部负债和所有者权益的内容及构成情况。资产负债表左右双方平衡,资产总计等于负债和所有者权益总计即"资产=负债+所有者权益"。此外,为了使使用者通过比较不同时点资产负债表的数据,掌握企业财务状况的变动情况及发展趋势,企业需要提供比较资产负债表,资产负债表还就各项目再分为"年初余额"和"期末余额"两栏分别填列。资产负债表的具体格式见表13-1。

表 13-1 资产负债表

编制单位：　　　　　　　　　　　　年　月　日　　　　　　　　　　　　　　元

资产	期末余额	年初余额	负债和所有者权益（或股东权益）	期末余额	年初余额
流动资产：			流动负债：		
货币资金			短期借款		
交易性金融资产			交易性金融负债		
衍生金融资产			衍生金融负债		
应收票据			应付票据		
应收账款			应付账款		
预付款项			预收款项		
其他应收款			应交税费		
存货			合同负债		
合同资产			应付职工薪酬		
持有待售资产			其他应付款		
一年内到期的非流动资产			持有待售负债		
其他流动资产			一年内到期的非流动负债		
流动资产合计			其他流动负债		
非流动资产：			流动负债合计		
债权投资			非流动负债：		
其他债权投资			长期借款		
长期应收款			应付债券		
长期股权投资			其中：优先股		
其他工具投资			永续债		
其他非流动金融资产			长期应付款		
投资性房地产			预计负债		
固定资产			递延收益		
在建工程			递延所得税负债		
生产性生物资产			其他非流动负债		
油气资产			非流动负债合计		

续表 13-1

资产	期末余额	年初余额	负债和所有者权益（或股东权益）	期末余额	年初余额
无形资产			负债合计		
开发支出			所有者权益（或股东权益）：		
商誉			实收资本（或股本）		
长期待摊费用			其他权益工具		
递延所得税资产			其中：优先股		
其他非流动资产			永续债		
非流动资产合计			资本公积		
			减：库存股		
			其他综合收益		
			盈余公积		
			未分配利润		
			所有者权益（或股东权益）合计		
资产总计			负债和所有者权益（或股东权益）总计		

二、资产负债表的填列方法

（一）资产负债表"期末余额"栏的填列方法

本表"期末余额"栏一般应根据资产、负债和所有者权益科目的期末余额填列。

（1）根据总账科目余额填列。"其他权益工具投资""衍生金融资产""工程物资""货币资金""递延所得税资产""短期借款""交易性金融负债""应付票据""应付职工薪酬""应交税费""应付利息""应付股利""其他应付款""预计负债""递延所得税负债""实收资本（或股本）""资本公积""库存股""盈余公积"等项目，应根据有关总账科目的余额填列。

有些项目则需根据几个总账科目的期末余额计算填列："货币资金"项目，需根据"库存现金""银行存款""其他货币资金"三个总账科目的期末余额的合计数填列；"其他应付款"项目，应根据"其他应付款""应付利息""应付股利"三个总账科目余额的合计数填列。

（2）根据明细账科目余额计算填列。"开发支出"项目，应根据"研发支出"科目中所属的"资本化支出"明细科目期末余额填列；"应付账款"项目，需要根据"应付账款"和"预付款项"两个科目所属的相关明细科目的期末贷方余额合计数填列；"预收账款"项目，应根据"预收账款"和"应收账款"科目所属各明细科目的期末贷方余额合计数填列；"一年内到期的非流动资产""一年内到期的非流动负债"项目，应根据有关非流动资产或负债项目的明细科目余额分析填列；"长期借款""应付债券"项目，应分别根据"长期借款""应付债券"科目的明细科目余额分析填列;"未分配利润"项目,应根据"利润分配"科目中所属的"未分配利润"明细科目期末余额填列。

(3) 根据总账科目和明细账科目余额分析计算填列。"长期借款"项目,应根据"长期借款"总账科目余额扣除"长期借款"科目所属的明细科目中将在资产负债表日起一年内到期,且企业不能自主地将清偿义务展期的长期借款后的金额计算填列。"长期待摊费用"项目,应根据"长期待摊费用"科目的期末余额减去将于一年内(含一年)摊销的数额后的金额填列;"其他非流动负债"项目,应根据有关科目的期末余额减去将于一年内(含一年)到期偿还数后的金额填列。

(4) 根据有关科目余额减去其备抵科目余额后的净额填列。"持有待售资产""长期股权投资""商誉"项目,应根据相关科目的期末余额填列,已计提减值准备的,还应扣减相应的减值准备;"在建工程"项目应根据"在建工程"和"工程物资"科目的期末余额扣减"在建工程减值准备"和"工程物资减值准备"科目的期末余额填列;"固定资产"项目应根据"固定资产"和"固定资产清理"科目的期末余额,减去"累计折旧"和"固定资产减值准备"科目的期末余额后填列。"无形资产""投资性房地产""生产性生物资产""油气资产"项目,应根据相关科目的期末余额扣减相关的累计折旧(或摊销、折耗)填列,已计提减值准备的,还应扣除相应的减值准备,采用公允价值计量的上述资产,应根据相关科目的期末余额填列;"长期应收款"项目,应根据"长期应收款"科目的期末余额,减去相应的"未实现融资收益"科目和"坏账准备"科目所属相关明细科目期末余额后的金额填列;"长期应付款"项目,应根据"长期应付款"科目的期末余额,减去相应的"未确认融资费用"科目期末余额后的金额填列。

(5) 综合运用上述填列方法分析填列。主要包括:"应收票据""应收利息""应收股利""其他应收款"项目,应根据相关科目的期末余额,减去"坏账准备"科目中有关坏账准备期末余额后的金额填列;"应收账款"项目,应根据"应收账款"和"预收账款"科目所属各明细科目的期末借方余额合计数,减去"坏账准备"科目中有关应收账款计提的坏账准备期末余额后的金额填列;"预付账款"项目,应根据"预付账款"和"应收账款"科目所属各明细科目的期末借方余额合计数,减去"坏账准备"科目中有关预付款项计提的坏账准备期末余额后的金额填列;"存货"项目,应根据"材料采购""原材料""发出商品""库存商品""周转材料""委托加工物资""生产成本""受托代销商品"等科目的期末余额合计,减去"受托代销商品款""存货跌价准备"科目期末余额后的金额填列,材料采用计划成本核算,以及库存商品采用计划成本核算或售价核算的企业,还应按加或减材料成本差异、商品进销差价后的金额填列。

(二) 资产负债表"年初余额"栏的填列方法

资产负债表中"年初余额"栏通常根据上年末有关项目的期末余额填列,且与上年末资产负债表"期末余额"栏一致。企业在首次执行新准则时,应当按照《企业会计准则第 38 号——首次执行企业会计准则》对首次执行新准则当年的"年初余额"栏及相关项目进行调整;以后期间,如果企业发生了会计政策变更、前期差错更正,应当对"年初余额"栏中的有关项目进行相应调整。此外,如果企业上年度资产负债表规定的项目的名称和内容同本年度不一致,应对上年年末资产负债表相关项目的名称和数字按照本年度的规定进行调整,填入"年初余额"栏。

(三)资产负债表各项目具体填列说明

1.资产负债表各项目的列报内容与方法

(1)"货币资金"项目,反映企业库存现金、银行结算户存款、外埠存款、银行汇票存款、银行本票存款、信用卡存款、信用证保证金存款等的合计数。本项目应根据"库存现金""银行存款""其他货币资金"科目期末余额的合计数填列。

(2)"交易性金融资产"项目,反映企业资产负债表日企业分类为以公允价值计量且其变动计入当期损益的金融资产,以及企业持有的直接指定为以公允价值计量且其变动计入当期损益的金融资产的期末账面价值。本项目应根据"交易性金融资产"科目及明细科目的期末余额分析填列。

(3)"衍生金融资产"项目,反映衍生金融工具的资产价值。本项目应根据"衍生金融资产"科目的期末余额填列。

(4)"应收票据及应收账款"项目,反映企业因销售商品、提供服务等而收到的商业汇票,及应收取的款项。本项目中的应收票据、应根据"应收票据"科目的期末余额,减去"坏账准备"科目中有关应收票据计提的坏账准备期末余额后的金额填列;本项目中的应收账款,应根据"应收账款"和"预收账款"科目所属各明细科目的期末借方余额合计数,减去"坏账准备"科目中有关应收账款和预收账款计提的坏账准备期末余额后的金额填列。如"应收账款"科目所属明细科目期末有贷方余额,应在资产负债表"预收款项"项目内填列。

(5)"预付款项"项目,反映企业按照购货合同规定预付给供应单位的款项等。本项目应根据"预付账款"和"应付账款"科目所属各明细科目的期末借方余额合计数,减去"坏或账准备"科目中有关预付款项计提的坏账准备期末余额后的金额填列。如"预付账款"科目式所属各明细科目期末有贷方余额,应在资产负债表"应付账款"项目内填列。

(6)"其他应收款"项目,反映企业除应收票据、应收账款、预付账款等经营活动以外的其他各种应收、暂付的款项。本项目应根据"其他应收款""应收股利""应收利息"科目的期末余额分析填列。

(7)"存货"项目,反映企业期末在库、在途和在加工中的各种存货的成本或可变现净值。本项目应根据"材料采购""原材料""低值易耗品""库存商品""周转材料""委托加工物资""生产成本"等科目的期末余额合计数,减去"存货跌价准备"科目期末余额后的金额填列。材料采用计划成本核算的,还应按加或减材料成本差异后的金额填列。

(8)"合同资产"项目,反映企业已向客户转让商品而有权收取对价的权利(该权利取决于时间流逝之外的其他因素)的价值。本项目应根据"合同资产"科目及相关明细科目的期末余额填列。

(9)"持有待售资产"项目,反映资产负债表日划分为持有待售类别的非流动资产及被划分为持有待售类别的处置组中的流动资产和非流动资产的期末账面价值。本项目应根据"持有待售资产"科目的期末余额,减去"持有待售资产减值准备"科目余额后的金额填列。

（10）"一年内到期的非流动资产"项目，反映企业将于一年内到期的非流动资产项目金额。本项目应根据有关科目的期末余额填列。

（11）"其他流动资产"项目，反映企业除货币资金、交易性金融资产、应收票据及应收账款、存货等流动资产以外的其他流动资产。本项目应根据有关科目的期末余额填列。

（12）"债权投资"项目，反映企业业务管理模式为以特定日期收取合同现金流量为目的的以摊余成本计量的金融资产的账面价值。本项目应根据"债权投资"科目余额减去"债权投资减值准备"科目的余额填列。

（13）"其他债权投资"项目，反映企业既可能持有至到期收取现金流量，也可能在到期之前全部出售的债权投资的账面价值（即公允价值）。本项目应根据"其他债权投资"科目的期末余额填列。

（14）"长期应收款"项目，反映企业融资租赁产生的应收款项、采用递延方式具有融资性质的销售商品和提供劳务等产生的长期应收款项等。本项目应根据"长期应收款"科目的期末余额，减去相应的"未实现融资收益"科目和"坏账准备"科目所属相关明细科目期末余额后的金额填列。

（15）"长期股权投资"项目，反映企业持有的对子公司、联营企业和合营企业的长期股投资。本项目应根据"长期股权投资"科目的期末余额，减去"长期股权投资减值准备"科目期末余额后的金额填列。

（16）"其他权益工具投资"项目，反映企业不具有控制、共同控制和重大影响的股权及减去非交易性股票投资的账面价值（即公允价值）。本项目应根据"其他权益工具投资"科目的应收期末余额填列。

（17）"其他非流动金融资产"项目，反映企业自资产负债表日起超过一年到期且预期持有超过一年的以公允价值计量且其变动计入当期损益的非流动金融资产的期末账面价值。本项目应根据"交易性金融资产"的发生额分析填列。

（18）"投资性房地产"项目，反映企业持有的投资性房地产。企业采用成本模式计量投资性房地产的，本项目应根据"投资性房地产"科目的期末余额，减去"投资性房地产累计折旧（或摊销）"和"投资性房地产减值准备"科目期末余额后的金额填列。企业采用公允价值模式计量投资性房地产的，本项目应根据"投资性房地产"科目的期末余额填列。

（19）"固定资产"项目，反映企业各种固定资产的账面净额。本项目应根据"固定资产"科目的期末余额，减去"累计折旧"和"固定资产减值准备"科目期末余额及"固定资产清理"科目的余额分析填列。

（20）"在建工程"项目，反映企业期末各项未完工程的实际支出数额。本项目应根据"在建工程""工程物资""在建工程减值准备"科目的期末余额分析填列。

（21）"生产性生物资产"项目，反映企业持有的生产性生物资产。本项目应根据"生产性生物资产"科目的期末余额，减去"生产性生物资产累计折旧"和"生产性生物资产减值准备"科目期末余额后的金额填列。

（22）"油气资产"项目，反映企业持有的矿区权益和油气井及相关设施的原价减去累计折耗和累计减值准备后的净额。本项目应根据"油气资产"科目的期末余额,减去"累计折耗"科目期末余额和相应减值准备后的金额填列。

(23)"无形资产"项目,反映企业持有的无形资产,包括专利权、非专利技术、商标权、著作权、土地使用权等。本项目应根据"无形资产"科目的期末余额,减去"累计摊销"和"无形资产减值准备"科目期末余额后的金额填列。

(24)"开发支出"项目,反映企业开发无形资产过程中能够资本化形成无形资产成本的支出部分。本项目应根据"研发支出"科目中所属的"资本化支出"明细科目的期末余额填列。

(25)"商誉"项目,反映企业在合并中形成的商誉的价值。本项目应根据"商誉"科目的期末余额,减去相应减值准备后的金额填列。

(26)"长期待摊费用"项目,反映企业已经发生但应由本期和以后各期负担的分摊期限到期限在一年以上的各项费用。长期待费用中在一年内(含一年)摊销的部分,在资产负债表"一年内到期的非流动资产"项目填列。本项目应根据"长期待摊费用"科目的期末余额减去将于一年内(含一年)摊销的数额后的金额填列。

(27)"递延所得税资产"项目,反映企业确认的可抵扣暂时性差异产生的递延所得税资产。本项目应根据"递延所得税资产"科目的期末余额填列。

(28)"其他非流动资产"项目,反映企业除长期股权投资、固定资产、在建工程、工程物资、无形资产等资产以外的其他非流动资产。本项目应根据有关科目的期末余额填列。

(29)"短期借款"项目,反映企业向银行或其他金融机构等借入的期限在一年以下(含一年)的各种借款。本项目应根据"短期借款"科目的期末余额填列。

(30)"交易性金融负债"项目,反映企业承担的以公允价值计量且其变动计入当期损益的为交易目的所持有的金融负债。本项目应根据"交易性金融负债"科目的期末余额填列。

(31)"行生金融负债"项目,反映行生金融工具的负债价值。本项目根据"行生金融负债"科目的期末余额填列。

(32)"应付票据及应付款"项目,反映企业购买材料、商品和提供服务等而开出、承兑的商业汇票及应支付的款项。本项目应根据"应付票据""应付账款"和"预付账款"科目及所属各明细科目分析填列。

(33)"预收款项"项目,反映企业按照销货合同规定预收购买单位的款项。本项目应根据"预收账款"和"应收账款"科目所属各明细科目的期末贷方余额合计数填列。

(34)"合同负债"项目,反映企业已收客户对价而应向客户转让商品的义务的价值。本项目应根据"合同负债"科目的期末余额填列。

(35)"应付职工薪酬"项目,反映企业根据有关规定应付给职工的工资、职工福利、社会保险费、住房公积金、工会经费、职工教育经费、非货币性福利、辞退福利等各种薪酬。

(36)"应交税费"项目,反映企业按照税法规定计算应缴纳的各种税费,包括增值税、消费税、所得税、资源税、土地增值税、城市维护建设税、房产税、城镇土地使用税、车船税、教育费附加、矿产资源补偿费等。本项目应根据"应交税费"科目的期末贷方余额填列。如"应交税费"科目期末为借方余额,应以"-"号填列。

(37)"其他应付款"项目,反映企业除应付票据、应付账款、预收账款、应付职工薪酬、应交税费等经营活动以外的其他各项应付、暂收的款项。本项目应根据"其他应付款""应付股利""应付利息"科目的期末余额填列。

(38)"持有待售负债"项目,反映资产负债表日处置组中与划分为持有待售类别的资产直接相关的负的期末账面价值。本项目应根据"持有待售负债"科目的期末余额填列。

(39)"一年内到期的非流动负债"项目,反映企业非流动负债中将于资产负债表日后一年内到期部分的金额,如将于一年内偿还的长期借款。本项目应根据有关科目的期末余额填列。

(40)"其他流动负债"项目,反映企业除短期借款、交易性金融负债、应付票据及应付账款、应付职工薪酬、应交税费等流动负值以外的其他流动负债。本项目应根据有关科目的期末余额填列

(41)"长期借款"项目,反映企业向银行或其他金融机构借入的期限在一年以上(不含一年)的各项借款。本项目应根据"长期借款"科目的期末余额填列。

(42)"应付债券"项目,反映企业为筹集长期资金而发行的债券本金和利息。本项目应根据"应付债券"科目的期末余额填列。

(43)"长期应付款"项目,反映企业除长期借款和应付债券以外的其他各种长期应付款项。本项目应根据"长期应付款"科目的期末余额,减去相应的"未确认融资费用"科目期末余额后的金额填列。

(44)"预计负债"项目,反映企业确认的对外提供担保、未决诉讼、产品质量保证、重组义务、亏损性合同等预计负债。本项目应根据"预计负债"科目的期末余额填列。

(45)"递延收益"项目,反映企业应当在以后期间计入当期损益的政府补助。本项目应根据"递延收益"科目的余额填列。

(46)"递延所得税负债"项目,反映企业确认的应纳税暂时性差异产生的所得税负债。本项目应根据"递延所得税负债"科目的期末余额填列。

(47)"其他非流动负债"项目,反映企业除长期借款、应付债券等负债以外的其他非流动负债。本项目应根据有关科目的期末余额减去将于一年内(含一年)到期偿还数后的余额填列。非流动负债各项目中将于一年内(含一年)到期的非流动负债应在"一年内到期的非流动负债"项目内单独反映。

(48)"实收资本(或股本)"项目,反映企业各投资者实际投入的资本(或股本)总额。本项目应根据"实收资本(或股本)"科目的期末余额填列。

(49)"其他权益工具"项目,反映企业发行的除普通股以外的归类为权益工具的优先股、永续债的价值。本项目应根据"其他权益工具"科目的期末余额填列。"其他权益工具"项目下设的"优先股"和"永续债"两个项目,分别反映企业发行的分类为权益工具的优先股和永续债的账面价值。

(50)"资本公积"项目,反映企业资本公积的期末余额。本项目应根据"资本公积"科目的期末余额填列。

(51)"库存股"项目,反映企业持有尚未转让或注销的本公司股份金额。本项目应根

据"库存股"科目的期末余额填列。

(52)"其他综合收益"项目,是指企业根据其他会计准则规定未在当期损益中确认的各项利得和损失。本项目应根据"其他综合收益"科目的期末余额填列。

(53)"盈余公积"项目,反映企业盈余公积的期末余额。本项目应根据"盈余公积"科目的期末余额填列。

(54)"未分配利润"项目,反映企业尚未分配的利润。本项目应根据"本年利润"科目"利润分配"科目的余额计算填列。未弥补的亏损在本项目内以"－"号填列。

2. 年初余额栏的列报方法

资产负债表"年初余额"栏内各项数字,应根据上年年末资产负债表"期末余额"栏内所列数字填列。如果上年度资产负债表规定的各个项目的名称和内容同本年度不一致,应对上年年末资产负债表各项目的名称和数字按照本年度的规定进行调整,填入表中"年初余额"栏内。

3. 期末余额栏的列报方法

资产负债表"期末余额"栏内各项数字,一般应根据资产、负债和所有者权益类科目末余额填列,主要包括以下方式:

(1)根据总账科目的余额填列。资产负债表中的有些项目,可直接根据有关总账科目余额填列,如"交易性金融资产短期借款""应付职工薪酬"等项目;有些项目则需根据总账科目的余额计算填列,如"货币资金"项目,需根据"库存现金""银行存款""其他货币资金"三个总账科目余额的合计数填列。

(2)根据有关明细科目的余额计算填列。如"应付票据及应付账款"项目,需要根据"应付票据""应付账款""预付账款"科目所属的相关明细科目的期末贷方余额计算填列。

(3)根据总账科目和明细科目的余额分析计算填列。如"长期借款"项目,需根据"长期借款"总账科目余额扣除"长期借款"科目所属的明细科目中将在资产负债表日起一年内到期,且企业不能自主地将清偿义务展期的长期借款后的金额计算填列。

(4)根据有关科目余额减去其备抵科目余额后的净额填列。如资产负债表中的"长期股权投资"等项目,应根据"长期股权投资"等科目的期末余额减去"长期股权投资减值准备"等科目余额后的净额填列。

(5)综合运用上述填列方法分析填列。例如,资产负债表中的"存货"项目,需根据"原材料""库存商品""委托加工物资""周转材料""材料采购""在途物资""发出商品"和"材料成本差异"等总账科目期末余额的分析汇总数,再减去"存货跌价准备"科目余额后的金额填列。

三、资产负债表编制示例

【例13-1】 甲公司为增值税一般纳税人,该企业2016年各科目的期初余额和2017年度发生的交易和事项如下:2016年12月31日的资产负债表(年初余额略)及2017年1月1日的科目余额表分别见表13-2和表13-3。假设甲公司2017年度除计提固定资产减值准备导致固定资产账面价值与其计税基础存在可抵扣暂时性差异外,其他资产和负债项目的账面价值均等于其计税基础。甲公司未来很可能获得足够的应纳税所得额用来抵扣可抵扣暂时性差异,适用的所得税税率为25%。

(1)2017年1月1日有关科目余额见表13-2。

表13-2 2007年1月1日科目余额汇总表   元

科目名称	借方余额	贷方余额
库存现金	500	
银行存款	5 500	
交易性金融资产	3 000	
应收账款	6 500	
坏账准备		500
原材料	12 000	
固定资产	21 000	
累计折旧		6 000
在建工程	16 000	
在建工程减值准备		1 000
应交税费		6 000
长期借款		21 000
实收资本		18 000
盈余公积		12 000

(2)该企业2017年度发生的交易和事项如下:

①用银行存款支付购入原材料货款3 000元以及材料的增值税390元,材料已验收入库。

②2017年度,企业的长期借款发生利息费用1 500元。按《企业会计准则第17号——借款费用》中借款费用资本化的规定,计算出工程应负担的长期借款利息费用为600元,其他利息费用900元,利息尚未支付。

③企业将账面余额为3 000元的交易性金融资产售出,获得价款6 000元,已存入银行。

④购入不需安装的设备1台,设备价款9 000元,全部款项均已用银行存款支付,设备已经交付使用,假设购入时没有发生增值税。

⑤本年计提固定资产折旧4 500元,其中:厂房及生产设备折旧3 000元,办公用房及设备折旧1 500元。

⑥实际发放职工工资6 000元,并将其分配计入相关成本费用项目。其中,生产人员工资3 000元,管理人员工资1 500元,在建工程应负担的人员工资1 500元。本年产品耗用原材料12 000元。年末产品已全部完工验收入库,计算完工产品生产成本并将其结转至库存商品科目。假设2017年度生产成本科目无年初、年末余额。

⑦销售产品一批,销售价格30 000元,应收取的增值税为3 900元。已收款项16 950元(其中货款15 000元、增值税1 950元),余款尚未收取。该企业主营业务成本18 000元已结转。假设本年产成品无期初及期末余额。

⑧将各收支科目结转本年利润。

⑨计算企业本期应交所得税(假设不存在纳税调整事项),本年实际交纳663元。

⑩提取法定盈余公积832.5元,当年没有进行利润分配。

(一)根据上述资料编制会计分录

(1)借:原材料 3 000
　　　应交税费——应交增值税(进项税额) 390
　　　贷:银行存款 3 390
(2)借:在建工程 600
　　　财务费用 900
　　　贷:长期借款 1 500
(3)借:银行存款 6 000
　　　贷:交易性金融资产 3 000
　　　　投资收益 3 000
(4)借:固定资产 9 000
　　　贷:银行存款 9 000
(5)借:制造费用 3 000
　　　管理费用 1 500
　　　贷:累计折旧 4 500
(6)借:应付职工薪酬 6 000
　　　贷:银行存款 6 000
　　借:生产成本 3 000
　　　管理费用 1 500
　　　在建工程 1 500
　　　贷:应付职工薪酬 6 000
　结转原材料成本:
　借:生产成本 12 000
　　　贷:原材料 12 000
　借:生产成本 3 000
　　　贷:制造费用 3 000
　结转产成品:
　借:库存商品 18 000
　　　贷:生产成本 18 000
(7)借:银行存款 16 950
　　　应收账款 16 950

贷:主营业务收入　　　　　　　　　　　　　　　30 000
　　　　应交税费——应交增值税(销项税额)　　　　3 900
　借:主营业务成本　　　　　　　　　　　　　　　18 000
　　贷:库存商品　　　　　　　　　　　　　　　　　18 000
(8)借:主营业务收入　　　　　　　　　　　　　　　30 000
　　　投资收益　　　　　　　　　　　　　　　　　3 000
　　贷:本年利润　　　　　　　　　　　　　　　　　33 000
　借:本年利润　　　　　　　　　　　　　　　　　21 900
　　贷:主营业务成本　　　　　　　　　　　　　　　18 000
　　　　管理费用　　　　　　　　　　　　　　　　3 000
　　　　财务费用　　　　　　　　　　　　　　　　　900
(9)本年应交所得税 = (30 000 + 3 000 − 18 000 − 3 000 − 900) × 25% = 2 775(元)
　借:所得税费用　　　　　　　　　　　　　　　　2 775
　　贷:应交税费——应交所得税　　　　　　　　　　2 775
　借:本年利润　　　　　　　　　　　　　　　　　2 775
　　贷:所得税费用　　　　　　　　　　　　　　　　2 775
　借:应交税费——应交所得税　　　　　　　　　　　663
　　贷:银行存款　　　　　　　　　　　　　　　　　663
(10)借:本年利润　　　　　　　　　　　　　　　　8 325
　　　贷:利润分配——未分配利润　　　　　　　　　8 325
　　借:利润分配——提取法定盈余公积　　　　　　832.5
　　　贷:盈余公积　　　　　　　　　　　　　　　　832.5
　　借:利润分配——未分配利润　　　　　　　　　832.5
　　　贷:利润分配——提取法定盈余公积　　　　　　832.5

(二)计算科目期末余额

根据以上资料,计算各有关科目余额,见表13-3。

表13-3　2017年12月31日科目余额表　　　　　　　　　　　　　　元

科目名称	借方余额	贷方余额
库存现金	500	
银行存款	9 397	
交易性金融资产	0	
应收账款	23 450	
坏账准备		500
原材料	3 000	

续表 13-3

科目名称	借方余额	贷方余额
固定资产	30 000	
累计折旧		10 500
在建工程	18 100	
在建工程减值准备		1 000
应交税费		11 622
长期借款		22 500
实收资本		18 000
盈余公积		12 832.5
未分配利润		7 492.5

(三) 编制该企业 2017 年度的资产负债表(简表)

见表 13-4。

表 13-4 资产负债表

编制单位:富康股份有限公司　　　　　2016年12月31日　　　　　　　　　元

资产	期末余额	年初余额	负债和所有者权益（或股东权益）	期末余额	年初余额
流动资产:			流动负债:		
货币资金	9 897	6 000	短期借款		
交易性金融资产	0	3 000	交易性金融负债		
衍生金融资产			衍生金融负债		
应收票据			应付票据		
应收账款	22 950	6 000	应付账款		
预付款项			预收款项		
其他应收款			应交税费	11 622	6 000
存货	3 000	12 000	合同负债		
合同资产			应付职工薪酬		
持有待售资产			其他应付款		
一年内到期的非流动资产			持有待售负债		
其他流动资产			一年内到期的非流动负债		
流动资产合计		27 000	其他流动负债		
非流动资产:			流动负债合计		6 000
债权投资			非流动负债:		

续表 13-4

资产	期末余额	年初余额	负债和所有者权益（或股东权益）	期末余额	年初余额
其他债权投资			长期借款	22 500	21 000
长期应收款			应付债券		
长期股权投资			其中:优先股		
其他工具投资			永续债		
其他非流动金融资产			长期应付款		
投资性房地产			预计负债		
固定资产	19 500	15 000	递延收益		
在建工程	17 100	15 000	递延所得税负债		
生产性生物资产			其他非流动负债		
油气资产			非流动负债合计		21 000
无形资产		0	负债合计		27 000
开发支出			所有者权益(或股东权益):		
商誉			实收资本(或股本)	18 000	18 000
长期待摊费用			其他权益工具		
递延所得税资产			其中:优先股		
其他非流动资产			永续债		
非流动资产合计		30 00	资本公积		
			减:库存股		
			其他综合收益		
			盈余公积	12 832.5	12 000
			未分配利润	7 492.5	0
			所有者权益(或股东权益)合计		30 000
资产总计	72 447	57 000	负债和所有者权益(或股东权益)总计	72 447	57 000

第三节 利润表

一、利润表的内容及结构

(一)利润表的内容

利润表是反映企业在一定会计期间的经营成果的会计报表。利润表的列报必须充分反映企业经营业绩的主要来源和构成,有助于使用者判断净利润的质量及其风险,有助于使用者预测净利润的持续性,从而做出正确的决策。通过利润表,可以反映企业一定会计期间的收入实现情况,如实现的营业收入有多少、实现的投资收益有多少、实现的营业外收入有多少等等;可以反映一定会计期间的费用耗费情况,如耗费的营业成本有多少、营业税费有多少、销售费用、管理费用、财务费用各有多少、营业外支出有多少等等;可以反映企业生产经营活动的成果,即净利润的实现情况,据以判断资本保值、增值情况。将利润表中的信息与资产负债表中的信息相结合,还可以提供进行财务分析的基本资料,如将赊销收入净额与应收账款平均余额进行比较,计算出应收账款周转率;将销货成本与存货平均余额进行比较,计算出存货周转率;将净利润与资产总额进行比较,计算出资产收益率等,可以表现企业资金周转情况以及企业的盈利能力和水平,便于报表使用者判断企业未来的发展趋势,做出经济决策。

(二)利润表的结构

常见的利润表结构主要有单步式和多步式两种。在我国,企业利润表采用的基本上是多步式结构,即通过对当期的收入、费用、支出项目按性质加以归类,按利润形成的主要环节列示一些中间性利润指标,分步计算当期经损益。

利润表主要反映以下几方面的内容:①营业收入,由主营业务收入和其他业务收入组成。②营业利润,营业收入减去营业成本(主营业务成本、其他业务成本)税金及附加、销售费用、管理费用、财务费用、资产减值损失,加上公允价值变动收益(减去公允价值变动损失)、投资收益(减去投资损失)、资产处置收益(减去资产处置损失)、其他收益,即为营业利润。③利润总额,营业利润加上营业外收入,减去营业外支出,即为利润总额。④净利润,利润总额减去所得税费用,即为净利润。⑤每股收益,普通股或潜在普通股已公开交易的企业,以及正处于公开发行普通股或潜在普通股过程中的企业,还应当在利润表中列示每股收益信息,包括基本每股收益和稀释每股收益两项指标。

此外,为了使报表使用者通过比较不同期间利润的实现情况,判断企业经营成果的未来发展趋势,企业需要提供比较利润表,利润表还需要将各项目再分为"本期金额"和"上期金额"两栏分别填列。利润表具体格式见表13-5。

表 13-5　利润表

编制单位：　　　　　　　　　　　　年　月　　　　　　　　　　　　　　　元

项目	本期金额	上期金额
一、营业收入		
减：营业成本		
税金及附加		
销售费用		
管理费用		
研发费用		
财务费用		
其中：利息费用		
利息收入		
资产减值损失		
信用减值损失		
加：其他收益		
投资收益（损失以"-"号填列）		
其中：对联营企业和合营企业的投资收益		
净敞口套期收益		
公允价值变动收益（损失以"-"号填列）		
资产处置收益（损失以"-"号填列）		
二、营业利润（亏损以"-"号填列）		
加：营业外收入		
减：营业外支出		
其中：非流动资产处置损失		
三、利润总额（亏损总额以"-"号填列）		
减：所得税费用		
四、净利润（净亏损以"-"号填列）		
（一）持续经营净利润（净亏损以"-"号填列）		
（二）终止经营净利润（净亏损以"-"号填列）		
五、其他综合收益的税后净额		
（一）不能重分类进损益的其他综合收益		
1.重新计量设定受益计划变动额		
2.权益法下不能转损益的其他综合收益		
3.其他权益工具投资公允价值变动		
4.企业自身信用风险公允价值变动		
⋮		

续表 13-5

项目	本期金额	上期金额
（二）将重分类进损益的其他综合收益		
1. 权益法下可转损益的其他综合收益		
2. 其他债权投资公允价值变动		
3. 金融资产重分类计入其他综合收益的金额		
4. 其他债权投资信用减值准备		
5. 现金流量套餐储备		
6. 外币财务报表折算差额		
⋮		
六、综合收益总额		
七、每股收益：		
（一）基本每股收益		
（二）稀释每股收益		

二、利润表的填列方法

（一）上期金额栏的填列方法

利润表"上期金额"栏内各项数字,应根据上年该期利润表"本期金额"栏内所列数字填列。如果上年该期利润表规定的各个项目的名称和内容同本期不相一致,应对上年该期利润表各项目的名称和数字按本期的规定进行调整,填入利润表"上期金额"栏内。

（二）本期金额栏的填列方法

利润表"本期金额"栏内各项数字一般应根据损益类科目的发生额分析填列。

（三）利润表各项目的具体列报

（1）"营业收入"项目,反映企业经营主要业务和其他业务所确认的收入总额。本项目应根据"主营业务收入"和"其他业务收入"科目的发生额分析填列。

（2）"营业成本"项目,反映企业经营主要业务和其他业务所发生的成本总额。本项目应根据"主营业务成本"和"其他业务成本"科目的发生额分析填列。

（3）"税金及附加"项目,反映企业经营业务应负担的消费税、城市维护建设税、资源税、土地增值税和教育费附加等。本项目应根据"税金及附加"科目的发生额分析填列。

（4）"销售费用"项目,反映企业在销售商品过程中发生的包装费、广告费等费用和为销售本企业商品而专设的销售机构的职工薪酬、业务费等经营费用。本项目应根据"销售费用"科目的发生额分析填列。

（5）"管理费用"项目,反映企业为组织和管理生产经营发生的管理费用。本项目应根据"管理费用"科目的发生额分析填列。

(6)"研发费用"项目,反映企业为组织和管理生产经营发生的研发费用。本项目应根据"管理费用"科目的发生额分析填列;或根据"研发费用"明细科目的发生额填列。

(7)"财务费用"项目,反映企业筹集生产经营所需资金等而发生的筹资费用。本项目应根据"财务费用"科目的发生额分析填列;对其中的利息费用和利息收入应根据"财务费用"科目相关明细科目的发生额分析填列。

(8)"资产减值损失"项目,反映企业各项资产发生的减值损失。本项目应根据"资产减值损失"科目的发生额分析填列。

(9)"信用减值损失"项目,反映企业计提的各项金融工具减值准备形成的预期信用损失。本项目应根据"信用减值损失"科目的发生额分析填列。

(10)"其他收益"项目,反映计入营业利润的政府补助等。本项目应根据"其他收益"科目的发生额分析填列。

(11)"投资收益"项目,反映企业以各种方式对外投资所取得的收益。本项目应根据"投资收益"科目的发生额分析填列。如为投资损失,本项目以"-"号填列。

(12)"净敞口套期收益"项目,反映净敞口套期下被套期项目累计公允价值变动转入当期损益的金额或现金流量套期储备转入当期损益的金额。本项目应根据"净敞口套期收益"科目的发生额分析填列;如为套期损失、以"-"号填列。

(13)"公允价值变动收益"项目,反映企业应当计入当期损益的资产或负债的公允价值变动收益。本项目应根据"公允价值变动损益"科目的发生额分析填列。如为净损失,本项目以"-"号填列。

(14)"资产处置收益"项目,反映企业出售划分为持有待售资产的非流动资产或处置组时确认的处置利得或损失。本项目应根据"资产处置损益"科目的发生额分析填列;如为损失,以"-"号填列。

(15)"营业利润"项目,反映企业实现的营业利润。如为亏损,本项目以"-"号填列。

(16)"营业外收入"项目,反映企业发生的与经营业务无直接关系的各项收入。本项目应根据"营业外收入"科目的发生额分析填列。

(17)"营业外支出"项目,反映企业发生的与经营业务无直接关系的各项支出。本项目应根据"营业外支出"科目的发生额分析填列。

(18)"利润总额"项目,反映企业实现的利润。如为亏损,本项目以"-"号填列。

(19)"所得税费用"项目,反映企业应从当期利润总额中扣除的所得税费用。本项目应根据"所得税费用"科目的发生额分析填列。

(20)"净利润"项目,反映企业实现的净利润。如为亏损,本项目以"-"号填列。

(21)"其他综合收益的税后净额"项目,反映企业根据其他会计准则规定未在当期损益中确认的各项利得和损失扣除所得税影响后的净额的合计数。本项目应根据"其他综合收益"科目及其所属的有关明细科目的本期发生额分析填列。其中,"其他权益工具投资公允价值变动"及"企业自身信用风险公允价值变动"应根据"其他综合收益"科目相关明细科目的发生额分析填列:"金融资产重分类计入其他综合收益的金额"、"其他债权投资信用减值准备"及"现金流量套期储备",应根据"其他综合收益""信用减值准备"等科目的发生额分析填列。

(22)"综合收益总额"项目,反映企业在某一期间除与所有者以其所有者身份进行的交易之外的其他交易或事项所引起的所有者权益变动。综合收益总额项目反映净利润和其他综合收益税后净额的合计金额。

(23)"基本每股收益"项目,只考虑当期实际发行在外的普通股股份,按照归属于普通股股东的当期净利润除以当期实际发行在外普通股的加权平均数计算确定。

在计算基本每股收益时,分子为归属于普通股股东的当期净利润,即企业当期实现的可普通股股东分配的净利润或应由普通股股东分担的净亏损金额。发生亏损的企业,每股收益以负数列示。

在计算基本每股收益时,分母为当期发行在外普通股的算术加权平均数,即期初发行在外通股股数根据当期新发行或回购的普通股股数与相应时间权数的乘积进行调整后的股数。作为权数的已发行时间、报告期时间和已回购时间通常按天数计算,在不影响计结果合理性的前提下,也可以采用简化的计算方法,如按月数计算。公司库存股不属于发行在外的普通股,且无权参与利润分配,应当在计算分母时扣除。

(24)"稀释每股收益"项目,是以基本每股收益为基础,假设企业所有发行在外的稀得性潜在普通股均已转换为普通股,从而分别调整归属于普通股股东的当期净利润以及发行在外普通股的加权平均数计算而得的每股收益。

潜在普通股是指赋予其持有者在报告期或以后期间享有普通股权利的一种金融工具或其他合同。目前,我国企业发行的潜在普通股主要有可转换公司债券、认股权证、股份期权等稀释性潜在普通股,是指假设当期转换为普通股会减少每股收益的潜在普通股。对于亏损企业而言,稀释性潜在普通股是指假设当期转换为普通股会增加每股亏损金额的潜在普通股。计算稀释每股收益时只考虑稀释性潜在普通股的影响,不考虑不具有稀释性的潜在普通股。

三、利润表编制示例

【例 13-2】 甲公司 2017 年度有关损益类科目本年累计发生净额见表 13-6。

表 13-6 甲公司损益类科目 2017 年度累计发生净额 元

科目名称	借方发生额	贷方发生额
主营业务收入		1 250 000
主营业务成本	750 000	
税金及附加	2 000	
销售费用	20 000	
管理费用	157 100	
财务费用	41 500	

续表 13-6

科目名称	借方发生额	贷方发生额
资产减值损失	30 900	
投资收益		31 500
营业外收入		50 000
营业外支出	19 700	
所得税费用	85 300	

根据上述资料，编制甲公司2017年度利润表，见表13-7。

表 13-7　利润表

编制单位：甲公司　　　　　　2017年12月　　　　　　　　　　元

项目	本期金额	上期金额（略）
一、营业收入	1 250 000	
减：营业成本	750 000	
税金及附加	2 000	
销售费用	20 000	
管理费用	157 100	
研发费用		
财务费用	41 500	
其中：利息费用		
利息收入		
资产减值损失	30 900	
信用减值损失		
加：其他收益	0	
投资收益（损失以"-"号填列）	31 500	
其中：对联营企业和合营企业的投资收益		
净敞口套期收益		
公允价值变动收益（损失以"-"号填列）	0	
资产处置收益（损失以"-"号填列）	0	
二、营业利润（亏损以"-"号填列）	280 000	
加：营业外收入	50 000	
减：营业外支出	19 700	
其中：非流动资产处置损失	（略）	
三、利润总额（亏损总额以"-"号填列）	310 300	

续表 13-7

项目	本期金额	上期金额(略)
减:所得税费用	85 300	
四、净利润(净亏损以"-"号填列)	225 000	
（一）持续经营净利润(净亏损以"-"号填列)		
（二）终止经营净利润(净亏损以"-"号填列)		
五、其他综合收益的税后净额		
（一）不能重分类进损益的其他综合收益		
1.重新计量设定受益计划变动额		
2.权益法下不能转损益的其他综合收益		
3.其他权益工具投资公允价值变动		
4.企业自身信用风险公允价值变动		
⋮		
（二）将重分类进损益的其他综合收益		
1.权益法下可转损益的其他综合收益		
2.其他债权投资公允价值变动		
3.金融资产重分类计入其他综合收益的金额		
4.其他债权投资信用减值准备		
5.现金流量套餐储备		
6.外币财务报表折算差额		
⋮		
六、综合收益总额		
七、每股收益：	（略）	
（一）基本每股收益		
（二）稀释每股收益		

第四节　现金流量表

一、现金流量表的内容及结构

（一）现金流量表的内容

现金流量表,是指反映企业在一定会计期间现金和现金等价物流入和流出的报表。从编制原则上看,现金流量表按照收付实现制原则编制,将权责发生制度下的盈利信息调整为收付实现制下的现金流量信息,便于信息使用者了解企业净利润的质量。从内容上看,现金流量表被划分为经营活动、投资活动和筹资活动三个部分,每类活动又分为各具体项目,这些项目从不同角度反映企业业务活动的现金流入与流出,弥补了资产负债表和利润表提供信息的不足。通过现金流量表,报表使用者能够了解现金流量的影响因素,评价企业的支付能力、偿债能力和周转能力,预测企业未来现金流量,为其决策提供有力依据。

(二)现金流量表的结构

在现金流量表中,现金及现金等价物被视为一个整体,企业现金形式的转换不会产生现金的流入和流出。例如,企业从银行提取现金,是企业现金存放形式的转换,并未流出企业,不构成现金流量。同样,现金与现金等价物之间的转换也不属于现金流量,例如,企业用现金购买短期国库券。根据企业业务活动的性质和现金流量的来源,现金流量表在结构上将企业一定期间产生的现金流量分为三类:经营活动产生的现金流量、投资活动产生的现金流量和筹资活动产生的现金流量。现金流量表的具体格式见表13-8和表13-9。

表13-8 现金流量表

编制单位:　　　　　　　　　　年　月　　　　　　　　　　　　　　元

项目	本期金额	上期金额
一、经营活动产生的现金流量:		
销售商品、提供劳务收到的现金		
收到的税费返还		
收到其他与经营活动有关的现金		
经营活动现金流入小计		
购买商品、接受劳务支付的现金		
支付给职工以及为职工支付的现金		
支付的各项税费		
支付其他与经营活动有关的现金		
经营活动现金流出小计		
经营活动产生的现金流量净额		
二、投资活动产生的现金流量:		
收回投资收到的现金		
取得投资收益收到的现金		
处置固定资产、无形资产和其他长期资产收回的现金净额		
处置子公司及其他营业单位收到的现金净额		
收到其他与投资活动有关的现金		

续表 13-8

项目	本期金额	上期金额
投资活动现金流入小计		
购建固定资产、无形资产和其他长期资产支付的现金		
投资支付的现金		
取得子公司及其他营业单位支付的现金净额		
支付其他与投资活动有关的现金		
投资活动现金流出小计		
投资活动产生的现金流量净额		
三、筹资活动产生的现金流量：		
吸收投资收到的现金		
取得借款收到的现金		
收到其他与筹资活动有关的现金		
筹资活动现金流入小计		
偿还债务支付的现金		
分配股利、利润或偿付利息支付的现金		
支付其他与筹资活动有关的现金		
筹资活动现金流出小计		
筹资活动产生的现金流量净额		
四、汇率变动对现金及现金等价物的影响		
五、现金及现金等价物净增加额		
加：期初现金及现金等价物余额		
六、期末现金及现金等价物余额		

表 13-9　现金流量表附注

补充资料	本期金额	上期金额
1.将净利润调节为经营活动现金流量：		略
净利润		
加：资产减值准备		
固定资产折旧、油气资产折耗、生产性生物资产折旧		
无形资产摊销		
长期待摊费用摊销		
处置固定资产、无形资产和其他长期资产的损失（收益以"-"号填列）		
固定资产报废损失（收益以"-"号填列）		
公允价值变动损失（收益以"-"号填列）		

续表 13-9

补充资料	本期金额	上期金额
财务费用(收益以"-"号填列)		
投资损失(收益以"-"号填列)		
递延所得税资产减少(增加以"-"号填列)		
递延所得税负债增加(减少以"-"号填列)		
存货的减少(增加以"-"号填列)		
经营性应收项目的减少(增加以"-"号填列)		
经营性应付项目的增加(减少以"-"号填列)		
其他		
经营活动产生的现金流量净额		
2.不涉及现金收支的重大投资和筹资活动：		
债务转为资本		
一年内到期的可转换公司债券		
融资租入固定资产		
3.现金及现金等价物净变动情况：		
现金的期末余额		
减:现金的期初余额		
加:现金等价物的期末余额		
减:现金等价物的期初余额		
现金及现金等价物净增加额		

二、现金流量表的编制方法及程序

(一)直接法和间接法

编制现金流量表时,列报经营活动现金流量的方法有两种,一是直接法,一是间接法。在直接法下,一般是以利润表中的营业收入为起算点,调节与经营活动有关的项目的增减变动,然后计算出经营活动产生的现金流量。在间接法下,将净利润调节为经营活动现金流量,实际上就是将按权责发生制原则确定的净利润调整为现金净流入,并剔除投资活动和筹资活动对现金流量的影响。

采用直接法编报的现金流量表,便于分析企业经营活动产生的现金流量的来源和用途,预测企业现金流量的未来前景;采用间接法编报现金流量表,便于将净利润与经营活动产生的现金流量净额进行比较,了解净利润与经营活动产生的现金流量差异的原因,从现金流量的角度分析净利润的质量。所以,我国企业会计准则规定企业应当采用直接法编报现金流量表,同时要求在附注中提供以净利润为基础调节到经营活动现金流量的信息。

(二) 工作底稿法、T 型账户法和分析填列法

在具体编制现金流量表时,可以采用工作底稿法或 T 型账户法,也可以根据有关科目记录分析填列。

1. 工作底稿法

采用工作底稿法编制现金流量表,是以工作底稿为手段,以资产负债表和利润表数据为基础,对每一项目进行分析并编制调整分录,从而编制现金流量表。工作底稿法的程序是:

第一步,将资产负债表的期初数和期末数过入工作底稿的期初数栏和期末数栏。

第二步,对当其业务进行分析并编制调整分录。编制调整分录时,要以利润表项目为基础,从"营业收入"开始,结合资产负债表项目逐一进行分析。在调整分录中,有关现金和现金等价物的事项,并不直接借记或贷记现金,而是分别计入"经营活动产生的现金流量""投资活动产生的现金流量""筹资活动产生的现金流量"有关项目,借记表示现金流入,贷记表示现金流出。

第三步,将调整分录过入工作底稿中的相应部分。

第四步,核对调整分录,借方、贷方合计数均已经相等,资产负债表项目期初数加减调整分录中的借贷金额以后,也等于期末数。

第五步,根据工作底稿中的现金流量表项目部分编制正式的现金流量表。

现金流量表工作底稿具体格式见表 13-10(该表仅提供参考格式)。

表 13-10 现金流量表工作底稿 元

项目	年初数	调整分录		期末数
		借方	贷方	
一、资产负债表项目				
借方项目:				
货币资金				
交易性金融资产				
衍生金融资产				
应收票据				
应收账款				
预付款项				
其他应收款				
存货				
合同资产				

续表 13 – 10

项目	年初数	调整分录 借方	调整分录 贷方	期末数
持有待售资产				
一年内到期的非流动资产				
其他流动资产				
债权投资				
其他债权投资				
长期应收款				
长期股权投资				
其他工具投资				
其他非流动金融资产				
投资性房地产				
固定资产				
在建工程				
生产性生物资产				
油气资产				
无形资产				
开发支出				
商誉				
长期待摊费用				
递延所得税资产				
其他非流动资产				
借方项目合计				
贷方项目：				
短期借款				
交易性金融负债				
衍生金融负债				
应付票据				
应付账款				
预收款项				
应交税费				
合同负债				
应付职工薪酬				
其他应付款				

续表 13-10

项目	年初数	调整分录 借方	调整分录 贷方	期末数
持有待售负债				
一年内到期的非流动负债				
其他流动负债				
长期借款				
应付债券				
长期应付款				
预计负债				
递延收益				
递延所得税负债				
其他非流动负债				
实收资本(或股本)				
其他权益工具				
资本公积				
其他综合收益				
盈余公积				
未分配利润				
贷方项目合计				
二、利润表项目				
营业收入				
营业成本				
税金及附加				
销售费用				
管理费用				
研发费用				
财务费用				
投资收益				
营业外收入				
营业外支出				
所得税费用				
净利润				
三、现金流量表项目				
(一)经营活动产生的现金流量:				

续表 13-10

项目	年初数	调整分录 借方	调整分录 贷方	期末数
销售商品、提供劳务收到的现金				
收到的税费返还				
收到其他与经营活动有关的现金				
经营活动现金流入小计				
购买商品、接受劳务支付的现金				
支付给职工以及为职工支付的现金				
支付的各项税费				
支付其他与经营活动有关的现金				
经营活动现金流出小计				
经营活动产生的现金流量净额				
(二)投资活动产生的现金流量:				
收回投资收到的现金				
取得投资收益收到的现金				
处置固定资产、无形资产和其他长期资产收回的现金净额				
处置子公司及其他营业单位收到的现金净额				
收到其他与投资活动有关的现金				
投资活动现金流入小计				
购建固定资产、无形资产和其他长期资产支付的现金				
投资支付的现金				
取得子公司及其他营业单位支付的现金净额				
支付其他与投资活动有关的现金				
投资活动现金流出小计				
投资活动产生的现金流量净额				
(三)筹资活动产生的现金流量:				
吸收投资收到的现金				
取得借款收到的现金				
收到其他与筹资活动有关的现金				
筹资活动现金流入小计				
偿还债务支付的现金				
分配股利、利润或偿付利息支付的现金				
支付其他与筹资活动有关的现金				
筹资活动现金流出小计				

第十三章 财务报告

续表 13-10

项目	年初数	调整分录 借方	调整分录 贷方	期末数
筹资活动产生的现金流量净额				
(四)汇率变动对现金及现金等价物的减少额				
调整分录借贷合计				

2. T型账户法

采用T型账户法编制现金流量表,是以T型账户为手段,以资产负债表和利润表数据为基础,对每一项目进行分析并编制调整分录,从而编制现金流量表。T型账户法的程序是:

第一步,为所有的非现金项目(包括资产负债表项目和利润表项目)分别开设T形账户,并将各自的期末期初变动数过入各该账户。如果项目的期末数大于期初数,则将差额过入和项目余额相同的方向;反之,过入相反的方向。

第二步,开设一个大的"现金及现金等价物"T形账户,每边分为经营活动、投资活动和筹资活动三个部分,左边记现金流入,右边记现金流出。与其他账户一样,过入期末期初变动数。

第三步,以利润表项目为基础,结合资产负债表分析每一个非现金项目的增减变动,并据此编制调整分录。

第四步,将调整分录过入各T形账户,并进行核对,该账户借贷相抵后的余额与原先过入的期末期初变动数应当一致。

第五步,根据大的"现金及现金等价物"T形账户编制正式的现金流量表。

3. 分析填列法

分析填列法是直接根据资产负债表、利润表和有关会计科目明细账的记录,分析计算出现金流量表各项目的金额,并据以编制现金流量表的一种方法。

"现金及现金等价物"T形账户的格式具体见表13-11。

表13-11 现金及现金等价物 元

经营活动现金收入:	编号	金额	经营活动现金支出:	编号	金额
1.销售商品收到的现金			1.购买商品支付的现金		
小计			小计		
			……		
			4.支付的其他与经营活动有关的现金		
			小计		
投资活动现金收入:			投资活动现金支出:		
1.收回投资所收到的现金			1.购建固定资产所支付的现金		

续表 13-11

经营活动现金收入：	编号	金额	经营活动现金支出：	编号	金额
2. 取得投资收益收到的现金			小计		
3. 处置固定资产收回的现金					
小计					
筹资活动现金收入：			筹资活动现金支出：		
1. 借款所收到的现金			1. 偿还债务所支付的现金		
			小计		
			2. 偿付利息支付的现金		
小计			小计		
现金流入合计			现金流出合计		
现金流量净额					

三、现金流量表各项目的列报

在我国，企业经营活动产生的现金流量应当采用直接法填列。直接法，是指通过现金收入和现金支出的主要类别列示经营活动的现金流量。

（一）经营活动产生的现金流量

经营活动是指企业投资活动和筹资活动以外的所有交易和事项。各类企业由于行业特点不同，对经营活动的认定存在一定差异。对于工商企业而言，经营活动主要包括销售商品、提供劳务、购买商品、接受劳务、支付税费等。对于商业银行而言，经营活动主要包括吸收存款、发放贷款、同业存放、同业拆借等。对于保险公司而言，经营活动主要包括原保险业务和再保险业务等。对于证券公司而言，经营活动主要包括自营证券、代理承销证券、代理兑付证券、代理买卖证券等。具体列报如下：

1. "销售商品、提供劳务收到的现金"项目

"销售商品、提供劳务收到的现金"项目，反映企业销售商品、提供劳务实际收到的现金，包括销售收入和应向购买者收取的增值税销项税额，具体包括本期销售商品、提供劳务收到的现金，以及前期销售、提供劳务本期收到的现金和本期预收的账款，减去本期销售本期退回的商品和前期销售本期退回商品支付的现金。企业销售材料和代购代销业务收到的现金，也在本项目反映。

本项目计算填列时，应考虑营业收入的发生额、应收账款的增减变动、应收票据的增减变动、预收账款的增减变动、核销坏账引起的应收账款的减少以及收回以前年度核销的坏账、销售退回、应交增值税销项税额的发生额等。

"销售商品、提供劳务收到的现金"项目的填列方法有根据账户记录的发生额资料填列和根据财务报表的项目资料填列两种思路。

(1) 根据有关账户记录的发生额资料填列的计算公式：
销售商品、提供劳务收到的现金 = 营业收入 + 应交税费（销项税额） +
　　　　　　　　　　　　　　　应收账款贷方发生额（本期减少额） +
　　　　　　　　　　　　　　　应收票据贷方发生额（本期减少额） +
　　　　　　　　　　　　　　　预收账款贷方发生额（本期增加额） −
　　　　　　　　　　　　　　　应收账款借方发生额（本期增加额） −
　　　　　　　　　　　　　　　应收票据借方发生额（本期增加额） −
　　　　　　　　　　　　　　　预收账款借方发生额（本期减少额） −
　　　　　　　　　　　　　　　本期核销（发生）的坏账损失 +
　　　　　　　　　　　　　　　本期收回前期核销的坏账损失 −
　　　　　　　　　　　　　　　实际发生的现金折扣 − 应收票据贴现息 −
　　　　　　　　　　　　　　　非现金资产抵债减少的应收账款、应收票据 −
　　　　　　　　　　　　　　　应交税费（销项税额）中含有视同销售产生的销项税额

(2) 根据财务报表的项目资料填列的计算公式：
销售商品、提供劳务收到的现金 = 营业收入 + 应交税费（销项税额） +
　　　　　　　　　　　　　　　应收账款（期初账面净额—期末账面净额） +
　　　　　　　　　　　　　　　应收票据（期初余额—期末余额） +
　　　　　　　　　　　　　　　预收账款（期末余额—期初余额） −
　　　　　　　　　　　　　　　本期计提的坏账准备 − 实际发生的现金折扣 −
　　　　　　　　　　　　　　　应收票据贴现息 −
　　　　　　　　　　　　　　　非现金资产抵债减少的应收账款、应收票据 −
　　　　　　　　　　　　　　　应交税费（销项税额）中含有视同销售产生的销项税额

【例 13 − 3】 甲公司 2016 年利润表上列示的营业收入为 1 200 000 元，增值税销项税额为 156 000 元，2018 年 12 月 31 日资产负债表有关项目见表 13 − 12。

表 13 − 12　资产负债表（部分）
2018 年 12 月 31 日　　　　　　　　　　　　　　　　　　　　　元

资产	年末数	年初数	负债和所有者权益	年末数	年初数
应收票据	66 000	246 000	预收账款	0	0
应收账款	598 200	299 100			

其他有关资料如下：
① 采用备抵法核算坏账损失，坏账准备期初余额 900 元，坏账准备期末余额 1 800 元；
② 将本期承兑汇票到银行办理贴现时，贴现息为 20 000 元。
销售商品、提供劳务收到的现金 = 1 200 000 + 156 000 + (246 000 − 66 000) +
　　　　　　　　　　　　　　　(299 100 − 598 200) + (900 − 1 800) − 20 000
　　　　　　　　　　　　　= 1 216 000（元）

2. "收到的税费返还"项目

"收到的税费返还"项目,反映企业收到返还的各种税费,如收到的增值税、消费税、所得税、关税及教育费附加返还等。本项目可以根据"库存现金"、"银行存款"、"税金及附加"、"营业外收入"等科目的记录分析填列。

3. "收到的其他与经营活动有关的现金"项目

"收到的其他与经营活动有关的现金"项目,反映企业除了上述各项目外,收到的其他与经营活动有关的现金流入,如罚款收入、经营租赁固定资产收到的租金、流动资产损失中由个人赔偿的现金收入等、除税费返还外的其他政府补助收入等。其他与经营活动有关的现金流入,如价值较大的,应单列项目反映。本项目可以根据"库存现金""银行存款""管理费用""销售费用"等科目的记录分析填列。

4. "购买商品、接受劳务支付的现金"项目

"购买商品、接受劳务支付的现金"项目,反映企业购买材料、商品、接受劳务实际支付的现金,包括本期购买商品、接受劳务支付现金(包括增值税进项税额),以及本期支付前期购入商品、接受劳务的未付款项和本期预付款项,减去本期发生的购货退回收到的现金。本项目计算填列时,应考虑营业成本、存货增减变动、应交增值税(进项税额)的发生额、应付账款增减变动、应付票据增减变动、预付账款增减变动以及购货退回收到的现金等。

根据财务报表项目的资料计算如下:

购买商品、接受劳务支付的现金 = 营业成本 + 增值税进项税额 +
存货(期末余额 - 期初余额)+
应付账款(期初余额 - 期末余额)+
应付票据(期初余额 - 期末余额)+
预付账款(期末余额 - 期初余额)-
当期列入生产成本、制造费用的职工薪酬 -
当期列入生产成本、制造费用的折旧费和固定资产修理费 - 以非现金和非存货资产清偿债务减少的应付账款和应付票据

【例13-4】甲公司2018年度财务报表的项目资料见表13-13。

表13-13 资产负债表(部分)
2018年12月31日 元

资产	年末数	年初数	负债和所有者权益	年末数	年初数
预付账款	900 000	800 000	应付账款	1 200 000	1000 000
存货	800 000	1 000 000	应付票据	200 000	400 000

其他有关资料如下:主营业务成本 40 000 000 元;应交税费-应交增值税(进项税额)6 000 000 元。用固定资产偿还应付账款 100 000 元,生产成本中直接工资项目含有

本期发生的生产工人工资费用 1 000 000 元,本期制造费用发生额为 600 000 元(其中消耗的物料为 50 000 元),工程项目领用的本企业产品 100 000 元。

购买商品、接受劳务支付的现金 = (40 000 000 + 6 000 000) +
(1 000 000 - 1 200 000) + (400 000 - 200 000) +
(900 000 - 800 000) + (800 000 - 1 000 000) -
100 000 - 1 000 000 - (600 000 - 50 000) + 100 000
= 44 350 000(元)

5. "支付给职工以及为职工支付的现金"项目

"支付给职工以及为职工支付的现金"项目,反映企业实际支付给职工以及为职工支付的现金,包括本期实际支付给职工的工资、奖金、各种津贴和补贴等,以及为职工支付的其他费用。不包括支付给在建工程人员的工资。支付的在建工程人员的工资,在"购建固定资产、无形资产和其他长期资产所支付的现金"项目中反映。

企业为职工支付的医疗、养老、失业、工伤、生育等社会保险基金、补充养老保险、住房公积金,企业为职工交纳的商业保险金,因解除与职工劳动关系给予的补偿,现金结算的股份支付,以及企业支付给职工或为职工支付的其他福利费用等,应按职工的工作性质和服务对象,分别在"支付给职工以及为职工支付的现金"项目和"购建固定资产、无形资产和其他长期资产所支付的现金"项目中反映。企业支付给离退休人员的各项费用,包括支付的统筹退休金以及未参加统筹的退休人员的费用,在"支付的其他与经营活动有关的现金"项目中反映。本项目可以根据"库存现金""银行存款""应付职工薪酬"等科目的记录分析填列。

支付给职工以及为职工支付的现金 = 生产成本、制造费用、管理费用和销售费用中的应付职工薪酬等费用 + 应付职工薪酬(年初余额 - 期末余额) - 应付职工薪酬(在建工程)(期初余额 - 期末余额)

【例 13-5】甲公司 2018 年度应付职工薪酬有关资料见表 13-14。

表 13-14 职工工资计算分配表

元

	项目	年初数	本期分配或计提数	期末数
应付职工薪酬	生产工人工资	100 000	1 000 000	80 000
	车间管理人员工资	40 000	500 000	30 000
	行政管理人员工资	60 000	800 000	45 000
	在建工程人员工资	20 000	300 000	15 000

另外,本期用银行存款支付离退休人员工资 500 000 元。假定应付职工薪酬本期减少数均以银行存款支付,不考虑其他事项。

①支付给职工以及为职工支付的现金 = (1 000 000 + 500 000 + 800 000) +
(100 000 + 40 000 + 60 000) -

$$(80\,000 + 30\,000 + 45\,000)$$
$$= 234\,500(元)$$

②支付的其他与经营活动有关的现金 = 500 000(元)

③购建固定资产、无形资产和其他长期资产所支付的现金 = 20 000 + 300 000 − 15 000 = 305 000(元)

6."支付的各项税费"项目

"支付的各项税费"项目,反映企业按规定支付的各种税费,包括本期发生并支付的税费,以及本期支付以前各期发生的税费和预交的税金,如支付的教育费附加、印花税、房产税、土地增值税、车船使用税、增值税、所得税等。不包括本期退回的增值税、所得税,本期退回的增值税、所得税在"收到的税费返还"项目反映。

本项目可以根据"应交税费""库存现金""银行存款"等科目的记录分析填列。

支付的各项税费 = 当期所得税费用 + 税金及附加 +
应交税费(应交增值税——已交税金) +
除增值税外的应交税费(期初余额 − 期末余额)

【例13 − 6】 甲公司 2018 年利润表中的所得税费用为 500 000 元(均为当期应交所得税产生的所得税费用);"应交税费—应交所得税"科目年初数为 20 000 元,年末数为 10 000 元。假定不考虑其他税费。

$$支付的各项税费 = 20\,000 + 500\,000 - 10\,000 = 510\,000(元)$$

7."支付的其他与经营活动有关的现金"项目

"支付的其他与经营活动有关的现金"项目,反映企业除上述各项目外,支付的其他与经营活动有关的现金流出,如罚款支出、支付的差旅费、业务招待费、保险费、经营租赁支付的现金、离退休人员的薪酬支出等。本项目可以根据有关科目的记录分析填列。

(二)投资活动产生的现金流量

投资活动是指企业长期资产的购建和不包括在现金等价物范围内的投资及其处置活动。长期资产是指固定资产、无形资产、在建工程、其他资产等持有期限在一年或一个营业周期以上的资产。这里所讲的投资活动,既包括实物资产投资,也包括金融资产投资。这里之所以将"包括在现金等价物范围内的投资"排除在外,是因为已经将包括在现金等价物范围内的投资视同现金。不同企业由于行业特点不同,对投资活动的认定也存在差异。例如,交易性金融资产所产生的现金流量,对于工商业企业而言,属于投资活动现金流量,而对于证券公司而言,属于经营活动现金流量。具体列报如下:

1."收回投资收到的现金"项目

"收回投资收到的现金"项目,反映企业出售、转让或到期收回除现金等价物以外的交易性金融资产、债权投资、其他债权投资、其他权益工具投资、长期股权投资、投资性房地产而收到的现金,以及收回债权性投资本金而收到的现金。债权性投资收回的利息,不包括在本项目中,应在"取得投资收益所收到的现金"项目反映。本项目可根据"交易性金融资产""债权投资""其他债权投资""其他权益工具投资""长期股权投资""投资性房地产""库存现金""银行存款"等科目的记录分析填列。

2."取得投资收益所收到的现金"项目

"取得投资收益所收到的现金"项目,反映企业因股权投资而分得的现金股利、因债券投资而取得的利息收入,以及从子公司、联营企业和合营企业分回利润收到的现金。本项目不包括收到的股票股利。本项目根据"应收利息""应收股利""投资收益""银行存款""库存现金"等科目的记录分析填列。

【例13-7】 甲公司本期发生有关投资业务如下:处置一项成本为1 000 000元的交易性金融资产,其公允价值变动损益为200 000元,售价1 500 000元;作为交易性金融资产的股票,持有期内收到现金股利800 000元;作为交易性金融资产的债券,持有期内收到利息500 000元;到期收回持有至到期投资,面值为1 000 000元,3年期,利率3%,一次还本付息;处置采用权益法长期股权投资,成本为5 000 000元,售价4 000 000元。

收回投资收到的现金 = 1 500 000 + 1 000 000 + 4 000 000 + 200 000 = 6 700 000(元)
取得投资收益所收到的现金 = 800 000 + 500 000 + 1 000 000 × 3% × 3 = 1 390 000(元)

3."处置固定资产、无形资产和其他长期资产所收回的现金净额"项目

"处置固定资产、无形资产和其他长期资产所收回的现金净额"项目,反映企业出售固定资产、无形资产及其他长期资产所取得的现金,减去为处置这些资产支付的相关费用后的净额。另外,由于自然灾害等原因所造成的固定资产等长期资产报废、毁损而收到的保险赔款收入,也在本项目中反映。本项目根据"固定资产清理"、"银行存款"等科目的记录分析填列。

【例13-8】 甲公司以银行存款4 000 000元购置一台设备,当日即投入使用。同时,对一台管理用设备进行清理,该设备账面原价1 200 000元,已计提折旧800 000元,已计提减值准备200 000元;以银行存款支付清理费用20 000元,收到变价收入130 000元,该设备已清理完毕。

购建固定资产、无形资产和其他长期资产支付的现金 = 4 000 000(元)
处置固定资产、无形资产和其他长期资产收回的现金净额 = 130 000 - 20 000 = 110 000(元)

4."处置子公司及其他营业单位收到的现金净额"项目

"处置子公司及其他营业单位收到的现金净额"项目,反映企业处置子公司及其他营业单位所取得的现金,减去子公司或其他营业单位持有的现金和现金等价物以及相关处置费用后的净额。本项目根据有关科目的记录分析填列。

5."收到的其他与投资活动有关的现金"项目

"收到的其他与投资活动有关的现金"项目,反映企业除上述各项目外,收到的其他与投资活动有关的现金。其他与投资活动有关的现金,如果价值较大的,应单列项目反映。本项目根据有关科目的记录分析填列。

6."购建固定资产、无形资产和其他长期资产所支付的现金"项目

"购建固定资产、无形资产和其他长期资产所支付的现金"项目,反映企业购买、建造固定资产、取得无形资产和其他长期资产支付的现金。但是,本项目不包括为购建固定资产而发生的借款利息资本化的部分以及融资租入固定资产支付的租赁费。为购建固定资产而发生的借款利息资本化的部分,在"分配股利、利润或偿付利息所支付的现金"

项目中反映;融资租入固定资产所支付的租赁费,在"支付的其他与筹资活动有关的现金"项目中反映。本项目应根据"固定资产""在建工程""工程物资""无形资产""银行存款""库存现金"等科目的记录分析填列。

7."投资支付的现金"项目

"投资支付的现金"项目,反映企业进行权益性投资和债权性投资所支付的现金,包括企业取得的除现金等价物以外的交易性金融资产、债权投资、其他债权投资、长期股权投资而支付的现金,以及支付的佣金、手续费等交易费用。

企业购买股票或债券时,实际支付的价款中包含的已宣告但尚未领取的现金股利或已到付息期但尚未领取的债券利息,应在"支付的其他与投资活动有关的现金"项目中反映;企业收回购买股票和债券时支付的已宣告但尚未领取的现金股利或已到付息期但尚未领取的债券的利息,在"收到的其他与投资活动有关的现金"项目中反映。本项目根据"交易性金融资产""债权投资""其他债权投资""其他权益工具投资""长期股权投资""投资性房地产""银行存款""库存现金"等科目的记录分析填列。

8."取得子公司及其他营业单位支付的现金净额"项目

"取得子公司及其他营业单位支付的现金净额"项目,反映企业取得子公司及其他营业单位购买出价中以现金支付的部分,减去子公司及其他营业单位持有的现金和现金等价物后的净额。本项目根据有关科目的记录分析填列。

9."支付的其他与投资活动有关的现金"项目

"支付的其他与投资活动有关的现金"项目,反映企业除上述各项目外,支付的其他与投资活动有关的现金。其他与投资活动有关的现金,如果价值较大的,应单列项目反映。在"处置固定资产、无形资产和其他长期资产而收到的现金净额"中如果为负数,则在本项目中反映。本项目根据有关科目的记录分析填列。

(三)筹资活动产生的现金流量

筹资活动是指导致企业资本及债务规模和构成发生变化的活动。这里所说的资本,既包括实收资本(股本),也包括资本溢价(股本溢价);这里所说的债务,指对外举债,包括向银行借款、发行债券以及偿还债务等。通常情况下,应付账款、应付票据等商业应付款等属于经营活动,不属于筹资活动。

此外,对于企业日常活动之外特殊的、不经常发生的特殊项目,如自然灾害损失、保险赔款、捐赠等,应当归并到相关类别中,并单独反映。比如,对于自然灾害损失和保险赔款,如果能够确指属于流动资产损失,应当列入经营活动产生的现金流量;属于固定资产损失,应当列入投资活动产生的现金流量。具体列报如下:

1."吸收投资所收到的现金"项目

"吸收投资所收到的现金"项目,反映企业以发行股票、债券等方式筹集资金实际收到的款项净额(发行收入减去支付的佣金等发行费用后的净额)。以发行股票、债券方式筹集资金由企业直接支付的审计、咨询等费用,在"支付的其他与筹资活动有关的现金"项目中反映,不在本项目中反映。本项目可以根据"股本(或实收资本)""资本公积""银行存款""库存现金"等科目的记录分析填列。

2. "借款所收到的现金"项目

"借款所收到的现金"项目,反映企业因举借各种短期借款、长期借款所收到的现金。本项目根据"短期借款""长期借款""交易性金融负债""应付债券""银行存款""库存现金"等科目的记录分析填列。

3. "收到的其他与筹资活动有关的现金"项目

"收到的其他与筹资活动有关的现金"项目,反映企业除上述各项目外,收到的其他与筹资活动有关的现金。其他与筹资活动有关的现金,如果价值较大的,应单列项目反映。本项目根据有关科目的记录分析填列。

4. "偿还债务所支付的现金"项目

"偿还债务所支付的现金"项目,反映企业以现金偿还债务的本金,包括归还的借款本金、偿付到期债券的本金所支付的现金。本项目根据"应付债券""短期借款""长期借款""交易性金融负债""库存现金""银行存款"科目的记录分析填列。

【例13-9】 甲公司"短期借款"账户年初余额为1 200 000元,年末余额为1 400 000元;"长期借款"账户年初余额为3 600 000元,年末余额为8 400 000元。当年借入短期借款2 400 000元,借入长期借款4 600 000元,长期借款年末余额中包括确认的200 000元长期借款利息费用。除上述资料外,债权债务的增减变动均以货币资金结算。

借款收到的现金 = 2 400 000 + 4 600 000 = 7 000 000(元)

偿还债务支付的现金 = (1 200 000 + 2 400 000 - 1 400 000) +
[3 600 000 + 4 600 000 - (8 400 000 - 200 000)]
= 2 200 000(元)

5. "分配股利、利润或偿付利息所支付的现金"项目

"分配股利、利润或偿付利息所支付的现金"项目,反映企业实际支付的现金股利、支付给其他投资单位的利润或以现金支付的债券利息、借款利息。本项目根据"应付股利""应付利息""利润分配""财务费用""在建工程""库存现金""银行存款"科目的记录分析填列。

【例13-10】 甲公司本期偿还短期借款本金900 000元,支付利息3 000元,已计提利息费用2 000元;偿还长期借款本金5 000 000元,支付利息66 000元,其中资本化利息费用60 000元;支付到期一次还本付息的应付债券面值1 000 000元,3年期,利率11%;支付现金股利1 230 000元。

偿还债务所支付的现金 = 900 000 + 5 000 000 + 1 000 000 = 6 900 000(元)

分配股利、利润或偿付利息所支付的现金 = 3 000 + 66 000 + 330 000 + 1 230 000 = 1 629 000(元)

6. "支付的其他与筹资活动有关的现金"项目

"支付的其他与筹资活动有关的现金"项目,反映企业除上述各项目外,支付的其他与筹资活动有关的现金。如以发行股票、债券等方式筹集资金而由企业直接支付的审计、咨询等费用、以分期付款方式构建固定资产以后各期支付的现金、融资租赁支付的现金等。其他与筹资活动有关的现金,如果价值较大的,应单列项目反映。本项目根据有

关科目的记录分析填列。

(四)汇率变动对现金及现金等价物的影响

编制现金流量表时,应当将企业外币现金流量以及境外子公司的现金流量折算成记账本位币。外币现金流量以及境外子公司的现金流量,应当采用现金流量发生日的即期汇率或按照系统合理的方法确定的、与现金流量发生日即期汇率近似的汇率折算。汇率变动对现金的影响额应当作为调节项目,在现金流量表中单独列报。

汇率变动对现金的影响,指企业外币现金流量及境外子公司的现金流量折算成记账本位币时,所采用的是现金流量发生日的汇率或按照系统合理的方法确定的、与现金流量发生日即期汇率近似的汇率,而现金流量表"现金及现金等价物净增加额"项目中外币现金净增加额是按资产负债表日的即期汇率折算的。这两者的差额即为汇率变动对现金的影响。

在编制现金流量表时,对当期发生的外币业务,也可不必逐笔计算汇率变动对现金的影响,可以通过现金流量表补充资料中"现金及现金等价物净增加额"数额与现金流量表中"经营活动产生的现金流量净额""投资活动产生的现金流量净额""筹资活动产生的现金流量净额"三项之和比较,其差额即为"汇率变动对现金的影响额"。

(五)现金流量表补充资料

除现金流量表反映的信息外,企业还应在附注中披露将净利润调节为经营活动现金流量、不涉及现金收支的重大投资和筹资活动、现金及现金等价物净变动等信息。

1. 将净利润调节为经营活动现金流量

现金流量表采用直接法反映经营活动产生的现金流量,同时,企业还应采用间接法反映经营活动产生的现金流量。间接法,是指以本期净利润为起点,通过调整不涉及现金的收入、费用、营业外收支以及经营性应收应付等项目的增减变动,调整不属于经营活动的现金收支项目,据此计算并列报经营活动产生的现金流量的方法。在我国,现金流量表补充资料应采用间接法反映经营活动产生的现金流量情况,以对现金流量表中采用直接发反映的经营活动现金流量进行核对和补充说明。

采用间接法列报经营活动产生的现金流量时,需要对四大类项目进行调整:①实际没有支付现金的费用;②实际没有收到现金的收益;③不属于经营活动的损益;④经营性应收应付项目的增减变动。

2. 不涉及现金收支的重大投资和筹资活动

不涉及现金收支的重大投资和筹资活动,反映企业一定期间内影响资产或负债但不形成该期现金收支的所有投资和筹资活动的信息。这些投资和筹资活动虽然不涉及现金收支,但对以后各期的现金流量有重大影响,例如,企业融资租入设备,将形成的负债计入"长期应付款"账户,当期并不支付设备款及租金,但以后各期必须为此支付现金,从而在一定期间内形成了一项固定的现金支出。

企业应当在附注中披露不涉及当期现金收支、但影响企业财务状况或在未来可能影响企业现金流量的重大投资和筹资活动,主要包括:①债务转为资本,反映企业本期转为资本的债务金额;②一年内到期的可转换公司债券,反映企业一年内到期的可转换公司债券的本息;③融资租入固定资产,反映企业本期融资租入的固定资产。

3. 现金和现金等价物的构成

企业应当在附注中披露与现金和现金等价物有关的下列信息:①现金和现金等价物的构成及其在资产负债表中的相应金额。②企业持有但不能由母公司或集团内其他子公司使用的大额现金和现金等价物金额。企业持有现金和现金等价物余额但不能被集团使用的情形多种多样,例如,国外经营的子公司,由于受当地外汇管制或其他立法的限制,其持有的现金和现金等价物,不能由母公司或其他子公司正常使用。

第五节 所有者权益变动表

一、所有者权益变动表的内容及结构

(一)所有者权益变动表的内容

所有者权益变动表是指反映构成所有者权益各组成部分当期增减变动情况的报表。所有者权益变动表应当全面反映一定时期所有者权益变动的情况,不仅包括所有者权益总量的增减变动,还包括所有者权益增减变动的重要结构性信息,特别是要反映直接计入所有者权益的利得和损失,让报表使用者准确理解所有者权益增减变动的根源。

在所有者权益变动表中,企业至少应当单独列示反映下列信息的项目:①净利润;②直接计入所有者权益的利得和损失项目及其总额;③会计政策变更和差错更正的累积影响金额;④所有者投入资本和向所有者分配利润等;⑤提取的盈余公积;⑥实收资本或股本、资本公积、盈余公积、未分配利润的期初和期末余额及其调节情况。

(二)所有者权益变动表的结构

为了清楚地表明构成所有者权益的各组成部分当期的增减变动情况,所有者权益变动表应当以矩阵的形式列示:一方面,列示导致所有者权益变动的交易或事项,改变了以往仅仅按照所有者权益的各组成部分反映所有者权益变动情况,而是从所有者权益变动的来源对一定时期所有者权益变动情况进行全面反映;另一方面,按照所有者权益各组成部分(包括实收资本、资本公积、盈余公积、其他综合收益、未分配利润和库存股)及其总额列示交易或事项对所有者权益的影响。此外,企业还需要提供比较所有者权益变动表,所有者权益变动表还就各项目再分为"本年金额"和"上年金额"两栏分别填列。所有者权益变动表的具体格式见表13-15。

表 13-15 所有者权益变动表

2017 年度

编制单位:甲公司　　　　　　　　　　　　　　　　　　　　　　　　　　　　　　　　单位:元

项目	本年金额								上年金额							
	实收资本（或股本）	其他权益工具		资本公积	减:库存股	盈余公积	未分配利润	所有者权益合计	实收资本（或股本）	其他权益工具		资本公积	减:库存股	盈余公积	未分配利润	所有者权益合计
		优先股	永续债 其他							优先股	永续债 其他					
一、上年年末余额	5 000 000			0	0	100 000	50 000	5 150 000								
加:会计政策变更																
前期差错更正																
其他																
二、本年年初余额	5 000 000			0	0	100 000	50 000	5 150 000								
三、本年增减变动金额（减少以"-"号填列）							225 000	225 000								
（一）综合收益总额																
（二）所有者投入和减少资本																
1. 所有者投入的普通股																
2. 其他权益工具持有者投入资本																
3. 股份支付计入所有者权益的金额																
4. 其他																
（三）利润分配						24 770.4	-24 770.4	0								
1. 提取盈余公积																

续表 13-15

项目	本年金额									上年金额								
	实收资本（或股本）	其他权益工具		资本公积	减:库存股	盈余公积	未分配利润	所有者权益合计	实收资本（或股本）	其他权益工具		资本公积	减:库存股	盈余公积	未分配利润	所有者权益合计		
		优先股	永续债 其他							优先股	永续债 其他							
2. 对所有者（或股东）的分配							-32 215.85	-32 215.85									
3. 其他																		
（四）所有者权益内部结转																		
1. 资本公积转增资本（或股本）																		
2. 盈余公积转增资本（或股本）																		
3. 盈余公积弥补亏损																		
4. 设定受益计划变动额结转留存收益																		
5. 其他综合收益结转留存收益																		
6. 其他																		
四、本年末余额	5 000 000					124 770.4	218 013.75	5 342 784.15									

二、所有者权益变动表的填列方法

(一)上年金额栏的填列方法

所有者权益变动表"上年金额"栏内各项数字,应根据上年度所有者权益变动表"本年金额"栏内所列数字填列。如果上年度所有者权益变动表规定的各个项目的名称和内容同本年度不相一致,应对上年度所有者权益变动表各项目的名称和数字按本年度的规定进行调整,填入所有者权益变动表"上年金额"栏内。

(二)本年金额栏的填列方法

所有者权益变动表"本年金额"栏内各项数字一般应根据"实收资本(或股本)""资本公积""盈余公积""其他综合收益""利润分配""库存股""以前年度损益调整"科目的发生额分析填列。

第六节 附 注

一、附注的主要内容

附注是对资产负债表、利润表、现金流量表和所有者权益变动表等报表中列示项目的文字描述或明细资料,以及对未能在这些报表中列示项目的说明等。附注是财务报表的重要组成部分。附注应当按照如下顺序披露有关内容:

(一)企业的基本情况

(1)企业注册地、组织形式和总部地址。
(2)企业的业务性质和主要经营活动。
(3)母公司以及集团最终母公司的名称。
(4)财务报告的批准报出者和财务报告批准报出日。

(二)财务报表的编制基础

(三)遵循企业会计准则的声明

企业应当明确说明编制的财务报表符合企业会计准则的要求,真实、公允地反映了企业的财务状况、经营成果和现金流量等有关信息,以此明确企业编制财务报表所依据的制度基础。

如果企业编制的财务报表只是部分地遵循了企业会计准则,附注中不得做出这种表述。

(四)重要会计政策和会计估计、会计差错更正的说明

企业应当披露采用的重要会计政策和会计估计,不重要的会计政策和会计估计可以不披露。

1. 重要会计政策的说明

由于企业经济业务的复杂性和多样化,某些经济业务可以有多种会计处理方法,也即存在不止一种可供选择的会计政策。企业在发生某项经济业务时,必须从允许的会计处理方法中选择适合本企业特点的会计政策,企业选择不同的会计处理方法,可能极大地影响企业的财务状况和经营成果,进而编制出不同的财务报表。为了有助于使用者理解,有必要对这些会计政策加以披露。

需要特别指出的是,说明会计政策时还需要披露下列两项内容:

(1)财务报表项目的计量基础。会计计量属性包括历史成本、重置成本、可变现净值、现值和公允价值,这直接显著影响报表使用者的分析,这项披露要求便于使用者了解企业财务报表中的项目是按何种计量基础予以计量的,如存货是按成本还是可变现净值计量等。

(2)会计政策的确定依据。主要是指企业在运用会计政策过程中所做的对报表中确认的项目金额最具影响的判断。例如,企业如何判断持有的金融资产是持有至到期的投资而不是交易性投资;又比如,对于拥有的持股不足50%的关联企业,企业为何判断企业拥有控制权因此将其纳入合并范围;再比如,企业如何判断与租赁资产相关的所有风险和报酬已转移给企业,从而符合融资租赁的标准;以及投资性房地产的判断标准是什么等等,这些判断对在报表中确认的项目金额具有重要影响。因此,这项披露要求有助于使用者理解企业选择和运用会计政策的背景,增加财务报表的可理解性。

2. 重要会计估计的说明

企业应当披露会计估计中所采用的关键假设和不确定因素的确定依据,这些关键假设和不确定因素在下一会计期间内很可能导致资产、负债账面价值进行重大调整。在确定报表中确认的资产和负债的账面金额过程中,企业有时需要对不确定的未来事项在资产负债表日对这些资产和负债的影响加以估计。例如,固定资产可收回金额的计算需要根据其公允价值减去处置费用后的净额与预计未来现金流量的现值两者之间的较高者确定,在计算资产预计未来现金流量的现值时需要对未来现金流量进行预测,并选择适当的折现率,应当在附注中披露未来现金流量预测所采用的假设及其依据、所选择的折现率为什么是合理的等。这些假设的变动对这些资产和负债项目金额的确定影响很大,有可能会在下一个会计年度内做出重大调整。因此,强调这一披露要求,有助于提高财务报表的可理解性。

(五)会计政策和会计估计变更以及差错更正的说明

企业应当按照《企业会计准则第28号——会计政策、会计估计变更和差错更正》及其应用指南的规定,披露会计政策和会计估计变更以及差错更正的有关情况。

1. 会计政策变更的披露内容

会计政策变更的披露内容包括：会计政策变更的性质、内容和原因；当期和各个列报前期财务报表中受影响的项目名称和调整金额；无法进行追溯调整的应说明该事实和原因以及开始应用变更后的会计政策的时点、具体应用情况。

2. 会计估计变更的披露内容

会计估计变更的披露内容包括：会计估计变更的内容和原因；会计估计变更对当期和未来期间的影响数；会计估计变更的影响数不能确定的，应披露这事实和原因。

3. 前期差错的更正的披露内容

前期差错更正披露的内容包括：前期差错的性质；各个列报前期财务报表中受影响的项目名称和更正金额；无法进行追溯调整的项目，说明该事实和原因以及对前期差错开始进行更正的时点、具体更正的情况。

（六）重要报表项目的说明

企业应当以文字和数字描述相结合、尽可能以列表形式披露重要报表项目的构成或当期增减变动情况，并与报表项目相互参照。在披露顺序上，一般应当按照资产负债表、利润表、现金流量表、所有者权益变动表的顺序及其报表项目列示的顺序。

（七）其他需要说明的重要事项

主要包括或有和承诺事项、资产负债表日后非调整事项、关联方关系及其交易等。

二、关联方披露

（一）关联方关系的认定

关联方关系的存在是以控制、共同控制或重大影响为前提条件的。在判断是否存在关联方关系时，应当遵循实质重于形式原则。从一个企业的角度出发，其存在关联方关系的各方包括：

（1）该公司的母公司，不仅包括直接或间接地控制该企业的其他企业，也包括能够对该企业实施直接或间接控制的部门、单位等。

①某一个企业直接控制一个或多个企业。例如，母公司控制一个或若干个子公司，则母公司与子公司之间存在关联方关系。

②某一个企业通过一个或若干中间企业间接控制一个或多个企业。例如，母公司通过其子公司，间接控制子公司的子公司，表明母公司与其子公司的子公司存在关联方关系。

③一个企业直接地和通过一个或若干中间企业间接地控制一个或多个企业。例如，母公司对某一企业的投资虽然没有达到控股的程度，但由于其子公司也拥有该企业的股份或权益，如果母公司与其子公司对该企业的投资之和达到拥有该企业一半以上表决权资本的控制权，则母公司直接和间接地控制该企业，表明母公司与该企业之间存在关联方关系。

(2) 该企业的子公司,包括直接或间接地被该企业控制的其他企业,也包括直接或间接地被该企业控制的单位、信托基金等。

(3) 与该企业受同一母公司控制的其他企业。

(4) 对该企业实施共同控制的投资方这里的共同控制包括直接的共同控制和间接的共同控制。对企业实施直接或间接共同控制的投资方与该企业之间是关联方关系,但这些投资方之间并不能仅仅因为共同控制了同一家企业而视为存在关联方关系。例如,A、B、C三个企业共同控制D企业,从而A和D、B和D,以及C和D成为关联方关系。如果不存在其他关联方关系,A和B、A和C以及B和C之间不构成关联方关系。

(5) 对该企业施加重大影响的投资方。这里的重大影响包括直接的重大影响和间接的重大影响。对企业实施重大影响的投资方与该企业之间是关联方关系,但这些投资方之间并不能仅仅因为对同一家企业具有重大影响而视为存在关联方关系。

(6) 该企业的合营企业。合营企业是以共同控制为前提的,两方或多方共同控制某一企业时,该企业则为投资者的合营企业。例如,A、B、C、D企业各占F企业有表决权资本的25%,按照合同规定,投资各方按照出资比例控制F企业,由于出资比例相同,F企业由A、B、C、D企业共同控制,在这种情况下,A和F、B和F、C和F以及D和F之间构成关联方关系。

(7) 该企业的联营企业。联营企业和重大影响是相联系的,如果投资者能对被投资企业施加重大影响,则该被投资企业视为投资者的联营企业。

(8) 该企业的主要投资者个人及与其关系密切的家庭成员。主要投资者个人,是指能够控制、共同控制一个企业或者对一个企业施加重大影响的个人投资者。

①某一企业与其主要投资者个人之间的关系。例如,张三是A企业的主要投资者,则A企业与张三构成关联方关系。

②某一企业与其主要投资者个人关系密切的家庭成员之间的关系。例如,A企业的主要投资者张三的儿子与A企业构成关联方关系。

(9) 该企业或其母公司的关键管理人员及与其关系密切的家庭成员。关键管理人员,是指有权力并负责计划、指挥和控制企业活动的人员。通常情况下,企业关键管理人员负责管理企业的日常经营活动,并且负责制定经营计划、战略目标、指挥调度生产经营活动等,主要包括董事长、董事、董事会秘书、总经理、总会计师、财务总监、主管各项事务的副总经理以及行使类似政策职能的人员等。与主要投资者个人或关键管理人员关系密切的家庭成员,是指在处理与企业的交易时可能影响该个人或受该个人影响的家庭成员,例如父母、配偶、兄弟、姐妹和子女等。

①某一企业与其关键管理人员之间的关系。例如,A企业的总经理与A企业构成关联方关系。

②某一企业与其关键管理人员关系密切的家庭成员之间的关系。例如,A企业的总经理张三的儿子张小三与A企业构成关联方关系。

(10) 该企业主要投资者个人、关键管理人员或与其关系密切的家庭成员控制、共同控制或施加重大影响的其他企业。对于这类关联方,应当根据主要投资者个人、关键管理人员或与其关系密切的家庭成员对两家企业的实际影响力具体分析判断。

①某一企业与受该企业主要投资者个人直接控制的其他企业之间的关系。例如，A企业的主要投资者H拥有B企业60%的表决权资本，则A和B存在关联方关系。

②某一企业与受该企业主要投资者个人关系密切的家庭成员直接控制的其他企业之间的关系。例如，A企业的主要投资者Y的妻子拥有B企业60%的表决权资本，则A和B存在关联方关系。

③某一企业与受该企业关键管理人员直接控制的其他企业之间的关系。例如，A企业的关键管理人员H控制了B企业，则A和B存在关联方关系。

④某一企业与受该企业关键管理人员关系密切的家庭成员直接控制的其他企业之间的关系。例如，A企业的财务总监Y的妻子是B企业的董事长，则A和B存在关联方关系。

（二）不构成关联方关系的情况

（1）与该企业发生日常往来的资金提供者、公用事业部门、政府部门和机构，以及与该企业发生大量交易而存在经济依存关系的单个客户、供应商、特许商、经销商和代理商之间，不构成关联方关系。

（2）与该企业共同控制合营企业的合营者之间，通常不构成关联方关系。

（3）仅仅同受国家控制而不存在控制、共同控制或重大影响关系的企业，不构成关联方关系。

（三）关联方交易的类型

存在关联方关系的情况下，关联方之间发生的交易为关联方交易，关联方的交易类型主要有：

（1）购买或销售商品。购买或销售商品是关联方交易较常见的交易事项。例如，企业集团成员企业之间互相购买或销售商品，形成关联方交易。

（2）购买或销售除商品以外的其他资产。例如，母公司出售给其子公司设备或建筑物等。

（3）提供或接受劳务。例如，A企业是B企业的联营企业，A企业专门从事设备维修服务，B企业的所有设备均由A企业负责维修，B企业每年支付设备维修费用300万元，该维修服务构成A企业与B企业的关联方交易。

（4）担保。担保包括在借贷、买卖、货物运输、加工承揽等经济活动中，为了保障其债权实现而实行的担保等。当存在关联方关系时，一方往往为另一方提供为取得借款、买卖等经济活动中所需要的担保。

（5）提供资金（贷款或股权投资）。例如，企业从其关联方取得资金，或权益性资金在关联方之间的增减变动等。

（6）租赁。租赁通常包括经营租赁和融资租赁等，关联方之间的租赁合同也是主要的交易事项。

（7）代理。代理主要是依据合同条款，一方可为另一方代理某些事务，如代理销售货物，或代理签订合同等。

(8)研究与开发项目的转移。在存在关联方关系时,有时某一企业所研究与开发的项目会由于一方的要求而放弃或转移给其他企业。例如,B公司是A公司的子公司,A公司要求B公司停止对某一新产品的研究和试制,并将B公司研究的现有成果转给A公司最近购买的、研究与开发能力超过B公司的C公司继续研制,形成关联交易。

(9)许可协议。当存在关联方关系时,关联方之间可能达成某项协议,允许一方使用另一方商标等,从而形成了关联方之间的交易。

(10)代表企业或由企业代表另一方进行债务结算。

(11)关键管理人员薪酬。企业支付给关键管理人员的报酬,也是一项主要的关联方交易。

(四)关联方的披露

(1)企业无论是否发生关联方交易,均应当在附注中披露与该企业之间存在直接控制关系的母公司和子公司有关的信息。母公司不是该企业最终控制方的,还应当披露企业集团内对该企业享有最终控制权的企业(或主体)的名称。母公司和最终控制方均不对外提供财务报表的,还应当披露母公司之上与其最相近的对外提供财务报表的母公司名称。

(2)企业与关联方发生关联方交易的,应当在附注中披露该关联方关系的性质、交易类型及交易要素。关联方关系的性质,是指关联方与该企业的关系,即关联方是该企业的子公司、合营企业、联营企业等。交易类型通常包括购买或销售商品、购买或销售商品以外的其他资产、提供或接受劳务、担保、提供资金(贷款或股权投资)、租赁、代理、研究与开发项目的转移、许可协议、代表企业或由企业代表另一方进行债务结算等。交易要素至少应当包括:交易的金额;未结算项目的金额、条款和条件,以及有关提供或取得担保的信息;未结算应收项目坏账准备金额;定价政策。

(3)对外提供合并财务报表的,对于已经包括在合并范围内各企业之间的交易不予披露。合并财务报表是将集团作为一个整体来反映与其有关的财务信息,在合并财务报表中,企业集团作为一个整体看待,企业集团内的交易已不属于交易,并且已经在编制合并财务报表时予以抵销。因此,对外提供合并财务报表的,对于已经包括在合并范围内并已抵销的各企业之间的交易不予披露。

第七节 中期财务报告

一、中期财务报告及其构成

(一)中期财务报告的定义

中期财务报告,是指以中期为基础编制的财务报告。"中期",是指短于一个完整的会计年度(自公历1月1日起至12月31日止)的报告期间,它可以是一个月、一个季度或者半年,也可以是其他短于一个会计年度的期间。如1月1日至9月30日的期间等。因此,中期财务报告包括月度财务报告、季度财务报告、半年度财务报告,也包括年初至本中期末的财务报告。

(二)中期财务报告的构成

中期财务报告至少应当包括以下部分:①资产负债表;②利润表;③现金流量表;④附注。其中:

(1)资产负债表、利润表、现金流量表和附注是中期财务报告至少应当编制的法定内容,对其他财务报表或者相关信息,如所有者权益(或股东权益)变动表等,企业可以根据需要自行决定。

(2)中期资产负债表、利润表和现金流量表的格式和内容,应当与上年度财务报表相一致。但如果当年新施行的会计准则对财务报表格式和内容做了修改的,中期财务报表应当按照修改后的报表格式和内容编制,与此同时,在中期财务报告中提供的上年度比较财务报表的格式和内容也应当做相应的调整。

(3)中期财务报告中的附注相对于年度财务报告中的附注而言,是适当简化的。中期财务报表附注的编制应当遵循重要性原则。但企业至少应当在中期财务报表附注中披露"中期财务报告附注的编制要求"规定的信息。

二、中期财务报告的编制要求

(一)中期财务报告应遵循的原则

1.遵循与年度财务报告相一致的会计政策原则

企业在编制中期财务报告时,应当将中期视同为一个独立的会计期间,不仅所采用的会计政策应当与年度财务报表所采用的会计政策相一致,包括会计要素确认和计量原则相一致。企业在编制中期财务报告时不得随意变更会计政策。

2.遵循重要性原则

重要性原则是企业编制中期财务报告的一项十分重要的原则,具体应注意以下几点:

(1)重要性程度的判断应当以中期财务数据为基础,而不得以预计的年度财务数据为基础。这里所指的"中期财务数据",既包括本中期的财务数据,也包括年初至本中期末的财务数据。主要考虑有些对于预计的年度财务数据显得不重要的信息对于中期财务数据而言可能是重要的。

(2)重要性原则的运用应当保证中期财务报告包括了与理解企业中期末财务状况和中期经营成果及其现金流量相关的信息。企业在运用重要性原则时,应当避免在中期财务报告中由于不确认、不披露或者忽略某些信息而对信息使用者的决策产生误导。

(3)重要性程度的判断需要根据具体情况做具体分析和职业判断。通常,在判断某一项目的重要性程度时,应当将项目的金额和性质结合在一起予以考虑,而且在判断项目金额的重要性时,应当以资产、负债、净资产、营业收入、净利润等直接相关项目数字作为比较基础,并综合考虑其他相关因素。有时,在一些特殊情况下,单独依据项目的金额或者性质就可以判断其重要性。例如,企业发生会计政策变更,该变更事项对当期期末财务状况或者当期损益的影响可能比较小,但对以后期财务状况或者损益的影响却比较大,因此会计政策变更从性质上属于重要事项应当在财务报告中予以披露。

3.遵循及时性原则

为了体现企业编制中期财务报告的及时性原则,中期财务报告计量相对于年度财务数据的计量而言,在很大程度上依赖于估计。例如,企业通常在会计年度末对存货进行全面、详细的实地盘点,因此,对年末存货可以达到较为精确的计价。但是在中期末,由于时间上的限制和成本方面的考虑,有时不大可能对存货进行全面、详细的实地盘点,在这种情况下,对于中期末存货的计价就可在更大程度上依赖于会计估计。

(二)中期合并财务报表和提供母公司财务报表编制要求

企业上年度编制合并财务报表的,中期期末应当编制合并财务报表。上年度财务报告除了包括合并财务报表,还包括母公司财务报表的,中期财务报告也应当包括母公司财务报表。上年度财务报告包括了合并财务报表,但报告中期内处置了所有应纳入合并范围的子公司的,中期财务报告只需要提供母公司财务报表,但上年度比较财务报表仍应当包括合并财务报表,上年度可比中期没有子公司的除外。具体而言:

(1)上年度中编报合并财务报表的企业,其中期财务报告中也应当编制合并财务报表,而且合并财务报表的合并范围、合并原则、编制方法和合并财务报表的格式与内容等也应当与上年度合并财务报表相一致。但当年新企业会计准则有新的规定除外。

(2)企业中期合并财务报表合并范围发生变化的,则应当区分以下情况进行处理:

①如果企业在报告中期内处置了所有子公司,而且在报告中期又没有新增子公司,那么企业在其中期财务报告中就不必编制合并财务报表。尽管如此,企业提供的上年度比较财务报表仍然应当同时提供合并财务报表和母公司财务报表。除非在上年度可比中期末,企业没有子公司。

②中期内新增符合合并财务报表合并范围要求的子公司。在这种情况下,企业在中期末就需要将该子公司的个别财务报表纳入合并财务报表的合并范围中。

(3)应当编制合并财务报表的企业,如果在上年度财务报告中除了提供合并财务报表之外,还提供了母公司财务报表,如上市公司,那么在其中期财务报告中除了应当提供合并财务报表之外,还应当提供母公司财务报表。

(二)比较财务报表编制要求

为了提高财务报表信息的可比性、相关性和有用性,企业在中期末除了编制中期末资产负债表、中期利润表和现金流量表之外,还应当提供前期比较财务报表。中期财务报告应当按照下列规定提供比较财务报表:

(1)本中期末的资产负债表和上年度末的资产负债表。

(2)本中期的利润表、年初至本中期末的利润表以及上年度可比期间的利润表。其中,上年度可比期间的利润表包括:上年度可比中期的利润表和上年度年初至上年可比中期末的利润表。

(3)年初至本中期末的现金流量表和上年度年初至上年可比本期末的现金流量表。

需要说明的是,企业在中期财务报告中提供比较财务报表时,应当注意以下几个方面:①企业在中期内按新准则规定,对财务报表项目在报告中期进行了调整,则上年度比较财务报表项目的有关金额应当按照本年度中期财务报表的要求进行重新分类,以确保其与本年度中期财务报表的相应信息相互可比。同时,企业还应当在附注中说明财务报表项目重新分类的原因及内容。如果企业因原始数据收集、整理或者记录等方面的原因,无法对比较财务报表中的有关金额进行重新分类,应当在附注中说明不能进行重新分类的原因。②企业在中期内发生了会计政策变更的,其累积影响数能够合理确定且涉及本会计年度以前中期财务报表净损益和其他相关项目数字的,应当予以追溯调整,视同该会计政策在整个会计年度一贯采用;对于比较财务报表可比期间以前的会计政策变更的累积影响数,应当根据规定调整比较财务报表最早期间的期初留存收益,财务报表其他相关项目的数字也应当一并调整。同时,在附注中说明会计政策变更的性质、内容、原因及其影响数;无法追溯调整的,应当说明原因。③对于在本年度中期内发生的调整以前年度损益事项,企业应当调整本年度财务报表相关项目的年初数,同时,中期财务报告中相应的比较财务报表也应当为已经调整以前年度损益后的报表。

(三)中期财务报告的确认与计量

1.中期财务报告的确认与计量的基本原则

(1)中期财务报告中各会计要素的确认和计量原则应当与年度财务报表所采用的原则相一致。即企业在中期根据所发生交易或者事项,对资产、负债、所有者权益(股东权益)、收入、费用和利润等各会计要素进行确认和计量时,应当符合相应会计要素定义和确认、计量标准,不能因为财务报告期间的缩短(相对于会计年度而言)而改变。

(2)在编制中期财务报告时,中期会计计量应当以年初至本中期末为基础,财务报告的频率不应当影响年度结果的计量。也就是说,无论企业中期财务报告的频率是月度、季度还是半年度,企业中期会计计量的结果最终应当与年度财务报表中的会计计量结果相一致。为此,企业中期财务报表的计量应当以年初至本中期末为基础,即企业在中期应当以年初至本中期末作为中期会计计量的期间基础,而不应当以本中期作为会计计量的期间基础。

(3)企业在中期不得随意变更会计政策,应当采用与年度财务报表相一致的会计政策。如果上年度资产负债表日之后按规定变更了会计政策,且该变更后的会计政策将在本年度财务报表中采用,中期财务报表应当采用该变更后的会计政策。

对于会计估计变更,在同一会计年度内,以前中期财务报表项目在以后中期发生了会计估计变更的,以后中期财务报表应当反映该会计估计变更后的金额,但对以前中期财务报表项目金额不做调整。

2.季节性、周期性或者偶然性取得收入的确认和计量

企业取得季节性、周期性或者偶然性收入,应当在发生时予以确认和计量,不应当在中期财务报表中预计或者递延,但会计年度末允许预计或者递延的除外。

3.会计年度中不均匀发生的费用的确认与计量

在编制中期财务报告时,企业在会计年度中不均匀发生的费用,应当在发生时予以确认和计量,不应在中期财务报表中预提或者待摊,但会计年度末允许预提或者待摊的除外。通常情况下,与企业生产经营和管理活动有关的费用往往是在一个会计年度的各个中期内均匀发生的,各中期之间发生的费用不会有较大差异。但是,对于一些费用,如员工培训费等,往往集中在会计年度的个别中期内。对于这些会计年度中不均匀发生的费用,企业应当在发生时予以确认和计量,不应当在中期财务报表中予以预提或者待摊。如果会计年度内不均匀发生的费用在会计年度末允许预提或者待摊,则在中期末也允许预提或者待摊。

(四)中期会计政策变更的处理

企业在中期发生了会计政策变更的,应当按照《企业会计准则第28号——会计政策、会计估计变更和差错更正》规定处理,并在财务报表附注中做相应披露。会计政策变更的累积影响数能够合理确定,且涉及本会计年度以前中期财务报表相关项目数字的,应当予以追溯调整,视同该会计政策在整个会计年度一贯采用;同时,上年度可比财务报表也应当做相应调整。除非国家规定了相关的会计处理方法,一般情况下,企业应当对根据本准则第7条要求提供的以前年度比较财务报表最早期间的期初留存收益和这些财务报表其他相关项目的数字进行追溯调整;同时,涉及本会计年度内会计政策变更以前各中期财务报表相关项目数字的,也应当予以追溯调整,视同该会计政策在整个会计年度和可比财务报表期间一贯采用。反之,会计政策变更的累积影响数不能合理确定,以及不涉及本会计年度以前中期财务报表相关项目数字的,应当采用未来适用法。同时,在财务报表附注中说明会计政策变更的性质、内容、原因及其影响数,如果累积影响数不能合理确定的,也应当说明理由。

1.会计政策变更发生在会计年度内第1季度的处理

企业的会计政策变更发生在会计年度的第1季度,则企业除了计算会计政策变更的累积影响数并做相应的账务处理之外,在财务报表的列报方面,只需要根据变更后的会计政策编制第1季度和当年度以后季度财务报表,并对根据本准则要求提供的以前年度比较财务报表最早期间的期初留存收益和这些财务报表的其他相关项目数字做相应调整即可。

在财务报表附注的披露方面,应当披露会计政策变更对以前年度的累积影响数(包括对比财务报表最早期间期初留存收益的影响和以前年度可比中期损益的影响数)和对第1季度损益的影响数,在当年第1季度之后的其他季度财务报表附注中,则应当披露第1季度发生的会计政策变更对当季度损益的影响数和年初至本季度末损益的影响数。

2.会计政策变更发生在会计年度内第1季度之外的其他季度的处理

企业的会计政策变更发生在会计年度内第1季度之外的其他季度,如第2季度、第3季度等,其会计处理相对于会计政策变更发生在第1季度而言要复杂一些。企业除了应当计算会计政策变更的累积影响数并做相应的账务处理之外,在财务报表的列报方面,还需要调整以前年度比较财务报表最早期间的期初留存收益和比较财务报表其他相关项目的数字,以及在会计政策变更季度财务报告中或者变更以后季度财务报告中所涉及的本会计年度内发生会计政策变更之前季度财务报表相关项目的数字。

在附注披露方面,企业需要披露会计政策变更对以前年度的累积影响数,主要有:①对比较财务报表最早期间期初留存收益的影响数;②以前年度可比中期损益的影响数,包括可比季度损益的影响数和可比年初至季度末损益的影响数;③对当年度变更季度、年初至变更季度末损益的影响数;④当年度会计政策变更前各季度损益的影响数。此外,在发生会计政策变更以后季度财务报表附注中也需要做相应披露。

三、中期财务报告附注的编制要求

(一)中期财务报告附注编制的基本要求

1. 附注应当以年初至本中期末为基础编制

编制中期财务报告的目的是向报告使用者提供自上年度资产负债表日之后所发生的重要交易或者事项,因此,中期财务报告中的附注应当以"年初至本中期末"为基础进行编制,而不应当只披露本中期所发生的重要交易或者事项。

2. 附注应当对自上年度资产负债表日之后发生的重要的交易或者事项进行披露

中期财务报告中的附注应当以年初至本中期末为基础编制,披露自上年度资产负债表日之后发生的,有助于理解企业财务状况、经营成果和现金流量变化情况的重要交易或者事项,此外,对于理解本中期财务状况、经营成果和现金流量有关的重要交易或者事项,也应当在附注中做相应披露。

(二)中期财务报告附注至少应当包括的内容

(1)中期财务报表所采用的会计政策与上年度财务报表相一致的声明。企业在中期会计政策发生变更的,应当说明会计政策变更的性质、内容、原因及其影响数;无法进行追溯调整的,应当说明原因。

(2)会计估计变更的内容、原因及其影响数;影响数不能确定,应当说明原因。

(3)前期差错的性质及其更正金额;无法进行追溯重述的,应当说明原因。

(4)企业经营的季节性或者周期性特征。

(5)存在控制关系的关联方发生变化的情况;关联方之间发生交易的,应当披露关联方关系的性质、交易类型和交易要素。

(6)合并财务报表的合并范围发生变化的情况。

(7)对性质特别或者金额异常的财务报表项目的说明。

(8)证券发行、回购和偿还情况。

(9)向所有者分配利润的情况,包括在中期内实施的利润分配和已提出或者已批准但尚未实施的利润分配情况。

(10)根据《企业会计准则第35号——分部报告》规定披露分部属报告信息的,应当披露主要的报告形式的分部收入与分部利润(亏损)。

(11) 中期资产负债表日至中期财务报告批准报出日之间发生的非调整事项。

(12) 上年度资产负债表日以后所发生的或有负债和或有资产的变化情况。

(13) 企业结构变化情况,包括如企业合并,对被投资单位具有重大影响、共同控制或者控制关系的长期股权投资的购买或者处置,终止经营等。

(14) 其他重大交易或者事项,包括重大的长期资产转让及其出售情况、重大的固定资产和无形资产取得情况、重大的研究和开发支出、重大的资产减值损失以及或有负债等。

企业在提供上述第5项和第10项有关关联方交易、分部收入与分部利润(亏损)信息时,应当同时提供本中期(或者本中期末)和本年度初至本中期末的数据,以及上年度可比本中期(或者可比期末)和可比年初至本中期末的比较数据。

思考题

1. 简述资产负债表的含义。其结构是怎样的?其编制的依据是什么?如何编制?
2. 我国利润表的结构是怎样的?其编制的依据是什么?如何编制?
3. 现金流量表中现金的含义是什么?现金流量如何分类?其内容包括哪些?
4. 简述现金流量表的含义。其作用如何?
5. 所有者权益变动表有何作用?
6. 报表附注应包括哪些基本内容?
7. 什么是关联方关系?如何认定?如何进行关联方披露?

参考文献

[1] 中华人民共和国财政部.企业会计准则(CAS)[M].北京:经济科学出版社,2018.

[2] 中华人民共和国财政部.企业会计准则应用指南[M].上海:立信会计出版社,2019.

[3] 中国注册会计协会.会计[M].北京:中国财政经济出版社,2019.

[4] 财政部会计资格评价中心.中级会计实务[M].北京:经济科学出版社,2019.

[5] 小企业会计准则编审委员会.小企业会计准则讲解(2019年版)[M].上海:立信会计出版社,2018.

[6] 刘永泽,陈立军.中级财务会计[M].6版.大连:东北财经大学出版社,2018.

[7] 林刚.中级财务会计[M].3版.北京:中国人民大学出版社,2019.

[8] 张维宾.中级财务会计学[M].6版.上海:立信会计出版社,2018.

[9] 路国平,黄中生.中级财务会计[M].2版.崔学刚,等译.北京:高等教育出版社,2016.

[10] 菲利普斯.财务会计学原理[M].2版.崔学刚,等译.北京:北京大学出版社,2010.

[11] 基索.中级会计学(上下册)[M].12版.杜兴强,等译.北京:中国人民大学出版社,2008.

[12] 霍恩格伦.财务会计[M].9版.傅荣,郑艳茹,等译.大连:东北财经大学出版社,2006.